DALE CARNEGIE
HOW TO STOP WORRYING
AND START LIVING

데일 카네기
자기관리론

김태훈 옮김

HOW TO STOP WORRYING AND START LIVING

책세상

차례

이 책이 나온 과정과 이유

35년 전에 나는 뉴욕에서 가장 불행한 사람이었다. 트럭 영업으로 생계를 유지했는데, 트럭이 어떻게 굴러가는지도 몰랐다. 알고 싶은 마음도 없었다. 내 일이 싫었다. 바퀴벌레가 들끓고 싸구려 가구밖에 없는 웨스트 56번가의 원룸에 사는 게 싫었다. 지금도 원룸 벽에 걸려 있던 넥타이가 기억난다. 아침에 새 넥타이를 매려고 손을 뻗으면 바퀴벌레가 사방으로 달아났다. 내 방처럼 바퀴벌레가 들끓는 더러운 식당에서 밥을 먹는 것도 싫었다.

매일 밤 실망과 걱정, 괴로움, 반발심 때문에 생긴 두통에 시달리며 외로이 방으로 돌아왔다. 반발심이 든 이유는 대학 시절에 품은 꿈이 악몽으로 변했기 때문이다. 이게 삶일까? 이게 그토록 꿈꾸던 활기찬 모험일까? 이게 내가 삶에서 얻을 수 있는 모든 의미일까? 미래에 대한 아무런 희망도 없이 싫어하는 일을 하고, 바퀴벌레와 동거하고, 끔찍한 음식을 먹는 게? 나는 책을 읽고 대학 시절부터 바라던 책을 쓸 여유가 절실했다.

나는 싫어하는 일을 그만둔다고 해서 잃을 것은 없고, 얻을 것뿐이라는 사실을 알았다. 돈을 많이 버는 데는 관심이 없었다. 하지만 충만한 삶에는 관심이 있었다. 한마디로 나는 루비콘강에, 대다수 청년이 인생을 시작할 때 직면하는 결정의 순간에 이르렀다. 나는 결정했다. 그 결정은 내 삶을 완전히 바꿨다. 지난 35년을 꿈도 꾸지 못한 행복과 보람으로 채웠다.

나는 싫어하던 일을 그만두고, 교사가 되기 위해 4년 동안 미주리주 워렌스버그에 있는 주립사범학교에서 공부했다. 야간학교에서 성인을 가르치는 일을 할 생각이었다. 그러면 낮에는 자유롭게 책을 읽고, 강의를 준비하고, 장편이나 단편소설을 쓸 수 있을 것이었다. 나는 '쓰기 위해 살고, 살기 위해 쓰고' 싶었다.

성인에게 무엇을 가르쳐야 할까? 대학에서 배운 것을 돌이켜보면 화술에 관한 공부와 경험이 비즈니스와 삶에 크나큰 실용적 가치를 줬다. 그 가치는 다른 모든 것을 합친 것보다 컸다. 왜 그럴까? 소심하고 자신감 없는 태도를 버리고 사람을 상대할 용기와 자신감을 북돋웠기 때문이다. 리더십은 대개 앞에서 자기 생각을 말하는 사람에게 주어진다는 사실도 분명히 알려줬다.

나는 컬럼비아대학교와 뉴욕대학교에서 진행하는 야간에 하는 성인 화술 강좌의 강사로 지원했지만 거절당했다. 그때는 실망했지만 지금은 그들이 나를 받아주지 않은 걸 신에게 감사한다. 덕분에 YMCA 야간학교에서 가르치는 일을 하게 됐기 때문이다. 나는 확실한 효과를 빠르게 보여줘야 했다. 벅찬 도전이었다! 내 강좌를 듣는 수강생은 학점이나 사회적 위신을 원하는 게 아니었다. 일로 사람을 만나는 자리에서 두려워하지 않고 당당하게 몇 마디 할 수 있는 능력을 원했다. 영업인은 상대하기 힘든 고객을 만나기 전에 용기를 내기 위해 근처를 세 번이나 왔다 갔다 하지 않기를 바랐다. 그들은 침착함과 자신감을 얻고 싶었다. 성과를 내고 싶었다. 가족을 위해 더 많은 돈을 벌고 싶었다. 그들은 수강료를 할부로 내고 효과가 없으면 바로 수강료 납부를 중단했다. 나는 월급이 아니라 수강료 일부를 받았기에, 먹고살려면 실용적인 내용을 가르쳐야 했다.

당시에는 내가 핸디캡을 안고 가르친다고 생각했다. 하지만 지금은 가치를 매길 수 없는 훈련을 받았다는 걸 깨달았다. 수강생을 북돋우고, 그들이 문제를 해결하도록 도와야 했다. 강좌가 고무적이어서 계속 오고 싶게 만들어야 했다.

흥분되는 일이었다. 나는 그 일이 좋았다. 강좌를 듣는 직장인이 자신감을 얻고, 그중 다수가 빨리 승진하고 연봉 인상을 얻어내는 것이 놀라웠다. 강좌는 꿈꾸던 수준을 넘어 대성공을 거뒀다. YMCA는 한 강좌에 고정급 5달러를 달라는 내 요청을 거절했지만, 나는 세 학기 만에 한 강좌에 30달러의 성과급을 받았다. 처음에는 화술만 가르치다가, 시간이 지나면서 수강생에게 친구를 얻고 주변에 영향을 미치는 능력도 필요하다는 사실을 깨달았다. 인간관계에 관한 마땅한 교재가 없어서 책을 썼다. 그 책은 일반적인 방식으로 쓰지 않고, 내 수강생들의 경험을 바탕으로 자라나고 진화했다. 그 책이《인간관계론》이며, 나는 이 책을 성인 강좌의 교재로 썼다. 이전에 쓴 네 권은 전혀 알려지지 않았기 때문에, 이 책이 이렇게 많이 팔릴 줄 몰랐다. 나는 지금 살아 있는 저술가 중 가장 많이 놀란 사람일 것이다.

시간이 지나면서 성인의 또 다른 큰 문제가 '걱정'임을 깨달았다. 수강생은 대부분 기업 임원이나 영업인, 엔지니어, 회계사다. 이처럼 다양한 직종의 사람들이 여러 문제로 고민하고 있었다! 직장에 다니거나 전업주부인 여성 수강생도 마찬가지였다! 걱정을 다스리는 방법을 담은 교재가 필요했다. 나는 다시 그런 교재를 찾았다. 5번가와 42번가가 교차하는, 뉴욕에서 제일 큰 공립 도서관에 갔다. 놀랍게도 '걱정WORRY' 항목에 포함된 책이 스물두 권뿐인데, '벌레WORMS' 항목에는 무려 189권이 있었다. 벌레에 관한 책이 걱정에 관한 책보다 거의 아홉 배나 많다니 놀랍지 않은가!

걱정은 인류가 직면한 중대한 문제 중 하나다. 이 땅의 모든 고등학교와 대학교에서 '걱정을 멈추는 법'을 가르칠 거란 생각이 들지 않는가? 하지만 어느 대학교에도 이 주제에 관한 강의가 있다는 말을 들어보지 못했다. 그러니 데이비드 시버리David Seabury가 《어제까지의 나, 오늘부터의 나How to Worry Successfully》에서 "우리는 발레를 춰야 하는 공붓벌레만큼이나 경험의 압박에 전혀 준비되지 않은 채 성인이 된다"고 말할 만도 하다. 하물며 신경증과 정서적 문제에 시달리는 사람이 병상의 절반 이상을 차지하고 있지 않은가.

나는 뉴욕 공립 도서관에 있는 걱정에 관한 책 스물두 권을 살펴봤다. 찾을 수 있는 모든 관련 서적을 샀지만, 강좌에서 교재로 쓸 만한 책은 한 권도 찾지 못했다. 그래서 직접 쓰기로 마음먹었다.

나는 7년 전에 이 책을 쓸 준비를 시작했다. 모든 시대의 철학자들이 걱정에 관해 한 말과 공자부터 처칠까지 시대를 아우르는 수백 명의 전기를 읽었다. 잭 뎀프시Jack Dempsey, 오마 브래들리Omar Bradley 장군, 마크 클라크Mark Clark 장군, 헨리 포드Henry Ford, 엘리너 루스벨트Eleanor Roosevelt, 도로시 딕스Dorothy Dix 등 다방면의 유명 인사도 인터뷰했다. 이는 시작에 불과했다.

인터뷰와 독서보다 훨씬 중요한 다른 일도 했다. 나는 걱정을 다스리는 법을 찾는 실험실에서 5년간 일했다. 우리 강좌가 그 실험이고, 강의실이 세계 최초의 유일한 실험실이다. 우리가 한 일은 다음과 같다. 수강생에게 걱정을 멈추기 위한 원칙을 제시하고, 생활에서 실천한 뒤 결과를 발표해달라고 요청했다. 몇몇 수강생은 자신이 과거에 걱정을 극복한 방법을 발표했다.

이런 과정으로 나는 누구보다 '걱정을 다스리는 방법'에 관한 이야기를 많이 들을 수 있었다. 수백 명이 '내가 걱정을 다스린 방법'에 관해 우편으로 보내준 이야기도 읽었다. 이 이야기는 미국과 캐나다 전역 170여 개 도시에서 열리는 우리 강좌에서 상을 받았다. 이처럼 이 책은 상아탑에서 나오지 않았다. 걱정을 다스리는 방법에 관한 학문적 설교도 아니다. 나는 수많은 사람이 걱정을 다스린 방법을 술술 읽히고, 간결하며, 사례로 검증된 책을 쓰려고 노력했다. 이 책은 실용적이다. 실제로 난관에 대비하는 데 도움이 될 것이다.

이 책에 아무도 공감할 수 없는 가상의 'B 씨'나 모호한 '메리와 존'

에 대한 이야기는 나오지 않는다. 몇 가지 사례를 제외하면 해당 인물의 이름과 거주지가 나온다. 이 책은 진실을 담았고, 증거로 뒷받침된다. 수많은 사람의 보증과 인증도 받았다.

프랑스 철학자 폴 발레리Paul Valéry는 "과학은 성공적인 비결의 조합이다"라고 했다. 이 책이 바로 그렇다. 걱정에 시달리는 삶에서 벗어나는 성공적이고 검증된 비결의 조합이다. 다만 주의할 점이 있다. 이 책에서 새로운 것은 찾을 수 없으나, 일반적으로 활용되지 않는 방법은 많이 찾을 수 있을 것이다. 이 점에 관해 우리는 새로운 말을 들을 필요가 없다. 우리는 완벽한 삶을 살기에 충분할 만큼 많은 것을 이미 알고 있다. 황금률과 산상수훈(〈마태복음〉 5~7장에 실린 예수의 가르침)도 모두 읽었다. 문제는 모르는 것이 아니라 실천하지 않는 것이다. 이 책의 목적은 오래전부터 내려오는 수많은 근본적인 진리를 다시 말하고, 예시하고, 다듬고, 조정하고, 찬양하는 것이다. 그리고 당신의 정강이를 걷어차서 실천에 옮기도록 만드는 것이다.

나의 집필 계기를 알려고 이 책을 든 사람은 없을 것이다. 실천하기를 원하지 않는가? 좋다, 가보자. 3부까지 읽어도 걱정을 멈추고 삶을 즐길 새로운 힘과 의욕을 얻지 못한다면 책을 쓰레기통에 던져라. 그런 사람에게 이 책은 무용지물이다.

데일 카네기

이 책을 최고로 활용하는
9가지 방법

1 이 책에서 최대한 많은 것을 얻고 싶다면, 모든 규칙이나 방법보다 훨씬 중요한 요건이 하나 있다. 이 요건을 갖추지 못하면 공부와 관련된 어떤 규칙도 쓸모없지만, 이 요건을 갖추면 아무 제안을 읽지 않아도 기적 같은 성과를 올릴 수 있다.

이 마법의 요건은 무엇일까? 바로 배우고자 하는 깊고 강렬한 열의, 걱정을 멈추고 진정한 삶을 시작하겠다는 결의다.

어떻게 하면 그런 의지를 품을 수 있을까? 원칙이 당신에게 얼마나 중요한지 계속 상기해야 한다. 원칙을 터득해 더 풍요롭고 행복한 삶을 위해 도움을 받는 당신의 모습을 그려라. 자신에게 다음과 같이 거듭 말하라. "마음의 평화, 행복, 건강, 어쩌면 수입까지 이 책에서 가르치는 오래되고, 명백하며, 영원한 진리를 어떻게 적용하느냐에 따라 좌우된다."

2 처음에는 각 장을 빠르게 읽으면서 전반적으로 조망하라. 한 장을

읽으면 다음 장으로 빨리 넘어가고 싶을 것이다. 재미로 이 책을 읽는 게 아니라면 그러지 마라. 걱정을 멈추고 진정한 삶을 살고 싶다면, 앞으로 돌아가서 각 장을 꼼꼼히 다시 읽어라. 장기적으로 시간을 아끼고 결실을 안겨주는 방법이다.

3 읽는 도중에 자주 멈춰서 내용에 대해 생각하라. 각 제안을 언제, 어떻게 적용할 수 있을지 자문하라. 이런 독법이 토끼를 쫓는 사냥개처럼 빠르게 읽는 것보다 훨씬 많은 도움을 줄 것이다.

4 빨간 색연필이나 연필 혹은 만년필을 손에 들고 읽어라. 활용할 만한 제안이 나오면 밑줄을 그어라. 별 네 개짜리 제안이라면 모든 문장에 밑줄을 긋거나 별표를 하라. 이런 표시와 밑줄 긋기는 책 읽기를 더 재미있게 만들며, 빠르게 다시 훑어보기를 훨씬 쉽게 해준다.

5 나는 대형 보험회사에서 15년 동안 총무부장으로 일한 사람을 안다. 그는 매달 회사에서 판매하는 모든 보험의 계약서를 읽는다. 달이 바뀔 때마다 같은 계약서를 읽는다. 이유가 뭘까? 그것이 조항을 분명하게 머릿속에 담아두는 유일한 방법임을 경험으로 배웠기 때문이다.

나는 화술에 관한 책을 쓰는 데 거의 2년을 들였다. 그런데도 책에 쓴 내용을 기억하기 위해 가끔 다시 확인한다. 기억이 사라지는 속도는 놀랄 만큼 빠르기 때문이다.

그러니 이 책에서 실질적이고 지속적인 혜택을 얻고 싶다면 한 번 훑어보는 것으로 충분하다고 생각하지 마라. 꼼꼼히 읽은 뒤에도 매달 몇 시간씩 다시 읽어야 한다. 책상 위에 이 책을 두고 자주 훑어보라. 실행하면 아주 많은 것이 개선될 것임을 잊지 마라. 이 원칙을 무의식적으로 활용하려면 계속, 부지런히 다시 읽고 적용해야 한다. 다른 방법은 없다.

6 버나드 쇼는 말했다. "가르침을 받아서는 결코 배우지 못한다." 맞다. 학습은 적극적인 과정이다. 우리는 행동함으로써 배운다. 그러니 이 책에서 배우는 원칙을 터득하고 싶다면 행동하라. 기회가 생길 때마다 이 원칙을 적용하라. 그러지 않으면 금세 잊을 것이다. 활용한 지식만이 머릿속에 남는다.

이 방법을 항상 적용하기는 어려울 것이다. 내가 쓴 책이지만, 여기서 제시한 내용을 실천하기 어려운 경우도 많았기 때문이다. 그러니 이 책을 읽을 때 단순히 정보만 습득하지 마라. 당신은 새로운 습관을 형성하려 하고 있지 않은가. 새로운 삶의 방식을 시도하려면 시간과 끈기, 일상에서 실천이 필요하다.

자주 책을 참고하라. 걱정을 정복하기 위한 실질적인 지침서로 삼아라. 힘든 문제에 직면하면 감정에 휩쓸리지 마라. 본능적인 행동, 충동적인 행동을 하지 마라. 대개 잘못된 행동이다.

대신 이 책을 찾아서 밑줄 친 부분을 다시 읽고, 새로운 방식을 시도하라. 그리고 마법이 실현되는 것을 확인하라.

7 당신이 이 책에 제시한 원칙을 어기는 것을 친구가 잡아낼 때마다 벌금을 내겠다고 제안하라. 엄청난 효과가 있을 것이다!

8 뒤에서 월가의 은행가 허버트 하웰Herbert P. Howell과 벤저민 프랭

클린Benjamin Franklin이 실수를 어떻게 바로잡았는지 읽어라. 당신이 하웰과 프랭클린의 방식을 활용해 이 책에 나오는 원칙을 제대로 실천하는지 점검하면 어떨까? 그렇게 하면 두 가지 결과를 얻을 것이다.

첫째, 흥미롭고 값을 매길 수 없는 배움의 과정을 거치게 될 것이다.

둘째, 걱정을 멈추고 진정한 삶을 살아가는 능력이 하루가 다르게 발달할 것이다.

9 일기에 원칙을 성공적으로 적용한 사례를 기록하라. 이름과 날짜, 결과 등을 구체적으로 써라. 이런 기록은 더 많이 노력할 의욕을 불어넣을 것이다. 몇 년 뒤 어느 날 저녁, 그 기록을 우연히 보면 얼마나 흥미로울까!

이 책을 활용하는 방법

*걱정을 정복하는 원칙을 터득하려는 깊고 강렬한 열의를 품어라.

*각 장을 두 번씩 읽고 다음 장으로 넘어가라.

*책을 읽는 동안 자주 멈춰서 각 제안을 어떻게 적용할지 자문하라.

*중요한 내용에 밑줄을 그어라.

*매달 이 책을 복습하라.

*기회가 생길 때마다 원칙을 적용하라. 이 책을 일상적인 문제를 해결하는 데 도움을 주는 실질적인 지침서로 삼아라.

*당신이 원칙을 어기는 모습을 잡아낼 때마다 친구에게 벌금을 내겠다고 제안해, 학습을 재미있는 게임으로 만들어라.

*당신이 이룬 진전을 매주 점검하라. 어떤 실수를 했는지, 어떻게 개선했는지, 미래를 위해 어떤 교훈을 얻었는지 자문하라.

*이 책 옆에 일기장을 두고 이 원칙을 언제, 어떻게 적용했는지 기록하라.

PART 1

걱정에 관해
알아야 할
근본적인 사실

FUNDAMENTAL FACTS YOU SHOULD
KNOW ABOUT WORRY

01

'오늘의 삶'을 살아라

1871년 봄, 한 청년이 책에서 자신의 미래에 심대한 영향을 미칠 문장을 읽었다. 몬트리올 맥길Mcgill 의대생이던 그는 최종 시험에 합격할지, 무엇을 해야 할지, 어디로 갈지, 어디서 경험을 쌓을지, 어떻게 먹고살지가 걱정이었다.

젊은 의대생은 1871년에 읽은 문장으로 당대 가장 유명한 의사가 될 수 있었다. 그는 세계적으로 유명한 존스홉킨스 의과대학을 만들었고, 당시 영국 의료인에게 최고 영예인 옥스퍼드대학교 의과대학 흠정교수Regius Professor(영국 국왕이 특정 학문 분야 교수에게 부여하는 명예)가 됐으며, 영국 왕에게 기사 작위를 받았다. 작고한 뒤 그의 인생 이야기를 담은 책 두 권은 1466쪽에 달했다.

그는 윌리엄 오슬러William Osler 경이다. 그가 1871년 봄에 읽고 걱정에서 자유로운 삶을 살 수 있게 된 건 토머스 칼라일Thomas Carlyle이 쓴 다음 문장 덕분이다.

"우리의 주된 일은 멀리 있는 희미한 미래를 보는 것이 아니라 바로 앞에 분명하게 놓인 과제를 해내는 것이다."

캠퍼스에 튤립이 피어난 42년 뒤 어느 온화한 봄밤, 윌리엄 오슬러 경은 예일대학교 학생들 앞에서 연설했다. 사람들은 네 개 대학에서 교수를 지냈고, 인기 있는 책을 쓴 자신을 '두뇌가 특별히 뛰어난 사람'이라 생각하겠지만, 자신은 그렇지 않다고 밝혔다. 그에 따르면 가까운 친구들은 그의 두뇌가 '평범하기 짝이 없다'는 사실을 알았다.

그가 성공한 비결은 뭘까? 그는 '오늘의 삶day-tight compartments'을 살았기에 성공할 수 있었다고 말했다. 이 말이 무슨 뜻일까? 그는 몇 달 전에 대형 여객선을 타고 대서양을 건넜다. 여객선 선장이 선교船橋에서 버튼을 누르면 기계장치가 작동해 각 구역이 즉시 차단됐다. 그에 따라 방수 구역이 생겼다. 오슬러 경은 말했다.

....

여러분 한 사람 한 사람은 대형 여객선보다 훨씬 경이로운 존재로, 더 긴 항해에 나서게 됩니다. 여러분에게 촉구합니다. '오늘의 삶'을 살 수 있도록 자신을 다스리는 법을 배우세요. 그것이 안전한 항해를 보장하는 가장 확실한 방법입니다. 선교에 올라가 적어도 거대한 격벽이 제대로 작동하는지 확인하세요. 삶의 모든 단계에서 버튼을 눌러 강철 문이 과거를, 죽은 어제를 차단하는 소리를 들으세요. 또 다른 버튼을 눌러 강철 커튼으로 미래를, 아직 태어나지 않은 미래를 차단하세요. 그러면 안전합니다. 오늘이 안전해집니다! 과거를 차단하세요! 죽은 과거가 잊히도록 놔두세요! 어리석은 자에게 칙칙한 죽음으로 향하는 길을 비춰준 어제를 차단하세요. 어제의 무게에 더해진 내일의 무게를 오늘 지고 있으면 아무리 힘센 사람이라도 비틀거립니다. 과거만큼 확실하게 미래를 차단하세요. 미래는 오늘입니다. 내일은 없습니다. 인간에게 구원의 날은 지금입니다. 기운 낭비, 정신적 고통, 초조한 걱정은 미래를 불안해하는 사람을 쫓아다닙니다. 그러니 선수船首와 선미船尾의 대형 격벽을 단단히 잠그고 '오늘의 삶'을 사는 습관을 들이세요.

....

이 말이 미래에 대비하는 노력을 하지 말라는 의미일까? 전혀 그렇지 않다. 오슬러 경은 뒤이은 연설에서 미래에 대비하는 최선의 길은 모든 지성과 열의를 지금, 오늘 할 일을 잘 해내는 데 집중하는 것이라고 말한다. 이것이 미래에 대비하는 유일한 길이다.

오슬러 경은 예일대학교 학생들에게 하루를 "오늘 우리에게 일용할 양식을 주시고"라는 주기도문으로 시작하라고 촉구한다. 주기도문에서는 오늘의 양식만 구한다는 사실을 명심하라. 어제 먹은 군내나는 빵을 불평하지 않는다. "하나님, 근래에 밀 경작지에 가뭄이 심했습니다. 다시 가뭄이 들면 내년 가을에 먹을 빵을 어찌 구하겠습니까? 일자리도 잃으면 어떻게 먹고살아야 할까요?"라고 말하지 않는다. 주기도문은 오늘의 양식만 구하라고 가르친다. 오늘의 빵은 당신이 먹을 수 있는 유일한 빵이다.

오래전에 빈털터리 철학자가 거친 땅을 떠돌아다녔다. 그곳 사람들은 먹고사는 데 어려움을 겪었다. 어느 날, 언덕 위에 선 그에게 군

중이 모여들었다. 그는 시대와 장소를 불문하고 가장 많이 인용됐을 설교를 했다. 두 문장으로 된 이 설교는 여러 세기에 걸쳐 반향을 일으켰다.

"그러므로 내일 일을 생각하지 말라. 내일 일은 내일 생각할 것이요, 한 날의 괴로움은 그날로 족하니라."(〈마태복음〉6장 34절)

많은 사람이 "내일 일을 생각하지 말라"는 말에 반발했다. 그들이 보기에 이 말은 완벽을 요구하는 조언, 약간 동양적 신비주의 같은 조언이었다. 그들은 말했다. "나는 내일을 생각해야 해. 우리 가족을 보호하기 위해 보험을 들어야 해. 노년에 대비해 돈을 모아야 해. 계획하고 준비해야 앞서갈 수 있어."

맞다. 당연히 그래야 한다. 300여 년 전에 번역된 예수의 이 말은 지금 제임스 왕이 통치하던 시대와 의미가 달라졌다. 그때 '생각'이라는 단어는 흔히 '염려'를 뜻했다. 시대에 맞는 정확한 번역은 "내일 일을 염려하지 말라"다.

미래를 생각해야 하는 건 맞다. 신중한 생각과 계획, 준비가 필요하다. 다만 염려하지 마라.

우리 군사 지도자들은 전시戰時에 내일을 대비했다. 그들은 불안에 시달릴 형편이 아니었다. 미 해군을 이끈 어니스트 킹Ernest J. King 제독은 다음과 같이 말했다.

"나는 우리가 가진 최고의 장비와 함께 최고의 병사들을 투입했습니다. 그리고 그들에게 가장 현명한 임무를 맡겼습니다. 그것이 내가 할 수 있는 전부입니다. 나는 가라앉은 배를 건질 수 없습니다. 가라앉으려는 배도 구할 수 없습니다. 어제의 문제에 근심하기보다 내일의 문제에 대비함으로써 내 시간을 훨씬 잘 쓸 수 있습니다. 어제의 문제에 상심하다가는 오래 버티지 못할 겁니다."

전시든 평시든 좋은 사고와 나쁜 사고의 주된 차이점은 이것이다. 좋은 사고는 원인과 결과를 따지고, 논리적이고 건설적인 계획으로 이어진다. 반면 나쁜 사고는 흔히 긴장과 신경쇠약으로 이어진다.

나는 근래에 세계적으로 유명한 《뉴욕타임스》의 발행인 아서 설즈버거Arthur H. Sulzberger를 인터뷰하는 특혜를 누렸다. 그는 제2차 세계대전의 불길이 유럽을 휩쓸었을 때, 너무나 큰 충격을 받고 미래가 걱정된 나머지 거의 잠을 이루지 못했다고 말했다. 설즈버거는 자주 한밤중에 일어나 캔버스와 물감을 챙겨서, 거울을 보며 자화상을 그렸다. 그림에 관해 아는 게 없었지만, 걱정을 덜어내려고 무작정 그렸다. 그는 찬송가 한 구절을 신조로 삼기 전에는 결코 걱정을 지우고 평화를 찾지 못했다고 털어놨다. 그 구절은 '한 걸음으로도 내게는 충분하리니'다.

> 다정한 빛이여, 나를 이끌어주소서.
> 나의 발을 지켜주소서.
> 먼 곳을 보여주시기를 바라지 않습니다.
> 한 걸음으로도 내게는 충분하리니.

비슷한 시기에 유럽 어딘가에서 군복을 입고 있던 청년도 같은 교훈을 얻었다. 테드 벤저미노Ted Bengermino는 참전하기 전에 메릴랜드주 볼티모어 뉴홈가 5716번지에 살았다. 그는 심한 걱정에 시달리다가 중증 전투 피로증에 걸렸다. 벤저미노는 다음과 같이 썼다.

....

1945년 4월. 나는 계속 걱정에 시달린 끝에 의사들이 말하는 '경련성 횡행결장'에 걸렸다. 심한 통증을 초래하는 병이었다. 전쟁이 제때 끝나지 않았다면 내 몸은 완전히 망가졌을 것이다.

나는 탈진한 상태였다. 나는 94보병사단의 영현 등록 담당 하사관이었다. 모든 전사자와 실종자, 부상자에 관한 기록 관리가 내 임무였다. 전투 중에 임시로 매장한 아군과 적군의 시신을 파내는 일도 했다. 나는 그들의 소지품을 모아서 부모나 가까운 가족에게 보냈다. 나는 수치스럽고 심각한 실수를 저지르지 않을까 줄곧 걱정했다. 이 모든 힘든 일을 이겨낼 수 있을지 걱정했다. 한 번도 보지 못한 16개월 된 아들을 살아서 품에 안을 수 있을까 걱정했다. 걱정과 피로가 심한 나머지 체중이 15킬로그램이나 빠졌다. 너무나 일을 서두르는 바람에 거의 제정신이 아니었다. 손을 보면 거의 뼈밖에 없었다. 몸이 망가진 채 집으로 돌아가게 될까 두려웠다. 나는 감정을 주체하지 못하고 아이처럼 흐느꼈다. 혼자 있을 때면 항상 눈물이 고일 만큼 심하게 무너진 상태였다. 벌지 전투Battle of the Bulge가 시작되고 얼마 지나지 않은 무렵에는 너무 많이 울어서 정상적인 사람으로 돌아갈 거란 희망을 포기했다.

결국 나는 육군병원에 입원했다. 군의관의 조언이 내 삶을 완전히 바꿨다. 그는 꼼꼼히 검진한 뒤 내게 정신적인 문제가 있다고 했다. "테드, 자네의 삶을 모래시계라고 생각해봐. 위쪽에는 수천 개 모래알이 있어. 모래알은 모두 중간의 좁은 구간을 지나 천천히 균일하게 떨어지지. 자네나 나나 모래시계를 부수지 않고는 그 좁은 구간으로 모래알이 둘 이상 지나가도록 만들 수 없어. 자네나 나 그리고 다른 모든 사람은 모래시계와 같아. 아침에 하루를 시작할 때 그날 해야 한다고 생각하는 수백 가지 일이 있어. 하지만 모래알이 모래시계의 좁은 구간을 지나듯이 그 일을 한 번에 하나씩 천천히 균일하게 하지 않으면 결국 몸이나 마음이 망가져."

군의관의 조언을 들은 잊지 못할 날 이후로, 다음의 철학을 실천했다. "한 번에 모래알 하나, 한 번에 한 가지 일." 그 조언은 전쟁 동안 내 몸과 마음을 지켜주고, 지금 하는 회사 일에도 도움이 됐다. 나는 볼티모어에 있는 상업신용사Commercial Credit Company의 재고 관리 담당이다. 일에서도 전쟁 때와 같은 문제가 생긴다. 즉시 처리해야 할 일은 많고, 시간은 많지 않다. 항상 재고가 부족할 뿐 아니라 새로운 양식, 재고 배열, 주소 변경, 지점의 개점과 폐점 같은 일을 처리해야 했다. 나는 경직되고 긴장하는 대신 군의관이 들려준 말을 기억했다. "한 번에 모래알 하나, 한 번에 한 가지 일"을 몇 번이고 반복하면서 효율적으로 직무를 수행했다. 전장에서 거의 나를 무너뜨린 혼란스럽고 뒤섞인 감정에 휘둘리지 않고 일을 해냈다.

....

현재 우리가 살아가는 방식과 관련해 놀라운 사실이 하나 있다. 전국에 있는 병상의 절반은 신경증과 정신적 문제에 시달리는 환자, 누적된 어제와 두려운 내일의 끔찍한 부담에 짓눌린 환자가 차지하고 있다. 그들 대다수가 "내일 일을 염려하지 말라"는 예수의 말이나 "오늘의 삶을 살라"는 윌리엄 오슬러 경의 말을 따랐다면, 오늘 거리를 걸어 다니며 행복하고 의미 있게 살고 있을 것이다.

당신과 나는 바로 이 순간, 두 영원이 마주하는 자리에 있다. 하나는 영원히 이어온 방대한 과거이고, 다른 하나는 기록된 시간의 마지막 마디를 향해 달려오는 미래다. 우리는 찰나라도 두 영원 속에 살수 없다. 그런데 우리는 그러려고 애쓰다가 몸과 마음을 모두 망가뜨린다. 그러니 우리가 살 수 있는 유일한 시간을 살아가는 데 만족하자. 지금부터 잠들 때까지. 소설가 로버트 루이스 스티븐슨Robert Louis Stevenson은 다음과 같이 썼다.

"아무리 무거운 짐을 진 사람이라도 저녁까지는 견딜 수 있다. 아무리 어려운 일이라도 누구나 하루 동안은 할 수 있다. 누구나 해가질 때까지 즐겁게, 인내심 있게, 애정을 갖고, 순수하게 살아갈 수 있다. 이것이 인생의 진정한 의미다."

그렇다. 이것이 삶이 우리에게 요구하는 전부다. 하지만 미시간주 새기노 코트가 815번지에 사는 E. K. 실즈는 절망에 빠져 자살할 지경에 이르렀다. 그러다가 잠들 때까지만 살아가는 법을 배웠다. 다음은 그녀가 내게 들려준 이야기다.

. . . .

1937년에 남편을 잃고 심한 우울증에 시달렸어요. 돈도 거의 떨어져, 이전에 다니던 회사인 로치파울러컴퍼니 대표님에게 편지를 써서 복직했어요. 저는 예전에 시골과 소도시 교육위원회에 책을 파는 일을 했어요. 남편이 2년 전 병에 걸려 차를 팔았죠. 다행히 중고차를 살 계약금을 긁어모아서 다시 그 일을 시작했어요.

일을 하면 우울증이 완화되리라고 생각했어요. 하지만 혼자 운전하고 밥을 먹는 게 너무나 감당하기 힘들었어요. 일부 구역은 실적이 잘 나오지 않아서 얼마 안 되는 자동차 할부금도 내기 어려웠죠.

1938년 봄에 미주리주 베르사유에서 영업했어요. 그곳은 학교 재정이 열악하고, 도로가 부실했어요. 너무나 외롭고 낙담한 나머지, 한번은 자살할 생각까지 했어요. 성공은 불가능해 보였죠. 삶의 목적이 없었어요. 매일 아침 일어나 삶을 직면하기가 무서웠어요. 모든 게 두려웠어요. 자동차 할부금이나 월세를 못 낼까, 음식이 떨어질까 두려웠어요. 건강이 나빠지는데 병원비가 없을까 두려웠어요. 제가 죽으면 언니가 많이 슬퍼할 테고, 장례비조차 충분하지 않아서 스스로 목숨을 끊지도 못했어요.

그러던 어느 날, 제게 비참한 삶에서 벗어나 계속 살아갈 용기를 준 글을 읽었어요. 그 글에 담긴 고무적인 한 문장에 대한 고마움은 사라지지 않을 거예요. "현명한 사람에게는 하루하루가 새로운 삶이다." 저는 그 문장을 타자로 쳐서 자동차 유리창에 붙이고 운전할 때마다 봤어요. 한 번에 하루만 살아가는 게 그다지 어렵지 않다는 걸 알았어요. 어제를 잊고 내일을 생각하지 않는 법을 배웠어요. 매일 아침 자신에게 "오늘은 새로운 삶이다"라고 말해요.

저는 외로움에 대한 두려움, 욕구에 대한 두려움을 극복하는 데 성공했어요. 저는 지금 행복하고 상당히 성공적으로 살고 있으며, 삶에 대한 의욕과 애정이 넘쳐요. 이제는 삶이 제게 무엇을 건네든 두려워하지 말아야 한다는 걸 알아요. 한 번에 하루씩 살아갈 수 있다는 것, "현명한 사람에게는 하루하루가 새로운 삶"이라는 걸 알아요.

....

누가 아래의 글을 썼을까?

> 행복한 사람은 혼자서도 행복하다네.
>
> 오늘을 자기 것이라 말할 수 있는 사람이며
>
> 평온한 마음으로 "내일이여, 네가 아무리 나빠도
>
> 오늘을 살았으니 나는 괜찮다"라고 말할 수 있는 사람이라네.

이 글은 상당히 현대적인 내용을 담고 있다. 하지만 예수가 태어나기 30년 전 로마 시인 호라티우스Horatius가 쓴 것이다.

내가 아는 인간 본성에 관한 대단히 비극적인 사실 중 하나는 우리 모두 삶을 미루는 경향이 있다는 것이다. 우리는 모두 지금 창밖에 핀 장미를 즐기는 게 아니라 지평선 너머에 있는 마법 같은 장미 정원을 꿈꾼다. 왜 우리는 이토록 어리석을까? 스티븐 리콕Stephen Leacock은 다음과 같이 썼다.

....

우리 삶은 이상하게 흘러간다. 아이들은 "내가 더 크면"이라고 말한다. 그게 무엇인가? 조금 더 자라서는 "어른이 되면"이라고 말한다. 그러다가 어른이 돼서는 "내가 결혼하면"이라고 말한다. 결혼하고 나서는 '은퇴하면'으로 생각이 바뀐다. 그러다가 은퇴할 때가 되면 어느새 모두 놓치고 만다. 모든 게 사라진다. 우리는 인생이 매일과 매시간의 흐름 속에 있음을 뒤늦게 배운다.

....

디트로이트에 살던 사업가 에드워드 에번스는 걱정 때문에 자살할 뻔했다가 "인생이 매일과 매시간의 흐름 속에 있음을" 배웠다. 가난하게 자란 그는 신문을 팔아 처음 돈을 벌었다. 그다음에는 식료품점 점원으로 일했다. 나중에 일곱 명이나 먹여 살려야 했던 그는 사서 보조 자리를 얻었다. 보수는 형편없었지만 그만두기가 두려웠다. 그는 8년이 지나서야 자기 사업을 시작할 용기를 냈다. 빌린 돈 55달러를 초기 투자금으로 삼은 그는 연간 2만 달러를 버는 사업을 일궜다. 뒤이어 엄청난 시련이 찾아왔다. 거액의 보증을 서준 친구가 망한 것이다.

재난이 연거푸 일어났다. 그가 전 재산을 넣어둔 은행이 파산했다. 재산을 모두 잃었고, 1만 6000달러를 빚졌다. 도저히 감당할 수 없는 상황이었다. 그는 내게 말했다.

....

자지도 먹지도 못했습니다. 게다가 까닭 없이 아팠습니다. 걱정이 병을 불러왔습니다. 어느 날 거리를 걷다가 쓰러졌습니다. 더는 걸을 수도 없었습니다. 몸져누웠고 온몸에 종기가 났습니다. 종기 때문에 누워 있기도 고역이었습니다. 나날이 몸이 약해졌습니다. 의사가 2주밖에 살 수 없다고 했습니다. 너무나 충격이었습니다. 저는 마음을 다잡고 침대에 누워 최후를 기다렸습니다. 이제 와 애쓰거나 걱정해야 소용없었습니다. 모든 걸 포기하고, 긴장을 풀고, 잠을 청 했습니다. 이전에는 몇 주 동안 한 번에 두 시간 이상 잔 적이 없었습니다. 하지 만 세상의 문제가 끝나가는 그때는 푹 잘 수 있었습니다. 기운을 앗아가던 피 로가 사라지고, 식욕이 살아나 체중이 늘기 시작했습니다.

몇 주 뒤에 지팡이를 짚고 걸었고 6주 뒤에는 다시 일할 수 있었습니다. 전 에는 1년에 2만 달러를 벌었지만, 일주일에 30달러를 받는 일을 해도 기뻤습니 다. 자동차를 화물선에 선적할 때 바퀴 뒤에 두는 고임목을 파는 일이었죠. 저 는 교훈을 얻었습니다. 더는 걱정하지 않습니다. 과거에 일어난 일을 후회하지 않습니다. 미래를 두려워하지 않습니다. 저는 모든 시간과 기운, 의욕을 고임 목 파는 일에 집중했습니다.

....

이후 에번스는 빠르게 성장했다. 그는 몇 년 만에 회사 대표가 됐으 며, 에번스프로덕트컴퍼니는 오랫동안 뉴욕증권거래소에 상장됐다. 1945년 사망했을 때, 그는 미국에서 손꼽히는 진보적 기업인 중 한 명 이었다. 그린란드에 가면 그를 기리는 에번스필드공항에 착륙할 수도 있다.

이야기의 요점은 이렇다. 에드워드 에번스가 걱정하는 어리석음 을 깨닫지 못했다면, 오늘의 삶을 살아가는 법을 배우지 못했다면, 사업과 삶에서 이런 성과를 얻는 기쁨을 누리지 못했을 것이다.

예수 탄생 500년 전에 그리스 철학자 헤라클레이토스Heracleitos는 제자들에게 "변화의 법칙 외에 모든 것은 변한다. 같은 강물에 발을 두 번 담글 순 없다"고 말했다.

강은 매초 바뀐다. 강물에 발을 담그는 사람도 마찬가지다. 삶은 쉼 없는 변화다. 확실한 것은 오늘뿐이다. 쉼 없는 변화와 불확실성에 가려진 미래의 문제를 풀려고 애쓰다가 오늘을 살아가는 미덕을 망칠 필요가 있을까? 아무도 미래를 예측할 수 없는데?

고대 로마에 이를 가리키는 단어가 있었다. 실제로는 두 단어로, '오늘을 즐겨라', '오늘에 충실하라'라는 의미의 카르페 디엠Carpe diem이다. 오늘에 충실하고, 최대한 활용하라.

이것이 로웰 토머스Lowell Thomas의 철학이다. 나는 근래에 그의 농장에서 주말을 보냈다. 나는 그가 〈시편〉 118편 구절을 액자에 넣어 자주 볼 수 있는 벽에 걸어둔 것을 봤다.

이날은 여호와께서 정하신 것이라,

이날에 우리가 즐거워하고 기뻐하리로다.

존 러스킨John Ruskin은 책상 위에 '오늘'이라는 한 단어가 새겨진 단순한 돌을 둔다. 나는 책상 위에 돌을 두지 않지만, 매일 아침 면도할 때 볼 수 있는 거울에 시를 붙였다. 윌리엄 오슬러 경이 책상 위에 둔 이 시는 인도의 유명한 극작가 칼리다사Kālidāsa가 쓴 것이다.

새벽에 바치는 인사

이날에 집중하라!

그것은 삶, 삶 중의 참된 삶이니.

그 짧은 경로에

당신 존재의 모든 진실과 현실이 놓여 있네.

성장의 환희

행동의 영광

성취의 광채

어제는 한낱 꿈에 지나지 않고

내일은 이상에 불과하지만,

잘 산 오늘은 어제를 행복한 꿈으로 만들고

모든 내일을 희망찬 이상으로 만드네.

그러니 이날에 잘 집중하라!

그것이 새벽에 대한 인사이니.

삶에서 걱정을 몰아내고 싶다면, 다음을 명심하라.

원칙 1

**과거와 미래로 향하는 철문은 굳게 닫고
오늘을 살아라.**

데일 카네기 자기관리론

자신에게 질문하고 답해보자.

1. 미래를 걱정하거나 '지평선 너머에 있는 마법 같은 장미 정원'을 그리느라 오늘을 사는 건 등한시하지 않는가?

   ....

2. 지나간 일을 자주 후회하며 현재를 쓸쓸해하는가?

   ....

3. 아침에 일어나 '오늘에 집중하기로', '24시간을 최대한 활용하기로' 마음먹는가?

   ....

4. 오늘에 충실하며 인생을 더 풍족하게 만들 수 있겠는가?

   ....

5. 언제부터 시작할 수 있는가? 다음 주? 내일? 오늘?

   ....

02

걱정을 해결하는 비결

걱정에 대처하는 빠르고 확실한 방법, 이 책을 더 읽기 전에 당장 활용할 수 있는 기법을 원하는가? 그렇다면 윌리스 캐리어Willis H. Carrier가 만든 기법을 소개한다. 그는 에어컨 산업을 일으킨 뛰어난 엔지니어로, 지금은 뉴욕주 시러큐스에 자리한 세계적인 기업 캐리어의 대표다. 이 기법은 걱정을 해결하는 일과 관련해 내가 들은 최고의 기법이다. 나는 뉴욕의 엔지니어스클럽Engineers' Club에서 그와 함께 점심을 먹다가 이 기법에 관한 이야기를 들었다.

．．．．．．．．．．．．．．．．．．

저는 젊은 시절에 뉴욕주 버펄로에 있는 버펄로포지컴퍼니에서 일했습니다. 그때 미주리주 크리스털시티에 있는 피츠버그플레이트글라스컴퍼니 공장에서 가스 정화 장치를 설치하는 일을 맡았어요. 수백만 달러짜리 공장이었죠. 이 장치는 가스의 불순물을 제거해 엔진을 손상하지 않고 태울 수 있게 만들었어요. 우리는 새로운 방식을 사용했어요. 이전에 다른 조건에서 한 번밖에 시험하지 않은 방식이었죠. 현장에서 작업하는 도중에 예상치 못한 난관이 생겼어요. 어느 정도 효과가 있었지만, 우리가 보장한 수준에는 미치지 못했어요.

저는 그 실패에 충격을 받았습니다. 누군가에게 머리를 한 대 얻어맞은 느낌이었어요. 속이 뒤틀리기 시작하더군요. 한동안 걱정돼서 잠을 못 잤습니다.

그러다가 걱정한다고 해서 문제가 해결되지 않는다는 상식적인 깨달음을 얻었습니다. 그래서 걱정하지 않고 문제에 대처하는 방법을 찾아냈어요. 아주 잘 통하는 방법이었죠. 지금까지 30년 넘게 이 걱정 해소법을 활용하고 있어요. 3단계로 구성된 단순한 방법이라 누구나 활용할 수 있어요.

1단계는 상황을 과감하고 솔직하게 분석해서 이 실패로 생길 최악의 결과가 무엇인지 파악했습니다. 나를 감옥에 가두거나 내게 총을 쏠 사람은 아무도 없었어요. 그건 확실했죠. 물론 일자리를 잃을 가능성, 그 공장에서 기계를 빼서 우리가 투자한 2만 달러를 날릴 가능성은 있었죠.

2단계로, 최악의 결과를 예상하고 필요하다면 받아들일 마음의 준비를 했습니다. 저 자신에게 말했어요. "이 실패는 경력에 타격을 줄 것이고, 일자리를 잃을지도 몰라. 그래도 다른 일자리를 구할 수 있어. 상황이 훨씬 나쁠 수도 있어. 회사는 우리가 새로운 가스 정화법을 시험하고 있다는 걸 알게 될 테고, 이 일로 2만 달러를 잃는다고 해도 감당할 수 있어. 시험이었으니 연구비로 처리하면 돼."

이렇게 최악의 결과를 예상하고 필요하다면 받아들일 마음의 준비를 하고 나니 중요한 변화가 생겼습니다. 긴장이 풀어지면서 오랫동안 경험하지 못한 평온함이 느껴진 것입니다.

3단계에는 마음으로 받아들인 최악의 결과를 개선하는 데 시간과 노력을 들였습니다. 저는 우리가 직면한 2만 달러 손실을 줄일 방법을 찾아내려고 애썼습니다. 여러 번 테스트를 거친 끝에 5000달러를 들여서 추가 장치를 만들면 문제가 해결될 것을 알아냈습니다. 우리는 그렇게 했고, 덕분에 회사는 2만 달러를 잃는 대신 1만 5000달러를 벌었습니다.

계속 걱정했다면 절대 그 방법을 찾지 못했을 겁니다. 걱정은 집중력을 파괴하는 나쁜 속성이 있거든요. 우리는 걱정할 때 정신이 사방으로 날뛰고, 결단력을 잃어버립니다. 반면 최악의 결과를 직시하고 마음으로 받아들이면 이 모든 모호한 상상을 멈추고 문제에 집중할 수 있는 위치에 서게 됩니다.

저는 이 방법을 오래전에 찾아냈습니다. 하지만 아주 잘 통해서 계속 활용하고 있습니다. 그 결과 걱정에서 거의 완전히 자유로운 삶을 살았습니다.

....

윌리스 캐리어의 비결이 심리적 측면에서 왜 대단히 가치 있고 실용적일까? 걱정에 휩싸여 앞을 보지 못할 때 우리를 헤매게 만드는 거대한 먹구름 속에서 꺼내주기 때문이다. 우리가 땅 위에 두 발로 굳건하게 서 있도록 해주기 때문이다. 그래서 우리는 어디에 서 있는지 알 수 있다. 발밑에 단단한 땅이 없다면 생각이나 제대로 할 수 있겠는가?

응용심리학의 아버지 윌리엄 제임스William James 교수가 사망한 지 38년이 지났다. 하지만 그가 지금 살아 있고, 최악의 상황을 직시하는 이 방법에 관한 이야기를 듣는다면 진심으로 동의할 것이다. 그는 제자들에게 "있는 그대로 기꺼이 받아들여라. 일어난 일을 수긍하는 것은 모든 불운의 결과를 극복하는 첫걸음이다"라고 말했기 때문이다.

중국 철학자 린위탕林語堂도 널리 읽힌《생활의 발견The Importance of Living》에서 같은 생각을 표현했다. "진정한 마음의 평화는 최악의 상황을 받아들이는 데서 나온다. 내 생각에 이는 심리적으로 기운을 내는 것과 같다."

맞는 말이다. 이는 심리적으로 새롭게 기운을 내는 것과 같다. 최악의 상황을 받아들이면 더 잃을 게 없다. 이는 얻을 것밖에 없다는 뜻이다! 윌리스 캐리어는 "최악의 상황을 직시한 뒤 긴장이 풀어지면서 오랫동안 경험하지 못한 평온함이 느껴졌습니다. 그때부터 생각할 수 있었습니다"라고 밝혔다.

타당한 말이 아닌가. 그럼에도 수많은 사람은 분노와 혼란 속에 인생을 망쳤다. 최악의 상황을 받아들이지 않으려 했기 때문이다. 최악의 상황을 개선하려고 노력하지 않았기 때문이다. 잔해에서 건질 수 있는 것을 건지려 하지 않았기 때문이다. 그들은 삶을 재건하려 노력하기보다 "지난 경험과 혹독하고 폭력적인 대결"을 벌였다. 결국 화병火病이라는 암울한 집착의 희생자가 되고 말았다.

윌리스 캐리어의 비결을 받아들여 자신의 문제에 적용한 다른 사람의 예를 알고 싶은가? 여기 뉴욕에서 내 강좌를 들은 석유 도매상의 이야기가 있다.

．．．．．．．．．．．．．．．．．．

저는 협박을 당했습니다! 영화가 아니라 현실에서 그런 일이 생길 수 있다는 게 믿기지 않았습니다. 하지만 실제로 협박을 당했습니다! 사정은 이렇습니다. 제가 대표로 있는 회사에는 배달용 트럭과 기사들이 많습니다. 당시 물가관리국의 규제가 엄격해서 고객에게 배달할 수 있는 물량이 정해져 있었습니다. 저는 몰랐는데, 일부 기사가 우리 단골에게 석유를 적게 배달하고 남는 물량을 빼돌려 자기 고객에게 판매한 모양입니다.

제가 이 불법 거래를 처음 눈치챈 것은 정부 감사관이라고 자처하는 사람이 찾아와 뇌물을 요구한 때였습니다. 그는 우리 기사들이 저지른 불법 행위에 대한 증거 서류를 내밀며 돈을 주지 않으면 검찰에 제출하겠다고 협박했습니다.

저는 개인적으로 걱정할 일이 없지만, 법적으로 회사가 직원의 행동에 책임을 져야 한다는 사실을 알았습니다. 게다가 사건이 법정으로 가면 신문에 알려지고, 부정적인 여론 때문에 사업이 망할 거라 생각했죠. 저는 아버지께서 24년 전에 세운 회사에 대한 자부심이 있었습니다.

너무나 걱정돼서 병이 생길 정도였어요! 사흘 밤낮을 먹지도, 자지도 않았습니다. 미친 듯이 같은 생각을 했습니다. 5000달러를 뇌물로 줘야 할까, 아니면 마음대로 하라고 할까? 어느 쪽이든 결심하려니 악몽으로 끝났습니다.

일요일 밤에 화술 강좌에서 받은 《자기관리론》 소책자를 우연히 손에 들었습니다. 거기서 윌리스 캐리어의 이야기를 접했습니다. 그는 "최악의 상황을 직시하라"고 말하더군요. 저 자신에게 물었습니다. "뇌물을 주지 않아서 협박범이 기록을 검찰에 넘기면 생길 수 있는 최악의 상황은 무엇일까?" 그 답은 사업이 망하는 것이었습니다. 제가 감옥에 갈 일은 없었습니다. 일어날 수 있는 일은 언론 보도로 사업이 망하는 것이 전부였습니다.

뒤이어 저 자신에게 물었습니다. "좋아, 사업이 망한다는 사실을 받아들이기로 하자. 그다음에는 무슨 일이 생기지?" 사업이 망하면 저는 일자리를 찾아야 할 겁니다. 그건 그렇게 나쁜 상황이 아니었습니다. 저는 석유에 대해 많은 걸 알았고, 저를 기꺼이 고용할 회사도 여럿 있었습니다. 그러자 기분이 나아지기 시작했습니다. 사흘 밤낮으로 저를 짓누르던 우울한 기분이 조금 풀리고 마음이 평온해졌습니다. 저는 침대로 가서 푹 잤습니다!

일이 어떻게 끝났냐고요? 다음 날 아침, 변호사가 제게 검사를 찾아가서 사실을 털어놓으라고 했습니다. 그대로 따랐습니다. 이야기를 마쳤을 때 검사는 이 협박단이 몇 달 동안 설치고 있으며, '정부 감사관'이라는 사람은 경찰에 수배된 사기꾼이라고 말했습니다. 그에게 5000달러를 줘야 할지 사흘 밤낮을 고민한 끝에 이 모든 이야기를 들으니 얼마나 안심이 되던지요!

이 경험은 오랫동안 잊지 못할 교훈을 줬습니다. 저는 이제 걱정스럽고 긴박한 문제에 직면할 때마다 '오랜 캐리어식 비결'을 따릅니다.

....

윌리스 캐리어가 가스 정화 장치 때문에 걱정할 때, 네브래스카주 브로큰보우에 사는 얼 헤이니는 유서를 작성하고 있었다. 그는 십이지장궤양을 앓았는데, 유명한 궤양 전문의를 비롯한 세 명이 '치료 불가'라고 진단했다. 의사는 이런저런 음식을 먹지 말고, 걱정하거나 짜증 내지 말며, 완벽한 평정심을 유지하라고 했다. 유서를 써두라는 말까지 했다!

헤이니는 궤양 때문에 연봉이 많은 일자리를 포기한 상태였다. 이제 그는 아무 일도 하지 않고 다가오는 죽음을 기다릴 수밖에 없었다.

그때 그는 드물지만 탁월한 결정을 했다.

"살날이 얼마 남지 않았으니 최대한 활용하는 게 나아. 난 항상 죽기 전에 세계 여행을 해보고 싶었잖아. 할 거라면 지금 해야 해."

그는 여행권을 샀다. 의사들은 경악했다.

"경고하는데, 여행에 나섰다가는 바다에 묻히게 될 거요."

"그럴 일 없어요. 가족에게 브로큰보우에 있는 가족묘에 묻힐 거라고 약속했어요. 그래서 관을 사서 가져갈 겁니다."

그는 관을 사서 배에 실은 다음, 여객선 회사와 협의했다. 그가 여행 중에 죽으면 배가 돌아올 때까지 시신을 냉동실에 보관해주기로 말이다. 그는 페르시아 시인 오마르 하이얌Omar Khayyām의 정신을 품고 여행에 나섰다.

아직 써버리지 않은 것을 최대한 활용하라.

티끌로 묻히기 전에.

티끌에서 티끌로 되어 티끌 아래 눕기 전에.

술도, 노래도, 가수도 그리고 끝도 없는 곳에서!

그는 '술 없이' 여행하지 않았다. 그는 내게 보낸 편지에 썼다.

....

여행하는 동안 하이볼을 마시고, 긴 시가를 피웠습니다. 온갖 음식도 먹었습니다. 의사들이 먹으면 죽는다고 한 낯선 토속 음식까지 말이죠. 어느 때보다 즐겁게 보냈습니다! 엄청난 폭우와 태풍도 마주쳤습니다. 하지만 저는 모험에서 커다란 즐거움을 얻었습니다.

배에서 게임을 하고, 노래를 부르고, 친구를 사귀고, 한밤중까지 깨어 있었습니다. 중국과 인도에 도착했을 때, 제가 시달리던 사업적 문제와 고민은 동방의 빈곤과 기아에 비하면 아무것도 아니라는 사실을 깨달았습니다. 의미 없는 모든 걱정을 내려놓고 나니 기분이 나아졌습니다. 미국으로 돌아왔을 때 체중이 40킬로그램이나 불었고, 궤양을 앓았다는 사실조차 거의 잊었습니다. 살면서 그때처럼 기분이 좋은 적이 없었습니다. 저는 장의사에게 관을 팔아버리고 직장에 복귀했습니다. 이후 하루도 아프지 않았습니다.

....

이 일이 있을 무렵, 얼 헤이니는 월리스 캐리어와 그의 걱정 해소법에 관해 한 번도 들어보지 못했다. 그는 근래에 내게 말했다.

....

제가 알지 못하는 사이에 같은 원칙을 따랐다는 걸 깨달았습니다. 저는 생길 수 있는 최악의 일을 받아들였습니다. 제 경우 죽음이었죠. 그리고 남은 시간 동안 최대한 많은 즐거움을 얻으려고 노력했습니다. 그 배를 타고도 계속 걱정했다면 분명히 관에 들어간 채로 돌아왔을 겁니다. 다행히 저는 긴장을 풀었고. 고민을 잊었습니다. 그렇게 얻은 평정심이 새로운 기운을 불어넣어 저를 살렸습니다.

....

윌리스 캐리어가 2만 달러짜리 계약을 구하고, 뉴욕의 사업가가 협박에서 자신을 구하고, 얼 헤이니가 자기 목숨을 구한 것은 같은 비결을 활용했기 때문이다. 그렇다면 이 비결은 당신이 고민하는 문제에 해답이 되지 않을까? 방법이 없다고 생각한 문제까지 해결해주지 않을까?

원칙 2

첫째, '생길 수 있는 최악의 상황은 무엇인지' 자문하라.
둘째, 필요하다면 최악의 상황을 받아들일 마음의 준비를 하라.
셋째, 차분하게 최악의 상황을 개선하라.

데일 카네기 자기관리론

03
걱정이 건강에 끼치는 영향

"걱정과 싸우는 법을 모르는 기업인은 일찍 죽는다."

알렉시스 카렐

얼마 전 저녁, 이웃이 집에 찾아와 우리 가족에게 천연두 백신을 맞으라고 했다. 그는 뉴욕시 전역에서 가정방문 활동을 하는 수천 명의 자원봉사자 중 하나였다. 겁먹은 사람들은 백신을 맞기 위해 몇 시간씩 줄을 섰다. 모든 병원뿐 아니라 소방서, 경찰서, 대형 공장에도 접종 센터가 생겼다. 2000명이 넘는 의사와 간호사가 밤낮으로 사람들에게 백신을 주사했다. 이렇게 난리가 난 원인은 무엇일까? 뉴욕시에서 여덟 명이 천연두에 걸리고, 두 명이 죽었기 때문이다. 800만 명에 달하는 뉴욕시 인구 중 사망자가 두 명 나온 것이다.

나는 37년 이상 뉴욕에 살았다. 그동안 누가 우리 집에 찾아와 걱정이라는 정서적 질환에 관해 경고한 적은 한 번도 없었다. 하지만 이 질환은 지난 37년 동안 천연두보다 1만 배가 넘는 피해를 끼쳤다.

어떤 가정방문 자원봉사자도 현재 미국에서 열 명 중 한 명은 신경쇠약에 걸릴 거라고 경고하지 않았다. 신경쇠약의 주원인은 걱정과 정서적 갈등이다. 그래서 나는 경고를 위해 이 글을 쓰고 있다.

노벨 생리의학상을 받은 알렉시 카렐Alexis Carrel 박사는 말했다. "걱정과 싸우는 법을 모르는 기업인은 일찍 죽는다." 이는 가정주부나 수의사, 미장공도 마찬가지다.

나는 몇 년 전에 고버O. F. Gober 박사와 텍사스와 뉴멕시코를 자동차로 여행하며 휴가를 보냈다. 그는 산타페철도의 의료 담당 임원으로, 정확한 직책은 멕시코만 · 콜로라도 · 산타페병원협회 수석 의사다. 우리는 여행 중에 걱정의 영향에 관해 이야기했다. 그는 의사를 찾아오는 환자 가운데 70퍼센트는 불안과 걱정을 해소할 수 있으면 저절로 나을 거라고 했다. 그리고 덧붙였다.

....

그들의 질환이 순전히 상상이라는 말이 아니에요. 그들의 질환은 욱신거리는 치통만큼 실제로 고통스럽고, 때로는 그보다 100배 심합니다. 제 말은 신경성 소화불량, 위궤양, 부정맥, 불면증, 몇몇 두통과 마비에 한해서입니다. 이런 질환은 실제로 고통스럽습니다. 저는 그 고통이 어떤지 압니다. 12년 동안 위궤양에 시달렸으니까요. 두려움은 걱정을 낳습니다. 걱정은 긴장과 불안을 초래하고, 위장 신경에 영향을 미치며, 소화액을 정상에서 비정상으로 바꿉니다. 그래서 위궤양으로 이어지는 경우가 많습니다.

....

《신경성 위장 장애Nervous Stomach Trouble》를 집필한 조지프 몬태

규Joseph F. Montague 박사도 거의 같은 말을 한다. "위궤양은 당신이 먹는 것 때문이 아니라 당신을 좀먹는 것 때문에 생깁니다."

메이요클리닉Mayo Clinic의 월터 앨버레즈Walter C. Alvarez 박사는 말한다. "궤양은 흔히 정신적 스트레스 정도에 따라 악화하거나 완화됩니다."

그곳에서 위장 질환을 치료한 환자 1만 5000명을 대상으로 조사한 결과가 이 말을 뒷받침한다. 다섯 명 가운데 네 명은 위장 질환을 초래할 만한 신체적 원인이 없었다. 두려움, 걱정, 미움, 극도의 이기심, 현실 세계에 대한 부적응이 위궤양 같은 위장 질환의 주원인이었다. 위궤양으로 사망할 수도 있다. 《라이프Life》에 따르면, 위궤양이 치명적 질환 10위에 올라가 있다.

나는 최근 메이요클리닉의 해럴드 하베인Harold C. Habein 박사와 서신을 주고받았다. 그는 전미산업의사협회 연례 회동에서 한 논문을 발표했다. 평균연령 44.3세인 기업 임원 176명을 대상으로 한 연구 결과로, 연구 대상자 가운데 3분의 1이 조금 넘는 사람이 고도로 긴장된 생활에 따른 3대 특정 질환(심장 질환, 소화관 궤양, 고혈압)에 시달린다는 것이다. 생각해보라. 우리 기업계 임원 3분의 1이 45세가 되기도 전에 심장 질환, 궤양, 고혈압으로 몸을 망치고 있다. 얼마나 값비싼 성공인가! 게다가 성공을 살 수 있는 것도 아니다! 위궤양과 심장 장애를 승진 대가로 지불한 사람이 성공했다고 할 수 있을까? 세상을 가져도 건강을 잃으면 이득이라 할 수 없다. 세상을 가졌어도 한 번에 한 침대에서 자고, 하루에 세 끼 먹을 뿐이다. 막노동자도 그

정도는 할 수 있다. 어쩌면 고위직 임원보다 잘 자고 맛있게 먹을지 모른다. 나라면 철도 회사나 담배 회사를 경영하려다 45세에 건강을 망치느니 밴조를 연주하는 앨라배마의 소작농이 되겠다.

담배 이야기가 나왔으니 말인데, 세계에서 가장 유명한 담배 회사 대표가 근래에 캐나다의 숲에서 휴양을 즐기다가 심장마비로 급사했다. 그는 수백만 달러를 모았지만 61세에 죽었다. 삶을 '사업 성공'과 바꾼 것이다.

수백만 달러를 번 이 대표는 미주리에서 농사를 짓다가 재산 한 푼 없이 89세에 사망한 우리 아버지보다 절반도 성공하지 못했다.

유명한 메이요 형제는 신경증 환자가 전국 병상의 절반 이상을 차지하고 있다고 밝혔다. 하지만 사후에 그들의 신경을 고성능 현미경으로 살펴보면, 대부분 잭 뎀프시(1920년대에 전성기를 누린 헤비급 권투 선수)의 신경만큼 건강해 보였다. 그들의 '신경증'은 물리적 신경 손상이 아니라 허무, 좌절, 불안, 걱정, 두려움, 패배감, 절망 같은 감정 때문에 생긴다. 플라톤은 말했다. "의사들이 저지른 가장 큰 실수는 마음을 치료하지 않고 몸을 치료하려 드는 것이다. 몸과 마음은 하나이며, 따로 치료해선 안 된다!"

의학계가 이 위대한 진리를 인식하는 데 2300년이 걸렸다. 우리는 몸과 마음을 함께 치료하는 정신신체의학psychosomatic medicine을 이제 막 개발하고 있다. 이제 그럴 때가 됐다. 의학은 세균 때문에 발생하는 천연두와 콜레라, 황열병 그리고 수백만 명을 일찍 죽게 만든 다른 끔찍한 질병을 대부분 박멸했다. 하지만 걱정, 두려움, 미움, 좌절, 절망 같은 감정 때문에 생기는 정신과 신체 질환은 아직 극복하지 못했다. 이런 정신 질환이 초래한 사망자가 재난 수준으로 빠르게 늘어나며 퍼지고 있다.

의사들은 이제 미국인 스무 명 중 한 명은 정신 질환으로 인생의 일부를 시설에서 보낼 것이라고 본다. 제2차 세계대전 당시 청년 여섯 명 중 한 명은 정신 질환이나 장애 때문에 징집 대상에서 제외됐다.

무엇이 정신이상을 초래할까? 모든 답을 아는 사람은 없지만, 두려움과 걱정이 주원인일 가능성이 높다. 거친 현실 세계를 극복하지 못하는 불안하고 지친 개인은 환경과 모든 접점을 끊어버린다. 그들은 자신이 만든 몽상의 세계에 숨어드는 식으로 걱정 문제를 해결한다.

이 글을 쓰는 지금 내 책상에는 에드워드 포돌스키Edward Podolsky 박사가 쓴《걱정 말고 나아지세요Stop Worrying and Get Well》가 놓여 있다. 다음은 일부 장의 제목이다.

걱정이 심장에 끼치는 영향

걱정이 일으키는 고혈압

걱정이 초래할 수도 있는 류머티즘

위장을 위해 걱정을 줄여라

걱정이 감기를 초래하는 방식

걱정과 갑상샘

걱정이 많은 당뇨 환자

걱정을 이해하는 데 도움이 되는 또 다른 책은 '정신의학계의 메이요 형제' 중 한 명인 칼 메닝거Karl Menninger 박사가 쓴《자신에게 맞서는 사람Man Against Himself》이다. 이 책은 파괴적 감정이 삶을 지배하도록 방치하면 벌어지는 일을 놀라운 방식으로 밝혀준다. 자신에게 맞서는 짓을 멈추고 싶다면 이 책을 읽어라. 친구들에게 이 책을 선물하라. 고작 4달러지만, 살면서 할 수 있는 최고의 투자다.

걱정은 대단히 둔감한 사람도 아프게 만들 수 있다. 율리시스 그랜트Ulysses S. Grant 장군은 남북전쟁 막바지에 그 사실을 알았다. 그랜트는 9개월 동안 리치먼드를 포위했다. 누더기를 걸치고 배고픔에 시달리던 로버트 리Robert E. Lee 장군의 부대는 패배했다. 연대 전체가 동시에 탈영했다. 다른 부대는 막사에서 기도하며 고함치고, 울고, 환영에 사로잡혔다. 종말이 가까워지고 있었다. 리의 병사들은 리치먼드에 있는 목화와 담배 창고에 불을 지르고, 무기고를 태웠다. 그들은 화염이 밤하늘로 치솟는 가운데 리치먼드에서 탈출했다. 그랜트는 측면과 후방에서 남군을 공격하며 치열하게 추격했다. 셰리던Philip H. Sheridan의 기병대는 정면에서 그들을 저지하며 철로를 파괴하고 보급 열차를 포획했다.

그랜트는 눈이 보이지 않을 정도로 두통이 심해 뒤처졌다가 농가에서 멈췄다. 그는 회고록에 이렇게 썼다.

"나는 겨자를 푼 뜨거운 물에 발을 담그고 손목과 뒷덜미에 겨자 연고를 바른 채 낫길 바라며 밤을 보냈다."

다음 날 아침이 되자 즉시 두통이 나았다. 두통을 낫게 한 것은 겨자 연고가 아니라, 항복 의사를 담은 리 장군의 편지를 들고 달려온 장교다.

그랜트는 회고록에 "(서신을 가지고) 장교가 왔을 때 나는 여전히 두통에 시달리고 있었다. 하지만 서신을 읽는 순간 바로 나았다"라고 밝혔다.

그를 아프게 한 것은 걱정과 긴장, 감정이었다. 그래서 감정이 자신감과 성취, 승리의 기운을 얻는 순간 두통이 바로 나았다.

70년 뒤, 프랭클린 루스벨트 내각의 재무부 장관 헨리 모겐소 주니어Henry Morgenthau Jr.는 걱정이 현기증을 유발할 만큼 몸을 쇠약하게 만들 수 있다는 사실을 깨달았다. 그는 일기에 대통령이 밀값을 올리려고 하루에 440만 부셸(12만 톤)을 사들여서 걱정된다며 이렇게 썼다. "일이 진행되는 동안 말 그대로 현기증이 났다. 나는 점심을 먹은 뒤 집으로 가서 두 시간 동안 침대에 누워 있었다."

나는 걱정이 사람들에게 어떤 영향을 미치는지 보고 싶을 때 도서관이나 의사를 찾아갈 필요가 없다. 이 책을 쓰고 있는 우리 집 창밖만 보면 된다. 한 구역에 걱정 때문에 신경쇠약에 걸린 이웃과 당뇨에 걸린 이웃이 있다. 후자는 주식시장이 무너졌을 때 혈액과 소변의 혈당치가 급등했다.

저명한 프랑스 철학자 몽테뉴Montaigne는 고향 보르도에서 시장으로 선출됐을 때, 시민들에게 말했다. "여러분의 일을 기꺼이 제 두 손으로 받아들이겠지만, 제 간과 폐 속으로는 받아들이지 않을 겁니다."

내 이웃은 주식시장에서 벌어진 일을 혈류 속으로 받아들여 거의 죽을 뻔했다.

걱정은 류머티즘과 관절염을 일으켜 휠체어 신세를 지게 만들 수 있다. 코넬대학교 의대 러셀 세실Russell L. Cecil 박사는 관절염 분야의 세계적인 권위자다. 그는 관절염을 일으키는 네 가지 주원인을 제시했다.

1. 결혼 생활의 파탄
2. 파산과 비통
3. 외로움과 걱정
4. 오래도록 품은 원한

물론 이 네 가지 감정적 원인만 관절염을 일으키진 않는다. 관절염은 발병 원인에 따라 다양한 유형이 있다. 그래도 관절염을 일으키는 가장 흔한 원인은 세실 박사가 밝힌 네 가지다.

내 친구는 대공황 때 너무나 곤궁했다. 가스 회사가 가스를 끊었고, 은행은 집을 경매로 넘겼다. 그러자 그의 아내가 갑자기 심한 통증을 동반한 관절염에 걸리고 말았다. 약을 먹고 식이요법을 써도 차도가 없었다. 그녀의 관절염은 재정 상황이 나아질 때까지 계속됐다.

걱정은 충치도 유발할 수 있다. 윌리엄 맥고니글 박사는 미국치과협회 강연에서 말했다. "걱정, 두려움, 잔소리 등에 따른 불쾌한 감정은 신체의 칼슘 균형을 무너뜨려서 충치를 유발할 수 있습니다." 그리고 자신의 환자를 예로 들었는데, 그는 갑작스레 병에 걸린 아내를 걱정하기 전까지 치아 상태가 완벽했다. 아내가 입원한 3주 동안 충치 아홉 개가 생겼다. 걱정이 충치를 유발한 것이다.

내가 본 급성 갑상샘항진증에 걸린 사람들은 몸을 심하게 떨었고, 죽을 수도 있다는 공포 때문에 더 떨었다. 그들은 신체 기능을 조절하는 갑상샘이 고장 났기 때문에, 심장박동이 빨라지고 공기 통로를 모두 연 용광로처럼 온몸이 타오른다. 수술이나 치료로 억제하지 않으면 환자가 '자신을 태워버려서' 죽을 수도 있다.

얼마 전에 나는 이 병에 걸린 친구와 함께 필라델피아에 갔다. 이 병을 38년 동안 치료한 전문의를 만나기 위해서다. 병원 대기실 벽에 모든 환자가 볼 수 있도록 커다란 나무판에 걸어놓은 조언을 기다리는 동안 봉투 뒤에 옮겨 적었다.

긴장 완화와 여가

가장 긴장을 풀어주고 기운을 불어넣어주는 것은
바람직한 종교와 수면, 음악, 웃음입니다.
하나님을 믿고 푹 주무세요.
좋은 음악을 사랑하고 삶의 즐거운 면을 보세요.
그러면 건강과 행복이 당신 것이 됩니다.

그 의사가 내 친구에게 가장 먼저 한 질문은 "어떤 심적 고통이 원인이었나요?"였다. 그는 걱정을 멈추지 않으면 심장병, 위궤양, 당뇨

병 같은 다른 병도 생길 수 있다고 경고했다. "이 모든 병은 사촌 격입니다." 당연히 그럴 것이다. 모두 걱정 때문에 생기는 병이니까!

나는 메르 오베른Merle Oberon을 인터뷰한 적이 있다. 그녀는 걱정하지 않으려 한다고 말했다. 걱정이 영화배우로서 자신의 가장 중요한 자산인 외모를 망친다는 걸 알았기 때문이다.

....

영화계에 입문하려고 할 때 걱정스럽고 두려웠어요. 막 인도에서 건너왔고, 일자리를 얻으려던 런던에 아는 사람이 한 명도 없었어요. 제작자 두어 명을 만났지만 제게 배역을 주지 않았어요. 얼마 없던 돈도 바닥나기 시작했죠. 2주 동안 크래커와 물만 먹었어요. 이제는 걱정하는 데 그치지 않고 배도 고팠어요. 저 자신에게 말했어요. "어쩌면 넌 멍청이인지도 몰라. 절대 영화계에 들어가지 못할 거야. 연기 경험도 없잖아. 예쁜 얼굴 말고 내세울 게 뭐가 있어?"

그러다가 거울을 보니 걱정이 제 얼굴을 망쳐놓았더라고요! 주름살이 생기기 시작했고, 불안한 표정이 드러났어요. 그래서 스스로에게 말했어요. "당장 걱정을 멈춰! 그럴 여유가 없어. 네가 가진 거라고는 얼굴뿐인데 걱정 때문에 망가지고 있잖아!"

....

걱정만큼 빠르게 우리를 늙고 추하게 만들고, 얼굴을 상하게 하는 것은 없다. 걱정은 표정이 굳어지게 한다. 어금니를 꽉 깨물고 얼굴에 주름이 지게 만든다. 항상 찌푸린 표정을 짓게 만든다. 머리가 세

게 하고, 심한 경우 탈모까지 초래한다. 온갖 뾰루지, 발진, 여드름이 생겨 피부도 망칠 수 있다.

심장병은 현재 미국인의 사망 원인 1위다. 제2차 세계대전 동안 거의 33만 명이 전투 중에 사망했다. 같은 기간에 민간인 200만 명이 심장병으로 죽었다. 그중 절반은 걱정과 긴장에 시달리는 생활이 원인이었다. 알렉시 카렐 박사가 "걱정과 싸우는 법을 모르는 기업인은 일찍 죽는다"고 말한 주원인 가운데 하나가 심장병이다.

남부의 흑인과 중국인은 걱정으로 심장병에 걸리는 일이 드물다. 그들은 차분하게 문제를 받아들이기 때문이다. 농장 일꾼보다 20배나 많은 의사가 심장병으로 죽는다. 의사는 긴장 속에 살아가고, 그 대가를 치른다.

윌리엄 제임스는 말했다. "주님은 우리 죄를 용서하시지만, 신경계는 절대 용서하지 않는다."

놀랍고도 믿기 힘든 사실이 있다. 해마다 5대 전염병으로 죽는 미국인보다 자살로 죽는 미국인이 많다. 대부분 '걱정' 때문이다.

중국의 잔혹한 왕들은 전쟁 포로를 고문할 때 손발을 묶은 채로 물이 조금씩 떨어지는 주머니 밑에 뒀다. 물이 밤낮으로 한 방울씩 떨어졌다. 물방울이 이마로 떨어지는 소리가 나중에는 망치 소리처럼 들렸고 사람을 미치게 했다. 스페인에서 벌어진 종교재판과 히틀러 치하의 독일 강제수용소에서도 같은 고문 방식을 사용했다.

걱정은 계속 떨어지는 물방울과 같다. 계속 떨어지는 걱정은 흔히 사람을 정신이상과 자살로 몰고 간다.

내가 미주리에 사는 촌놈일 때, 빌리 선데이가 저승의 지옥 불을 묘사하는 말을 듣고 무서워 죽을 지경이었다. 하지만 그는 이승에서 걱정이 주는 지옥 불의 육체적 고통을 언급하지 않았다. 예를 들어 고질적인 걱정꾼은 나중에 인간이 겪는 가장 극심한 고통인 협심증에 시달릴 수 있다.

혹시라도 협심증에 걸리면 고통에 비명을 지르게 될 것이다. 그에 비하면《신곡》〈지옥 편〉에 묘사된 비명은 아기 울음 같을 것이다. 그때 당신은 "하나님, 제발 이 고비만 넘게 해주시면 절대 아무것도 걱정하지 않겠습니다"라고 빌 것이다. (내가 과장한다 생각하면 의사에게 물어보라.)

삶을 사랑하는가? 건강하게, 오래 살고 싶은가? 그렇다면 당신이 할 수 있는 일이 있다. 이번에도 알렉시 카렐 박사의 말을 인용한다. "현대 도시의 소란 속에 내면의 평화를 유지하는 사람은 신경 질환에 면역력이 있다."

현대 도시의 소란 속에서 내면의 평화를 유지할 수 있을까? 일반적인 사람이라면 가능하다. 분명히 할 수 있다. 대다수 사람은 자신이 생각하는 것보다 강하다. 우리에게는 아직 한 번도 활용하지 않은 내면의 자원이 있다. 소로Henry David Thoreau는 불멸의 책《월든 Walden》에서 말했다.

· · · · · · · · · · · · · · · · · · · ·

사람에게 의식적인 노력으로 삶을 고양하는 확실한 능력이 있다는 것보다 고

무적인 사실은 없다. 꿈꾸는 방향으로 자신 있게 나아가고, 상상하던 삶을 살려고 노력하면 평소 기대하지 않은 성공을 얻을 것이다.

....

물론 이 책의 독자는 올가 자비Olga K. Jarvey만큼 의지력과 내적 자원이 있다. 아이다호주 코들레인 사서함 892번지에 사는 그녀는 대단히 비극적인 상황에서도 걱정을 멈출 수 있다는 사실을 발견했다. 당신과 나도 할 수 있다고 믿는다. 이 책에서 논의하는 오랜 진리를 따른다면 말이다. 다음은 올가 자비가 내게 보낸 편지다.

....

저는 8년 반 전, 암에 걸려 서서히 고통스럽게 죽을 운명에 처했습니다. 우리나라 최고 의사인 메이요 형제가 암 선고를 내렸습니다. 저는 막다른 길에 갇혔고, 그 끝에는 죽음이 입을 벌리고 있었습니다! 저는 젊었습니다. 죽고 싶지 않았습니다! 절박한 나머지 켈로그에 있는 주치의에게 전화해서 울며 가슴속 절망을 토로했습니다. 그는 다소 성마르게 저를 질책했습니다. "왜 그래요, 올가. 투쟁심이라고는 아예 없어요? 계속 그렇게 울다가는 당연히 죽을 거예요. 맞아요, 당신은 최악의 상황에 직면했어요. 현실을 직시하자고요! 걱정은 그만하고 뭐라도 해봐요!" 그 자리에서 저는 맹세했습니다. 손톱이 살에 박히고 등에 소름이 돋을 만큼 엄숙한 맹세였습니다. "난 걱정하지 않을 거야! 울지 않을 거야! 의지로 병을 다스릴 여지가 있다면 이겨낼 거야! 살아남을 거야!"

병세가 깊어서 라듐을 쓸 수 없는 경우, 30일 동안 10분 30초씩 엑스선을 조사합니다. 저는 49일 동안 14분 30초씩 엑스선을 조사했습니다. 바짝 마른 몸 위로 민둥산 바위처럼 뼈가 불거지고, 발이 납덩이 같았습니다. 그래도 걱정하지 않았어요. 울지 않았습니다! 오히려 웃었습니다! 억지로 웃었어요. 저는 웃기만 하면 암이 나을 거라고 상상할 만큼 어리석지 않습니다. 그래도 명랑한 태도가 몸이 질병과 싸우는 데 도움이 될 거라고 믿었습니다. 저는 암이 치료되는 기적을 경험했습니다. 지난 몇 년 동안 지금처럼 건강한 적이 없어요. "현실을 직시하고, 걱정을 그만두고 뭐라도 해보라"고 투지를 불어넣은 주치의 맥카프리 박사 덕분입니다.

....

"걱정과 싸우는 법을 모르는 기업인은 일찍 죽는다." 서두에 소개한 알렉시 카렐 박사의 말을 반복하며 이 장을 마무리하겠다. 예언자 무함마드의 열렬한 추종자들은 흔히 가슴에 코란 구절을 문신한다. 나는 이 책의 모든 독자가 이 말을 가슴에 새기기 바란다.

카렐 박사가 당신을 염두에 두고 한 말일 수도 있다.

원칙 3

걱정과 싸우는 법을 모르는 기업인은 일찍 죽는다.

데일 카네기 자기관리론

걱정에 관해 알아야 할 것

*걱정을 피하고 싶다면 윌리엄 오슬러 경처럼 '오늘의 삶'을 살아라. 미래에 대해 조바심내지 마라. 그냥 잠들 때까지 매일을 살아라.

*앞으로 난관이 당신을 노리고 달려와 궁지로 몰아붙이면, 윌리스 캐리어의 비결을 활용하라.

> 첫째, '이 문제를 해결하지 못할 때 생길 수 있는 최악의 상황은 무엇인지' 자문하라.

> 둘째, 필요하다면 최악의 상황을 받아들일 마음의 준비를 하라.

> 셋째, 받아들이기로 마음먹은 최악의 상황을 차분하게 개선하라.

*걱정 때문에 건강상 치러야 할 수도 있는 엄청난 대가를 상기하라. "걱정과 싸우는 법을 모르는 기업인은 일찍 죽는다."

PART 2

걱정을 분석하는
기본적인 기법

BASIC TECHNIQUES IN
ANALYSING WORRY

01
문제를 분석하고 해결하는 방법

"내게는 정직한 여섯 하인이 있다. (그들에게 모든 걸 배웠다.)
그들의 이름은 '누가', '언제', '어디서', '무엇을', '왜', '어떻게'다." _러디어드 키플링

1부 2장에서 설명한 윌리스 캐리어의 비결이 걱정되는 모든 문제를 해결해줄까? 당연히 그렇지 않다. 답은 무엇일까? 문제를 분석하는 세 가지 기본 단계를 익혀서 온갖 걱정에 대처할 채비를 해야 한다. 세 가지 단계는 다음과 같다.

1. 사실을 확보한다.
2. 사실을 분석한다.
3. 결정에 이른 다음 실행에 옮긴다.

당연한 내용 아닌가. 아리스토텔레스가 이를 가르치고 활용했다. 당신과 나도 우리를 괴롭히고 우리의 낮과 밤을 지옥으로 만드는 문제를 해결하려면 활용해야 한다.

첫 번째 단계부터 살펴보자. 사실을 확보하는 게 왜 중요할까? 사

실을 모르면 문제를 지적으로 해결하려는 시도조차 할 수 없기 때문이다. 사실이 없으면 우리가 할 수 있는 일은 혼란 속에서 조바심을 내는 것뿐이다. 이게 내 생각은 아니다. 22년 동안 컬럼비아대학 Columbia College 학장을 지낸 허버트 호크스Herbert E. Hawkes의 생각이다. 그는 20만 명에 이르는 학생이 걱정 문제를 해결하도록 도왔다. 그는 내게 "혼란이 걱정의 주원인"이라고 했다. 자세한 이야기를 들어보자.

....

세상의 모든 걱정 가운데 절반은 결정의 토대로 삼을 충분한 지식을 얻기 전에 결정하려 해서 생깁니다. 예를 들어 저는 다음 주 화요일 3시에 직면할 문제가 있다면 그날이 될 때까지 결정하지 않습니다. 그동안 문제와 관련된 모든 사실을 확보하는 데 집중합니다. 걱정하지 않습니다. 문제를 놓고 고민하지 않습니다. 잠을 설치지 않습니다. 그저 사실을 확보하는 데 집중합니다. 모든 사실을 확보하면 대개 화요일 무렵에 문제가 저절로 해결됩니다!

....

나는 호크스 학장에게 걱정을 완전히 극복했는지 물었다.

"네, 이제 내 삶은 거의 완전히 걱정에서 자유롭다고 정직하게 말할 수 있습니다. 공정하고 객관적인 방식으로 사실을 확보하는 데 시간을 들이면 걱정이 대개 지식의 빛 속에서 증발한다는 것을 확인했습니다."

다시 반복해도 될 만큼 중요한 말이다.

대다수 사람은 어떻게 하는가? 팩트를 아예 신경 쓰지 않는다. 토머스 에디슨은 진지하게 말했다.

"인간은 생각이라는 노동을 피하려고 온갖 수단을 동원한다."

설령 사실을 신경 쓴다 해도 이미 가진 생각을 뒷받침하는 사실만 사냥개처럼 쫓아다닌다. 다른 사실은 모두 무시한다! 우리는 자신의 행위를 정당화하는 사실만 원한다. 우리의 희망 회로와 편리하게 들어맞고 선입관에 따른 편견을 정당화하는 사실 말이다. 앙드레 모루아André Maurois가 말한 대로 "우리의 개인적 욕망과 일치하는 모든 것은 옳은 것처럼 보인다. 반면 그렇지 않은 모든 것은 분노를 불러일으킨다".

그렇다면 우리의 문제에 답을 찾는 일이 그토록 어려운 게 당연하지 않을까? '2 + 2 = 5'라고 알고 있으면 초등학교 2학년 산수 문제를 풀려 해도 마찬가지로 어렵지 않을까? 하지만 이 세상에는 '2 + 2 = 5' 심지어 '2 + 2 = 500'이라고 우기며 자신과 다른 사람의 삶을 지옥으로 만드는 사람이 많다. 이 문제를 어떻게 해야 할까? 사고 과정에서 감정을 배제해야 한다. 호크스 학장이 말한 대로 '공정하고 객관적인' 방식으로 사실을 확보해야 한다. 하지만 걱정에 휩싸여 있을 때는 그러기가 쉽지 않다. 걱정에 휩싸이면 감정이 앞선다. 사실을 분명하고 객관적인 방식으로 보기 위해 내 문제와 거리를 두려 할 때 도움이 된 두 가지 방법이 있다.

....

첫째, 사실을 확보할 때 나 자신이 아니라 다른 사람을 위해 정보를 모은다고 가정한다. 그러면 증거를 냉정하고 공정한 관점으로 보고, 감정을 배제하는 데 도움이 된다.

둘째, 걱정되는 문제에 관한 사실을 수집할 때, 내가 사안의 반대편을 옹호하는 변호사라고 가정한다. 다시 말해 내 생각에 맞서는 모든 사실, 내 바람을 무너뜨리고 외면하고 싶은 모든 사실을 확보하려 애쓴다. 그다음 나와 반대편의 입장을 글로 적는다. 대개 진실은 이 두 극단 사이 어딘가에 있다.

....

내가 말하려는 요지는 이거다. 당신도, 나도, 아인슈타인도, 미국 대법원도 사실을 확보하지 않고 어떤 문제에 대한 지성적인 결론에 도달할 만큼 명민하지 않다. 에디슨은 이 사실을 알았다. 그는 사망 당시 자신이 직면한 문제에 관한 사실로 가득한 노트 2500권을 갖고 있었다.

따라서 문제를 해결하기 위한 첫 번째 단계는 사실을 확보하라는 것이다. 호크스 학장의 방식을 따르자. 공정한 방식으로 모든 사실을 수집하지 않은 채 문제를 해결하려는 시도조차 하지 마라. 다만 세상의 모든 사실을 확보해도 분석하고 해석하기 전에는 아무 도움이 되지 않는다.

나는 값비싼 경험을 통해 사실을 적어놓으면 분석하기가 더 쉽다는 사실을 깨달았다. 실제로 종이에 사실을 적고 우리의 문제를 명시하기만 해도 타당한 결론에 이르는 데 많은 도움이 된다. 찰스 케터링Charles Kettering이 말한 대로 "문제를 명시하기만 해도 절반은 해결된 셈이다".

현실에서 이 모든 게 어떻게 통하는지 보여주겠다. 중국 속담에 '백 번 듣는 것이 한 번 보는 것만 못하다'는 말이 있다. 그래서 우리가 이야기하는 내용을 한 사람이 확고한 행동으로 옮긴 양상을 그림처럼 보여주려고 한다. 그는 내 오랜 지인이자 극동에서 크게 성공한 미국 기업인 갈렌 리치필드다. 리치필드는 1942년에 일본이 상하이를 침략했을 때 중국에 있었다. 다음은 그가 우리 집에 손님으로 왔을 때 들려준 이야기다.

· · · · · · · · · · · · · · · · · ·

일본은 진주만을 공격한 직후에 상하이로 몰려왔습니다. 저는 상하이에 있는 아시아생명보험Asia Life Insurance의 관리자였습니다. 일본군은 해군 제독 청산인을 우리 회사에 파견했습니다. 그들은 제게 우리 회사의 자산을 청산하는 작업을 도우라고 명령했습니다. 어쩔 수 없는 상황이었습니다. 협조 아니면 다른 선택지밖에 없었고, 다른 선택지는 확실한 죽음이었습니다.

저는 지시를 따르는 척했습니다. 대안이 없었으니까요. 그래도 75만 달러 가치가 있는 증권 뭉치를 제독에게 인도할 목록에서 뺐습니다. 그 증권은 우리 상하이 지사의 자산이 아니라 홍콩 지사의 자산이었기 때문입니다. 그렇다 해도 일본군이 제가 한 짓을 알면 곤경에 처할 것 같아 두려웠습니다. 실제로 곧 발각되고 말았습니다.

당시 사무실에 저는 없고, 수석 회계사가 있었습니다. 그는 제독이 길길이 뛰며 발을 구르고 욕을 하면서 저를 "도둑놈, 반역자"라 불렀다고 말했습니다! 저는 일본군의 명령을 거역했습니다! 저는 그게 어떤 의미인지 알았습니다. 일본군이 저를 브리지하우스Bridge House에 집어넣을 게 분명했습니다!

브리지하우스는 일본 헌병대가 운영하던 고문실입니다! 제 친구 중 몇 명은 거기에 들어가느니 자살하는 쪽을 택했습니다. 거기서 열흘 동안 취조당하고 죽은 친구도 있습니다. 이제는 제가 브리지하우스에 끌려갈 처지였습니다!

어떻게 해야 할까요? 발각됐다는 소식을 들은 때는 일요일 오후였습니다. 아마 공포에 떨어야 마땅했을 겁니다. 문제를 해결하는 확고한 방법이 없었다면 공포에 떨었겠지요. 저는 오랫동안 걱정스러운 일이 생길 때마다 타자기 앞에 앉아서 두 가지 질문과 답을 작성했습니다.

1. 무엇을 걱정하는가?
2. 거기에 대해 할 수 있는 일은 무엇인가?

처음에는 적지 않고 답하려 했지만, 질문과 답을 글로 적으면 사고가 명료해진다는 걸 안 이후부턴 계속 해왔습니다.

일요일 오후, 상하이 YMCA에 있는 제 방으로 가서 타자기를 꺼냈습니다. 그리고 '1. 무엇을 걱정하는가?'라고 입력했습니다. 답은 내일 아침에 브리지하우스에 끌려갈까 두렵다는 것이었습니다. 뒤이어 두 번째 실문을 입력했습니다. '2. 거기에 대해 할 수 있는 일은 무엇인가?' 저는 몇 시간 동안 생각하며 제가 취할 수 있는 네 가지 행동과 그로 인해 일어날 수 있는 일을 적었습니다.

첫째, 제독에게 해명할 수 있습니다. 하지만 그는 영어를 못합니다. 통역자를 거쳐 해명하면 다시 그를 자극하고, 제가 죽을 수도 있습니다. 잔인한 그는 이 일에 관해 이야기하기보다 저를 브리지하우스에 집어넣는 쪽을 택할 것이기 때문입니다.

둘째, 탈출할 수 있습니다. 하지만 탈출은 불가능합니다. 일본군이 항상 따라다녔으니까요. YMCA에 있는 제 방에 드나들 때도 신고해야 했습니다. 그런 상황에서 탈출을 시도했다가는 붙잡혀서 총살당할 수도 있습니다.

셋째, 제 방에 계속 머물며 다시 사무실 근처에 가지 않을 수 있습니다. 그러면 제독은 의심하며 군사를 보내 저를 체포할 것입니다. 그리고 말할 기회를 주지 않고 저를 브리지하우스에 집어넣을 것입니다.

넷째, 월요일 아침에 평소처럼 출근할 수 있습니다. 그러면 제독이 너무 바빠서 제가 한 일을 떠올리지 못할 가능성이 있습니다. 설령 떠올린다 해도 분노가 식어 저를 괴롭히지 않을지 모릅니다. 그러면 무사할 수 있습니다. 저를 괴롭혀도 해명할 기회가 있습니다. 그래서 월요일 아침에 평소처럼 출근해 아무 일 없던 것처럼 행동하면 브리지하우스에 가지 않을 기회가 두 번 생깁니다.

이 모든 걸 생각하고 월요일 아침에 평소처럼 출근하는 계획으로 결정하자, 마음이 아주 편해졌습니다. 다음 날 아침, 사무실에 들어가니 제독이 담배를 물고 앉아 있었습니다. 그는 항상 그랬듯 저를 노려보며 아무 말도 하지 않았습니다. 다행히 그는 6주 후 도쿄로 돌아갔고, 제 걱정은 끝났습니다.

앞서 말한 대로 저는 그 일요일 오후에 제가 취할 수 있는 모든 단계와 그에 따라 생길 수 있는 결과를 적은 다음, 차분하게 결론에 이른 덕분에 목숨을 구할 수 있었습니다. 그러지 않았다면 허둥대고, 망설이고, 충동적으로 잘못된 일을 했을지도 모릅니다. 제 문제를 숙고하고 결론에 이르지 않았다면 일요일 오후 내내 걱정하느라 제정신이 아니었을 겁니다. 그날 밤 잠을 이루지 못하고, 월요일 아침에 해쓱하고 걱정 어린 얼굴로 출근했을 겁니다. 그것만으로 제독의 의심을 불러일으켜 행동에 나서도록 자극했을지도 모릅니다.

저는 지금까지 결정에 이르는 일의 엄청난 가치를 거듭 경험했습니다. 확고한 목적에 이르지 못하는 것, 미친 듯이 같은 자리를 맴도는 짓을 멈추지 못하는 것은 신경쇠약과 지옥 같은 삶을 부릅니다. 제 경우, 명확한 결론에 이르면 걱정이 50퍼센트 사라집니다. 그 결정을 실행하면 대개 40퍼센트도 사라집니다. 그래서 네 단계를 밟으면 걱정이 약 90퍼센트 사라집니다.

첫째, 무엇을 걱정하는지 정확히 적는다.

둘째, 거기에 대해 무엇을 할 수 있는지 적는다.

셋째, 무엇을 할지 결정한다.

넷째, 그 결정을 즉시 실행한다.

....

갈렌 리치필드는 현재 뉴욕주 존 스트리트 3번지에 있는 스타파크앤드프리먼의 극동 담당 이사로, 대형 보험과 재정적 이해관계를 대변하는 일을 한다.

앞서 말한 것처럼 그는 아시아에서 활동하는 주요 미국 기업인 중

한 명이다. 그는 자신이 거둔 성공의 많은 부분은 걱정을 분석하고 정면으로 대응하는 방법 덕분이라고 했다. 이 방법이 뛰어난 까닭은 효율적이고, 구체적이며, 문제의 핵심을 파고들기 때문이다. 게다가 행동에 나선다는 네 번째이자 필수적인 규칙으로 확실하게 마무리한다. 행동으로 옮기지 않으면 우리의 모든 사실 확보와 분석은 헛된 노력, 기운 낭비에 불과하다.

월리엄 제임스는 "결정에 이르러 실행해야 한다면 결과에 대한 모든 책임과 염려를 접어두라"며 '염려'를 '불안'의 동의어로 썼다. 이 말은 사실을 토대로 신중하게 결론에 이르렀다면 행동하라는 뜻이다. 재고하려고 멈추지 마라. 주저하며 뒷걸음치지 마라. 다른 회의를 낳는 자기 회의에 빠지지 마라. 계속 뒤돌아보지 마라.

나는 오클라호마의 유력한 석유 기업인 웨이트 필립스에게 어떻게 결정을 실행에 옮기는지 물은 적이 있다. "제가 보기에 어느 정도를 넘어서 계속 문제를 생각하는 것은 혼란과 걱정을 초래하게 마련입니다. 더 많은 조사와 생각이 해로워지는 때가 옵니다. 결정하고 행동하며, 뒤돌아보지 말아야 할 때가 옵니다."

지금 당신이 걱정하는 문제에 갈렌 리치필드의 방법을 활용하면 어떨까?

1. 무엇을 걱정하는가?

....

2. 거기에 대해 무엇을 할 수 있는가?

....

3. 하려고 결정한 일은 무엇인가?

....

4. 언제 그 일을 시작할 것인가?

....

데일 카네기 자기관리론

02

일에 대한 걱정을
반으로 줄이는 방법

당신이 기업인이라면 지금 이렇게 생각할 것이다. '이 장의 제목은 말도 안 돼. 나는 19년 동안 사업을 했어. 그 방법을 아는 사람이 있다면 분명 나도 알고 있어야 해. 다른 사람이 나한테 사업 걱정을 반으로 줄이는 방법을 알려준다는 건 터무니없어!'

이렇게 생각할 만하다. 몇 년 전에 이 장의 제목을 봤다면 나도 같은 생각을 했을 것이다. 이 제목은 많은 것을 약속하지만, 약속에는 돈이 들지 않는다.

솔직히 말하겠다. 당신이 하는 사업 걱정을 반으로 줄이는 데 도움을 주지 못할 수도 있다. 당신 말고는 아무도 그렇게 못한다. 다만 내가 할 수 있는 일은 다른 사람들이 어떻게 했는지 보여주고, 나머지는 당신에게 맡기는 것이다!

앞에서 인용한 유명한 알렉시 카렐 박사의 말을 기억할 것이다. "걱정과 싸우는 법을 모르는 기업인은 일찍 죽는다."

걱정은 그만큼 심각한 문제다. 그러니 내가 당신이 하는 걱정을 10퍼센트라도 없애는 데 도움을 주면 만족스럽지 않을까? 그럼 좋다! 어떤 기업 임원이 걱정 50퍼센트도 아니고 이전에 문제 해결을 위한 회의에서 보내던 시간을 75퍼센트나 줄인 방법을 보여주겠다.

나는 '아무개'나 'A 씨' 혹은 '오하이오에 사는 지인' 이야기라며 확인할 수 없는 사례를 들지 않을 것이다. 이 이야기는 레온 심킨이라는 실제 인물의 이야기다. 그는 뉴욕 록펠러센터에 있는 출판사 사이먼앤드슈스터의 파트너 겸 총괄 이사이며, 다음은 그가 들려준 경험담이다.

....

저는 15년 동안 근무일의 절반을 회의에서 문제를 논의하는 일로 보냈습니다. 이걸 해야 할지, 저걸 해야 할지, 아무것도 하지 말아야 할지 논의했죠. 우리는 긴장했고, 의자에서 몸을 비틀었고, 회의실을 서성거렸고, 논쟁하며 제자리를 맴돌았습니다. 그러다가 밤이면 탈진했습니다. 평생 이런 일을 하며 살 것 같았습니다. 15년 동안 그렇게 살았지만, 더 나은 방식이 있다는 생각은 해본 적이 없었습니다. 누군가 제게 걱정을 유발하는 회의에서 보내는 모든 시간 중 4분의 3을, 심리적 중압감 가운데 4분의 3을 없앨 수 있다고 말했다면, 그 사람이 몽상적이고 무책임한 관념적 낙관론자라고 생각했을 겁니다. 하지만 저는 바로 그 일을 해낼 계획을 세웠습니다. 이후 8년 동안 활용해보니 효율성과 건강, 행복이 기적처럼 개선됐습니다.

아마 마술처럼 들릴 겁니다. 하지만 모든 마술이 그렇듯 어떻게 하는지 알고 나면 아주 간단합니다.

그 비결은 이렇습니다. 첫째, 15년 동안 회의에서 따르던 절차를 즉시 중단했습니다. 그 절차는 문제에 맞닥뜨린 직원들이 잘못된 일의 세부 사항을 늘어놓는 것으로 시작해, "어떻게 해야 할까요?"라는 질문으로 끝났습니다. 둘째, 새로운 규칙을 만들었습니다. 제게 문제를 제시하고자 하는 사람은 먼저 다음 네 가지 질문에 답지를 만들어서 제출해야 한다는 규칙입니다.

질문 1: 무엇이 문제인가?

과거에는 진정한 문제가 무엇인지 아무도 구체적으로, 명확하게 알지 못하는 가운데 한두 시간을 걱정하며 허비했습니다. 우리의 문제가 무엇인지 구체적으로 명시하지 않은 채 토론에 열을 올렸죠.

질문 2: 문제의 원인은 무엇인가?

제 경력을 돌아보면 문제의 근원에 있는 여건을 분명하게 파악하려는 시도조차 하지 않고 회의에서 걱정하며 허비한 수많은 시간에 경악하게 됩니다.

질문 3: 가능한 해결책은 무엇인가?

과거에는 회의할 때 누군가·해결책을·제시하면 다른 사람이 반박했습니다. 그러다 보면 감정이 격해지고, 논의가 곁길로 빠지는 경우가 많았습니다. 문제를 해결하기 위해 우리가 할 수 있는 다양한 일을 회의가 끝나기까지 아무도 기록하지 않았습니다.

질문 4: 어떤 해결책을 제안하는가?

저는 어떤 상황을 걱정하면서도 가능한 모든 해결책을 생각한 다음. '이런 해결책을 건의합니다'라고 정리한 글도 작성하지 않은 채 제자리를 맴돌며 몇 시간씩 회의했습니다.

이제는 직원들이 문제를 들고 찾아오는 일이 드뭅니다. 왜 그럴까요? 이 네 가지 질문에 답하려면 모든 사실을 확보하고 문제를 고심해야 하거든요. 그러다 보면 4분의 3은 저와 상의할 필요가 없어집니다. 적절한 해결책이 토스터에서 잘 구워진 식빵처럼 튀어나오니까요. 상의가 필요한 경우도 논의하는 데 필요한 시간이 이전보다 3분의 1로 줄었습니다. 타당한 결론에 이르기까지 논리정연한 경로를 따라가니까요. 이제 우리 회사에서는 잘못된 일에 대해 걱정하고 이야기하는 데 훨씬 적은 시간을 허비합니다. 대신 문제를 바로잡기 위해 훨씬 많은 행동을 합니다.

···················

친구 프랭크 베트거는 미국의 정상급 보험 영업인이다. 그는 레온 심킨과 비슷한 방법으로 일 걱정을 줄였을 뿐만 아니라, 수입을 거의 두 배로 늘렸다고 말했다.

···················

처음 보험 영업을 시작했을 때. 나는 일에 대한 의욕과 애정으로 가득했네. 그러다가 문제가 생겼지. 낙담해서 일이 싫어졌고, 그만둘까 고민했다네. 어느 토요일 아침에 걱정의 근원을 파헤치려고 생각하지 않았다면 아마 그만뒀을 거야.

1. "무엇이 문제인가?" 자문했다. 수많은 전화를 하는데 충분한 성과를 내지 못하는 게 문제였다. 잠재 고객에게 영업을 잘하지만, 마무리 짓지 못했다. 직접 만난 고객은 "생각해볼게요. 다시 와주세요"라고 했다. 뒤이은 확인 전화로 허비하는 시간이 나를 우울하게 만들었다.

2. "가능한 해결책은 무엇인가?" 자문했다. 이에 답을 얻으려면 사실을 분석해야 했다. 지난 12개월 실적을 정리해서 수치를 분석하기 시작했다. 그 결과 놀라운 사실을 발견했다! 올린 실적 가운데 70퍼센트가 첫 번째 상담에서 마무리됐다는 것이다! 두 번째 상담에서 마무리된 비율도 23퍼센트였다! 두 번째 상담 이후 마무리된 비율은 7퍼센트에 불과했다. 그런데 그 상담이 나를 피곤하게 만들며 시간을 잡아먹었다. 다시 말해 근무시간 절반을 실적의 7퍼센트밖에 되지 않는 일에 허비한 것이다!

3. "답은 무엇인가?"의 답은 명확했다. 즉시 두 번째 상담 이후 고객을 방문하는 일을 중단하고, 남는 시간은 새로운 잠재 고객을 확보하는 데 썼다. 그 결과는 믿기 힘든 정도였다. 짧은 시간에 통화하고 고객을 방문해서 따낸 계약 액수가 거의 두 배로 늘었다!

····················

앞서 말한 대로 프랭크 베트거는 미국의 유명한 생명보험 영업인이다. 그는 필라델피아에 있는 피델리티인베스트먼트에서 해마다

100만 달러에 이르는 보험 상품을 판매한다. 그런 그도 한때 영업을 포기할 지경까지 갔지만, 문제를 분석한 뒤 실패를 인정하려던 위기에서 벗어나 성공 가도에 올랐다.

이 질문을 당신의 일 문제에 적용할 수 있는가? 다시 한번 도전 과제를 제시한다. 이 질문은 당신의 걱정을 반으로 줄여줄 수 있다. 그 내용을 다시 적는다.

1. 무엇이 문제인가?

2. 문제의 원인은 무엇인가?

3. 가능한 해결책은 무엇인가?

4. 어떤 해결책을 제안하는가?

걱정을 분석하는 방법

*사실을 확보하라. "세상의 모든 걱정 가운데 절반은 결정의 토대로 삼을 충분한 지식을 얻기 전에 결정하려 해서 생긴다"는 허버트 호크스 학장 의 말을 명심하라.

*모든 사실을 신중하게 검토하고 결론에 도달하라.

*신중하게 결론에 도달한 뒤 행동하라! 결정을 부지런히 실행하고, 결과 에 대한 모든 불안을 버려라.

*어떤 문제를 걱정하려는 마음이 들면 다음 질문의 답을 써라.

첫째, 무엇이 문제인가?

둘째, 문제의 원인은 무엇인가?

셋째, 모든 가능한 해결책은 무엇인가?

넷째, 최선의 해결책은 무엇인가?

PART 3

걱정하는 습관에서 벗어나는 방법

HOW TO BREAK THE WORRY HABIT
BEFORE IT BREAKS YOU

01

머릿속에서 걱정을 몰아내는 방법

나는 몇 년 전 저녁을 결코 잊지 못할 것이다. 당시 내 수강생 가운데 매리언 더글러스라는 사람이 있었다(신원을 밝히지 말아 달라 요청해 가명을 썼다). 그는 가족에게 두 차례 비극이 닥친 이야기를 들려줬다. 첫 번째 비극은 다섯 살 난 딸을 잃은 것이었다. 그와 아내는 상실감을 견딜 수 없으리라고 생각했다. "10개월 뒤, 하나님은 또 다른 딸을 주셨습니다. 하지만 그 아이 역시 닷새 만에 잃고 말았습니다."

그는 견딜 수 없을 만큼 힘들었다. "도저히 받아들일 수 없었습니다. 먹지도, 자지도 못했습니다. 마음 편히 쉬거나 긴장을 풀 수도 없었습니다. 신경이 극도로 쇠약해지고 자신감이 사라졌습니다." 결국 의사를 찾아갔다. 한 의사는 수면제를 권했고, 다른 의사는 여행을 권했다. 둘 다 시도했지만 도움이 되지 않았다. "몸이 바이스vice에 끼여서 갈수록 더 강하게 조이는 것 같았습니다." 슬픔 때문에 마비된 적이 있다면 그 압박감이 얼마나 심한지 알 것이다.

....

다행히 저에게는 네 살 난 아들이 있었습니다. 이 아이가 제 문제의 해결책을 줬습니다. 어느 날 오후 제가 자기 연민에 빠졌을 때, 아들은 장난감 보트를 가져와서 말했습니다. "아빠, 이거 만들어줄 수 있어요?" 저는 만들 기분이 아니었습니다. 아무것도 하고 싶지 않았거든요. 하지만 아들은 끈질기게 졸랐습니다! 결국 두 손 들고 말았죠. 장난감 보트를 만드는 데 약 세 시간이 걸렸습니다. 거의 완성했을 때 몇 달 만에 처음으로 마음의 평온과 평화를 얻었다는 걸 깨달았습니다!

그 깨달음은 저를 무기력한 상태에서 벗어나게 했습니다. 덕분에 몇 달 만에 처음 제대로 생각할 수 있었습니다. 계획과 생각이 필요한 일을 바쁘게 하면 걱정하기 어렵다는 사실을 깨달았습니다. 제 경우 아들의 장난감 보트를 만드는 일이 걱정을 몰아낸 셈입니다. 그래서 계속 바쁘게 살기로 결심했습니다.

이튿날 밤, 저는 이 방 저 방 돌아다니며 해야 할 일의 목록을 작성했습니다. 책장, 계단, 덧창, 블라인드, 손잡이, 자물쇠, 수도꼭지 등 손볼 게 많았습니다. 놀랍게도 2주 동안 확인한 일이 무려 242건이나 됐습니다.

지난 2년 동안 저는 수리를 대부분 마쳤습니다. 심신을 자극하는 활동으로 시간을 채운 거죠. 일주일에 이틀 밤은 뉴욕에서 열리는 성인 교육 강좌에 참석합니다. 동네에서는 주민 활동에 참여했고, 지금은 학교운영위원회 위원장을 맡고 있습니다. 수많은 회의에 참석하고, 적십자와 다른 자선단체를 위한 모금 활동을 돕습니다. 지금은 너무 바빠서 걱정할 시간이 없습니다!

....

처칠도 전쟁이 최고조에 달해 하루 18시간씩 일할 때, 막중한 책임이 걱정되지 않느냐는 질문에 이렇게 답했다. "너무 바빠요. 걱정할 시간이 없습니다.

찰스 케터링은 자동차 시동장치를 개발하기 시작했을 때, 같은 어려움에 시달렸다. 최근 은퇴할 때까지 세계적으로 유명한 제너럴모터스연구소를 담당한 부사장이었다. 하지만 그전에는 너무 가난해서 헛간에 건초를 쌓아둔 다락을 실험실로 썼다. 아내가 피아노 레슨으로 번 1500달러를 생활비로 쓰고, 나중에는 생명보험을 담보로 500달러를 빌렸다. 나는 그의 아내에게 당시 걱정스럽지 않았는지 물었고, 그녀는 이렇게 답했다.

"맞아요, 너무 걱정돼서 잠을 이루지 못했어요. 하지만 남편은 아니었어요. 일에 몰두한 나머지 걱정할 틈이 없었어요."

위대한 과학자 파스퇴르는 '도서관과 연구실에서 접할 수 있는 평화'에 관해 이야기했다. 왜 거기서 평화를 접할까? 도서관과 연구실에 있는 사람은 대개 몰두해서 자신에 대해 걱정하지 않기 때문이다. 연구원은 신경쇠약에 걸리는 경우가 드물다. 그런 사치를 부릴 여유가 없기 때문이다.

바쁘게 지내는 것처럼 단순한 일이 불안을 몰아내는 데 도움이 되는 까닭이 뭘까? 이는 심리학이 밝혀낸 근본적인 법칙 때문이다. 아무리 명민한 사람도 주어진 시간에 한 가지가 넘는 일을 생각할 수 없다는 것이다. 믿지 못하겠다면 실험을 하나 해보자.

몸을 뒤로 기대고 눈을 감아라. 그리고 '자유의여신상'과 내일 아침에 하려고 계획한 일을 동시에 생각하라(지금 해보라).

두 생각에 차례로 집중할 순 있지만, 동시에 집중하기는 불가능하지 않은가? 감정의 영역도 마찬가지다. 흥미로운 일을 하면서 활력과 의욕을 느끼는 동시에 근심에 사로잡힐 순 없다. 한 감정이 다른 감정을 몰아내기 때문이다. 이 단순한 발견으로 육군 정신과 군의관들은 전쟁 중에 기적을 이뤘다.

그들은 전투 경험에 너무나 충격을 받은 나머지 '정신신경증'에 걸린 병사를 치료하기 위해 '바쁜 활동'을 처방했다. 정신적 충격을 받은 병사들은 깨어 있는 시간 내내 낚시, 사냥, 각종 구기 종목, 사진 찍기, 정원 가꾸기, 댄스 같은 야외 활동을 해야 했다. 끔찍한 경험을 곱씹을 시간이 없었다.

정신과에서는 일을 치료 수단으로 삼는 것을 '작업치료'라 한다. 이는 새로운 게 아니다. 고대 그리스 의사들도 예수가 태어나기 500년 전부터 이 요법을 주장했다!

퀘이커파 교도는 벤저민 프랭클린의 시대에 필라델피아에서 이 요법을 활용했다. 1774년 퀘이커파 교도가 운영하는 요양원을 방문한 사람은 정신병을 앓는 환자들이 바쁘게 아마포를 짜는 모습을 보고 깜짝 놀랐다. 그는 불쌍한 환자들이 착취당하는 줄 알았다. 환자들이 무리하지 않는 선에서 일을 하면 효과가 있다는 설명을 듣기 전에 말이다. 노동은 신경을 안정시키는 작용을 했다.

모든 정신과 의사는 일하며 바쁘게 움직이는 것이 신경증을 다스리는 최고의 치료 수단으로 알려져 있다고 말할 것이다. 시인 헨리 롱펠로Henry W. Longfellow는 젊은 아내를 잃었을 때 그 사실을 깨달았다. 어느 날 아내가 봉랍(편지, 포장물, 병 따위를 봉해서 붙이는 데 쓰는 송진, 석고 같은 혼합물)을 촛불로 녹이다가 옷에 불이 붙고 말았다. 롱펠로는 비명을 듣고 서둘러 달려갔으나, 아내는 화상으로 죽고 말았다. 그는 한동안 끔찍한 기억에 고통받다가 거의 미칠 지경에 이르렀다. 다행히 그에게는 돌봐야 할 어린 세 자녀가 있었다. 롱펠로는 깊은 슬픔을 딛고 아빠와 엄마 역할을 했다. 아이들을 산책시키고, 이야기를 들려주고, 같이 게임을 했다. 그는 〈아이들의 시간The Children's Hour〉이라는 시로 자녀와 나눈 시간을 영원히 남겼다. 그는 단테의 《신곡》도 번역했다. 이 모든 일은 그를 바쁘게 만들었다. 덕분에 슬픔을 잊고 마음의 평화를 되찾았다. 시인 알프레드 테니슨Alfred Tennyson은 가장 친한 친구 아서 헬럼을 잃었을 때 "절망감에 쇠약해지지 않으려면 행동에 몰입해야 한다"고 말했다.

대다수 사람은 일상의 노동을 하면서 '행동에 몰입하는 데' 어려움을 겪지 않는다. 다만 일을 끝낸 뒤의 시간이 위험하다. 자유롭게 여유를 즐기고, 가장 행복해야 할 시간에 걱정이라는 악마가 우리를 공격한다. 삶을 제대로 살아가고 있는지, 틀에 박힌 생활을 하는 건 아닌지, 상사가 오늘 한 말에 '어떤 의미'가 있는 건 아닌지, 탈모가 진행되는 건 아닌지 고민하기 시작한다.

우리의 마음은 바쁘지 않을 때 거의 진공상태가 되는 경향이 있다. 물리를 배운 사람은 '자연은 진공상태를 싫어한다'는 사실을 안다. 우리가 볼 수 있는 진공에 가장 가까운 상태는 백열전구 내부다.

전구를 깨면 자연은 이론적으로 빈 곳을 공기로 채운다.

자연은 텅 빈 마음도 서둘러 채운다. 대개 감정으로 채우는데, 왜 그럴까? 걱정, 두려움, 미움, 질투심, 시기심 같은 감정은 원초적 활력과 정글의 역동적 기운에 이끌리기 때문이다. 이런 감정은 난폭해서 우리의 마음에서 평화롭고 행복한 생각과 감정을 몰아내는 경향이 있다.

컬럼비아대학 교육학과 제임스 머셀James L. Mursell 교수는 이를 적절하게 설명한다.

....

걱정은 대개 우리가 어떤 행위를 할 때가 아니라 하루 일을 끝냈을 때 가장 많이 괴롭힌다. 우리의 상상력은 마구 날뛰면서 온갖 말도 안 되는 가능성을 떠올리고, 사소한 실수를 부풀린다. 그때 우리의 마음은 하중 없이 돌아가는 모터와 같아서, 빠르게 돌아가며 베어링을 태우거나 심지어 산산이 부서질 위험을 자초한다. 걱정을 다스리는 치료제는 건설적인 일을 하면서 완전히 몰입하는 것이다.

....

대학교수가 아니라도 이 진리를 깨닫고 실천할 수 있다. 나는 세계대전 중에 시카고에서 온 가정주부를 만났다. 그녀는 "걱정을 다스리는 치료제는 건설적인 일을 하면서 완전히 몰입하는 것"임을 깨달은 과정을 이야기했다. 뉴욕에서 기차를 타고 미주리주에 있는 내 농장으로 가다가 식당 칸에서 그녀 부부를 만났다(미안하지만 그들의 이름을 묻지 못했다. 나는 이름과 주소 없이 사례를 제시하는 걸 좋아하지 않는다. 그런 세부 사항이 이야기에 진실성을 부여하기 때문이다).

이 부부는 진주만공격 이튿날 하나뿐인 아들이 육군에 입대했다고 말했다. 그녀는 건강을 해칠 정도로 걱정했다. 아들이 어디에 있는지, 안전한지 전투하고 있는지, 다치거나 죽지 않았는지 계속 생각했다. 어떻게 걱정을 극복했느냐는 질문에 그녀가 답했다.

"바쁘게 움직였어요."

처음에는 가정부를 내보내고 모든 집안일을 직접 하면서 바쁘게 움직이려고 애썼다. 그래도 크게 도움이 되지 않았다.

....

집안일은 머리를 쓰지 않고 거의 기계적으로 할 수 있다는 게 문제였어요. 침대를 정리하고 설거지하면서도 걱정을 멈출 수 없더라고요. 종일 몸과 마음을 바쁘게 만드는 새로운 일이 필요했어요. 그래서 대형 백화점의 판매원 일자리를 구했어요. 그게 효과가 있었어요. 눈코 뜰 새 없이 일해야 했거든요. 고객들이 저를 둘러싸고 가격과 사이즈, 색상에 관해 물었어요. 당장 해야 할 일 외에 다른 생각을 할 시간이 전혀 없었어요. 밤에는 발이 아파 쉬어야겠다는 것 말고 다른 생각이 들지 않았어요. 저녁을 먹자마자 침대에 누우면 잠들었어요. 걱정할 시간도, 기운도 없었어요.

....

그녀는 존 쿠퍼 포이스John Cowper Powys가 《불쾌한 기억을 잊는 법The Art of Forgetting the Unpleasant》에서 말한 것을 깨달았다. "할당된 일에 몰입할 때 어느 정도 편안한 안정감과 깊은 내면적 평화, 일종의 행복한 마비가 인간의 신경을 다독인다."

이 얼마나 큰 축복인가! 세계적으로 유명한 여성 탐험가 오사 존슨Osa Johnson이 최근 내게 걱정과 근심에서 벗어나는 방법을 찾은 이야기를 들려줬다. 당신도 《나는 모험과 결혼했다I Married Adventure》에 담긴 그녀의 인생 이야기를 읽었을지 모른다. 모험과 결혼한 여성이 있다면 바로 그녀다. 그녀는 열여섯 살에 마틴 존슨과 결혼했다. 그는 캔자스주 채누트에 살던 그녀를 보르네오 정글로 데려갔다. 이 캔자스 출신 부부는 25년 동안 전 세계를 여행하며 아시아와 아프리카에서 사라져가는 야생동물에 관한 영화를 찍었다. 그들은 9년 전에 미국으로 돌아와 순회강연에서 자신들의 유명한 영화를 상영했다. 안타깝게도 그들을 태우고 덴버에서 해안 지역으로 향하던 비행기가 산에 추락하고 말았다. 마틴 존슨은 그 자리에서 사망했다. 의사들은 오사가 침대에서 일어나지 못할 거라 했지만, 그들은 그녀가 어떤 사람인지 몰랐다. 석 달 뒤, 그녀는 휠체어를 타고 청중 앞에서 강연했다. 그때 100명이 넘는 청중이 휠체어에 앉은 그녀의 강연을 들었다. 왜 그랬는지 묻자 답했다. "슬퍼하고 걱정할 시간을 만들지 않으려고요."

오사 존슨은 테니슨이 약 1세기 전에 노래한 진리를 발견했다.

"절망감에 쇠약해지지 않으려면 행동에 몰입해야 한다."

리처드 버드Richard E. Byrd 제독 역시 남극을 덮은 거대한 빙원에 말 그대로 파묻힌 오두막에서 지낼 때 같은 진리를 발견했다. 남극의 빙원은 자연의 가장 오래된 비밀을 품고 있으며, 미국과 유럽을 합친 것보다 넓은 미지의 대륙을 덮고 있었다. 버드 제독은 거기서 다섯 달 동안 혼자 살았다. 반경 160킬로미터 안에는 생물이 없었다. 날씨 가 어찌나 추운지 바람이 불면 얼어붙은 숨결이 귀를 스쳐 날아갔다. 그는 《혼자Alone》라는 책에서 당혹스럽고 영혼을 잠식하는 어둠 속 에 보낸 다섯 달을 모두 이야기한다. 낮은 밤처럼 어두웠다. 그는 정 신을 차리기 위해 바쁘게 움직여야 했다.

....

밤이면 랜턴을 끄기 전에 내일 할 일을 계획하는 습관을 들였다. 예를 들어 탈 출용 터널을 파는 데 한 시간, 갱도를 평탄하게 다지는 데 30분, 연료통을 정 돈하는 데 한 시간, 식량 저장용 터널 벽 쪽에 책장을 만드는 데 한 시간, 썰매 의 부러진 연결 부위를 고치는 데 두 시간을 배정하는 식이었다.

이런 식으로 시간을 배분하는 것은 아주 효과적이었다. 나 자신을 통제할 수 있다는 특별한 느낌이 들었다. 그렇게 하지 않았다면 아무 목적 없이 하루를 보냈 을 것이다. 목적이 없었다면 항상 그렇듯 그날도 절망으로 끝났을 것이다.

....

특히 마지막 문장에 주목하라. 걱정에 시달린다면 예부터 통하던 일을 약으로 쓸 수 있다는 사실을 명심하라. 하버드대학교 임상의학과 교수를 지낸 리처드 캐봇Richard C. Cabot 박사 같은 권위자도 그렇게 말했다. 그는 《사람은 무엇으로 사는가What Men Live By》에 썼다. "나는 의사이기에 지나친 의심과 망설임, 동요, 두려움에서 기인한 영혼의 경련성 마비에 시달리던 사람들이 일로 치료가 되는 것을 보는 행복을 누렸다…. 일을 통해 용기를 얻는 것이야말로 랄프 왈도 에머슨Ralph W. Emerson이 더없이 영예롭게 만든 '자기 신뢰'다."

바쁘게 일하지 않으면, 가만히 앉아 고민만 하면 찰스 다윈이 말한 '위버 기버wibber gibbers(잡념)'가 활개를 친다. 위버 기버는 우리의 기운을 빼고 행동력과 의지력을 파괴하는 오랜 괴물과 같다.

내가 아는 뉴욕의 한 기업인은 고민할 시간이 없을 정도로 바쁘게 일해서 위버 기버를 털어냈다. 월가 40번지에 사무실이 있는 트렘퍼 롱먼Tremper Longman은 성인 강좌 수강생으로, 걱정을 극복하는 방법에 관해 그가 들려준 이야기는 대단히 흥미롭고 인상적이었다. 나는 강좌 후 그에게 저녁을 먹자고 요청했다. 우리는 자정을 훌쩍 넘길 때까지 레스토랑에서 이야기를 나눴다. 다음은 그가 들려준 이야기다.

....

18년 전에 너무나 걱정이 심해서 불면증에 걸렸습니다. 저는 긴장하고, 짜증이 나고, 초조했습니다. 신경쇠약으로 치닫고 있다는 느낌이 들었죠. 제게는 걱정할 만한 이유가 있었습니다. 저는 뉴욕 웨스트 브로드웨이 418번지에 있는 크라운프루트앤드익스트랙트컴퍼니의 회계 담당자였습니다. 우리 회사는

1갤런(약 4리터)짜리 깡통에 넣은 딸기에 50만 달러를 투자했습니다. 그 딸기를 20년 동안 아이스크림 제조사에 판매했는데, 갑자기 매출이 끊겼습니다. 내셔널데어리나 보든스 같은 대형 아이스크림 제조사가 생산량을 빠르게 늘리면서 딸기를 배럴(156리터) 단위로 매입해 돈과 시간을 아끼고 있었기 때문입니다.

우리는 팔지 못할 50만 달러어치 딸기를 떠안았고, 향후 12개월 동안 100달러어치 딸기를 추가로 매입한다는 계약을 맺은 상태였습니다! 게다가 은행에서 빌린 35만 달러는 상환하거나 연장할 수 없는 형편이었습니다. 그러니 걱정할 수밖에요!

저는 공장이 있는 캘리포니아주 왓슨빌로 급히 달려가 상황이 바뀌었으며, 회사가 망할 수도 있다고 사장을 설득하려 했습니다. 그는 이 사실을 믿지 않으려 했죠. 오히려 영업을 제대로 못 한다며 모든 문제를 뉴욕 지사 탓으로 돌렸습니다.

저는 며칠을 간청한 끝에 딸기를 추가로 포장하는 작업을 중단하고, 새로 들어오는 물량을 샌프란시스코 청과물 시장에서 판매하도록 사장을 설득했습니다. 그걸로 문제가 거의 해결됐습니다. 이제 걱정을 멈춰야 하는데 그럴 수 없었습니다. 걱정은 습관입니다. 저는 걱정하는 습관이 생기고 말았습니다. 뉴욕으로 돌아온 저는 회사가 이탈리아에서 들여오는 체리, 하와이에서 들여오는 파인애플 등 모든 걸 걱정하기 시작했습니다. 항상 긴장하고 초조했습니다. 잠을 이루지 못했습니다. 앞서 말한 대로 신경쇠약으로 치닫고 있었습니다.

저는 절박한 상황에서 불면증을 치료하고 걱정을 멈추게 해준 삶의 방식을 받아들였습니다. 바쁘게 일하는 것이죠. 제 모든 능력을 요구하는 문제에 바쁘게 대처하느라 걱정할 시간이 없었습니다. 이전에는 하루 7시간씩 일했지만, 그때는 15~16시간씩 일했습니다. 매일 아침 8시에 출근해서 거의 자정까지 사무실에 머물렀습니다. 새로운 업무와 책임을 떠맡았습니다. 집에 들어가면 너무 피곤해서 침대에 눕자마자 몇 초 만에 의식을 잃었습니다.

약 석 달 동안 이런 생활을 했습니다. 그 무렵 걱정하는 습관을 고쳤고, 하루 7~8시간씩 일하는 정상적인 방식으로 돌아갔습니다. 18년 전의 일입니다. 이후 불면증이나 걱정에 시달린 적이 한 번도 없습니다.

....

조지 버나드 쇼의 말이 맞았다. 그는 이렇게 핵심을 정리했다. "불행해지는 비결은 행복한지 아닌지 신경 쓸 여유를 갖는 것이다." 그러니 아예 그런 건 생각조차 하지 마라! 손바닥에 침을 뱉고 바쁘게 일하라. 그러면 피가 돌고, 머리가 돌아가기 시작할 것이다. 몸에서 쏟아내는 이 모든 활기는 곧 마음에서 걱정을 몰아낼 것이다. 바쁘게 일하라. 계속 바쁘게 일하라. 이는 세상에서 가장 저렴한 약이자 최고의 약이다.

원칙 1

바쁘게 일하라. 걱정에 시달리는 사람은
절망감에 쇠약해지지 않도록 행동에 몰입해야 한다.

데일 카네기 자기관리론

02

딱정벌레 때문에 쓰러지지 마라

다음은 내가 아는 가장 극적인 이야기다. 뉴저지주 메이플우드 하일랜드가 14번지에 사는 로버트 무어가 들려준 이야기다.

··················

저는 1945년 3월에 인생에서 가장 큰 교훈을 배웠습니다. 그 교훈을 배운 곳은 인도차이나반도 연안의 수심 84미터 지점이었죠. 제가 탄 잠수함 바야 S.S. 318호에는 88명이 있었습니다. 레이더에 우리 쪽으로 오는 일본의 소규모 호송선단이 잡혔습니다. 우리는 동틀 무렵 공격하기 위해 잠수했습니다. 저는 잠망경으로 일본의 호위함과 유조선, 기뢰구축함을 확인했습니다. 우리는 호위함을 향해 어뢰 세 발을 발사했지만 빗나갔습니다. 어뢰의 기계장치에 뭔가 결함이 있었던 거죠. 호위함은 공격당했다는 사실을 모른 채 계속 항해했습니다. 우리는 마지막 배인 기뢰구축함을 공격할 준비를 했습니다. 그때 그 배가 방향을 돌리더니 우리를 향해 돌진했습니다. (일본 공군기가 수심 18미터 지점에 있는 우리를 포착하고 무선으로 기뢰구축함에 우리 위치를 알려준 모양입니다.) 우리는 탐지되지 않도록 수심 46미터로 내려갔고, 폭뢰에 대비했습니다. 해치에 추가 볼트를 잠그고, 아무 소리도 내지 않기 위해 팬과 냉각장치 등 모든 전기장치를 껐습니다.

3분 뒤, 난리가 났습니다. 폭뢰 여섯 기가 사방에서 폭발해 우리는 수심 84미터로 내려갔습니다. 너무나 공포스러웠습니다. 수심 300미터 이내에서 공격받으면 위험하고, 150미터 이내에서 공격받으면 거의 치명적입니다. 그때 우리는 150미터의 절반이 약간 넘는 깊이에서 공격받았으니, 안전 측면에서는 무릎 정도에 불과한 깊이라고 봐야죠. 일본 기뢰구축함은 15시간 동안 폭뢰를 투하했습니다.

폭뢰가 5미터 이내에서 폭발하면 그 충격으로 선체에 구멍이 납니다. 많은 폭뢰가 15미터 이내에서 폭발했습니다. 우리는 '보안 태세'에 들어가 침상에 조용히 누워 있으라는 명령을 받았습니다. 너무나 무서워서 숨쉬기도 어려웠습니다. 저는 속으로 몇 번이고 '꼼짝없이 죽었구나, 꼼짝없이 죽었어!'라고 되뇌었습니다. 팬과 냉각장치를 끈 상태라 잠수함 내부 온도는 섭씨 37도가 넘었는데, 두려움에 한기가 들어 스웨터와 털 재킷을 입었습니다. 그래도 몸이 떨리고, 이가 딱딱 부딪혔습니다. 갑자기 공격이 멈췄습니다. 일본 기뢰구축함이 폭뢰를 소진해서 떠난 모양이었습니다. 공격이 계속된 15시간이 1500만 년처럼 느껴졌습니다. 살아온 모든 날이 머릿속에 지나갔습니다.

제가 저지른 나쁜 행동과 걱정했던 사소하고 하찮은 문제들이 모두 떠올랐습니다. 저는 해군에 입대하기 전에 은행원으로 일했습니다. 그때는 긴 근무시간, 형편없는 급여, 낮은 승진 가능성을 걱정했습니다. 집을 장만하지 못하고,

새 차를 사지 못하고. 아내에게 좋은 옷을 사주지 못할까 봐 걱정했습니다. 항상 잔소리하고 꾸짖던 상사는 얼마나 밉던지요! 저녁에 잔뜩 화나고 언짢은 상태로 집에 돌아와 사소한 일로 아내와 말싸움한 일이 떠올랐습니다. 교통사고로 이마에 크게 흉터가 남은 걸 걱정하기도 했습니다.

그런 걱정이 몇 년 전에는 얼마나 심각했는지요! 하지만 폭뢰 때문에 죽을 위험에 처하니 너무나 하찮게 보였습니다. 그때 저는 다시 세상을 볼 수 있다면 절대로 걱정하지 않겠다고 맹세했습니다. 절대. 절대, 절대 걱정하지 않겠다고요! 저는 시러큐스대학교Syracuse University에서 4년 동안 책으로 배운 것보다 그 잠수함에서 견딘 끔찍한 15시간 동안 살아가는 방법에 대해 많이 배웠습니다.

....

우리는 살면서 재난에 용감하게 맞서기도 한다. 그러다 사소한 문제, '짜증 나는 문제'로 우울해한다. 새뮤얼 피프스Samuel Pepys는 자신의 일기에 런던에서 해리 베인Harry Vane 경이 참수된 광경을 본 일을 묘사했다. 해리 경은 처형대에 오를 때 살려달라고 빌지 않았다. 집행관에게 목에 난 아픈 종기를 건드리지 말아달라고 빌었다.

이는 버드 제독이 극야極夜의 끔찍한 추위와 어둠 속에서 발견한 또 다른 사실이다. 그의 대원들은 중대한 문제보다 짜증 나는 문제에 소란을 피웠다. 그들은 아무 불평 없이 위험과 고난, 자주 영하 80도로 내려가는 추위를 견뎠다. "하지만 어떤 대원은 같은 침상을 쓰는 다른 대원의 물건이 자기 쪽으로 조금 넘어왔다고 서로 말을 하지 않았습니다. 음식을 삼키기 전에 엄숙하게 스물여덟 번을 씹는 대원과 같은 자리에서 밥을 먹지 못하는 대원도 있었죠. 남극 탐험 캠프에서는 이처럼 사소한 일이 자제력을 갖춘 사람조차 미칠 지경으로 몰아가는 힘이 있습니다."

결혼 생활에서도 "사소한 문제"가 사람을 미칠 지경으로 몰아가고 "세상 모든 심적 고통의 절반"을 초래한다고 덧붙일 수도 있겠다. 적어도 권위자들은 그렇다고 말한다. 시카고 법원에서 이혼소송을 4만 건 이상 중재한 조지프 사바스Joseph Sabath 판사는 "사소한 문제가 대다수 부부 갈등의 바탕에 있다"고 했다. 뉴욕 카운티 프랭크 호건Frank S. Hogan 검사는 말했다. "형사사건 중 절반은 사소한 문제에서 기인한다. 술집에서 부리는 만용, 집안에서 일어난 말다툼, 모욕적인 언사, 폄하하는 발언과 무례한 행동 같은 사소한 문제가 폭행과 살인으로 이어진다. 잔인하고 큰 잘못을 저지르는 사람은 드물다. 자존심을 다치게 하는 사소한 공격과 모욕, 자만심을 건드리는 사소한 문제가 세상 모든 심적 고통의 절반을 차지한다."

엘리너 루스벨트는 결혼 초기에 "며칠 동안 근심했다". 새 요리사의 요리가 부실했기 때문이다. 그녀는 "지금 그랬다면 대수롭지 않게 넘겼을 것"이라 했다. 잘된 일이다. 그것이 정서적으로 성숙한 어른의 행동이다. 전제군주 예카테리나 대제Ekaterina II도 요리사가 요리를 망쳤을 때 웃어넘기곤 했다.

나는 아내와 함께 시카고에 있는 친구 집에서 저녁을 먹은 적이 있다. 그는 고기를 자르다가 뭔가 실수했다. 나는 그 사실을 몰랐다.

설령 알았어도 신경 쓰지 않았을 것이다. 하지만 그의 아내는 우리 앞에서 죽일 듯이 그에게 달려들어 소리쳤다. "존, 잘 좀 보면서 해! 어떻게 음식을 제대로 대접하는 법도 못 배웠어!" 그리곤 우리에게 덧붙였다. "항상 저렇게 실수한다니까요. 노력조차 안 해요." 어쩌면 그는 고기를 잘 자르려고 노력하지 않았을지 모른다. 그래도 20년 동안 그런 아내와 살려고 노력한 점은 분명 인정하지 않을 수 없다. 솔직히 나는 그녀의 훈계를 들으며 베이징덕Peking duck과 상어 지느러미 요리를 먹느니 평화로운 분위기에서 겨자를 바른 핫도그를 먹겠다.

그 일이 있고 얼마 되지 않아, 우리 부부는 친구들을 저녁 식사에 초대했다. 아내는 친구들이 도착하기 직전에 냅킨 세 개가 식탁보와 어울리지 않는다는 것을 발견했다. 나중에 내게 말했다.

....

요리사한테 급히 가보니 다른 냅킨 세 개를 세탁소에 보냈더라고요. 손님들은 벌써 문 앞에 와서 바꿀 시간이 없었죠. 눈물이 다 나오려 했어요! '왜 이런 멍청한 실수 때문에 저녁 시간을 전부 망쳐야 하지?'라는 생각밖에 나지 않더군요. 그러다가 '왜 그래야 하는데?'라고 생각을 바꿨어요. 좋은 시간을 보내기로 마음먹고 식탁으로 갔어요. 그리고 생각대로 좋은 시간을 보냈어요. 친구들이 나를 신경질적이고 성질 나쁜 주부라기보다 허술한 주부라고 생각하는 편이 훨씬 나았죠. 게다가 냅킨을 신경 쓴 사람은 아무도 없었어요!

....

'법은 사소한 일에 관여하지 않는다De mininis non curat lex'라는 법률 격언이 있다. 걱정에 시달리는 사람도 마음의 평화를 원한다면 그렇게 해야 한다.

대부분의 경우 바라보는 시각만 바꿔도 사소한 문제로 발생한 짜증을 이길 수 있다. 새롭고 밝은 방향으로 보려고 노력하라. 《그들은 파리를 봐야 했다They Had to See Paris》를 비롯해 열 권이 넘는 책을 쓴 친구 호머 크로이Homer Croy는 그 방법을 알려주는 멋진 사례를 제시한다. 그는 뉴욕의 아파트에서 집필할 때 라디에이터 소음 때문에 미칠 지경이 되곤 했다. 증기가 나올 때마다 쿵쿵대고 쉭쉭거리는 소리가 났다. 책상에 앉아 있던 그는 짜증으로 들끓었다.

....

그 무렵 친구들과 캠핑을 갔습니다. 저는 타오르는 모닥불 속에서 장작이 탁탁 튀는 소리를 들으며 라디에이터 소리와 정말 비슷하다고 생각했어요. 그런데 왜 하나는 좋아하고 다른 하나는 싫어해야 할까요? 집으로 돌아왔을 때 이렇게 생각했어요. '모닥불 속에서 장작이 타는 소리는 듣기 좋잖아. 라디에이터가 내는 소리도 비슷해. 소음은 걱정하지 말고 자러 가자.' 며칠 동안은 라디에이터 소리를 의식했지만, 곧 전부 잊었어요.

수많은 사소한 걱정도 마찬가지입니다. 우리가 그 중요성을 과장하기 때문에 싫어하고 안달이 날 뿐이죠.

....

영국 수상 벤저민 디즈레일리Benjamin Disraeli는 다음과 같이 말했다. "인생은 하찮게 살기에는 너무 짧다." 앙드레 모루아는《디스 위크This Week》에 다음과 같이 썼다.

....

디즈레일리의 말은 내가 수많은 고통스런 경험을 견디도록 도와줬습니다. 우리는 흔히 대수롭지 않게 잊어버려야 할 사소한 일 때문에 흥분합니다…. 우리는 이 세상에서 겨우 수십 년을 삽니다. 그런데 1년만 지나도 모두가 잊어버릴 고민에 사로잡혀서 대체할 수 없는 많은 시간을 잃어버립니다. 대신 우리 삶을 가치 있는 행동과 감정에 바쳐야 합니다. 원대한 생각과 진정한 애정과 오래도록 영향을 미칠 노력에 바칩시다. 인생은 하찮게 살기에는 너무 짧으니까요.

....

러디어드 키플링Rudyard Kipling 같은 걸출한 인물도 때로는 "인생은 하찮게 살기에는 너무 짧다"는 사실을 잊는다. 그 결과, 처남을 상대로 버몬트주 역사상 가장 유명한 소송을 벌였다. 이 다툼은 너무나 유명해서《러디어드 키플링의 버몬트 소송전Rudyard Kipling's Vermont Feud》이라는 책도 있다.

키플링은 버몬트 출신 캐롤라인 발레스티어와 결혼해 브래틀버러에 아름다운 집을 지었다. 그곳에 자리 잡고 여생을 보낼 생각이었다. 처남 비티 발레스티어와 친구가 됐다. 두 사람은 같이 일도 하고 어울렸다.

그러던 중 키플링이 비티의 땅을 샀다. 계절마다 그 땅에서 목초를 베어 가도 된다는 조건이었다. 어느 날, 비티는 키플링이 그 땅에 꽃밭을 만드는 걸 보고 피가 끓어올랐다. 그는 격노했고, 키플링도 맞섰다. 버몬트 그린마운틴스의 공기가 파랗게 질릴 정도였다!

며칠 뒤 키플링이 자전거를 타고 가는데, 비티가 마차를 몰고 갑자기 길을 가로질렀다. 그 바람에 키플링은 흙탕물을 뒤집어썼다. "주위 사람들이 모두 이성을 잃고 당신을 탓할 때 이성을 유지할 수 있다면"이라고 썼던 키플링은 이성을 잃었다. 그는 비티를 체포해달라고 요청했다. 뒤이어 장안의 화제가 된 소송이 벌어졌다. 대도시에서 기자들이 몰려왔다. 온 세상에 이 소식이 알려졌다. 소송에서는 아무런 합의에도 이르지 못했다. 법정 다툼은 키플링 부부가 평생 미국의 집을 떠나는 것으로 귀결됐다. 그 모든 걱정과 괴로움이 사소한 목초에서 비롯됐다.

아테네 정치가 페리클레스Pericles는 2400년 전에 "보시오, 신사분들. 우리는 사소한 문제를 지나치게 오래 붙들고 있소!"라고 말했고, 실제로 그렇다. 다음은 해리 포스딕Harry E. Fosdick 박사가 들려준, 숲의 거인이 이기고 진 전투에 관한 흥미로운 이야기다.

....

콜로라도주 롱스피크Longs Peak 비탈에는 거목의 잔해가 놓여 있다. 박물학자들은 이 나무가 400여 년이나 서 있었다고 말한다. 이 나무는 콜럼버스가 산살바도르에 상륙했을 때 어린나무였고, 청교도가 플리머스에 정착했을 때 절반 정도 자란 상태였다. 이 나무는 긴 삶을 사는 동안 열네 번이나 번개를 맞았고, 4세기 동안 수많은 산사태와 폭풍을 겪었지만 살아남았다. 그러나 결국에는 딱정벌레의 공격을 받아 쓰러지고 말았다. 딱정벌레는 나무껍질을 파고들어 미미하지만 끊임없는 공격으로 거목 내부의 힘을 서서히 무너뜨렸다. 세월과 번개와 폭풍을 이겨낸 숲의 거인은 마침내 사람이 엄지와 검지로 눌러 죽일수 있을 만큼 작은 딱정벌레에게 무너졌다.

....

우리는 모두 역경에 맞서는 이 숲의 거인과 비슷하지 않은가? 가끔 닥치는 폭풍과 산사태와 번개를 이겨내고도 걱정이라는 작은 딱정벌레, 엄지와 검지로 눌러 죽일 수 있는 딱정벌레가 마음을 갉아먹게 놔두지 않는가?

몇 년 전, 나는 와이오밍주 고속도로 관리자 찰스 세이프레드와 그의 친구들과 함께 티턴국립공원을 여행했다. 우리는 모두 국립공원에 있는 존 록펠러John Rockefeller 사유지를 방문할 계획이었다. 그러나 내가 탄 차가 길을 잃는 바람에 다른 차들보다 한 시간 늦게 사유지 입구에 도착했다. 출입문을 여는 열쇠는 세이프레드 씨가 갖고 있었다. 그는 우리가 도착할 때까지 덥고 모기가 들끓는 숲속에서 한 시간을 기다렸다. 모기는 성자도 미치게 만들기에 충분했지만, 세이프레드 씨를 이기진 못했다. 그는 기다리는 동안 사시나무 가지를 꺾어서 피리를 만들었다. 도착했을 때 그가 모기를 욕하고 있었을까? 아니다. 그는 피리를 불고 있었다. 나는 사소한 문제를 사소하게 다룰 줄 아는 사람을 기억하기 위해 그 피리를 보관했다.

원칙 2

무시하고 잊어버려야 할 사소한 문제에 흥분하지 마라.
'인생은 하찮게 살기에는 너무 짧다'는 사실을 명심하라.

데일 카네기 자기관리론

03

많은 걱정을 물리치는 원칙

나는 어린 시절에 미주리주의 농장에서 자랐다. 어느 날, 엄마를 도와 체리를 따던 나는 갑자기 울기 시작했다. 그런 나를 보며 엄마는 "데일, 도대체 왜 우니?"라고 물었고, 나는 흐느끼며 "산 채로 파묻힐까 봐 너무 무서워요!"라고 대답했다.

나는 그때 걱정으로 가득했다. 폭풍우가 휘몰아치면 번개에 맞아 죽을까 봐 걱정했다. 쪼들리는 시기가 오면 먹을 게 떨어질까 봐 걱정했다. 죽으면 지옥에 갈까 봐 걱정했다. 나보다 나이 많은 샘 화이트가 겁준 대로 내 큰 귀를 자를까 봐 두려웠다. 내가 모자를 기울여 인사하면 여자아이들이 비웃을까 봐 걱정했다. 어떤 여자아이도 나와 결혼하지 않을까 봐 걱정했다. 결혼식을 치른 뒤 아내에게 무슨 말을 해야 할지 고민했다. 상상 속에서 우리는 시골 교회에서 결혼식을 치르고 지붕을 장식한 마차를 타고 농장으로 돌아올 것이다. 농장까지 오는 동안 어떻게 대화를 이어가야 할까? 어떻게? 나는 쟁기 뒤를 따라 걸으며 한 시간 동안 이 중대한 문제를 고민했다.

세월이 흐르면서 내가 걱정하던 일 중 99퍼센트는 일어나지 않는다는 사실을 점차 깨달았다. 예를 들어 앞서 말한 대로 나는 번개를 무서워했다. 하지만 전미안전위원회에 따르면, 한 해 동안 번개 때문에 죽을 확률이 고작 35만 분의 1이다. 산 채로 파묻히는 일에 대한 두려움은 그야말로 터무니없다. 그런 일을 당하는 사람은 1000만 명 가운데 한 명도 되지 않을 텐데, 나는 그게 무서워서 울었다.

여덟 명 중 한 명은 암으로 죽는다. 정 뭔가 걱정하고 싶었다면 번개에 맞아 죽거나 산 채로 파묻히는 것이 아니라 암을 걱정해야 했다. 물론 내가 말하는 건 어린 시절의 걱정이다. 하지만 많은 성인의 걱정도 거의 그만큼 터무니없다. 조바심치지 말고 평균의 법칙에 따라 정말 걱정할 근거가 있는지 따져보면 당장 걱정의 9할을 없앨 수 있을 것이다.

세계에서 가장 유명한 보험사인 런던의 로이즈Lloyd's는 일어나지 않을 일을 걱정하는 모든 사람의 경향을 활용해 거액을 벌어들인다. 그들은 사람들이 걱정하는 재난이 절대 일어나지 않으리라는 데 돈을 걸고, 그것을 베팅 대신 보험이라 부른다. 사실 그것은 평균의 법칙을 기반으로 한 베팅이다. 이 대형 보험사는 200년 동안 성공적으로 운영됐다. 인간의 본성이 바뀌지 않는 한 앞으로 50세기 동안도 성공적으로 운영될 것이다. 평균의 법칙에 따라 사람들이 생각하는 만큼 많이 일어나지 않는 재난에 대비해 신발과 선박, 밀랍에 대한 보험 상품을 팔아서 말이다.

데일 카네기 자기관리론

평균의 법칙을 살펴보면 자주 놀라운 사실을 발견한다. 예를 들어 나는 향후 5년 동안 게티즈버그 전투처럼 처절한 전투에서 싸워야 한다는 사실을 알면 공포에 사로잡힐 것이다. 모든 생명보험에 가입할 것이다. 유서를 쓰고, 속세의 일을 모두 정리할 것이다. "전투에서 살아남지 못할 거야. 그러니 남은 몇 년을 최대한 충실하게 살아야 해"라고 말할 것이다. 하지만 평균의 법칙에 따르면 평시 50~55세까지 사는 것도 게티즈버그 전투에서 싸우는 것만큼 위험하고 치명적이다. 1000명당 사망자로 따지면 50~55세 사람도 게티즈버그에서 싸운 군인 16만 3000명만큼이나 많이 죽는다는 말이다.

나는 이 책의 여러 장을 제임스 심프슨의 눔티자산장에서 썼다. 캐나다 로키산맥 보우 호숫가에 있는 그 산장에 머물던 어느 여름, 샌프란시스코 퍼시픽가에 사는 허버트 샐린저 부부를 만났다. 침착하고 조용한 샐린저 부인은 한 번도 걱정한 적이 없는 듯한 인상이었다. 어느 날 저녁, 타오르는 벽난로 앞에서 그녀에게 걱정에 시달린 적이 있는지 물었다. 그녀가 답했다.

···················

걱정에 시달린 적이 있냐고요? 걱정 때문에 제 삶이 거의 망가질 뻔했어요. 저는 걱정을 이기는 법을 배우기 전까지 11년 동안 스스로 만든 지옥에 살았어요. 쉽게 짜증 내고 분노했죠. 끔찍한 긴장 속에 살았어요. 매주 버스를 타고 샌마테오에 있는 집에서 샌프란시스코까지 갔어요. 하지만 쇼핑하는 동안도 걱정 때문에 안절부절못했죠. 다림판 위에 다리미를 켜둔 채 나오지 않았는지,

집에 불이 난 건 아닌지, 가정부가 아이들을 버려두고 도망친 건 아닌지, 아이들이 자전거를 타다가 차에 치여 죽은 건 아닌지 걱정했죠. 결국 쇼핑하다가 식은땀을 흘리며 서둘러 나왔어요. 모든 게 괜찮은지 확인하기 위해 버스를 타고 집으로 갔죠. 그러니 첫 번째 결혼이 재난으로 끝날 수밖에요.

두 번째 남편은 변호사였어요. 아무 일도 걱정하지 않는 조용하고 분석적인 사람이었죠. 그는 제가 긴장하고 불안해하면 이렇게 말했어요. "긴장을 풀어. 한번 생각해보자. 정말 걱정하는 게 뭐야? 평균의 법칙을 살펴서 그런 일이 일어날 가능성이 있는지 따져보자고." 한번은 뉴멕시코 앨버커키에서 칼즈배드 동굴로 차를 타고 비포장길을 달리다가 폭풍우를 만난 적이 있어요. 차가 이리저리 밀려서 통제가 안 될 정도였죠. 저는 분명 차가 길옆 도랑에 빠질 것 같았는데, 남편이 계속 말했어요. "아주 천천히 가니 심각한 일은 일어나지 않을 거야. 설령 차가 도랑에 빠져도 평균의 법칙에 따르면 우리가 다칠 일은 없어." 남편의 차분하고 자신 있는 태도 덕분에 저는 안정을 되찾았어요.

어느 해 여름, 우리는 캐나다 로키산맥에 있는 통킨 계곡 Tonquin Valley 으로 캠핑 여행을 갔어요. 하루는 해발 2100미터가 넘는 지점에서 캠핑하는데, 텐트가 찢어질 정도로 폭풍이 불더라고요. 텐트는 밧줄로 나무 플랫폼에 고정돼 있었어요. 바깥쪽 텐트는 강풍에 펄럭이며 울부짖었어요. 순간순간 텐트가 날아오를 것 같아 너무나 무서웠어요! 하지만 남편은 계속 말했어요. "여보, 우린 브루스터 가이드와 여행하고 있어. 그들은 아주 뛰어나. 이 산맥에서 60년 동안 텐트를 쳤고, 이 텐트는 여러 해 동안 이 자리에 있었어. 아직 날아간 적이 없다고. 평균의 법칙에 따르면 오늘 밤에도 날아가지 않을 거야. 설령 날아간다 해도 다른 텐트로 피신하면 돼. 그러니까 안심해." 그 말을 들으니 안심이 됐어요. 덕분에 남은 밤 동안 푹 잘 수 있었죠.

몇 년 전에는 우리가 사는 캘리포니아 지역에 소아마비가 번졌어요. 옛날 같았으면 저는 아마 히스테리를 부렸을 거예요. 하지만 남편은 제가 차분하게 행동하도록 설득했어요. 우리는 할 수 있는 모든 예방 조치를 했어요. 아이들을 학교와 극장 등 사람이 많은 곳에 못 가게 했어요. 그런데 보건위원회에 알아보니 소아마비가 가장 심하게 유행할 때도 캘리포니아주에서 소아마비에 걸린 아이가 1835명밖에 되지 않았어요. 일반적으로는 200~300명 수준이었고요. 비극적이기는 하지만 평균의 법칙에 따르면 소아마비 감염 확률이 아주 낮았죠.

평균의 법칙에 따르면 아무 일도 없을 거라는 말은 제 걱정을 90퍼센트 없애줬어요. 지난 20년 동안 제 삶을 더할 나위 없이 아름답고 평화롭게 만들어주기도 했답니다.

··················

미국 역사상 가장 유명한 원주민 토벌대장 조지 크룩George Crook 장군은 자서전에 썼다. "(원주민의) 거의 모든 걱정과 불행은 현실이 아니라 상상에서 기인한다."

수십 년을 돌아보면 나의 걱정도 대부분 상상에서 기인했음을 알 수 있다. 짐 그랜트Jim Grant는 자신도 그런 경험을 했다고 말했다. 그는 뉴욕시 프랭클린가 204번지에 있는 제임스그랜트유통사의 오너다. 그는 플로리다 오렌지와 자몽을 한 번에 화물열차 10~15량 분량씩 주문한다. 그는 '열차 사고가 나면 어떡하지?', '과일이 사방으로 날아가면 어떡하지?', '과일을 실은 열차가 지나갈 때 다리가 무너지면 어떡하지?' 같은 걱정으로 자신을 괴롭혔다. 보험에 가입했는데도 과일을 제때 납품하지 못해 거래처를 잃을까 봐 두려워했다. 그는 걱정이 심해서 위궤양이 생긴 것 같아 의사를 찾아갔다. 의사는 신경이 예민한 것 말고는 아무 문제가 없다고 말했다.

....

그때 빛이 보였습니다. 자신에게 묻기 시작했죠.

"이봐, 짐 그랜트. 지금까지 과일을 운송한 열차가 얼마나 돼?" 답은 '약 2만 5000량'이었습니다. 뒤이어 "그중에서 사고가 난 게 얼마나 되지?"라고 물었습니다. 답은 '아마도 다섯 량'이었습니다. 저는 자신에게 말했습니다. "2만 5000량 가운데 겨우 다섯 량? 그게 무슨 뜻인지 알아? 확률이 5000분의 1이라고! 평균의 법칙과 경험에 따르면, 네 과일을 실은 화물열차가 사고를 낼 확률은 5000분의 1이라는 말이야. 대체 뭘 걱정하는 거야?"

저는 '다리가 무너질 수도 있잖아!'라고 생각했습니다. 그때 제게 다시 물었습니다. "실제로 다리가 무너져서 화물열차가 떨어진 일이 있어?" 답은 '없다'였습니다. 저는 자신에게 말했습니다. "한 번도 무너진 적이 없는 다리나 일어날 확률이 5000분의 1인 열차 사고를 걱정하다가 위궤양에 걸리는 건 멍청한 짓이야!"

이런 관점에서 보니 제가 정말 어리석었습니다. 그때부터 걱정은 평균의 법칙에 맡기기로 했습니다. 그 뒤로 위궤양에 시달린 적이 한 번도 없습니다.

....

나는 앨 스미스Al Smith가 뉴욕 주지사일 때 정적의 거듭된 공격에 "기록을 살펴보자"는 말로 대응하는 것을 봤다. 뒤이어 그는 사실을 제시했다. 앞으로 일어날지도 모르는 일이 걱정되거든 현명한 앨 스미스의 모범을 따르자. 기록을 살펴서 정신을 좀먹는 불안에 시달릴 이유가 있는지 확인하자. 프레더릭 말슈테트는 죽을지도 모른다는 두려움에 휩싸였을 때 그렇게 했다. 다음은 그가 뉴욕 강좌에서 들려준 이야기다.

....

1944년 6월 초, 저는 오마하 해변의 개인 참호에 누워 있었습니다. 저는 999통신중대 소속이었습니다. 우리는 노르망디에서 마냥 '틀어박혀' 있었습니다. 직사각형 구멍에 불과한 개인 참호 주위를 둘러보니 '이건 마치 무덤 같아'라는 생각이 들었습니다. 잠을 청하면 무덤에 누워 있는 듯했죠. '이게 진짜 내 무덤이 될지도 몰라'란 생각이 들 수밖에 없었습니다. 밤 11시에 독일 폭격기가 날아와 폭탄을 투하하기 시작했습니다. 무서워서 몸이 굳어버릴 정도였습니다. 처음 이삼일은 한숨도 못 잤습니다. 사오일째가 되니 거의 신경쇠약에 걸릴 지경이었습니다. 뭐라도 하지 않으면 완전히 미쳐버릴 게 분명했습니다.

그래서 저는 닷새 밤이 지났고 아직 살아 있다는 사실을 상기했습니다. 다른 중대원도 마찬가지였습니다. 부상자는 두 명뿐이었습니다. 그것도 독일군 폭탄이 아니라 우리가 쏜 대공포에 다쳤습니다. 저는 건설적인 일을 해서 걱정을 멈추기로 했습니다. 대공포에 다치지 않도록 참호 위로 두꺼운 나무 지붕을 만들기 시작했습니다. 우리 부대가 넓은 지역에 걸쳐 배치됐다는 사실을 떠

올렸습니다. 직격을 당하지 않으면 깊고 좁은 개인 참호에서 죽을 일은 없었습니다. 제 계산으로 직격을 당할 확률은 1만 분의 1도 되지 않았습니다. 며칠 밤 동안 이런 식으로 상황을 바로 보니 마음이 안정됐습니다. 덕분에 폭탄이 떨어지는 동안에도 잘 수 있었습니다!

. . . .

미 해군은 평균의 법칙을 활용해 병사의 사기를 진작했다. 한 전직 해군은 그와 동료들이 고高옥탄 유조선에 배정됐을 때 엄청나게 무서워했다고 말했다. 그들은 고옥탄 휘발유를 가득 실은 유조선이 어뢰에 맞으면 폭발해서 전부 죽을 거라 생각했다.

미 해군은 그렇지 않다는 걸 알았고, 정확한 수치를 제시했다. 이에 따르면 어뢰에 맞은 유조선 100척 가운데 60척은 침몰하지 않았다. 침몰한 40척 가운데 10분 내로 침몰한 유조선은 다섯 척뿐이었다. 이는 유조선에서 탈출할 시간이 있으며, 사상자가 아주 적을 것이라는 의미. 이 사실이 사기 진작에 도움이 됐을까? 미네소타주 세인트폴 월넛가 1969번지에 사는 클라이드 마스는 말했다.

"평균의 법칙을 알고 나서는 아무도 불안해하지 않았습니다. 유조선에 탄 모든 병사의 마음이 한결 가벼워졌습니다. 어뢰에 맞아도 살아날 기회가 있고, 평균의 법칙에 따르면 죽을 가능성이 적다는 걸 알았으니까요."

기록을 살펴라. 그리고 자신에게 물어라.
"평균의 법칙에 따르면 내가 걱정하는 일이
일어날 가능성은 얼마나 되는가?"

04

피할 수 없음을 받아들여라

나는 어린 시절에 미주리주 북서부에 있는 오래되고 버려진 통나무 집 다락에서 친구들과 놀았다. 다락에서 내려올 때는 창틀에 발을 잠시 올렸다가 뛰어내렸다. 나는 왼손 검지에 반지를 끼고 있었다. 어느 날 창틀에서 뛰어내리는 순간, 반지가 못에 걸리는 바람에 검지가 잘리고 말았다.

나는 비명을 질렀다. 너무나 무섭고 죽을 것 같았다. 하지만 상처가 나은 뒤에는 한 번도 잘린 손가락을 신경 쓴 적이 없었다. 신경 써봐야 무슨 소용인가. 나는 불가피한 일을 받아들였다. 이제는 왼손 손가락이 네 개뿐이라는 사실을 한 달 내내 생각하지 않고 지나가는 경우도 많다.

몇 년 전, 뉴욕 시내의 회사 건물에서 화물 엘리베이터를 운행하는 사람을 만났다. 어쩌다가 그의 왼손이 없다는 사실을 알게 됐다. 나는 손을 잃은 게 신경 쓰이지 않는지 물었다. 그가 말했다. "아뇨,

전혀 신경 쓰이지 않아요. 저는 아직 결혼을 안 했어요. 그래서 바늘에 실을 꿸 때 유일하게 왼손이 없다는 걸 의식해요."

우리는 어쩔 수 없는 경우, 놀라울 정도로 빨리 거의 모든 상황을 받아들이고 거기에 적응한 뒤 잊어버린다.

나는 네덜란드 암스테르담에 있는 15세기 성당 유적에 새겨진 비문을 자주 생각한다. 플라망어로 새긴 그 비문은 이렇다. "그리됐다. 달라질 수 없다."

우리는 수십 년을 살아가는 동안 그리되는 수많은 불쾌한 상황을 겪는다. 이런 상황은 달라질 수 없다. 그래도 우리에게 선택지가 있다. 불가피한 일을 받아들이고 거기에 적응하거나, 반발심으로 인생을 망치고 결국 신경쇠약에 걸리는 것이다.

다음은 내가 좋아하는 철학자 윌리엄 제임스의 현명한 조언이다. "있는 그대로 기꺼이 받아들여라. 일어난 일을 받아들이는 것은 모든 불행의 결과를 극복하는 첫걸음이다." 오리건주 포틀랜드 북동쪽 49번가 2840번지에 사는 엘리자베스 콘리는 힘들게 이 교훈을 얻었다. 다음은 그녀가 얼마 전에 보내온 편지 내용이다.

....

미국이 북아프리카에서 거둔 승리를 축하하던 바로 그날, 저는 전쟁부에서 보낸 전보를 받았습니다. 너무나 사랑하는 조카가 전투 중에 실종됐다는 내용이었습니다. 얼마 후 조카가 전사했다는 전보가 도착했습니다.

저는 슬픔에 몸을 가누지 못했습니다. 그때까지 인생이 아주 원만하다고 생각해왔죠. 제 직업을 사랑했고, 조카를 함께 키웠습니다. 그 아이는 제게 바르고 착한 청년의 표상이었습니다. 물에 던진 빵이 모두 케이크로 돌아오는 기분이었습니다!("너는 네 떡을 물 위에 던져라. 여러 날 후에 도로 찾으리라"는 〈전도서〉 11장 1절을 빗대어 말함) 그러다가 그 전보를 받았습니다. 온 세상이 무너지는 듯했죠. 살아갈 이유가 하나도 남지 않은 것 같았습니다. 일을 방치하고 친구를 멀리했습니다. 모든 걸 놔버렸습니다. 분개하고 원망했습니다. 왜 다정한 조카가 목숨을 잃어야 하는지, 왜 앞날이 창창하고 착한 청년이 죽어야 하는지 도저히 수긍할 수 없었습니다. 슬픔에 짓눌린 저는 일을 그만두고 멀리 떠나 눈물과 분노 속에 숨기로 마음먹었습니다.

그만둘 생각으로 책상을 정리하다가 잊고 있던 편지를 우연히 발견했습니다. 몇 년 전, 어머니가 돌아가셨을 때 조카가 보낸 편지였습니다. 편지에는 이렇게 적혀 있었습니다. "당연히 할머니가 그리울 거예요. 특히 고모는 더 그럴 겠죠. 그래도 고모가 잘 이겨낼 걸 알아요. 고모의 인생관이 힘이 돼줄 거예요. 저는 고모가 가르쳐준 아름다운 진리를 절대 잊지 않을 거예요. 어디에 있든, 우리가 얼마나 멀리 떨어져 있든 웃으라고, 무슨 일이 생기든 남자답게 받아들이라고 가르친 걸 항상 기억할게요."

저는 그 편지를 읽고 또 읽었습니다. 그 아이가 제 옆에서 말을 거는 것 같았습니다. "고모가 제게 가르쳐준 대로 해요. 어떤 일이든 이겨내요. 웃음 뒤로 슬픔을 감추고 계속 나아가요"라고 말하는 것 같았습니다.

저는 다시 일하기 시작했습니다. 분노하고 반발하기를 멈췄습니다. 자신에게 "이미 끝난 일이야. 바꿀 수 없어. 그 아이가 바라던 대로 계속 나아갈 거야"라고 거듭 말했습니다. 온 정신과 기운을 일에 쏟았습니다. 다른 사람의 아들인 군인들에게 위문편지를 썼습니다. 새로운 관심사를 찾고 새로운 친구를 사귀려고 밤에는 성인 강좌를 들었습니다. 그랬더니 믿을 수 없는 변화가 생겼습니다. 과거 때문에 슬퍼하던 일을 그만뒀습니다. 이제는 조카가 원한 대로 매일 기쁘게 살아갑니다. 삶과 화해하고 제 운명을 받아들였습니다. 어느 때보다 충만하고 완전한 삶을 살아가고 있습니다.

....

엘리자베스 콘리는 우리가 언젠가 배워야 하는 교훈을 얻었다. 불가피성을 받아들이고 순응해야 한다는 교훈이다. "그리됐다. 달라질 수 없다." 이는 쉽게 배울 수 있는 교훈이 아니다. 왕좌에 앉은 왕도 이 교훈을 거듭 상기해야 한다. 조지 5세는 버킹엄궁전에 있는 자신의 서재 벽에 이런 문구를 걸었다. "불가능한 것을 바라거나, 지나간 일을 후회하지 않도록 가르쳐주소서." 쇼펜하우어도 같은 생각을 표했다. "충분한 단념은 삶의 여정에 대비하는 데 가장 중요하다."

우리는 환경만으로 행복하거나 불행해지는 것이 아니다. 우리 감정을 좌우하는 것은 우리가 환경에 반응하는 방식이다. 예수는 우리 안에 천국이 있다고 말했다. 지옥도 거기에 있다. 우리는 모두 재난과 비극을 견디고 이겨낼 수 있다. 반드시 그래야 한다면 말이다. 할 수 없다고 생각할지 모르지만, 우리에게는 활용하기만 하면 우리를 이끌어줄 놀랍도록 강력한 내면의 자원이 있다.

작가 부스 타킹턴Booth Tarkington은 생전에 항상 말했다. "시력을 잃는 것 말고는 삶이 내게 강제하는 모든 걸 받아들일 수 있다. 실명은 절대 못 견딜 것이다." 60대가 된 타킹턴은 어느 날, 바닥의 카펫을 내려다봤다. 색상이 흐릿하고 패턴이 보이지 않았다. 전문의를 찾아간 그는 시력을 잃을 것이라는 비극적인 사실을 알게 됐다. 한쪽 눈은 거의 보이지 않았고, 다른 쪽 눈도 그렇게 될 예정이었다. 그가 가장 두려워하던 일이 생긴 것이다. 그는 '최악의 재난'에 어떻게 대응했을까? '이제 끝이야! 내 삶은 끝났어!'라고 생각했을까? 아니다. 놀랍게도 상당히 명랑했다. 심지어 농담까지 떠올랐다. 눈앞에 떠다니는 '반점'이 그를 짜증 나게 했다. 반점은 눈앞을 가로지르며 시야를 막았다. 그래도 큰 반점이 시야를 가로지를 때면 이렇게 말했다. "안녕하세요! 할아버지가 또 오셨네! 이 좋은 아침에 어딜 가시나?"

운명이 이런 정신을 정복할 수 있을까? 타킹턴은 눈이 완전히 멀었을 때 말했다. "사람이 다른 모든 걸 받아들일 수 있듯이 나도 실명을 받아들일 수 있다는 걸 알게 됐다. 오감을 다 잃더라도 내 마음속에서 계속 살아갈 수 있을 것이다. 우리는 알든 모르든 마음으로 보고 마음속에서 살아가기 때문이다."

타킹턴은 시력을 회복하기 위해 1년에 열두 번 넘게 수술을 받았다. 그것도 국소마취 상태로 말이다. 그가 불만을 표했을까? 그는 벗어날 길이 없다는 사실을 알았다. 고통을 줄이는 유일한 길은 담대하게 받아들이는 것뿐이었다. 병원에서 1인실을 거부하고 다인실에 들어갔고, 다른 환자들을 북돋으려고 애썼다. 의식이 완전히 살아 있는 채로 거듭 눈 수술을 받아야 했을 때도 자신이 얼마나 운이 좋은지 기억하려고 애썼다. 그는 "얼마나 대단한 일인가! 이제는 사람의 눈처럼 예민한 부위까지 수술할 수 있을 정도로 과학이 발전했어!"라고 말했다.

보통 사람은 열두 번이 넘는 수술과 실명을 견뎌야 했다면 신경쇠약에 걸리고 말았을 것이다. 하지만 타킹턴은 "이 경험을 다른 행복한 경험과 바꾸지 않겠다"고 했다. 이 경험은 그에게 수긍하는 법을 가르쳤다. 삶이 안기는 어떤 어려움도 견딜 수 있다는 사실을 가르쳤다. 시인 존 밀턴John Milton이 깨달은 대로 "불행한 일은 눈이 먼 것이 아니라 그것을 견디지 못하는 것"임을 가르쳤다.

뉴잉글랜드의 유명한 페미니스트 마거릿 풀러Margaret Fuller는 한때 신조가 "나는 우주를 받아들인다!"라고 밝혔다. 퉁명스런 토머스 칼라일은 영국에서 그 말을 듣고 "맙소사, 당연히 그래야지!"라고 콧방귀를 뀌었다.

맞다, 우리도 당연히 불가피한 일을 받아들여야 한다! 욕하고 발버둥 치고 분노해도 불가피한 일을 바꾸지 못한다. 다만 자신은 바꿀 수 있다. 해봤기에 안다. 나는 내게 닥친 불가피한 상황을 받아들이지 않던 적이 있다. 바보처럼 굴면서 욕하고 반발했다. 밤을 불면증의 지옥으로 만들었다. 내가 원하지 않던 모든 것을 자초했다. 1년 동안 나 자신을 괴롭힌 끝에 처음부터 바꿀 수 없다는 걸 안 사실을 받아들여야 했다.

나는 몇 년 전 늙은 월트 휘트먼Walt Whitman처럼 이렇게 소리쳐야 했다.

아, 밤과 폭풍우, 배고픔과 조롱, 말썽과 거절을
나무와 동물처럼 대처하소서.

나는 12년 동안 소 떼를 돌봤다. 하지만 가뭄에 목초지가 말라서, 진눈깨비나 추위 때문에, 수컷이 다른 암컷에게 관심을 보인다고 성질을 부리는 소를 한 마리도 보지 못했다. 동물은 차분하게 밤과 폭풍과 배고픔에 대처한다. 절대 신경쇠약이나 위궤양에 걸리지 않는다. 미치지 않는다.

우리에게 닥치는 모든 역경에 굴복하라는 말이 아니다. 그건 단순한 숙명론에 불과하다. 어려운 상황에서 벗어날 가능성이 조금이라도 있다면 맞서 싸워라. 하지만 상식적으로 판단할 때 그렇게 될 수밖에 없고 다른 가능성이 없는 상황이라면, 맨정신을 유지하기 위해 앞뒤를 살피며 자신에게 없는 것을 애타게 그리지 말자.

호크스 학장은 '마더 구스Mother Goose'의 한 구절을 자신의 모토로 삼았다고 했다.

태양 아래 모든 병에는
약이 있거나 없다네.
약이 있다면 찾으려 애쓰고,
없다면 신경 쓰지 않으면 된다네.

이 책을 쓸 때 미국의 여러 기업인을 인터뷰했다. 그 과정에서 그

데일 카네기 자기관리론

들이 피할 수 없음을 받아들이고 걱정에 전혀 시달리지 않고 살아가는 데 강한 인상을 받았다. 그러지 않았다면 그들은 중압감에 짓눌렸을 것이다. 다음은 내 말의 의미를 알려주는 몇 가지 사례다.

전국에 체인을 둔 페니Penney 창립자 제임스 페니 주니어James C. Penney Jr.가 말했다. "제가 가진 모든 돈을 잃어도 걱정하지 않을 겁니다. 걱정해서 얻을 게 하나도 없으니까요. 그냥 할 수 있는 최선을 다하고, 결과는 하나님에게 맡기는 겁니다." 헨리 포드도 "감당할 수 없는 일은 알아서 흘러가도록 그냥 둡니다"라고 비슷한 말을 했다.

나는 크라이슬러Chrysler Corporation 회장 코프먼 켈러Kaufman T. Keller에게 걱정을 어떻게 피하는지 물었다. "힘든 상황에 직면했을 때 뭐라도 제가 할 수 있는 일이 있으면 합니다. 하지만 제가 할 수 있는 일이 없으면 그냥 잊어버립니다. 미래는 전혀 걱정하지 않습니다. 앞으로 무슨 일이 일어날지 알 수 있는 사람은 없다는 걸 아니까요. 미래에 영향을 미치는 힘이 너무 많아요! 아무도 무엇이 그 힘을 촉발하는지 알지 못하고, 그 힘을 이해하지 못해요. 그러니 걱정해야 무슨 소용이 있겠습니까?" 켈러는 철학자 같다는 말을 들으면 창피해할 것이다. 그는 뛰어난 기업인일 뿐이다. 그래도 그는 에픽테토스Epiktētos가 19세기 전에 로마에서 가르친 철학을 우연히 습득했다. 에픽테토스는 로마인에게 이렇게 가르쳤다. "행복에 이르는 유일한 길은 우리의 의지력을 넘어선 일에 대한 걱정을 멈추는 것이다."

'천상의 사라'로 불리는 사라 베르나르Sarah Bernhardt는 불가피성에 순응하는 법을 아는 뛰어난 여성이다. 그녀는 반세기 동안 네 대륙에서 극장의 여왕으로 군림하며 세상에서 가장 많이 사랑받은 배우다. 하지만 71세에 전 재산을 잃고 빈털터리가 됐다. 게다가 주치의에게 다리를 절단해야 한다는 말까지 들었다. 그녀는 대서양을 횡단하던 중 폭풍우를 만나 갑판에서 추락하는 바람에 다리를 심하게 다쳤다. 이후 정맥염이 발병했고, 다리가 오그라들었다. 의사는 다리를 절단해야 한다고 판단했지만, 난폭하고 사나운 '천상의 사라'에게 그 말을 하기가 두려웠다. 분명 그녀가 끔찍한 소식을 듣고 히스테리성 발작을 일으킬 거라 생각했다. 하지만 아니었다. 사라는 그를 잠시 바라보다가 조용히 말했다. "그래야 한다면 어쩔 수 없죠." 그것은 운명이었다.

사라의 아들은 그녀가 수술실로 들어가는 모습을 보며 울었다. 그녀는 명랑하게 손을 흔들며 밝은 목소리로 말했다. "어디 가지 마. 금방 나올 거니까."

그녀는 수술실로 들어갈 때 연극의 한 장면에 나오는 대사를 읊었다. 누군가 자신을 북돋기 위한 거냐고 묻자 그녀는 말했다. "아니에요. 의사와 간호사를 북돋기 위한 거예요. 힘들 테니까요." 사라 베르나르는 수술에서 회복하고 다시 전 세계 순회공연에 나서, 7년 동안 청중을 사로잡았다.

엘시 매코믹은 《리더스다이제스트Reader's Digest》에 실은 글에서 "불가피한 일과 싸우기를 멈추면 더 풍부한 삶을 창조할 기운을 낼 수 있다"고 말했다. 아무도 불가피한 일과 싸우기에 충분한 감정과 기운을 가진 동시에, 새로운 삶을 창조할 여유를 갖지 못한다. 둘 중

하나를 선택해야 한다. 삶의 불가피한 눈보라에 휘거나, 맞서다가 부러지거나!

나는 미주리주에 있는 농장에서 그런 일을 겪었다. 나는 농장에 수많은 나무를 심었다. 처음에는 나무가 놀랄 만큼 빨리 자랐다. 그러다가 눈보라가 불어 모든 가지에 눈이 무겁게 쌓였다. 나무는 우아하게 휘지 않고 자랑스레 버텼다. 그 바람에 무게를 이기지 못해 부러지고 갈라졌다. 우리는 결국 나무를 베어내야 했다. 나무는 북쪽 숲의 지혜를 배우지 못했나 보다. 나는 캐나다의 상록수림을 수백 킬로미터 여행했다. 그래도 진눈깨비나 얼음 때문에 부러진 가문비나무나 소나무를 본 적이 없다. 이런 상록수는 휘는 법, 가지를 구부리는 법, 불가피성에 순응하는 법을 안다. 유도 사범은 제자에게 가르친다. "버드나무처럼 휘어라. 참나무처럼 버티지 마라."

자동차 타이어는 어떻게 도로를 달리면서 수많은 충격을 받아낼 수 있을까? 처음에 제조사들은 도로의 충격에 버티는 타이어를 만들려고 노력했다. 이 시도는 금세 무산됐다. 뒤이어 그들은 도로의 충격을 흡수하는 타이어를 만들었다. 이 타이어는 '충격을 받아낼' 수 있었다. 우리도 인생이라는 험한 길에서 충격과 동요를 흡수하는 법을 배우면 더 오래, 더 순조로운 여정을 즐길 수 있을 것이다.

삶의 충격을 흡수하지 않고 버티면 어떻게 될까? 버드나무처럼 휘기를 거부하고 참나무처럼 버티기를 고집하면 어떻게 될까? 답은 쉽다. 우리는 일련의 내적 갈등에 휘말릴 것이다. 걱정과 긴장, 중압감과 신경증에 시달릴 것이다. 더 나아가 거친 현실 세계를 거부하고, 자기만의 망상 속으로 숨어들면 미칠 것이다.

전쟁이 벌어지는 동안 겁먹은 수백만 병사는 불가피한 상황을 받아들이거나 중압감에 무너져야 했다. 뉴욕 글렌데일 76번가 7126번지에 사는 윌리엄 캐셀리어스의 예를 보자. 뉴욕 강좌에서 발표해 상을 받은 이야기다.

....

저는 해안경비대에 입대한 직후 대서양 연안에서 가장 격전이 벌어지는 지역에 배속됐습니다. 제 직책은 폭발물 책임자였습니다! 상상해보세요! 저를 보세요! 비스킷 영업 사원이 폭발물 책임자가 된 겁니다! 수천 톤이나 되는 TNT 위에 선다는 생각만 해도 등줄기에 오한이 들 정도였습니다. 교육 기간은 이틀뿐이었습니다. 그때 배운 내용은 더 많은 공포를 줬습니다. 저는 첫 임무를 절대 잊지 못할 겁니다. 어둡고 춥고 안개 낀 날에 뉴저지주 베이온 케이브 포인트의 잔교에서 명령을 받았습니다.

저는 우리 함정의 5번 선창을 배정받았습니다. 항만노무자 다섯 명과 그 선창에서 일해야 했죠. 그들은 TNT 1톤을 넣은 초대형 폭탄을 실었습니다. 낡은 함정을 폭파하기에 충분한 양이었죠. 초대형 폭탄을 케이블 두 개로 선창에 내렸습니다. '케이블이 풀리거나 끊어지면 어떡하지?'라는 생각이 계속 들었습니다. 세상에, 너무 무서웠거든요! 몸이 떨리고, 입이 마르고, 다리가 풀리고, 심장이 뛰었습니다. 그래도 도망칠 수 없었습니다. 그건 탈영이니까요. 그러면 저 자신뿐 아니라 부모님의 명예도 실추될 것입니다. 어쩌면 탈영 죄로 총살당할지도 모르죠. 저는 도망칠 수 없었습니다. 거기 머물러야 했습니다. 항만노무자들이 초대형 폭탄을 부주의하게 다루는 모습을 계속 지켜봤습니다. 언제든 함정이 폭파될지 몰랐습니다. 저는 한 시간 넘게 식은땀을 흘리며 공포에 떨다가 약간의 상식을 활용하기 시작했습니다. 저 자신을 타일렀습니다. '이것 봐! 네가 폭탄에 날아간다고 치자. 그래서 뭐? 어차피 아무런 차이도 알지 못할 거야. 쉽게 죽는 길이 될 거야. 암으로 죽는 것보다 훨씬 나아. 멍청이가 되지 마. 영원히 살 순 없어! 이 일을 해야 해. 아니면 총살당해. 그러니까 차라리 좋아하는 편이 나아.'

몇 시간 동안 그렇게 되뇌었습니다. 그러자 마음이 편해지기 시작했습니다. 마침내 저는 불가피한 상황을 받아들여서 걱정과 두려움을 극복했습니다.

그 교훈을 절대 잊지 못할 겁니다. 이제는 제가 바꿀 수 없는 일을 걱정하고 싶은 생각이 들면 어깨를 으쓱하며 "잊어버려"라고 말합니다. 이 방법은 잘 통합니다. 비스킷 영업 사원에게도요.

....

브라보! 피나포레의 비스킷 영업 사원에게 세 번의 환호와 한 번의 응원을 더 보내자.

예수의 죽음을 제외하고 역사상 가장 유명한 죽음은 소크라테스의 죽음이다. 지금부터 1만 세기가 지나도 사람들은 여전히 플라톤이 소크라테스의 죽음을 묘사한 불멸의 글을 읽고 음미할 것이다. 이 글은 모든 문헌에서 가장 감동적이고 아름다운 구절이다. 맨발의 노인 소크라테스를 시기하고 질투한 아테네의 몇몇 사람이 그를 모함했다. 그는 재판에서 사형선고를 받았다. 인정 많은 집행관은 소크라테스에게 독배를 건네며 말했다. "어쩔 수 없는 일이라면 담담하게 견디려고 해봐요." 소크라테스는 그 말대로 했다. 그는 신성의 가장 자리에 닿은 평정심과 체념으로 죽음을 마주했다.

"어쩔 수 없는 일이라면 담담하게 견디려고 해봐요." 집행관이 이 말을 한 때는 예수가 태어나기 399년 전이지만, 걱정이 넘쳐나는 이 세상은 어느 때보다 이 말이 필요하다. "어쩔 수 없는 일이라면 담담하게 견디려고 해봐요."

지난 8년 동안 나는 걱정을 없애는 일과 조금이라도 관련 있는 책과 잡지 기사를 모두 찾아 읽었다. 그 글 중 최고의 조언이 무엇인지 알고 싶은가? 그럼 알려주겠다. 이 글을 욕실 거울에 붙이고 세수할 때마다 마음속에서 모든 걱정도 씻어낼 수 있도록 해야 한다. 가치를 따질 수 없는 이 기도문을 쓴 사람은 뉴욕 브로드웨이와 120번 가에 있는 유니언신학교Union Theological Seminary 응용기독교학 교수 라인홀드 니버Reinhold Niebuhr다.

하나님, 바꿀 수 없는 일을 받아들이는 차분함과

바꿀 수 있는 일을 바꾸는 용기와

그 차이를 구분할 줄 아는 지혜를

제게 주소서.

원칙 4

피할 수 없음을 받아들여라.

05

격정과 '손절'하라

주식시장에서 돈 버는 법을 알고 싶은가? 다른 수많은 사람도 알고 싶을 것이다. 내가 그 답을 알면 이 책이 엄청나게 비싸더라도 팔 수 있을 것이다. 성공적인 투자자들이 활용하는 좋은 아이디어가 하나 있다. 이 이야기를 들려준 사람은 뉴욕 이스트 42번가 17번지에 사는 투자 상담사 찰스 로버츠다.

....

저는 친구들이 주식 투자 자금으로 준 2만 달러를 들고 텍사스에서 뉴욕으로 왔습니다. 주식시장을 잘 안다고 생각했는데, 가진 돈을 모두 잃고 말았습니다. 몇 차례 거래에서는 많은 수익을 올렸으나, 결국 모든 걸 잃었습니다.

제 돈을 잃은 건 크게 신경 쓰지 않았습니다. 하지만 친구들이 저를 믿고 맡긴 돈을 잃은 건 정말 가슴이 아팠습니다. 친구들이 그만한 손실을 감당할 여력이 충분했어도 투자가 대실패로 끝나니 그들의 얼굴을 다시 보기가 두려웠습니다. 놀랍게도 친구들은 손실을 담대하게 받아들였습니다. 그들은 타고난 낙천주의자였습니다.

저는 그동안 '모 아니면 도' 식으로 투자했고 운과 다른 사람의 의견에 주로 의지했다는 걸 알았습니다. '즉흥적인 투자'를 한 거죠.

제가 저지른 실수를 숙고하기 시작했습니다. 다시 시장에 들어가기 전에 무엇이 문제인지 알아내겠다고 마음먹었죠. 그래서 역대 최고 투자자 버튼 캐슬스Burton S. Castles를 찾아가 친분을 쌓았습니다. 그는 오랫동안 해마다 성공을 거두는 명성을 누렸고, 그런 경력이 단순한 우연이나 행운의 결과가 아님을 알기에 많은 걸 배울 수 있으리라 믿었습니다. 그는 이전에 어떤 방식으로 투자했는지 몇 가지 질문한 뒤, 트레이딩에서 가장 중요하다고 생각하는 원칙을 말해줬습니다. "나는 투자할 때 반드시 손절 주문을 걸어. 예를 들어 어느 종목을 주당 50달러에 매수하는 경우, 바로 45달러에 손절 주문을 걸어두는 거야." 이 말은 해당 종목의 주가가 매수가보다 5포인트 하락하면 자동으로 매도가 돼서 손실 폭을 5포인트로 제한한다는 뜻입니다.

노년의 투자 대가는 덧붙여 말했습니다. "애초에 타당한 투자를 했다면 수익이 평균적으로 10포인트나 25포인트, 심지어 50포인트가 날 수도 있어. 결과적으로 손실 폭을 5포인트로 제한하면 전체 거래에서 절반쯤 잘못된 투자를 해도 여전히 많은 돈을 벌 수 있지."

저는 즉시 그 원칙을 적용했고, 이후 계속 활용합니다. 덕분에 제 고객과 제가 봤을지 모르는 수천 달러의 손실을 막을 수 있었죠.

시간이 지난 뒤 손절매 원칙을 주식시장 이외 영역에서도 활용할 수 있다는 사실을 깨달았습니다. 제게 닥치는 모든 짜증과 분노도 손절하기 시작했습니다. 그 효과는 마법 같았습니다. 예를 들어 저와 자주 점심을 같이 먹는 친구는 약속 시간을 지키는 경우가 드물었습니다. 점심시간 절반이 지나도록 제 속을 끓인 뒤에야 나타나곤 했죠. 마침내 저는 그에게 걱정과 손절하기로 했다고 말했습니다. "빌, 너를 기다리는 시간에 대한 나의 손절 기준은 정확히 10분이야. 그보다 늦으면 점심 약속은 없던 걸로 알고 가버릴 거야."

....

세상에! 나의 조바심, 성질, 자기 정당화에 대한 욕구, 후회 그리고 모든 정신적, 감정적 중압감을 진작 손절했다면 얼마나 좋을까? 왜 마음의 평화를 깨뜨리려는 모든 상황을 평가해서 "이봐, 카네기. 이 상황이 그렇게 호들갑을 떨 만한 상황이야?"라고 당연히 자문하지 않았을까?

그래도 최소한 한 번은 약간의 분별력을 발휘한 나 자신을 칭찬하고 싶다. 게다가 그때는 상황이 심각했다. 미래에 대한 내 꿈과 계획, 오랜 노력이 물거품이 되는 걸 지켜봐야 하는 삶의 위기였다. 사정은 이렇다. 나는 30대 초반에 소설을 쓰는 데 인생을 바치기로 결심했다. 제2의 프랭크 노리스Frank Norris나 잭 런던Jack London 혹은 토머스 하디Thomas Hardy가 될 생각이었다. 너무나 진심이었기에 2년 동안 유럽에서 지냈다. 제1차 세계대전 이후 마구 돈을 찍어내던 시기에 달러로 저렴하게 살 수 있었기 때문이다. 거기서 필생의 역작을 쓰며 2년을 지냈다. 소설 제목은 'The Blizzard(눈보라)'였다.

적절한 제목이었다. 출판사들의 반응이 다코다 평원에 불어닥친 그 어떤 눈보라보다 차가웠기 때문이다. 에이전트는 내게 그 소설은 가치가 없으며, 나는 소설을 쓸 재능이나 역량이 없다고 했다. 그 말을 듣고 거의 심장이 멎을 뻔했다. 어지러움을 느끼며 그의 사무실을 떠났다. 그가 몽둥이로 머리를 후려쳤어도 그만한 충격을 받지는 않았을 것이다. 정신이 멍해질 정도였다. 내가 삶의 교차로에 서 있으며, 엄청난 결정을 내려야 한다는 사실을 깨달았다. 어떻게 해야 하지? 어느 길로 가야 할까? 혼란에서 빠져나오기까지 몇 주가 걸렸다. 당시 나는 "걱정과 손절한다"는 말을 들어본 적이 없는데, 지금 돌이켜 보면 바로 그렇게 했다는 사실을 알 수 있다. 나는 2년 동안 공들여 소설을 쓴 자체가 고귀한 실험이라 여기고, 거기부터 다시 나아갔다. 교육 강좌를 개설하고 가르치는 일로 돌아갔다. 여가에는 전기나 자기계발서를 썼다.

그런 결정을 내린 것을 지금 기쁘게 생각하냐고? 기쁘냐고? 지금 그 일을 생각할 때마다 나는 거리에서 환희의 춤을 추고 싶어진다! 그 이후 내가 또 다른 토머스 하디가 되지 못한 것을 단 하루, 아니 한 시간도 후회한 적이 없다.

1세기 전 어느 밤, 부엉이가 월든 호숫가의 숲속에서 울었다. 헨리 소로는 거위 깃털 펜에 직접 만든 잉크를 묻혀 일기를 썼다. "어떤 것의 값어치는 당장 혹은 장기적으로 교환해야 하는 삶의 분량과 같다." 다시 말해 존재를 갉아먹는 일에 과도한 대가를 지불하는 짓은 어리석다.

하지만 길버트와 설리번(빅토리아시대 경가극을 만든 극작가 윌리엄 길버트

William Schwenck Gilbert와 작곡가 아서 설리번ArthurSullivan)은 그런 일을 했다. 그들은 유쾌한 극본과 음악을 만드는 법을 알았지만, 정작 자신의 삶을 유쾌하게 만드는 법에 관해선 안타까울 정도로 아는 게 없었다. 그들은 〈인내Patience〉, 〈피나포레Pinafore〉, 〈미카도The Mikado〉 등 세상에 즐거움을 준 사랑스러운 경가극을 만들었다. 하지만 그들은 감정을 다스리는 법을 몰랐다. 카펫 가격처럼 사소한 것으로 몇 년을 다툴 정도였다. 설리번은 길버트와 같이 매입한 극장에 깔 새 카펫을 주문했다. 길버트는 청구서를 보고 이성을 잃었다. 두 사람은 법정 다툼까지 벌였고, 죽을 때까지 직접 대면하고 말을 섞지 않았다. 설리번은 새로운 경가극에 들어갈 곡을 쓰면 길버트에게 우편으로 보냈다. 길버트도 극본을 써서 설리번에게 다시 우편으로 보냈다. 심지어 함께 커튼콜을 받는데 서로 보지 않으려고 무대 반대편에 서서 인사했다. 그들은 분노와 손절할 이성을 갖추지 못한 것이다.

링컨은 달랐다. 남북전쟁 동안 친구들이 자신의 적을 욕하자 이렇게 말했다.

"자네는 나보다 맘속에 쌓아둔 게 많군. 어쩌면 내가 너무 적은 것인지도 모르지. 하지만 그게 도움을 준다고 생각하지 않아. 인생의 절반을 싸우는 데 보낼 수 없지. 나는 상대가 나에게 공격을 멈추면 과거의 다툼을 기억하지 않는다네."

에디스 고모가 링컨처럼 마음이 너그럽다면 좋았을 텐데. 고모와 고모부는 대출로 산 농장에서 살았다. 잡초가 무성하고, 토질과 배수로가 부실한 농장이었다. 두 사람은 동전 한 푼까지 아끼며 힘겹게 살았지만, 에디스 고모는 횅한 집안 분위기를 밝게 만들 커튼과 다른 물건을 사는 것은 즐겼다. 그녀는 미주리주 메리빌에 있는 댄 에버솔의 포목점에서 이 사소한 호사품을 외상으로 샀다. 프랭크 고모부는 빚이 걱정이었다. 빚이 늘어날까 두려워서 몰래 댄 에버솔에게 더는 아내에게 외상을 주지 말라고 했다. 에디스 고모는 그 일로 거의 50년이 지난 지금까지 분통을 터뜨린다. 나는 고모에게 그 이야기를 수십 번 들었다. 마지막으로 봤을 때 고모는 70대 후반이었다. "에디스 고모, 고모부가 고모에게 창피를 준 건 잘못이에요. 하지만 거의 50년이 지났는데 계속 불평하는 게 그보다 훨씬 잘못됐다고 생각하지 않으세요?"(하지만 차라리 달을 보고 그 말을 하는 게 나았을 것이다.) 에디스 고모는 마음속에서 키운 앙심과 쓰라린 기억에 비싼 대가를 치렀다. 그 대가는 마음의 평화였다.

벤저민 프랭클린은 일곱 살 때 70년 동안 기억할 실수를 저질렀다. 당시 그는 호루라기를 너무 좋아했다. 너무나 들뜬 나머지 장난감 가게에 들어가 가진 동전을 모두 카운터에 쌓으며 값을 묻지도 않고 달라고 할 정도였다. 70년 뒤 친구에게 보낸 편지에는 "그 뒤 집으로 돌아온 나는 너무 좋아서 호루라기를 불며 온 집안을 돌아다녔어. 그런데 형과 누나들이 호루라기를 제값보다 훨씬 비싸게 샀다고 놀리며 웃어댔지. 나는 짜증이 나서 울음을 터뜨렸어"라고 썼다. 프랭클린은 세계적인 유명 인사이자 프랑스 주재 미국 대사가 됐을 때도 그 일을 잊지 못했다. "호루라기가 준 기쁨보다 호루라기를 비싸게 산 분함이 컸다네."

하지만 그 일이 프랭클린에게 준 교훈은 결국 값싼 것이었다. "나중에 커서 세상에 나와 사람들이 하는 행동을 보니, 호루라기에 너무 비싼 값을 치르는 사람이 아주 많았어. 인류의 많은 비극은 어떤 것의 가치를 잘못 추정하고, 그것에 너무 비싼 값을 치르는 데서 초래되지."

길버트와 설리번은 호루라기에 너무 비싼 값을 냈다. 에디스 고모도 마찬가지다. 나도 많은 경우에 그랬다. 그리고 세상에서 가장 위대한 소설 《전쟁과 평화》, 《안나 카레니나》를 쓴 불멸의 작가 톨스토이도 그랬다. 《브리태니커 백과사전》에 따르면 그는 생의 마지막 20년 동안 '세상에서 가장 공경받는 사람'이었을 것이다. 1890년부터 1910년까지 숭배자들이 끝없는 행렬을 이뤄 그의 집을 순례했다. 오로지 그의 얼굴을 보거나 목소리를 듣거나 심지어 옷자락이라도 만져보기 위해서였다. 그가 한 말은 거의 '신성한 계시'처럼 공책에 기록됐다. 하지만 일상생활에서 톨스토이는 일곱 살 때 프랭클린보다 분별력이 부족했다. 아예 분별력이 없었다.

톨스토이는 깊이 사랑한 소녀와 결혼했다. 실제로 두 사람은 너무나 행복한 나머지 이토록 순전한 천상의 환희 속에 계속 살게 해달라고 무릎 꿇고 기도했다. 하지만 톨스토이의 아내는 천성적으로 질투심이 강했다. 그녀는 농민처럼 꾸미고 숲속까지 따라다니며 남편을 감시했다. 두 사람은 심하게 다퉜다. 그녀는 자기 아이까지 질투해, 딸의 사진에 총을 쏴서 구멍이 날 정도였다. 아편이 든 병을 입에 물고 바닥을 구르며 자살하겠다고 위협하기도 했다. 아이들은 그런 엄마의 모습을 보며 구석에 모여 앉아 두려움에 울부짖었다.

톨스토이는 어떻게 했을까? 그가 가구를 부순 것은 비난하고 싶지 않다. 충분히 분개할 만했다. 하지만 훨씬 심한 짓도 했다. 그는 일기를 썼다! 일기에 아내에 대한 모든 비난을 쏟아냈다. 그것이 그의 '호루라기'였다! 그는 후대 사람들이 자신에게 면죄부를 주고 아내를 비난하도록 만들겠다고 작정했다. 아내는 어떻게 대처했을까? 당연히 남편의 일기를 찢어서 불태웠다. 그리고 자신도 일기를 쓰기 시작해 남편을 악당으로 만들었다. 심지어 《누구의 잘못인가Whose Fault?》라는 소설까지 썼다. 남편을 집안의 악귀로, 자신을 순교자로 묘사했다.

무엇 때문에 이 모든 짓을 한 걸까? 두 사람은 왜 자신들의 보금자리를 톨스토이가 말한 '정신병원'으로 만들었을까? 몇 가지 이유가 있다. 그중 하나는 우리에게 잘 보이려는 강렬한 욕구 때문이다. '우리'가 바로 그들이 자신을 나쁘게 평가할까 봐 걱정하던 '후대 사람'이다. 하지만 우리는 둘 중 누가 잘못했는지 털끝만큼도 신경 쓰지 않는다. 우리는 각자의 문제를 걱정하느라 톨스토이 부부 문제에 1분도 할애하지 않는다. 이 가련한 부부는 호루라기에 대체 얼마나 큰 대가를 치른 것인가! 그들은 지옥에서 50년을 살았다. 둘 중 한 사람이라도 "그만!"이라고 말할 분별력이 없었기 때문이다. "당장 이 일을 그만두자. 우리는 인생을 낭비하고 있어. 더는 안 된다고 말하자"라고 할 가치판단을 할 줄 몰랐기 때문이다.

나는 진정한 마음의 평화를 얻는 중요한 비결이 올바른 가치판단이라고 믿는다. 또 삶에서 어떤 것이 지니는 가치에 관한 황금률을 만들면 모든 걱정의 절반을 없앨 수 있다고 믿는다.

원칙
5

살면서 나쁜 것에 많은 대가를 지불하고 싶어질 땐
잠시 멈춰 세 가지 질문을 하자.
첫째, 내가 걱정하는 이 문제가 실제로 얼마나 중요한가?
둘째, 어느 지점에서 이 걱정과 '손절'하고 잊어버릴까?
셋째, 이 호루라기에 얼마를 지불할까? 이미
값어치보다 많이 지불한 건 아닐까?

06

톱밥을 톱질하지 마라

글을 쓰는 지금, 창밖 정원에 있는 공룡 발자국이 보인다. 암석에 새겨진 공룡 발자국이다. 나는 예일대학교 피바디자연사박물관Peabody Museum of Natural History에서 이 공룡 발자국을 샀다. 이 발자국이 1억 8000만 년 전 것이라는 큐레이터의 편지도 가지고 있다. 아무리 멍청한 사람이라도 1억 8000만 년 전으로 돌아가 이 발자국을 바꾸려 하지 않을 것이다. 그런데 180초 전에 일어난 일을 바꾸지 못해 걱정하는 것은 멍청하지 않은 일일까? 그런 걱정을 하는 사람이 아주 많다. 하지만 180초 전에 일어난 일의 영향을 줄이려는 노력은 할 수 있어도 이미 일어난 일을 바꿀 순 없다.

하나님의 푸른 발판(〈이사야〉 66장에 나오는 표현으로, '지상'을 뜻함)에서 과거를 건설적으로 활용할 방법이 하나 있다. 과거의 실수를 차분하게 분석하고 거기서 도움을 받은 뒤 잊어버리는 것이다.

나는 이 말이 사실임을 안다. 하지만 항상 그렇게 할 용기와 분별력이 있었을까? 이 질문에 답하기 위해 몇 년 전에 겪은 비현실적인 경험을 들려주겠다. 그때 나는 한 푼도 건지지 못한 채 30만 달러를 허공에 날렸다. 나는 성인 교육 분야에서 대규모 사업을 벌였다. 수 많은 도시에 지점을 열었고, 간접비와 광고비로 돈을 물 쓰듯 했다. 강의하느라 너무 바빠서 재정 상태를 돌볼 시간이나 욕구가 없었다. 빈틈없는 사업 책임자를 고용해서 비용을 관리해야 한다는 사실을 깨닫지 못할 만큼 순진하기도 했다.

1년 뒤쯤 정신이 번쩍 드는 충격적인 사실을 발견했다. 당시 수입이 상당했는데 전혀 남아 있지 않다는 것이다. 나는 그 사실을 알고 나서 두 가지 일을 해야 했다. 첫째, 흑인 과학자 조지 워싱턴 카버 George Washington Carver가 은행 부도로 평생을 모은 4만 달러를 잃었을 때 보여준 분별력 있는 행동이다. 그는 빈털터리가 됐다는 사실을 아느냐는 질문에 "네, 들었습니다"라고 대답하고 가르치는 일을 계속했다. 그는 손실을 머릿속에서 완전히 지우고 다시는 언급조차 하지 않았다.

내가 해야 할 두 번째 일은 이것이다. 나는 실수를 분석하고 오래도록 남을 교훈을 얻어야 했다. 하지만 나는 아무것도 하지 않고 걱정의 악순환에 빠져들었다. 몇 달 동안 멍한 상태로 지냈다. 잠을 이루지 못했고 살이 빠졌다. 나는 엄청난 실수에서 교훈을 얻는 대신, 자잘한 실수를 반복했다.

이 멍청한 실수를 모두 인정하긴 창피했지만, 오래전에 "스무 명에게 행해야 할 선한 일을 가르치기는 쉽지만 한 명이라도 가르침을 따르도록 하긴 어렵다"(셰익스피어의 《베니스의 상인》에 나오는 구절)는 사실을 깨달았다.

내가 여기 뉴욕에 있는 조지워싱턴고등학교에서 브랜드와인 선생님에게 배우는 특혜를 누렸다면 얼마나 좋았을까! 그는 뉴욕 브롱크스 우디크레스트가 939번지에 사는 앨런 손더스의 선생님이었다. 손더스 씨는 위생학을 가르친 브랜드와인 선생님께 귀중한 교훈을 얻었다고 말했다.

....

그때 저는 10대였지만 지금보다 걱정이 많았습니다. 제가 저지른 실수에 속을 끓이고 초조해했죠. 시험을 치고 나면 합격점을 받지 못할까 봐 잠을 이루지 못하고 손톱을 물어뜯었습니다. 항상 제가 한 일을 떠올리며 달리 행동했으면 어땠을까 생각하고, 제가 한 말을 곱씹으며 후회했습니다.

어느 날 아침, 우리 반은 줄지어 실험실로 들어갔습니다. 거기에 브랜드와인 선생님이 있었습니다. 실험 테이블 가장자리에 놓인 우유병이 눈에 띄었습니다. 우리는 모두 자리에 앉아서 우유병을 바라보며 위생학 수업과 무슨 관련이 있는지 의아해했습니다. 그때 갑자기 브랜드와인 선생님이 일어나 우유병을 싱크대로 밀면서 "엎질러진 우유 때문에 울지 마라"라고 소리쳤습니다. 뒤이어 우리에게 싱크대로 오라고 했습니다. "잘 봐. 이 교훈을 앞으로 평생 기억했으면 좋겠어. 보다시피 우유는 이미 배수구로 흘러갔어. 아무리 난리를 치고 머리를 쥐어뜯어도 한 방울도 되돌릴 수 없지. 조금만 생각하고 주의했다면 우유를 쏟지 않았을 거야. 하지만 이제 늦었어. 우리가 할 수 있는 일은 포기하고 잊어버리는 거야. 다음 일로 넘어가야 해."

그 일은 제가 잘하던 기하학과 라틴어를 잊어버린 뒤에도 오래도록 머릿속에 남았습니다. 실제로 고등학교 4년 동안 배운 다른 어떤 것보다 그 일로 삶에 필요한 많은 걸 배웠습니다. 가능하면 우유를 쏟지 말고, 이미 쏟아서 배수구로 흘러갔다면 완전히 잊어버려려 한다는 걸요.

....

몇몇 독자는 '엎질러진 우유 때문에 울지 마라'는 진부한 속담에 지나친 의미를 부여한다며 콧방귀를 뀔 것이다. 나도 그 말이 식상하고, 흔하며, 상투적이라는 걸 안다. 당신도 숱하게 들어봤을 것이다. 하지만 이 고리타분한 속담에 모든 시대에 걸쳐 정제된 지혜의 정수가 담겨 있다. 그것은 인류의 강렬한 경험에서 나와 수많은 세대 동안 전승됐다. 다양한 시대의 위대한 학자들이 걱정에 관해 쓴 글을 모두 읽는다 해도 '다리에 도착하기 전에는 미리 어떻게 건널지 걱정하지 마라', '엎질러진 우유 때문에 울지 마라' 같은 진부한 속담보다 근본적이거나 심오한 내용은 접하지 못할 것이다. 콧방귀를 뀔 게 아니라 이 두 속담을 따르면 이 책이 전혀 필요 없을 것이다. 실제로 속담을 따르면 거의 완벽한 삶을 살 것이다. 그러나 지식은 적용하기 전까지 힘이 될 수 없다. 이 책의 목적은 새로운 것을 알려주는 게 아니라, 이미 아는 것을 상기시키고 정강이를 걷어차서 실천하도록 북돋는 것이다.

나는 항상 돌아가신 프레드 풀러 셰드Fred Fuller Shedd 같은 사람을 존경했다. 그는 오랜 진리를 새롭고 생생한 방식으로 전달하는 재능이 있었다. 석간신문 《필라델피아불리틴Philadelphia Bulletin》 편집자일 때, 그는 대학 졸업반을 대상으로 한 강연에서 이렇게 물었다. "여러분 중 나무를 톱질해본 사람이 얼마나 됩니까? 손을 들어보세요." 대다수가 손을 들었고, 셰드가 뒤이어 물었다. "그러면 톱밥을 톱질해본 사람은 얼마나 됩니까?" 이번에는 아무도 손을 들지 않았다.

셰드 씨는 소리쳤다. "당연히 톱밥을 톱질할 순 없어요! 이미 톱질이 된 거니까요! 과거도 마찬가지입니다. 끝난 일에 대해 근심하는 건 톱밥을 톱질하는 것과 같아요."

야구계의 원로 코니 맥Connie Mack이 81세일 때, 그에게 패배한 경기를 후회한 적이 있는지 물었다. 그가 답했다.

"예전에는 그랬죠. 하지만 그런 멍청한 짓은 오래전에 그만뒀어요. 전혀 도움이 안 된다는 걸 알았으니까요. 흘러간 물로는 물레방아를 돌릴 수 없어요."

흘러간 물로는 물레방아를 돌릴 수 없고, 어떤 통나무도 톱질할 수 없다. 얼굴에 주름이 늘고, 위에 궤양이 생길 뿐이다.

나는 지난 추수감사절에 잭 뎀프시와 저녁을 먹었다. 그는 크랜베리 소스를 곁들인 칠면조 고기를 먹으며 헤비급 챔피언 자리를 놓고 진 터니Gene Tunney와 맞붙은 시합에서 진 이야기를 했다. 패배는 그의 자존심에 상처가 됐다.

시합 도중에 문득 제가 늙어가고 있다는 걸 깨달았어요. 10라운드가 끝났을 때 여전히 두 발로 서 있기는 했지만 그게 전부였죠. 얼굴은 붓고 찢어지고, 눈은 거의 감겨 있었어요. 심판이 진 터니의 손을 드는 게 보였어요. 저는 이제 세계 챔피언이 아니었어요. 비를 맞으며 관중을 지나 대기실로 들어갔어요. 제 손을 잡으려는 사람도 있었고, 눈물을 흘리는 사람도 있었어요.

1년 뒤 다시 터니와 맞붙었어요. 하지만 소용없었어요. 저는 영원히 끝난 상태였죠. 그 모든 걸 걱정하지 않기는 힘들었어요. 하지만 자신에게 말했어요. "과거에 살거나, 지난 일에 연연하지 않을 거야. 이 시련을 정면으로 받아내고 쓰러지지 않을 거야."

잭 뎀프시는 그렇게 했다. 그는 자신에게 거듭 말했다. "과거에 대해 근심하지 않을 거야"라고? 아니다. 그 말은 과거를 생각하게 할 뿐이다. 그는 패배를 받아들이고 잊어버린 다음 미래를 위한 계획에 집중했다. 그 결과물이 브로드웨이에서 운영 중인 잭뎀프시레스토랑Jack Dempsey's Restaurant과 57번가에 있는 그레이트노던호텔Great Northern Hotel이다. 그는 경기를 주최하고 시범경기에 참가했다. 이처럼 건설적인 일에 바쁘게 매달리니 과거에 대해 근심할 시간이 없고, 그럴 마음도 생기지 않았다. "지난 10년 동안 챔피언이었을 때보다 좋은 시간을 보냈어요."

나는 역사책과 전기를 읽으며 힘든 상황에 놓인 사람들을 보면서,

걱정과 비극을 잊어버리고 아주 행복하게 살아가는 특별한 사람들의 능력에 계속 놀라고 용기를 얻는다. 싱싱Sing Sing교도소를 방문했을 때 가장 놀란 점은, 그곳의 죄수들이 바깥에 있는 사람들만큼 행복해 보였다는 것이다. 나는 당시 루이스 로스 교도소장에게 그 사실을 말했다.

그가 알려준 바에 따르면, 범죄자들은 처음 들어왔을 때는 대개 분노와 울분에 차 있다. 그러나 몇 달이 지나면 똑똑한 죄수는 대부분 불운을 잊고 자리 잡는다. 그들은 죄수의 삶을 받아들이고 거기서 최대한 많은 걸 얻으려 한다. 로스 소장은 한 죄수의 이야기를 들려줬다. 재배 담당인 이 죄수는 감옥 안에서 채소와 꽃을 기르며 노래를 불렀다. 그는 대다수 사람보다 분별력이 훨씬 뛰어났다. 그는 다음 시에 담긴 의미를 알았다.

....

움직이는 손가락은 글을 쓰네. 그리고 계속 다음으로 넘어가지.

어떤 신앙심이나 지혜로도 손가락을 꼬드겨 반 줄을 되돌리지 못하네.

아무리 눈물을 흘려도 한 글자도 지우지 못하네.

....

그러니 왜 눈물을 낭비하는가. 물론 우리는 실수와 불합리한 짓을 저지른다. 그래서 어쩌란 말인가, 안 그러는 사람이 있는가. 나폴레옹조차 세 번의 전투 중 한 번은 패했다. 어쩌면 우리 타율이 나폴레옹보다 나쁘지 않을 수도 있다. 아무리 왕의 모든 말과 군사를 동원해도 과거를 다시 짜맞출 수는 없다.

원칙
6

이미 벌어진 일로 근심하지 마라.

걱정하는 습관에서 벗어나는 방법

*바쁘게 움직여서 걱정을 마음에서 몰아내라. 활동을 많이 하는 것은 '잡념' 을 떨치는 가장 좋은 방법이다.

*사소한 일에 안달하지 마라. 삶의 흰개미에 불과한 사소한 일이 행복을 갉 아먹도록 놔두지 마라.

*평균의 법칙을 활용해 걱정을 덜어내라. "이 일이 조금이라도 일어날 확률 은 얼마나 되는가?" 자문하라.

*피할 수 없음을 받아들여라. 당신의 힘으로 상황을 바꾸거나 고칠 수 없다 면 자신에게 "그리됐다. 달라질 수 없다"고 말하라.

*걱정과 '손절'하라. 어떤 일이 걱정할 가치가 얼마나 있는지 판단하고 그 이 상은 걱정하지 마라.

*과거를 묻어둬라. 톱밥을 톱질하지 마라.

PART 4

평화와 행복을 안겨줄
7가지 방법

SEVEN WAYS TO CULTIVATE
A MENTAL ATTITUDE
THAT WILL BRING YOU
PEACE AND HAPPINESS

01

삶을 바꿔주는 말들

몇 년 전, 한 라디오 방송에서 이런 질문을 받았다. "당신이 배운 최고의 교훈은 뭔가요?" 대답하기 쉬운 질문이다. 내가 배운 가장 중요한 교훈은 우리가 하는 생각의 중요성에 관한 것이다. 무슨 생각을 하는지 알면 어떤 사람인지 알 수 있다. 생각이 그 사람의 정체성을 만든다. 마음가짐은 운명을 결정하는 미지의 요소다. 랄프 왈도 에머슨은 말했다. "사람이 종일 생각하는 것이 그 사람이다." 사람이 그것 말고 달리 무엇일 수 있을까?

이제 나는 의심의 여지 없이 확신한다. 우리가 대처해야 하는 가장 큰 문제, 실제로 거의 유일한 문제는 올바른 생각을 선택하는 것이다. 그러면 우리는 모든 문제를 해결할 수 있는 확실한 길로 접어들게 된다. 로마제국을 통치한 위대한 철학자 마르쿠스 아우렐리우스Marcus Aurelius는 운명을 결정짓는 것을 한 문장으로 정리했다. "우리 삶은 우리의 생각이 만드는 것이다."

그렇다. 행복한 생각을 하면 행복해질 것이다. 불행한 생각을 하면 불행해질 것이다. 두려운 생각을 하면 두려워질 것이다. 아픈 생각을 하면 아플 것이다. 실패를 생각하면 분명 실패할 것이다. 자기 연민에 빠져 허우적거리면 모두가 우리를 꺼리고 피할 것이다. 노먼 빈센트 필Norman Vincent Peale 목사는 말했다. "당신이 생각하는 자신은 실제 당신이 아니다. 당신의 생각이 당신이다."

모든 문제에 습관적으로 폴리애나Pollyanna(항상 긍정적이고 낙관적인 미국 동화 속 소녀) 같은 태도를 취하라는 말은 아니다. 안타깝게도 인생은 그렇게 단순하지 않다. 부정적인 태도 대신 긍정적인 태도를 취하라는 말이다. 우리에게 생긴 문제를 주의하되, 걱정하지 말라는 것이다. 주의와 걱정의 차이는 무엇일까? 예를 들어보자. 나는 혼잡한 뉴욕의 거리를 건널 때마다 주의한다. 주의는 무엇이 문제인지 파악하고 거기에 대응하는 단계를 차분히 밟아가는 것이다. 걱정은 미친 듯이, 헛되이 제자리를 맴도는 것이다.

심각한 문제에 주의를 기울여도 여전히 고개를 들고 양복에 카네이션을 꽂은 채 걸을 수 있다. 나는 로웰 토머스Lowell Thomas에게서 그런 모습을 봤다. 제1차 세계대전 당시 앨런비-로렌스 전투를 다룬 그의 유명한 영상을 소개하며 그와 인연을 맺는 특혜를 누렸다. 그와 조수들은 대여섯 개 전선에서 전쟁의 양상을 촬영했다. 특히 로렌스Thomas Edward Lawrence와 화려한 아라비아 부대의 모습을 찍은 생생한 기록과 앨런비Edmund Allenby가 성지를 정복하는 과정을 찍은 필름을 가지고 돌아왔다. '팔레스타인의 앨런비와 아라비아의 로렌스'라는 그의 영상 강연은 런던뿐 아니라 전 세계에서 센세이션을 일으켰다. 런던 오페라 시즌은 그가 코번트가든왕립오페라극장Covent Garden Royal Opera House에서 계속 모험담을 들려주고 영상을 보여줄 수 있도록 6주나 연기됐다. 런던에서 센세이셔널한 성공을 거둔 후 많은 나라에서 환희의 투어가 이어졌다. 그는 인도와 아프가니스탄에서 사람들의 삶을 영상으로 기록하기 위해 2년을 준비했다. 그러나 믿기 힘든 불행이 연이어 닥친 후 불가능한 일이 벌어졌다. 그는 런던에서 빈털터리가 됐다. 나는 당시 그와 함께 있었다.

우리가 싸구려 식당에서 값싼 음식을 먹은 기억이 난다. 유명한 스코틀랜드 화가 제임스 맥베이James McBey에게 돈을 빌리지 않았다면 거기도 못 갔을 것이다. 이 이야기의 요점은 이것이다. 로웰 토머스는 엄청난 빚과 좌절에 직면했어도 주의했을 뿐 걱정하지 않았다. 그는 실패에 무너지면 채권자를 비롯해 모두에게 쓸모없는 존재가 될 것임을 알았다. 그래서 매일 아침 일과를 시작하기 전에 꽃을 사서 양복에 꽂고, 고개를 들고 활기찬 걸음으로 옥스퍼드가를 걸었다. 그는 긍정적이고 용기 있는 생각을 했으며, 실패에 무너지지 않았다. 그에게 패배는 모두 경기의 일부, 정상에 오를 때 예상해야 하는 유용한 훈련이었다.

우리의 마음가짐은 신체적 힘에도 거의 믿을 수 없는 수준의 영향을 미친다. 영국의 유명 정신의학자 제임스 해드필드James A. Hadfield는 《힘의 심리학The Psychology of Power》이라는 훌륭한 책에서 이 사실을 잘 보여주는 사례를 제시한다. "나는 세 명에게 정신적 암시가 힘에 미치는 영향을 측정하는 실험에 참여하도록 요청했다. 측정은 악력계를 이용했다." 그는 피험자에게 악력계를 힘껏 움켜쥐라고 말했다. 이때 세 가지 다른 조건에서 실험했다.

일반적인 조건에서 측정한 평균 악력은 약 46킬로그램이었다. 최면으로 힘이 약하다고 암시한 뒤 측정한 악력은 정상 수준의 3분의 1에도 못 미치는 약 13킬로그램에 불과했다(피험자 한 명은 권투 선수인데, 최면에서 힘이 약하다는 암시를 받았을 때 팔이 "아기 팔처럼 작아지는" 것을 느꼈다고 밝혔다). 세 번째는 피험자에게 힘이 아주 세다고 최면을 걸었는데, 평균 악력이 약 64킬로그램으로 나타났다. 힘에 대한 긍정적 사고가 넘치자, 피험자는 거의 500퍼센트나 강한 힘을 발휘했다. 이것이 마음가짐의 믿기 힘든 힘이다.

생각의 마법적 힘을 말해주는 사례로 미국 역사에서 가장 놀라운 이야기가 있다. 이 이야기로 책을 쓸 수도 있지만 간략하게 정리해보자. 남북전쟁 직후 10월의 서리가 내린 밤, 부랑자나 다름없는 가난한 여성이 웹스터 부인댁을 두드렸다. 웹스터 부인은 은퇴한 선장의 아내로, 매사추세츠주 에임즈베리에 살았다. 그녀는 문을 열고 '45킬로그램이 겨우 될 듯한 깡마른 몸'으로 겁에 질린 허약한 여성을 봤다. 이 낯선 여인은 글로버 부인이었다. 그녀는 종일 자신을 괴롭히는 중대한 문제를 고민하고 해결책을 찾고 있다고 설명했다.

웹스터 부인이 제안했다. "여기서 머물지 그래요? 어차피 이 큰 집에 나 혼자 살아요."

글로버 부인은 웹스터의 사위 빌 엘리스가 뉴욕에서 휴가 차 오지 않았다면 영원히 그 집에서 머물렀을 것이다. 그는 글로버 부인을 보고 소리쳤다. "이 집에 부랑자를 들일 순 없어요." 그는 갈 곳 없는 글로버 부인을 쫓아냈다. 밖에는 폭우가 쏟아지고 있었다. 그녀는 몇 분 동안 빗속에 떨며 서 있다가 비를 피할 곳을 찾아 걷기 시작했다.

이 이야기의 놀라운 부분은 지금부터다. 빌 엘리스가 쫓아낸 이 '부랑자'는 역사상 어느 여성보다 사람들의 사고방식에 큰 영향을 미칠 운명이었다. 그녀는 현재 추종자가 수백만 명에 이르는 종교 단체 크리스천사이언스Christian Science를 창립한 메리 베이커 에디Mary Baker Eddy다.

하지만 그때까지 그녀의 삶은 아픔과 슬픔, 비극 그 자체였다. 첫 남편은 결혼 직후에 죽었다. 두 번째 남편은 그녀를 버리고 유부녀와 도망쳤으며, 나중에 구빈원에서 죽었다. 네 살 난 아들도 가난과 질병, 질투심 때문에 포기해야 했다. 그녀는 아들과 연락이 완전히 끊긴 후 31년 동안 보지 못했다.

에디 부인은 건강이 안 좋았기 때문에 오랫동안 '마음 치유의 과학'에 관심이 있었다. 그녀의 삶에서 극적인 전환점은 매사추세츠주 린에서 발생했다. 어느 추운 날 시내를 걷던 그녀는 발을 헛디뎌 미끄러운 보도에 넘어졌는데, 의식을 잃고 척추를 심하게 다쳐서 경련이 일었다. 의사는 그녀가 죽을 거라고 예상했으며, 기적적으로 살아난다 해도 다시 걷지 못할 거라고 했다.

에디 부인은 병상에 누워 성경을 펼쳤다. 그리고 신성한 인도에 이끌려 다음 구절을 읽었다.

"침상에 누운 중풍병자를 사람들이 데리고 오거늘 예수께서 그들의 믿음을 보시고 중풍병자에게 이르시되, '작은 자야 안심하라. 네 죄 사함을 받았느니라'. 중풍병자에게 말씀하시되 '일어나 네 침상을 가지고 집으로 가라' 하시니, 그가 일어나 집으로 돌아가거늘."(《마태복음》 9장 2, 6~7절)

그녀는 이 말씀이 자기 내면에서 엄청난 힘과 믿음, 치유력을 끌어내 "바로 병상에서 일어나 걸었다"고 주장했다. "그 경험은 나 자신과 다른 사람들을 낫게 만드는 방법을 발견한 것으로, 저를 이끄는 뉴턴의 사과와 같았습니다. 저는 모든 원인이 마음에 있으며, 모든 결과는 정신적 현상이라는 과학적 확신을 얻었습니다."

이렇게 해서 에디 부인은 새로운 종교의 교주이자 대사제가 됐다. 크리스천사이언스는 여성이 창시한 유일한 대형 종교로, 전 세계에 퍼졌다.

아마 지금쯤 이런 생각이 들 것이다. '이 카네기라는 사람이 크리스천사이언스를 전도하고 있군'이라고. 그렇지 않다. 나는 크리스천사이언스 신도가 아니다. 다만 나이가 들수록 생각의 엄청난 힘에 대한 확신이 깊어지고 있다. 35년 동안 성인을 대상으로 교육 강좌를 진행한 결과, 생각을 바꿈으로써 걱정과 두려움, 다양한 질병에서 벗어나고 삶을 바꿀 수 있다는 사실을 깨달았다. 정말, 정말, 정말 그렇다! 나는 그런 엄청난 변신을 수백 번 목격했다. 너무 자주 접해서 이제는 놀라지 않을 정도다.

내 강좌를 듣는 프랭크 웨일리도 그런 변신을 겪은 사례다. 미네소타주 세인트폴 아이다호가 1469번지에 사는 그는 신경쇠약에 걸렸다. 원인이 무엇일까? 바로 걱정이다.

··················

저는 모든 걸 걱정했습니다. 너무 말라서, 머리가 빠져서, 결혼할 수 있을 만큼 돈을 벌지 못할까 봐, 좋은 아버지가 되지 못할까 봐, 결혼하고 싶은 여자를 놓칠까 봐, 잘 살지 못하는 것 같아서, 사람들한테 어떤 인상을 줄까, 위궤양에 걸린 것 같아서 걱정했습니다. 일을 할 수 없을 지경이라 결국 직장을 그만뒀습니다. 안전밸브가 없는 보일러처럼 마음속에 긴장을 쌓아갔습니다. 그 압력을 더 버티지 못해서 뭔가 터질 수밖에 없었고, 실제로 그렇게 됐습니다. 아직 신경쇠약에 걸리지 않았다면 절대 걸리지 않게 해달라고 하나님께 기도하세요. 어떤 신체적 고통도 고뇌하는 마음의 격렬한 통증을 넘어서지 못합니다.

신경쇠약이 심해서 가족과도 말할 수 없었습니다. 생각을 전혀 통제할 수 없었습니다. 머릿속이 두려움으로 가득 차고, 아주 작은 소음에도 깜짝 놀랐습니다. 모든 사람을 피했습니다. 아무런 이유 없이 갑자기 울음을 터뜨렸습니다. 매일매일 고통스러웠습니다. 모두에게 심지어 하나님에게도 버림받은 것 같았습니다. 강에 뛰어들어 삶을 끝내고 싶었습니다.

환경을 바꾸는 게 도움이 되기를 바라며 플로리다 여행을 결정했습니다. 열차에 오를 때, 아버지가 제게 편지를 건네며 플로리다에 도착할 때까지 열어보지 말라고 말했습니다. 그때는 한창 여행 성수기라 호텔을 구할 수 없어서 차고에 만든 침실을 빌렸습니다. 저는 마이애미에서 출발하는 화물선에서 일자리를 구하려 했지만 실패했습니다. 할 수 없이 해변에서 시간을 보냈습니다. 집에 있을 때보다 마음이 괴로웠습니다. 그래서 아버지가 무슨 말을 썼는지 보려고 편지 봉투를 열었습니다. 거기에는 이렇게 적혀 있었습니다. "아들아, 집에서 2400킬로미터나 떨어진 곳까지 가도 달라진 게 없지? 나는 그럴 줄 알고 있었다. 네 모든 괴로움을 초래하는 원인이 너와 함께 갔으니까. 그건 바로 너 자신이야. 네 몸이나 마음은 잘못되지 않았어. 너를 무너뜨린 건 네가 처한 상황이 아니라. 그 상황에 대한 네 생각이야. '대저 그 마음의 생각이 어떠하면 그 위인도 그러한즉'(〈잠언〉 23장 7절), 아들아, 이 사실을 깨달으면 집으로 돌아오렴. 마음의 병이 나을 테니까."

아버지의 편지는 저를 화나게 했습니다. 저는 훈계가 아니라 연민을 바랐습니다. 너무 화가 나서 다시는 집에 가지 않기로 결심했습니다. 그날 밤, 마이애미의 골목을 걷다가 예배 중인 교회를 봤습니다. 갈 곳이 없었기에 그냥 들어가서 설교를 들었습니다. 설교 내용은 "자기의 마음을 다스리는 자는 성을 빼앗는 자보다 나으니라"(〈잠언〉 16장 32절)였습니다. 신성한 하나님의 집에 앉아 아버지가 편지에 쓴 것과 같은 얘기를 들으니, 머릿속에 쌓인 모든 잡념이 날아갔습니다. 살면서 처음으로 명확하게, 합리적으로 생각할 수 있었습니다. 제가 얼마나 바보였는지 깨달았습니다. 제 모습을 보고 충격을 받았습니다. 저는 온 세상과 거기서 살아가는 모든 이를 바꾸고 싶었습니다. 정작 제 머릿속에 있는 생각을 바꾸면 되는 일이었는데 말이죠.

다음 날 아침, 짐을 싸서 집으로 출발했습니다. 일주일 뒤에 다시 일을 시작했습니다. 넉 달 뒤에는 잃을까 봐 두려워하던 여자와 결혼했습니다. 우리는 지금 다섯 아이와 함께 행복한 가정을 꾸렸습니다. 하나님은 저를 물질적, 정신적으로 도와주셨습니다. 신경쇠약에 걸릴 당시 저는 18명을 관리하는 작은 부서의 야간 조장이었고, 지금은 판지 제조사의 감독으로 450명을 관리하고 있습니다. 삶은 훨씬 충만하고 친근해졌습니다. 이제 삶의 진정한 가치를 이해한다고 믿습니다. (모두의 삶이 그렇듯이) 불안한 순간이 몰래 다가와도 저 자신에게 초점을 맞추면 모든 게 괜찮아질 것입니다.

신경쇠약에 걸린 게 정말 다행이라고 생각합니다. 생각이 몸과 마음에 미치는 힘을 어렵게 알아냈으니까요. 이제는 생각이 제게 맞서지 않고 저를 위하도록 만들 수 있습니다. 모든 고통을 초래한 건 외부의 상황이 아니라 그 상황에 관한 제 생각이라는 아버지의 말씀이 옳았다는 걸 압니다. 그걸 깨닫는 순간, 저는 치유됐고 지금도 유지하고 있습니다.

....

나는 마음의 평화와 삶에서 얻는 기쁨이 우리가 어디에 있고 무엇을 가졌으며 누구인지가 아니라, 오직 마음가짐에 좌우된다고 깊이 확신한다. 외부 여건은 거의 관련이 없다. 하퍼스 페리에 있는 미군 무기고를 강탈하고 노예 반란을 선동한 죄로 교수형을 당한 존 브라운의 예를 살펴보자. 그는 마차를 타고 관에 앉아 교수대로 호송됐다. 그의 옆에 앉은 교도관은 불안하고 걱정스러웠지만, 존 브라운은 평온하고 차분했다. 그는 버지니아의 블루리지산맥을 올려다보며 감탄했다. "정말 아름답군요! 이전에는 볼 기회가 없었어요."

또 다른 사례로 영국인 가운데 처음 남극에 도달한 로버트 스콧과 동료들이 있다. 그들의 귀환 과정은 아마도 인류 역사상 가장 잔혹한 여정이었을 것이다. 식량과 연료는 동났다. 11일 동안 밤낮으로 거센

눈보라가 불어닥쳐서 더 전진할 수도 없었다. 빙원에 골이 파일 정도로 강하고 날카로운 바람이 불었다. 스콧과 동료들은 자신들이 죽으리란 것을 알았다. 비상 상황에 대비한 아편도 있었다. 아편을 다량 흡입하면 모두 즐거운 꿈을 꾸며 다시 깨어나지 않을 수 있었다. 하지만 그들은 아편을 거들떠보지 않고 '유쾌한 노래를 힘차게 부르며' 죽었다. 우리가 이 사실을 아는 이유는 8개월 뒤 수색대가 얼어붙은 그들의 시체에서 작별 편지를 찾아냈기 때문이다.

용기와 평정심에서 나오는 창의적인 생각을 소중히 여긴다면 관에 앉아 교수대로 향하는 도중에도 풍경을 즐길 수 있다. 굶주림과 혹한에 죽어가면서도 '유쾌한 노래'로 텐트를 채울 수 있다.

시인 존 밀턴은 300년 전에 시력을 잃었을 때 이 진리를 발견했다.

마음은 그 나름의 장소이니.
그 안에서 지옥을 천국으로 만들 수 있고
천국을 지옥으로 만들 수도 있다.

나폴레옹과 헬렌 켈러는 이 말이 사실임을 알려주는 완벽한 사례다. 나폴레옹은 사람들이 갈망하는 영광과 권력, 부를 모두 누렸다. 하지만 세인트헬레나섬에서 "평생 행복한 날이 엿새도 되지 않는다"고 말했다. 반면 보지도 듣지도 말하지도 못한 헬렌 켈러는 "인생은 너무나 아름다워요"라고 했다.

내가 반세기를 살며 배운 게 있다면 "오직 우리 자신이 마음의 평화를 줄 수 있다"는 것이다. 이는 랄프 왈도 에머슨이 자기 신뢰에 관한 관한 에세이 말미에 쓴 문장이다.

....

정치적 승리나 임대료 인상, 병세 호전, 멀리 떠난 친구의 귀환 같은 일은 우리 마음을 들뜨게 만든다. 좋은 시절이 올 거라 생각하게 만든다. 하지만 그럴 거라 믿지 마라. 절대 그렇게 되지 않는다. 오직 자신만이 마음의 평화를 줄 수 있다.

....

위대한 스토아 철학자 에픽테토스는 '몸에서 종양과 농양을' 제거하는 일보다 마음에서 잘못된 생각을 제거하는 일을 신경 써야 한다고 말했다. 현대 의학도 그가 19세기 전에 한 말을 뒷받침한다. 조지 로빈슨George C. Robinson 박사는 존스홉킨스병원에 입원하는 환자 다섯 중 네 명은 부분적으로 감정적 중압감과 스트레스 때문에 생긴 질병에 시달린다고 밝혔다. 장기에 이상이 생긴 경우도 마찬가지다. 그는 "결국 삶과 그 문제에 대한 부적응이 원인"이라고 밝혔다.

위대한 프랑스 철학자 몽테뉴는 "사람은 일어나는 일보다 그것에 대한 자신의 생각 때문에 상처받는다"는 말을 좌우명으로 삼았다. 일어나는 일에 어떤 생각을 할지는 전적으로 자신에게 달렸다.

이 말이 무슨 뜻일까? 당신이 곤경에 처해 비틀거리고 신경이 곤두섰을 때, 면전에 대고 의지력으로 마음가짐을 바꿀 수 있다고 뻔뻔하게 말하는 것일까? 맞다, 바로 그런 뜻이다! 다만 그게 전부가 아니다. 지금부터 그 방법을 보여주겠다. 약간 노력이 필요하지만, 비결은 단순하다.

응용심리학에 관한 지식에서 견줄 사람이 없는 윌리엄 제임스는 이런 말을 한 적이 있다. "행동이 감정을 뒤따르는 것 같지만 사실 행동과 감정은 같이 간다. 더 직접적인 의지의 통제를 받는 행동을 조절하면 그렇지 않은 감정을 간접적으로 조절할 수 있다." 다시 말해 마음먹는다고 해서 감정을 바로 바꿀 수 없지만 행동을 바꿀 순 있으며, 행동을 바꾸면 저절로 감정이 바뀐다. 그의 설명에 따르면 "유쾌함을 잃었을 때 자발적으로 되찾는 길은 유쾌하게 곧은 자세를 취하고, 유쾌한 듯 행동하고 말하는 것이다".

이런 단순한 방법이 통할까? 성형수술처럼 효과가 대단하다. 직접 해보라. 활짝, 한껏 진심으로 함박웃음을 지어라. 어깨를 펴라. 심호흡하라. 노래를 한 소절 불러라. 노래를 못하면 휘파람을 불어라. 휘파람을 불 줄 모르면 콧노래를 흥얼거려라. 윌리엄 제임스가 한 말의 의미를 곧 깨달을 것이다. 눈부신 행복을 드러내는 행동을 하면서 계속 침울해하거나 우울해하기는 신체적으로 불가능하다.

이는 우리 삶에서 쉽게 기적을 일으킬 수 있는 자연의 근본적인 진리 중 하나다. 나는 캘리포니아에 사는 한 여성을 안다(이름은 밝히지 않겠다). 그녀가 이 비결을 알면 모든 불행을 하루 만에 없앨 수 있었을 것이다. 그녀는 나이 많은 미망인이다. 물론 남편을 잃은 건 슬픈 일이다. 하지만 그녀가 행복해지려고 노력했을까? 아니다. 그녀는 기분이 어떠냐고 물으면 "괜찮아요"라고 한다. 하지만 그녀의 표정과 애처로운 목소리는 "내가 얼마나 힘든 일을 겪었는지 당신은 몰라!"라고 말한다. 마치 자기 앞에서 행복해하지 말라고 꾸짖는 것 같다. 그녀보다 어려운 상황에 처한 여성은 수없이 많다. 그녀의 남편은 평생 먹고살기 충분한 보험금을 남겼고, 그녀는 결혼한 자녀들과 함께 산다. 그런데도 그녀가 웃는 모습을 거의 보지 못했다. 그녀는 사위 셋이 모두 인색하고 이기적이라고 불평했다. 한 번에 몇 달씩 그들의 집에 얹혀사는데도 말이다. 또 그녀는 딸들이 자기들의 노년을 위해 깐깐하게 돈 관리를 하느라 자기에게는 선물도 하지 않는다고 불평했다.

그녀는 자신과 가족의 행복을 망치는 주범이다. 꼭 그렇게 살 필요가 있을까? 참으로 딱한 일이다. 그녀는 비참하고 비통하고 불행한 늙은 여성에서 얼마든지 존중받고 사랑받는 가족의 일원으로 거듭날 수 있다. 자신이 원하기만 하면 말이다. 변신을 위해 그녀가 할 일은 유쾌하게 행동하기 시작하는 것뿐이다. 약간의 애정을 불행하고 까탈스러운 자신에게 낭비하지 말고 가족에게 나눠주기 시작하면 된다.

인디애나주 텔시티에 사는 잉글러트 씨는 이 비결을 발견한 덕분에 지금도 살아 있다. 그는 10년 전, 성홍열에 걸렸다. 성홍열이 나은 뒤에는 신장염에 걸렸다는 사실을 알게 됐다. 의사라면 "심지어 돌팔이까지" 찾아갔지만, 아무도 그의 병을 치료하지 못했다.

얼마 전에는 다른 합병증까지 생겨 혈압이 치솟았다. 의사는 수축기 혈압이 214까지 나왔고, 그의 병이 진행성이라 죽을 수도 있으니 바로 주변을 정리하는 게 좋겠다고 말했다.

....

저는 집으로 돌아가 보험료를 다 냈는지 확인하고, 창조주께 제 모든 과오에 대해 사죄드렸습니다. 그리고 침울한 숙고에 들어갔습니다. 저는 모두를 불행하게 만들었습니다. 가족의 생활은 비참해졌습니다. 자신을 심한 우울증으로 몰아넣었습니다. 일주일 동안 자기 연민에 빠져 허우적대고 나서 저 자신에게 말했습니다. "넌 바보처럼 굴고 있어! 1년 동안 죽지 않을 수도 있어. 그러니 살아 있는 동안 행복하려고 애쓰는 게 어때?"

저는 어깨를 펴고, 미소를 짓고, 모든 게 정상인 듯 행동했습니다. 처음에는 노력이 필요했어요. 그래도 억지로 즐겁고 유쾌해지려고 애썼습니다. 그런 시도는 가족과 제게 도움이 됐습니다. 일단 기분이 좋아지기 시작했습니다. 그런 척하려고 꾸미던 수준으로 기분이 좋아졌습니다! 상황은 계속 나아졌어요. 무덤에 누워 있어야 할 때가 몇 달이나 지난 지금은 행복하고 건강하게 살아 있을 뿐만 아니라 혈압까지 내려갔습니다. 한 가지는 확실합니다. 제가 패배감에 젖어서 계속 '죽음'에 관해 생각했다면 의사가 말한 대로 됐을 겁니다. 다행히 저는 제 몸에 스스로 치유할 기회를 줬습니다. 세상 그 무엇도 아닌 바로 마음가짐의 변화를 통해서 말이죠!

....

단지 유쾌하게 행동하고 건강과 용기를 얻는 긍정적인 생각을 하는 게 이 사람의 목숨을 구했다면, 우리가 더 사소한 침울함과 우울함을 한순간이라도 견딜 이유가 있을까? 그저 유쾌하게 행동하면 행복해지는데, 자신과 주위 사람을 불행하고 우울하게 만들 이유가 있을까?

몇 년 전, 내 삶에 지속적이고 심대한 영향을 미친 작은 책을 읽었다. 제임스 앨런James L. Allen이 쓴 《생각하는 대로As a Man Thinketh》다. 거기에 이런 구절이 나온다.

....

상황과 사람에 대한 생각을 바꾸면 상황과 사람이 바뀐다는 사실을 알게 될 것이다. … 생각을 획기적으로 바꾸면 삶의 물질적 여건이 빠르게 바뀌는 것에 놀랄 것이다. 우리는 자신이 원하는 것이 아니라 생각하는 것을 끌어들인다. … 우리에게 닥치는 결과를 좌우하는 신성은 자기 내면에 있다. … 그것은 바로 우리 자신이다. … 생각을 고양하면 비상하고 정복하고 달성할 수 있다. 그러기를 거부하면 나약하고 비참하고 불행하게 남을 뿐이다.

....

〈창세기〉에 따르면 창조주는 사람이 드넓은 세상을 지배할 수 있도록 해줬다. 실로 엄청난 선물이다. 나는 이런 대단하고 거창한 특권에 관심이 없다. 내가 원하는 것은 자신에 대한 지배력, 내 생각에 대한 지배력, 내 두려움에 대한 지배력, 내 마음과 영혼에 대한 지배력이다. 멋진 사실은 내 행동을 제어하고 내 반응을 제어함으로써 이 지배력을 놀라운 정도까지, 언제든 얻을 수 있다는 것이다.

그러니 윌리엄 제임스의 말을 기억하자. "악이라 불리는 많은 것은 단지 그것에 시달리는 사람의 태도를 두려움에서 투쟁으로 바꾸기만 해도 기운과 원기를 북돋는 선으로 바뀔 수 있다."

우리의 행복을 위해 맞서 싸우자! 매일 유쾌하고 건설적인 생각을 하는 프로그램을 따름으로써 행복을 위해 맞서 싸우자. 다음이 그 프로그램의 내용이다. 프로그램의 명칭은 '오늘 하루는'이다. 이 프로그램은 대단히 고무적이라, 나는 수백 개 사본을 사람들에게 나눠줬다. 36년 전에 이 프로그램을 만든 사람은 돌아가신 시빌 파트리지Sibyl F. Partridge다. 이 프로그램을 따르면 걱정을 대부분 없애고, 프랑스 사람들이 말하는 '삶의 기쁨la joie de vivre'을 엄청나게 늘릴 수 있을 것이다.

....

오늘 하루는

1. 오늘 하루는 행복할 것이다. "대다수가 행복하리라 마음먹는 만큼 행복하다"라는 링컨의 말이 사실이다. 행복은 내면에서 나온다. 외부 요소의 문제가 아니다.

2. 오늘 하루는 모든 것을 자신의 욕망에 맞추려 들지 않고 현실에 나 자신을 적응시키려 노력할 것이다. 가족, 일, 운을 있는 그대로 받아들이고 거기에 나 자신을 맞출 것이다.

3. 오늘 하루는 내 몸을 돌볼 것이다. 운동하고 보살피고 영양을 공급할 것이다. 학대하거나 방치하지 않을 것이다. 내가 원하는 대로 움직이는 완벽한 기계처럼 만들 것이다.

4. 오늘 하루는 마음을 강화할 것이다. 유용한 지식을 배울 것이다. 정신적 게으름쟁이가 되지 않을 것이다. 노력과 사고, 집중이 필요한 글을 읽을 것이다.

5. 오늘 하루는 세 가지 측면에서 영혼을 수련할 것이다. 아무도 모르게 누군가를 도울 것이다. 윌리엄 제임스가 제안한 대로 오로지 수련을 위해 하고 싶지 않은 일을 적어도 두 가지는 할 것이다.

6. 오늘 하루는 상냥한 사람이 될 것이다. 최대한 잘 꾸미고, 어울리게 옷을 입고, 낮은 목소리로 말하고, 예의 있게 행동하고, 마음껏 칭찬하고, 아무 비판도 하지 않고, 아무것도 트집 잡지 않고, 아무도 규제하거나 개선하려 들지 않을 것이다.

7. 오늘 하루는 한꺼번에 모든 삶의 문제를 해결하려 들지 않고 오늘만 열심히 살아내려고 노력할 것이다. 평생 해야 한다면 끔찍할 일도 12시간 동안은 할 수 있다.

8. 오늘 하루는 프로그램을 만들 것이다. 매시간 해야 할 일을 적을 것이다. 그대로 따르지는 않더라도 만들 것이다. 이는 걱정과 주저라는 두 가지 해악을 제거할 수 있다.

9. 오늘 하루는 30분간 조용히 혼자서 긴장을 풀 것이다. 그동안 삶을 바라보는 관점을 조금 더 넓히기 위해 가끔 하나님을 생각할 것이다.

10. 오늘 하루는 두려워하지 않을 것이다. 특히 행복하기를, 아름다운 것을

음미하기를, 사랑하기를, 내가 사랑하는 사람들이 나를 사랑한다고 믿

는 것을 두려워하지 않을 것이다.

···················

평화와 행복을 안겨줄 마음가짐을 기르고 싶다면 다음을 따르라.

**원칙
1**

유쾌하게 생각하고 행동하면 유쾌해질 것이다.

데일 카네기 자기관리론

02

앙갚음의 값비싼 대가

몇 년 전 밤에 옐로스톤국립공원을 여행하다가 다른 여행자들과 함께 소나무와 가문비나무가 빽빽한 숲이 마주 보이는 관람석에 앉았다. 그때 기다리던 숲의 가장 공포스런 존재, 회색곰이 조명 불빛 안으로 걸어와 공원 호텔의 주방에서 버린 쓰레기를 먹어 치우기 시작했다. 공원 관리인 메이저 마틴데일은 말을 탄 채 흥분한 관광객에게 곰에 관해 이야기했다. 그에 따르면 회색곰은 물소와 알래스카불곰을 제외하고 서방에 있는 모든 동물을 이길 수 있다. 하지만 그날 밤, 그런 회색곰도 숲에서 나와 조명 불빛 아래 같이 음식을 먹도록 허용한 유일한 동물이 있었다. 바로 스컹크다. 회색곰은 강한 앞발로 스컹크를 한 방에 피범벅으로 만들 수 있는데, 왜 그러지 않았을까? 그래서 좋을 게 없다는 사실을 경험으로 알았기 때문이다.

나도 그 사실을 안다. 미주리주의 농장에서 자라던 어린 시절, 울타리에 놓은 덫으로 스컹크를 잡은 적이 있기 때문이다. 뉴욕 거리에

선 다리가 두 개뿐인 스컹크와 몇 번 마주치기도 했다. 나는 어느 쪽이든 자극하지 않는 게 좋다는 걸 슬픈 경험으로 알게 됐다.

적을 미워하는 것은 그들에게 힘을 주는 것이다. 우리의 수면과 식욕, 혈압, 건강, 행복을 좌우할 힘 말이다. 적은 우리가 자기 때문에 걱정하고 괴로워하며, 그렇게 앙갚음하고 있다는 사실을 알면 기뻐 춤출 것이다. 우리의 미움은 그들에게 상처를 주지 않는다. 우리의 밤과 낮을 지옥 같은 혼란의 장으로 만들 뿐이다.

누가 이 말을 했을까? "이기적인 사람이 당신을 이용하려 들거든 관계를 끊되 앙갚음하려 하지 마라. 그러면 그 사람보다 당신이 많이 다치게 된다." 모자란 이상주의자가 읊조렸을 것 같지만, 밀워키 경찰 회보에 실린 말이다.

앙갚음이 어떻게 당신을 해칠까? 많은 측면에서 그렇다. 《라이프》에 따르면 심지어 건강까지 해칠 수 있다. "고혈압 환자의 주요한 성격적 특성은 울분이다. 고질적 분노는 고질적 고혈압과 심장병을 초래한다."

예수는 "원수를 사랑하라"고 말했다. 이는 단지 도덕을 설교하는 것이 아니라, 20세기 의학을 전파하는 것이기도 하다. 예수는 "(죄지은 형제를) 일곱 번씩 일흔 번이라도 용서하라"(〈마태복음〉 18장 21~22절)고 말했다. 이는 고혈압, 심장병, 위궤양 등 다양한 질병에 걸리지 않는 방법이다.

내 친구는 근래에 심각한 심장마비를 겪었다. 주치의는 그녀를 침대에 눕히고 무슨 일이 있어도, 아무것도 화내지 말라고 지시했다.

의사들은 심장이 약하면 분노로 발끈하다가 죽을 수도 있다는 사실을 안다. 실제로 몇 년 전에 워싱턴주 스포캔에서 레스토랑을 운영하던 사람이 분노 때문에 죽었다. 지금 나는 스포캔 경찰서장 제리 스위타우트가 보낸 편지를 들고 있다. "몇 년 전, 스포캔에서 카페를 운영하는 68세 윌리엄 포카버가 사망했습니다. 요리사가 접시에 커피를 마시겠다고 고집을 부려서 분통을 터뜨렸기 때문입니다. 그는 너무 화가 난 나머지 권총을 들고 요리사를 쫓아가다 심장마비로 쓰러져 죽었습니다. 그는 손에 권총을 쥐고 있었습니다. 부검 보고서에는 분노가 심장마비를 초래했다고 기록됐습니다."

"원수를 사랑하라"는 외모를 개선하는 법을 말하는 것이기도 하다. 나는 미움 때문에 주름이 생기고 피부가 거칠어졌으며, 울분으로 얼굴이 변해버린 여성들을 안다(당신도 알 것이다). 어떤 미용 기술도 용서와 온화함, 사랑이 가득한 마음처럼 외모를 개선할 순 없다.

미움은 음식을 즐기는 능력마저 파괴한다. 성경은 이렇게 말한다. "채소를 먹으며 서로 사랑하는 것이 살진 소를 먹으며 서로 미워하는 것보다 나으니라."(〈잠언〉 15장 17절)

원수에 대한 우리의 미움이 우리를 지치게 하고, 피로와 불안에 시달리게 하고, 외모를 망가뜨리고, 심장병을 초래하고 심지어 수명까지 줄인다는 사실을 알면 원수가 손뼉을 치며 좋아하지 않을까?

원수를 사랑하지는 못해도 최소한 자신을 사랑하자. 원수가 우리의 행복과 건강, 외모를 통제하지 못할 만큼 자신을 사랑하자. 셰익스피어는 말했다.

적에 대한 미움의 불길을 너무 키우지 말게.

자네의 마음이 타버릴 수 있으니. (《헨리 8세》에 나오는 구절)

원수를 "일곱 번씩 일흔 번이라도" 용서하라는 예수의 말은 타당한 사업적 조언이기도 하다. 지금 나는 스웨덴 웁살라 프라데가탄 24번지에 사는 조지 로나의 편지를 들고 있다. 그는 오랫동안 빈에서 변호사로 일하다가 제2차 세계대전 당시 스웨덴으로 피신했다. 돈이 없던 그는 일자리가 절실했다. 여러 언어를 말하고 쓸 줄 알아서, 무역 회사의 연락 담당 자리를 얻고자 수소문했다. 대다수 회사는 전쟁 때문에 그런 인력이 필요 없지만 이름은 기록해두겠다는 식으로 응답했다. 그런데 한 사람은 답장에 이렇게 썼다. "내 사업에 대한 당신의 짐작은 틀렸습니다. 당신은 잘못 짚었을 뿐 아니라 어리석기까지 하군요. 나는 그런 연락 담당자가 필요 없습니다. 설령 필요하다 해도 스웨덴어로 편지를 쓸 줄 모르는 당신을 채용하지 않을 겁니다. 당신의 편지는 오류로 가득해요."

조지 로나는 이 편지를 읽고 도널드 덕처럼 분노했다. 스웨덴어를 잘 쓸 줄 모른다는 게 대체 무슨 말인가! 정작 그 사람이 쓴 편지도 오류로 가득했다! 그래서 그 사람을 화나게 할 작정으로 편지를 썼다. 그러다가 생각했다. '잠깐, 이 사람이 틀렸는지 어떻게 알아? 내가 스웨덴어를 공부한 건 맞아. 하지만 스웨덴어는 내 모국어가 아냐. 내가 모르는 오류가 있었을지도 몰라. 그렇다면 일자리를 구하기 위해 더 열심히 공부해야 해. 이 사람은 설령 그럴 의도가 아니었어도 내게 도움을 줬어. 불쾌한 표현을 썼다고 해서 내가 그에게 빚졌다는 사실이 바뀌진 않아. 그러니까 고마움을 전해야 해.' 조지 로나는 비꼬는 투로 쓴 편지를 찢어버리고 다시 썼다.

....

제게 편지를 써주는 수고를 하시다니 참으로 친절하시네요. 귀하의 회사를 오해한 것에 사과드립니다. 제가 편지를 보낸 이유는 이리저리 알아본 결과, 귀하가 업계의 리더라는 말을 들었기 때문입니다. 제가 쓴 편지에 문법적 오류가 있다는 걸 몰랐습니다. 죄송하고 부끄럽습니다. 지금부터 스웨덴어를 부지런히 공부해서 오류를 바로잡도록 노력하겠습니다. 제가 자기 발전의 길에 오르게 도와주셔서 감사드립니다.

....

며칠 뒤 조지 로나는 그에게 자신을 찾아오라는 답장을 받았다. 그리고 그를 찾아가 일자리를 얻었다. 조지 로나는 "유순한 대답은 분노를 쉽게 한다"(〈잠언〉 15장 1절)는 사실을 깨달았다.

우리는 원수를 사랑할 만큼 성인군자가 아닐지 모른다. 그래도 자신의 건강과 행복을 위해 그들을 용서하고 잊어버리자. 그게 현명한 길이다. 공자는 말했다.

"계속 기억하지 않는 한 부당한 대우를 받거나 뭔가를 빼앗긴 일조차 아무것도 아니다."

나는 아이젠하워 장군의 아들 존에게 아버지가 울분을 품은 적이 있는지 물었다. 그가 대답했다. "아뇨. 아버지는 싫어하는 사람을 생각하느라 1분도 낭비하지 않았습니다."

'화낼 줄 모르는 사람은 바보지만 화내지 않는 사람은 현자다'라는 격언이 있다. 이는 뉴욕 시장을 지낸 윌리엄 게이너William J. Gaynor의 정책이기도 하다. 황색 언론의 비난에 시달리던 그는 한 광인의 총에 맞아 죽을 뻔했다. 병상에 누워 사투를 벌이면서도 "매일 밤, 모든 일과 모든 사람을 용서합니다"라고 말했다. 너무 이상적이라고? 너무 온화하고 너그럽다고? 그렇다면《비관론 연구Studies in Pessimism》를 쓴 독일의 위대한 철학자 쇼펜하우어의 조언을 들어보자.

그는 삶을 허무하고 고통스런 모험이라 여겼다. 그가 걸어가는 동안 우울이 몸에서 뚝뚝 떨어졌다. 하지만 깊은 절망 속에서 외쳤다. "가능하면 아무에게도 적의를 품지 말아야 한다."

나는 윌슨Woodrow Wilson부터 하딩Warren Harding, 쿨리지John Coolidge, 후버Herbert Hoover, 루스벨트Franklin D. Roosevelt, 트루먼 Harry S. Truman까지 대통령 여섯 명이 신뢰한 버나드 바루크Bernard Baruch 자문에게 정적의 공격에 심란한 적이 있었는지 물었다. 그는 답했다. "아무도 나를 수치스럽거나 심란하게 하지 못합니다. 제가 그렇게 두지 않아요." 마찬가지로 우리가 그렇게 두지 않으면 아무도 우리를 수치스럽거나 심란하게 할 수 없다.

막대기와 돌멩이가 내 뼈를 부러뜨릴지 모르나

말로는 결코 내게 상처를 주지 못한다.

인류는 역사를 통틀어 언제나 원수에게 악의를 품지 않는 예수 같은 사람을 기렸다. 나는 자주 캐나다에 있는 재스퍼국립공원Jasper National Park에 가서 서방의 가장 아름다운 산을 바라봤다. 이 산은 1915년 10월 12일 성자처럼 독일군에게 총살된 영국인 간호사 에디스 카벨의 이름을 땄다. 그녀의 죄가 무엇일까? 다친 프랑스 병사와 영국 병사를 벨기에에 있는 자기 집에 숨기고, 먹이고, 돌봤을 뿐만 아니라 네덜란드로 탈출하도록 도와준 것이다. 그날 아침, 영국인 사제가 마음의 준비를 시키기 위해 브뤼셀 군 교도소에 있는 그녀를 방문했다. 그녀는 동판과 화강암에 새겨둘 만한 말을 했다.

"저는 애국심만으로 충분치 않다는 걸 깨달았어요. 아무에게도 미움이나 분노를 품지 말아야 해요."

4년 뒤, 그녀의 유해를 영국으로 옮기고 웨스트민스터사원West-minster Abbey에서 추도식을 거행했다. 현재 런던에 있는 국립초상화미술관National Portrait Gallery 맞은편에는 화강암으로 만든 그녀의 석상이 있다. 불멸의 영국인을 기리는 이 석상에는 앞의 글이 새겨졌다.

원수를 용서하고 잊어버리는 확실한 방법은 우리 자신보다 훨씬 큰 대의에 몰두하는 것이다. 그러면 직면한 모욕과 적의는 문제가 되지 않는다. 대의 외에 다른 것을 모두 잊어버릴 것이기 때문이다. 1918년에 미시시피주 솔숲에서 일어난 뻔한 극적인 사건을 예로 들어보자. 문제의 사건은 린치다! 흑인 교사이자 목사 로렌스 존스는 린치를 당할 위기에 처했다. 몇 년 전, 나는 로렌스 존스가 설립한 파이니우즈컨트리스쿨에서 강연한 적이 있다. 지금은 전국적으로 유명하지만, 내가 소개하려는 사건은 훨씬 전에 일어난 일이다. 당시는 제1차 세계대전이 발발해 사람들의 감정이 대단히 격했다. 미시시피 중부에는 독일이 흑인을 선동해 반란을 일으키려 한다는 소문이 돌았다. 앞서 말한 대로 집단 폭행 위기에 몰린 로렌스 존스는 내란을 일으키려고 다른 흑인들을 선동한다는 혐의를 받았다. 존스가 교회 밖에서 신도에게 외치는 말을 백인 무리가 들은 것이 발단이다. "모든 흑인에게 삶은 갑옷을 걸치고 싸워서 살아남고 성공해야 하는 전투와도 같습니다."

"갑옷을 걸치고 싸운다고?" 이건 확실해! 흥분한 백인 청년들은 밤길을 달려서 폭도를 모은 다음 교회로 돌아왔다. 그들은 존스를 밧줄로 묶어 2킬로미터 가까이 끌고 가서 장작더미 위에 세웠다. 그들이 성냥에 불을 붙이고 교수형과 화형을 동시에 집행하려는 찰나, 누군가가 외쳤다. "저 검둥이가 불에 타기 전에 말은 하게 해줍시다! 할 말 있으면 해!" 존스는 목에 밧줄이 걸린 채 장작더미에 서서 목숨과 대의를 구하기 위한 말을 시작했다. 그는 1907년에 아이오와대학교를 졸업했다. 훌륭한 인성과 우수한 학업 성적, 음악적 재능으로 학생과 교수들 사이에서 인기가 좋았다. 그러나 졸업 후 호텔 업계로 영입하려는 호텔 사업자의 제안과 음악 공부에 필요한 돈을 대주겠다는 부자의 제안을 거절했다. 왜 그랬을까? 이상을 실현하려는 열정이 불타고 있었기 때문이다. 그는 남부에서 가장 먼 오지, 미시시피주 잭슨에서 남쪽으로 40킬로미터 떨어진 마을로 갔다. 거기서 시계를 저당 잡고 받은 1.65달러로 숲속 공터에서 그루터기를 책상 삼아 학교를 시작했다. 존스는 분노한 청년들에게 학교에 가지 못하는 아이들을 가르쳐서 좋은 농부, 기계공, 요리사, 가정주부가 되도록 훈련해야 한다고 말했다. 학교를 만들기 위해 고생할 때 백인들에게 도움을 받았다고 이야기했다. 이 백인들은 그가 가르치는 일을 계속할 수 있도록 땅과 목재, 돼지, 소, 돈을 건넸다.

로렌스 존스는 나중에 자신을 끌고 가서 목매달고 불태워 죽이려 한 사람들을 미워하지 않느냐는 질문을 받았다. 그는 대의를 이루고, 자신보다 중대한 일에 몰두하느라 바빠서 미워할 시간도 없다고 대답했다. "다툼이나 후회에 낭비할 시간이 없습니다. 아무도 그를 미워할 만큼 저를 비천하게 만들 수 없습니다."

에픽테토스는 19세기 전에 우리가 뿌린 대로 거두며, 운명은 거의 언제나 우리의 잘못에 대가를 치르게 만든다고 지적했다. "길게 보면 모든 인간은 비행非行에 대한 처벌을 받는다. 이 점을 명심하는 사람은 아무에게도 화내거나 분노하지 않을 것이다. 아무도 매도하거나, 비난하거나, 불쾌하게 만들거나, 미워하지 않을 것이다."

미국 역사상 링컨만큼 비난받고, 미움받고, 배신당한 사람은 없을 것이다. 고전이 된 헌든William Herndon의 전기에 따르면, 링컨은 "결코 호불호를 기준으로 사람을 평가하지 않았다. 누군가 해야 하는 일이 있으면 적이라 해도 다른 사람만큼 잘할 수 있음을 알았다. 그 사람이 그를 비방하거나 개인적으로 부당하게 대우한 잘못이 있더라도, 적임자라면 친구에게 그랬을 것만큼 선뜻 자리를 내줬다. 어떤 사람이 자기 적이라거나 싫다고 해서 자리에서 쫓아낸 적은 아마 없었을 것이다".

링컨은 매클렐런, 수어드, 스탠턴, 체이스 등 자신이 고위직에 임명한 사람들에게 비난과 모욕을 당했다. 헌든에 따르면 링컨은 이렇게 믿었다.

"아무도 과거에 한 행동 때문에 칭송하지 말아야 하고, 과거에 하거나 하지 않은 행동 때문에 제재하지 말아야 한다. 우리는 모두 우리를 지금과 같은 그리고 앞으로도 영원히 그럴 존재로 만든 조건, 여건, 환경, 교육, 후천적 습관, 유전의 산물이기 때문이다."

어쩌면 링컨이 옳을지도 모른다. 우리가 적과 같은 신체적, 정신적, 감정적 특성을 물려받았다면, 삶이 그들에게 한 것과 같은 일을 우리에게 했다면, 우리도 달리 행동하지 못할 것이다. 클래런스 대로우Clarence Darrow는 말했다. "모든 걸 안다는 것은 모든 걸 이해한다는 것이며, 거기에는 재단과 비난의 여지가 없다." 그러니 적을 미워하지 말고 동정하자. 삶이 우리를 그들처럼 만들지 않은 것에 하나님께 감사하자. 적을 비난하고 보복하려 들지 말고 이해심과 동정심과 도움, 용서, 기도를 베풀자.

나는 매일 밤 성경을 읽거나 성경 구절을 암송한 다음 무릎을 꿇고 '가족 기도'를 읊는 가정에서 자랐다. 지금도 아버지가 외로운 미주리 농가에서 예수의 말씀을 암송하던 소리가 들리는 듯하다. 그 말씀은 인간이 예수의 이상을 소중히 여기는 한 계속 암송될 것이다.

"너희 원수를 사랑하며, 너희를 미워하는 자를 선대하며, 너희를

저주하는 자를 위하여 축복하며, 너희를 모욕하는 자를 위하여 기도하라."(〈누가복음〉 6장 27~28절)

아버지는 예수의 말씀대로 살려고 애썼다. 예수의 말씀은 아버지에게 세상의 우두머리와 왕이 흔히 추구했으나 얻지 못한 마음의 평화를 안겨줬다. 평화와 행복을 안겨줄 마음가짐을 기르고 싶다면 다음을 명심하라.

원칙 2

> 절대 원수에게 앙갚음하려 하지 마라.
> 그랬다가는 그들보다 스스로에게 큰 타격을 주게 된다.
> 아이젠하워 장군이 그랬던 것처럼
> 싫어하는 사람을 생각하느라 절대 1분도 낭비하지 말자.

03

감사할 줄 모르는 사람에게
상처받지 않는 방법

최근 텍사스에서 몹시 화가 난 사업가를 만났다. 만나면 15분 안에 자신을 화나게 만든 이야기를 할 거란 경고를 누군가에게 들었는데, 실제로 그랬다. 그 일은 11개월 전에 일어났지만, 그는 여전히 분노에 차 있었다. 그는 다른 이야기는 아예 하지 못했다. 발단은 크리스마스에 직원 34명에게 보너스로 1만 달러를 준 것이었다. 1인당 300달러 정도 되는 금액이었다. 하지만 아무도 고맙다는 인사를 하지 않았다. 그는 "그들에게 한 푼이라도 준 게 애석하다"며 쓸쓸한 심정을 토로했다.

공자는 말했다. "분노한 사람은 언제나 독기로 가득하다." 그 사람은 독기로 가득해서 솔직히 불쌍할 정도였다. 그는 60세쯤 됐다. 보험사가 추정한 바에 따르면, 우리는 평균적으로 80세에서 현재 나이를 뺀 수치의 3분의 2보다 약간 오래 산다. 그 사람은 운이 좋으면 14~15년을 더 살 수 있다. 그런데도 그는 지난 일에 실망하고 분노하느라 얼마 남지 않은 생에서 거의 1년을 낭비했다. 실로 딱한 사람이다.

그는 울분과 자기 연민에 빠져 허우적댈 게 아니라, 왜 아무런 감사 인사를 받지 못했는지 자문해야 했다. 어쩌면 직원들은 낮은 급여를 받으며 과로했을지 모른다. 크리스마스 보너스를 선물이 아니라 당연히 받아야 할 대가로 여겼을지 모른다. 그가 너무나 비판적이고 가까이하기 어려운 사람이라 아무도 감사 인사를 할 용기나 의지가 없었을지 모른다. 직원들은 그가 어차피 이익을 대부분 세금으로 내느니 보너스로 지급했다고 생각할지 모른다.

다른 한편으로 직원들이 이기적이고, 못되고, 무례한지 모른다. 그럴 수도 있고 아닐 수도 있다. 나도 잘 모른다. 다만 나는 작가 새뮤얼 존슨Samuel Johnson이 한 말은 안다. "감사는 훌륭한 교양의 산물이다. 천박한 사람은 감사할 줄 모른다."

내가 말하려는 요지는 이것이다. 그는 감사를 기대하는 인간적이고 괴로운 실수를 저질렀다. 그는 인간의 본성을 몰랐다.

우리가 사람의 목숨을 구했다면 응당 고맙다는 말을 들을 거라 기대할 것이다. 새뮤얼 레보위츠는 판사가 되기 전에 형사사건 전문 변호사로 일하며 78명이 전기의자에서 죽지 않도록 구해냈다. 그중 몇 명이 고맙다고 하거나, 그에게 크리스마스 카드를 보냈을까? … 한 명도 없었다.

예수는 어느 날 오후 나병 환자 열 명을 고쳤다. 그들 중 몇 명이 고맙다는 말이라도 했을까? 단 한 명뿐이었다. 〈누가복음〉에서 찾아보라. 예수는 제자들에게 돌아서서 "나머지 아홉은 어디 있는가?"라고 물었다. 그들은 모두 고맙다는 말도 없이 사라졌다. 하나만 물어보자. 우리와 앞의 텍사스 사업가가 예수가 베푼 것보다 작은 호의에 더 많은 감사를 기대할 이유가 있을까?

돈이 걸렸을 때는 또 어떤가! 이 경우 더 절망적이다. 찰스 슈와브 Charles Schwab는 내게 은행 돈으로 주식 투자를 한 은행원을 봐준 적이 있다고 했다. 그는 그 은행원이 감옥에 가지 않도록 손실을 메꿔 줬다. 그 은행원이 고마워했을까? 한동안 그러다가 슈와브에게 등을 돌리더니 그를 매도하고 비난했다. 그가 감옥에 가지 않도록 구해준 바로 그 사람이 말이다.

당신이 친척에게 100만 달러를 줬다면 그 사람이 고마워할 거라 기대할까? 앤드루 카네기Andrew Carnegie는 그랬다. 하지만 그가 얼마 후 무덤에서 살아 돌아왔다면 그 친척이 자신을 욕하는 걸 듣고 충격받았을 것이다! 대체 왜 그랬을까? 그가 3억 6500만 달러나 되는 돈을 자선사업에 기부하면서 본인의 표현으로는 "겨우 100만 달러만 주고 내쳤기" 때문이다.

원래 그런 법이다. 인간 본성은 언제나 그랬다. 아마 당신이 살아 있는 동안 바뀌지 않을 것이다. 그러니 그냥 받아들이는 게 어떨까? 로마제국을 다스린 현자 가운데 한 명인 마르쿠스 아우렐리우스처럼 현실적인 태도를 취하는 게 어떨까? 그는 어느 날 일기에 이렇게 썼다. "오늘 말이 너무 많은 사람을 만날 것이다. 그는 이기적이고, 자기 본위에, 감사할 줄 모른다. 그래도 나는 놀라거나 심란해하지 않을 것이다. 그런 사람이 없는 세상을 상상할 수 없기 때문이다." 합리적이지 않은가? 우리가 사람들이 고마움을 모른다고 줄곧 투덜거린다면 무엇을 탓해야 할까? 인간 본성일까, 아니면 인간 본성에 대한 우리의 무지일까? 상대가 고마워할 것이라고 기대하지 말자. 그러면 가끔 고맙다는 말을 들을 때 뜻밖의 기쁨을 얻을 것이다. 고맙다는 말을 듣지 못해도 심란하지 않을 것이다.

내가 이 장에서 말하려는 첫 번째 요지다. 사람들이 감사한 일을 잊는 것은 자연스럽다. 그러니 고맙다는 말을 기대하다가는 자주 두통에 시달릴 것이다.

내가 아는 어느 뉴욕 여성은 외롭다며 항상 투덜거린다. 친척 중 아무도 그녀에게 다가가려 하지 않는다. 그럴 만도 하다. 그녀는 친척이 찾아오면 조카들이 어릴 때 자신이 뭘 해줬는지 몇 시간 동안 이야기한다. 그들이 홍역이나 볼거리, 백일해에 걸렸을 때 간호했고, 몇 년 동안 먹이고 재웠으며, 그중 한 명은 경영대학원에 보내도록 도와줬고, 다른 한 명은 결혼할 때까지 자신의 집에서 지내도록 해줬다는 것이다.

조카들이 그녀를 보러 왔을까? 의무감 때문에 가끔 찾아왔지만, 그녀를 방문하기 꺼렸다. 몇 시간 동안 은근한 질책을 들어야 한다는 걸 알기 때문이다. 그들은 격렬한 불평과 자기 연민의 한숨이 섞인 끝없는 넋두리에 시달려야 했다. 강요하고 위협하고 괴롭혀도 조카들이 찾아오지 않자, 그녀는 머리를 썼다. 심장마비에 걸린 척한 것이다.

의사는 그녀가 심장 두근거림에 따른 '신경성 심장 질환'에 걸렸다고 말했다. 그녀의 문제는 정서적인 것이기에 의사가 해줄 수 있는 게 없었다.

이 여성이 진정으로 원하는 것은 애정과 관심이었다. 그녀는 그것을 '감사'라 불렀지만, 그녀는 그것을 결코 받지 못할 것이다. 마땅히 받아야 한다는 생각으로 요구했기 때문이다.

그녀처럼 '배은망덕'과 외로움, 소외에 괴로워하는 여성이 아주 많다. 그들은 사랑받고 싶어 한다. 하지만 이 세상에서 사랑받는 유일한 길은 사랑해달라는 요구를 멈추고 아무 대가 없이 사랑을 베푸는 것이다.

이 말이 비현실적이고 공상적인 이상론처럼 들리는가? 그렇지 않다. 단순한 상식일 뿐이다. 우리가 바라는 행복을 찾는 바람직한 길이다. 나는 우리 가족에게 그런 일이 일어나는 걸 똑똑히 봤다. 부모님은 남을 돕는 기쁨을 위해 베풀었다. 우리는 가난했고, 항상 빚에 시달렸다. 그래도 부모님은 아이오와주 카운실블러프스에 있는 크리스천홈Christian Home이라는 고아원에 해마다 어떻게든 돈을 보냈다. 부모님은 그곳을 방문한 적이 없었다. 편지를 보내기는 했지만 아무도 부모님에게 고맙다는 말을 하지 않았을 것이다. 그래도 부모님은 넉넉한 보상을 얻었다. 아이들을 돕는 기쁨을 누렸기 때문이다. 부모님은 감사 인사를 바라거나 기대하지 않았다.

나는 독립한 뒤 크리스마스가 되면 부모님에게 수표를 보내서 약간의 호사를 누리시라고 당부했다. 하지만 부모님은 거의 그런 적이 없었다. 내가 크리스마스 며칠 전에 집으로 가면 아버지는 자녀가 많고 가난한 동네 '미망인들'에게 석탄과 식료품을 사줬다고 말하곤 했다. 부모님은 이런 베풂을 통해 크나큰 기쁨을 얻었다. 아무 대가 없이 베푸는 기쁨 말이다!

내가 보기에 아버지는 아리스토텔레스가 묘사한 이상적인 인간, 행복할 자격이 충분한 인간에 거의 부합한다. "이상적인 인간은 타인에게 호의를 베푸는 데서 기쁨을 얻는다. 타인이 자신에게 호의를 베풀면 부끄러워한다. 친절을 베푸는 것은 우월함의 징표이며, 그것을 받는 것은 열등함의 징표이기 때문이다."

다음은 내가 이 장에서 말하고자 하는 두 번째 요점이다. 행복을 찾고자 하면 상대가 고마워하는지 생각지 말고 베푸는 데서 얻는 기쁨을 위해 베풀라.

오랜 세월 동안 부모들은 자녀들이 고마워할 줄 모른다고 머리를 쥐어뜯었다. 셰익스피어의 비극에 등장하는 리어왕조차 "고마워할 줄 모르는 자식을 두는 고통은 독사의 독니보다 날카롭구나!"라고 울부짖었다. 하지만 왜 자녀들이 고마워해야 할까? 우리가 고마워하도록 가르치지 않았다면 말이다. 감사할 줄 모르는 것은 밭에 난 잡초처럼 자연스러운 일이다. 감사는 장미 같아서 비료와 물을 주고, 기르고, 사랑하고, 보호해야 한다. 자녀들이 고마워할 줄 모르는 게 누구 탓일까? 어쩌면 우리 탓인지도 모른다. 다른 사람에게 감사를 표현하는 법을 가르친 적이 없는데, 어떻게 우리에게 감사할 것이라고 기대할 수 있을까?

내가 아는 시카고 사람은 의붓아들이 고마워할 줄 모른다고 불평할 만한 이유가 있었다. 그는 박스 공장에서 주당 40달러를 받으며 뼈 빠지게 일했다. 그러다가 미망인과 결혼했다. 그녀는 돈을 빌려서라도 장성한 두 아들을 대학에 보내자고 그를 설득했다. 주급 40달러로 식비에 집세, 연료비, 옷값을 대고 대출까지 갚아야 했다. 그는 4년 동안 노예처럼 일했지만 한 번도 불평하지 않았다.

그가 고맙다는 말을 들었을까? 아내는 모든 걸 당연하게 여겼다. 그녀의 두 아들도 마찬가지다. 그들은 의붓아버지에게 빚을 졌다는 생각조차 하지 않았다. 이게 의붓아들 탓일까? 그렇다. 하지만 그들의 엄마 탓이 더 크다. 그녀는 아이들이 '의무감'으로 살아가도록 부담을 주면 안 된다고 생각했다. 아이들이 '인생을 빚진 채 시작하기를' 원치 않았다. 그래서 "너희를 대학까지 뒷바라지하다니 얼마나 훌륭하니!"라고 말할 생각도 전혀 없었다. 오히려 '그 정도는 해줘야지'라는 태도를 보였다.

그녀는 아이들의 부담을 덜어준다고 생각했다. 사실은 세상이 자신들의 삶에 빚을 졌다는 위험한 생각을 품은 채 인생을 시작하게 만든 셈이다. 그런 생각은 정말 위험하다. 두 아들 중 한 명이 회삿돈을 '빌리려' 들다가 결국 감옥에 갔기 때문이다!

아이들은 우리가 키우는 방식대로 자란다는 사실을 명심해야 한다. 미니애폴리스 웨스트 미네하하 파크웨이West Minnehaha Parkway 144번지에 사는 비올라 알렉산더Viola Alexander 이모는 자녀들의 '배은망덕'을 불평하지 않은 빛나는 사례. 내가 어렸을 때 비올라 이

모는 할머니를 집으로 모셔서 보살폈다. 그녀는 시어머니도 똑같이 보살폈다. 지금도 눈을 감으면 할머니 두 분이 비올라 이모의 시골 집 벽난로 앞에 앉아 있던 모습이 떠오른다. 두 분이 이모에게 '골칫 거리'였을까? 아마 자주 그랬을 것이다. 하지만 이모의 태도를 보면 전혀 그런 눈치를 채지 못했을 것이다. 이모는 두 분을 사랑했다. 그 래서 보살피고, 잘해주고, 편안히 지내도록 배려했다. 이모는 자녀가 여섯 명이었다. 그래도 이모는 두 분을 집으로 모신 게 대단하다거나 칭찬받을 일이라는 생각을 하지 않았다. 이모에게 그것은 자연스러 운 일, 올바른 일, 하고 싶은 일이었다.

요즘 비올라 이모는 어떻게 지내냐고? 홀로된 지 20년이 좀 넘었 으며, 장성해서 독립한 다섯 자녀가 저마다 이모를 자기 집에 모시겠 다고 난리다. 그들은 이모를 아낀다. 아무리 오래 같이 있어도 만족 하지 않는다. '감사'하기 때문이냐고? 말도 안 되는 소리! 그것은 순 전한 사랑이다. 그들은 어린 시절 내내 따스한 온기와 인정 속에 자 랐다. 그러니 상황이 바뀐 지금, 자신들이 받은 사랑을 되돌려주려는 게 이상한 일일까?

자녀를 감사할 줄 아는 아이로 키우려면 우리부터 감사할 줄 알아 야 한다는 것을 명심하자. '아이들은 귀가 밝다'는 사실을 명심하고, 말을 조심하자. 아이들 앞에서 누구의 친절을 깎아내리고 싶은 마음 이 들어도 참자. "수 사촌이 크리스마스 선물이라고 보낸 이 식탁보 좀 봐. 자기가 직접 짠 거래. 한 푼도 쓰기 싫은 거지!"라고 말하지 말 자. 우리에게 사소해 보일지 모르는 말을 아이들이 듣고 있다. 대신

"수 사촌이 크리스마스 선물로 이 식탁보를 짜느라 얼마나 많은 시간을 들였을까! 참 착하지 않아? 지금 바로 감사 편지를 쓰자"라고 말하는 게 낫다. 그러면 아이들은 칭찬하고 감사하는 습관을 무의식적으로 흡수한다. 감사할 줄 모르는 것에 대한 울분과 걱정을 피하고 싶다면 다음을 따르라.

원칙 3

첫째, 감사할 줄 모를까 걱정하지 말고 그럴 거라고 받아들여라.
예수는 하루에 나병 환자 열 명을 고쳤지만, 그중에서
감사하다는 말을 한 사람은 한 명뿐이라는 사실을 기억하자.
우리가 예수보다 많은 감사를 기대할 이유가 있을까?

둘째, 행복을 찾는 유일한 길은 감사를 기대하지 말고
베푸는 기쁨을 위해 베푸는 것임을 기억하자.

셋째, 감사는 '계발되는' 것임을 기억하자.
자녀가 감사할 줄 알기를 바라면 그렇게 가르쳐야 한다.

데일 카네기 자기관리론

04

가진 것을 100만 달러와 바꿀 것인가

나는 오랫동안 해럴드 애벗을 알고 지냈다. 그는 미주리주 웹시티 사우스 매디슨가 820번지에 살며, 나의 강좌 관리자였다. 어느 날 우리는 캔자스시티에서 만나 그의 차로 미주리주 벨턴에 있는 나의 농장까지 갔다. 가는 동안 그에게 어떻게 걱정을 피하는지 물었다. 그는 결코 잊을 수 없는 감동적인 이야기를 해줬다.

....

전에는 걱정을 많이 했어요. 하지만 1934년 봄날, 웹시티의 웨스트 도허티가를 걷다가 모든 걱정을 날려버리는 광경을 봤어요. 모든 일은 10초 만에 일어났지만, 그동안 저는 살아가는 법에 대해 이전 10년보다 많은 걸 배웠죠. 저는 2년 동안 웹시티에서 식료품점을 운영했어요. 하지만 저축한 돈을 다 날린 데다, 7년 동안 갚아야 할 빚까지 생겼어요. 저는 그전 토요일에 식료품점 문을 닫고, 캔자스시티로 가서 일을 구하려고 은행에 돈을 빌리러 가는 길이었어요.

저는 실패자처럼 걸었어요. 모든 투지와 믿음을 잃은 상태였죠. 그때 문득 길 저편에 두 다리가 없는 사람을 봤어요. 그는 롤러스케이트 바퀴를 단 작은 나무판자에 앉아 있었어요. 양손에 든 막대기를 밀어서 나아가고 있었어요. 저와 마주쳤을 때, 그는 막 거리를 건너 인도로 올라서려던 참이었죠. 그는 나무판자를 기울이다가 저와 눈이 마주쳤어요. 그는 함박웃음을 지으며 활기차게 인사했죠. "안녕하세요. 좋은 아침이죠?" 그를 바라보며 제가 얼마나 많은 걸 가졌는지 깨달았어요. 제게는 두 다리가 있으니 걸을 수 있었어요. 자기 연민에 빠졌던 게 부끄러웠어요. 다리가 없는 사람이 이렇게 행복하고 밝고 당당할 수 있다면, 다리가 있는 나는 당연히 그럴 수 있다고 자신에게 말했어요. 그러자 바로 어깨가 펴지더라고요. 은행에 가서 100달러만 빌려달라고 할 생각이었는데, 200달러를 빌릴 용기가 생겼어요. 캔자스시티로 가서 일자리를 알아보겠다고 말할 생각이었는데, 캔자스시티로 가서 일자리를 구할 거라고 당당하게 말했어요. 저는 대출을 받았고 일자리도 구했어요. 요즘 저는 화장실 거울에 이런 문구를 붙여두고 매일 아침 면도할 때 읽어요.

신발이 없어서 우울했다.

거리에서 다리가 없는 사람을 만나기 전에는.

．．．．．．．．．．．．．．．．．．

나는 이스턴항공Eastern Air Lines 에디 리켄배커Eddie Rickenbacker 회장에게 태평양에서 완전히 길을 잃고 동료들과 21일 동안 구명보트를 타고 표류할 때 배운 가장 큰 교훈이 무엇인지 물었다. 그는 말했다.

"그 경험에서 배운 가장 큰 교훈은 원하는 만큼 마실 물과 먹을 음식이 있다면 절대 아무것도 불평하지 말아야 한다는 겁니다."

《타임》은 과달카날에서 부상을 당한 병사에 관한 기사를 실었다. 그는 목에 포탄 파편을 맞아서 일곱 번 수혈했다. 그는 의사에게 쪽지를 썼다. "제가 살 수 있을까요?" 의사는 "네"라고 대답했다. 그는 다시 "말할 수 있을까요?"라고 물었고, 의사는 이번에도 "네"라고 답했다. 그는 또 다른 쪽지에 썼다. "그런데 저는 대체 뭘 걱정하는 걸까요?"

바로 지금 이렇게 자문하라. '나는 대체 뭘 걱정하는 걸까?' 아마 비교적 덜 중요하고 하찮은 문제일 것이다.

우리 삶에서 일어나는 일 가운데 약 90퍼센트는 순조롭고, 약 10퍼센트는 어긋난다. 행복해지고 싶다면 순조로운 90퍼센트에 집중하고 어긋난 10퍼센트를 무시하면 된다. 걱정하고 분노하고 위궤양에 걸리고 싶다면 어긋난 10퍼센트에 집중하고 잘 풀린 90퍼센트를 무시하면 된다.

영국의 많은 청교도 교회에는 '생각하고 감사하라'는 문구가 새겨져 있다. 우리 마음에도 새겨야 한다. '생각하고 감사하라.' 우리가 감사해야 할 모든 것을 생각하고, 우리가 누리는 모든 은혜와 혜택을 하나님께 감사하라.

《걸리버 여행기》를 쓴 조너선 스위프트Jonathan Swift는 영국 문학계에서 가장 지독한 염세주의자다. 그는 이 세상에 태어난 게 너무나 유감스러워 생일날 검은 옷을 입고 단식했다. 이런 절망 속에서도 영국 문학계의 최고 염세주의자는 쾌활함과 행복이 건강을 가져다주는 크나큰 힘을 찬미했다. "세상에서 가장 뛰어난 의사는 좋은 식습관Doctor Diet, 평온한 마음Doctor Quiet, 유쾌한 태도Doctor Merryman다."

우리가 가진 믿을 수 없는 부富에 주의를 집중하면 매시간 '유쾌한 태도'의 도움을 받을 수 있다. 그 부는 동화에 나오는 알리바바의 보물을 훌쩍 뛰어넘는다. 10억 달러에 당신의 두 눈을 팔겠는가? 두 다리는 얼마에 팔까? 두 손은? 청력은? 아이는? 가족은? 이 모든 자산을 합쳐보라. 록펠러, 포드, 모건 같은 부자가 모은 황금을 모두 준다 해도 당신이 가진 것을 팔지 않을 것이다.

우리는 이 모든 것의 가치를 인식할까? 아쉽게도 그렇지 않다. 쇼펜하우어는 말했다.

"우리는 가진 것을 생각하는 일은 드물지만, 갖지 못한 것은 항상 생각한다."

그렇다. '가진 것을 생각하는 일은 드물지만 갖지 못한 것은 항상 생각하는' 경향은 세상에서 가장 큰 비극이다. 이 경향은 역사상 모든 전쟁과 질병보다 많은 고통을 초래했을 것이다.

존 팔머는 이 경향 때문에 '평범한 사람에서 나이 든 불평꾼'이 됐으며, 거의 가정을 파괴할 뻔했다. 그에게 들어서 안다. 팔머 씨는 뉴저지주 패터슨 19번가 30번지에 산다.

군에서 전역한 직후 사업을 시작했습니다. 밤낮으로 열심히 일했죠. 일이 잘 풀리다가 문제가 생겼어요. 부품과 자재를 구할 수 없었습니다. 사업을 포기해야 할까 봐 두려웠습니다. 저는 걱정에 시달린 나머지 평범한 사람에서 나이 든 불평꾼이 됐습니다. 그때는 몰랐는데 너무나 심술궂고 성마른 사람이 돼버렸어요. 이제는 제가 자칫 행복한 가정을 잃을 뻔했다는 사실을 깨달았습니다. 어느 날, 제 회사에서 일하던 젊은 상이군인이 말했습니다. "조니, 부끄러운 줄 알아요. 당신은 세상에 힘든 사람이 당신뿐인 것처럼 행동해요. 한동안 회사 문을 닫아야 한다고 쳐요. 그래서 뭐가 문제인데요? 상황이 나아지면 다시 시작할 수 있잖아요. 당신은 감사할 게 많은데 항상 투덜대기만 해요. 내가 당신처럼 되기를 얼마나 바라는지 알아요? 날 봐요. 팔이 하나밖에 없고, 얼굴 반쪽은 총에 맞아 무너졌어요. 그래도 불평하지 않아요. 계속 투덜대고 불평하다가는 사업뿐 아니라 건강과 가정, 친구까지 잃고 말 거예요!"

그 말이 파멸로 향하던 저를 멈춰 세웠습니다. 제가 얼마나 멀리 엇나갔는지 깨닫게 했습니다. 그때 태도를 바꿔서 옛날의 나로 돌아가겠다고 결심했고, 그렇게 했습니다.

··················

친구 루실 블레이크Lucile Blake는 갖지 못한 것을 근심하지 말고 가진 것에 행복해하는 법을 배우기 전까지 비극적인 상황에서 떨어야 했다. 나는 오래전에 그녀를 만났다. 우리는 컬럼비아대학교 언론대학원에서 단편소설 창작을 공부하고 있었다. 9년 전 그녀는 충격적인 일을 겪었다. 당시 그녀는 애리조나주 투손에 살았다. 다음은 그녀가 들려준 이야기다.

....

정신없이 살았어요. 애리조나대학교에서 오르간을 배웠고, 시내에서 화술 클리닉을 운영하며 제가 머물던 데저트윌로목장에서 음악 감상 교실을 진행했어요. 파티, 무도회, 야간 승마에도 참여했죠. 그러다가 어느 날 아침에 쓰러졌어요. 심장에 이상이 온 거죠. 의사가 말했어요. "1년 동안 침대에 누워서 절대 안정을 취해야 합니다." 그는 제가 다시 건강해질 거라고 믿도록 사기를 불어넣지 않았어요.

1년이나 침대에 누워 있어야 한다니, 장애인이 되거나 어쩌면 죽을지도 모른다니! 너무나 무서웠어요! 왜 이런 일이 생기는 걸까? 무슨 큰 잘못을 저질렀기에? 저는 대성통곡했어요. 분노와 반발심에 사로잡혔죠. 그래도 의사가 조언한 대로 침대에 누워 지냈어요. 이웃에 사는 화가 루돌프 씨가 말했어요. "침대에서 1년을 보내는 게 비극이라고 생각될 거예요. 하지만 그렇지 않아요. 당신 자신에 대해 생각하고 자신을 알아갈 시간을 보낼 수 있잖아요. 앞으로 몇 달 동안 지금까지 살아온 모든 세월보다 많은 영적인 성장을 이룰 수 있을 거예요." 그 말을 듣고 저는 차분해졌어요. 그리고 새로운 가치관을 계발하려고 애썼죠. 영감을 주는 책을 읽었어요.

어느 날, 라디오에서 진행자가 "여러분은 내면에 담긴 것만 표현할 수 있습니다"라고 하는 말을 들었어요. 이전에도 비슷한 말을 많이 들었지만, 그때는 그 말이 제 마음 깊이 뿌리내렸어요. 삶의 기치로 삼고 싶은 생각, 기쁨과 행복. 건강만 생각하기로 했어요. 매일 아침 일어나자마자 감사해야 할 모든 것을 살폈어요. 통증이 없는 것, 사랑스러운 딸, 시력, 청력, 라디오에서 흘러나오는 아름다운 음악, 책을 읽을 시간, 좋은 음식, 좋은 친구들 같은 것이요. 제가 유쾌하게 지내고 손님이 너무 많이 오자, 의사는 정해진 시간에 방문자 한 명만 허용한다는 표지판을 붙였어요.

이후 9년이 지났어요. 이제 저는 충만하고 활동적인 삶을 살아요. 지금은 침대에서 보낸 그 1년에 깊이 감사해요. 애리조나에서 보낸 가장 소중하고 행복한 1년이었어요. 그때 매일 아침 제가 누린 축복을 헤아리는 습관을 들여서 지금도 계속하고 있어요. 제가 가진 가장 소중한 것이죠. 죽을지 모른다는 두려움이 생기기 전까지 제대로 사는 법을 배우지 못했다는 걸 깨달으니 부끄러워요.

....

루실 블레이크는 깨닫지 못했을지 모르지만, 그녀는 새뮤얼 존슨 박사가 200년 전에 얻은 것과 같은 교훈을 얻었다. "모든 사건이 지닌 최선의 측면을 바라보는 습관은 1년에 1000파운드를 버는 것보다 가치 있다."

이 말을 한 사람은 능숙한 낙관론자가 아니라 20년 동안 불안과 가난, 배고픔에 시달린 사람이다. 그는 마침내 당대 가장 저명한 작가이자 역사상 가장 말을 잘하는 사람으로 알려졌다.

로건 스미스Logan Pearsall Smith는 짧은 문장에 많은 지혜를 담았다. "삶에서 추구해야 할 두 가지 목표가 있다. 첫 번째는 원하는 것을 얻는 것이다. 그다음은 그것을 누리는 것이다. 가장 현명한 사람만이 두 번째 목표를 달성한다."

싱크대에서 설거지하는 일조차 신나는 경험으로 만드는 법을 알고 싶은가? 그렇다면 보르그힐드 달Borghild Dahl의 믿기 힘든 용기에 관한 감동적인 책《나는 보고 싶었다I Wanted to See》를 읽어라. 이 책은 50년 동안 앞을 보지 못한 여성이 썼다.

....

나는 눈이 하나밖에 없었다. 그마저 두꺼운 흉터에 덮여서 왼쪽 눈의 좁은 시야로 모든 것을 봐야 했다. 책을 읽으려면 얼굴 가까이 대고 눈을 최대한 왼쪽으로 돌려야 했다.

....

그래도 그녀는 동정을 거부했다. 남들과 '다른' 사람으로 여겨지고 싶지 않았다. 그녀는 어릴 때 다른 아이들과 사방치기를 하고 싶었지만, 땅에 그려진 선을 볼 수 없었다. 다른 아이들이 집으로 돌아간 뒤 땅에 엎드려 선에 눈을 가까이 댄 채 기어갔다. 그녀는 자신과 친구들이 노는 곳을 샅샅이 기억했고, 곧 사방치기의 고수가 됐다. 집에서는 대형 활자로 된 책을 속눈썹이 닿을 정도로 가까이 대고 읽었다. 그런데도 미네소타대학교에서 학사 학위, 컬럼비아대학교에서 문학 석사 학위를 받았다.

그녀는 미네소타주의 트윈밸리라는 작은 마을에서 교사로 시작해 사우스다코타주 수폴스에 있는 어거스타나대학Augustana College의 언론학과 문학 교수 자리까지 올라갔다. 거기서 13년 동안 학생들을 가르쳤다. 여성 클럽에서 강연하고, 라디오에 출연해 책과 작가에 관한 이야기도 했다. 그녀는 이렇게 썼다.

"마음 한구석에는 언제나 눈이 완전히 멀지 모른다는 두려움이 도사리고 있었다. 이를 극복하기 위해 나는 삶을 대하는 유쾌한, 거의 야단스러운 태도를 취했다."

그러다가 52세가 되던 1943년, 기적이 일어났다. 유명한 메이요클리닉에서 수술을 받은 것이다. 이제 그녀는 이전보다 40배나 잘 볼 수 있다.

그녀 앞에 새롭고 흥미롭고 사랑스러운 세상이 열렸다. 심지어 싱크대에서 설거지하는 일조차 짜릿했다. "나는 먼저 설거지통에 찬 희고 푹신한 거품을 갖고 논다. 손을 담그고 작은 비누 거품을 잡아 빛에 비추면 거품에서 자그마한 무지개의 밝은 빛이 보인다."

싱크대 위에 있는 창을 내다보면 "쏟아지는 눈 속을 날아다니는 참새들의 진회색 날개"가 보인다. 그녀는 비누 거품과 참새들에게 너무나 큰 환희를 느낀 나머지 이런 말로 책을 끝맺는다. "나는 속삭인다. '주여, 하늘에 계신 우리 아버지여, 감사합니다. 감사합니다.'"

설거지하며 비누 거품에서 무지개를 보고, 눈 속을 날아다니는 참새를 볼 수 있다고 해서 하나님께 감사드린다고 상상해보라. 우리는 자신을 부끄럽게 여겨야 한다. 우리는 지금까지 아름다움으로 가득한 동화 같은 세상에 살았다. 그럼에도 눈이 멀어 그 아름다움을 보지 못했고, 질려서 그 아름다움을 즐기지 못했다. 걱정을 멈추고 진정한 삶을 시작하고 싶다면 다음을 따르라.

고난이 아니라 축복을 헤아려라!

데일 카네기 자기관리론

05
나를 찾고, 나답게 살아라

노스캐롤라이나주 마운트 에어리에 사는 이디스 올레드 부인이 편지를 보내왔다.

....

저는 어린 시절에 무척 예민하고 수줍음이 많았습니다. 항상 과체중이었고, 통통한 볼 때문에 실제보다 뚱뚱해 보였습니다. 어머니는 옷을 예쁘게 입는 게 어리석다고 생각할 만큼 구세대였습니다. 항상 "헐렁하게 입으면 오래가지만 조이게 입으면 찢어져"라고 말했죠. 제 옷도 그 말대로 입혔어요. 저는 파티에 가본 적도, 재미있게 놀아본 적도 없어요. 학교에 가서도 다른 아이들과 야외 활동을 한 적이 없고, 심지어 운동도 하지 않았죠. 병적일 정도로 부끄럼을 탔어요. 저는 다른 모든 사람과 '다르고' 전혀 매력적이지 않다고 생각했어요.

어른이 돼서 몇 살 많은 사람과 결혼했어요. 그래도 저는 바뀌지 않았어요. 시댁 식구는 차분하고 자존감이 높았어요. 제가 마땅히 그래야 했지만 되지 못한 모습이었죠. 그들처럼 되려고 최선을 다했으나 실패했어요. 제가 껍질을 부수고 나오게 만들려던 그들의 모든 시도는 저를 더욱 움츠러들게 했어요. 저는 신경질적이고 성질이 고약하게 변했어요. 친구도 만나지 않았죠. 상태가 얼마나 나빴는지 초인종 소리까지 두려워했어요. 저는 실패자였고, 그 사실을 알았어요. 남편이 그걸 알아챌까 두려웠어요. 그래서 다른 사람들과 있을 때는 밝은 모습을 보이려 애쓰고, 과장되게 행동했어요. 저는 며칠 동안 비참한 기분이 들 거란 걸 알았어요. 결국 너무 불행해서 살아갈 의미를 찾을 수가 없었죠. 그래서 자살을 생각하기 시작했어요.

....

무엇이 이 불행한 여성의 삶을 바꿨을까? 시어머니의 우연한 말 한마디다.

....

우연한 말 한마디가 제 삶을 완전히 바꿨어요. 어느 날 시어머니가 자식들을 키운 이야기를 하다가 "난 무슨 일이 있어도 항상 자기답게 살아야 한다고 가르쳤어"라고 하셨어요. 자기답게 살아야 한다…. 순간, 저를 맞지 않는 틀에 끼워 맞추려다가 이 모든 고통을 자초했다는 걸 깨달았어요.

저는 하루아침에 다른 사람이 됐어요. 저답게 살기 시작했죠. 제 성격을 파악하고, 제가 어떤 사람인지 알아내려고 노력했어요. 강점을 찾았어요. 색상과 스타일에 대해 배울 수 있는 모든 걸 배우고, 제게 어울리는 옷을 입었어요. 친구를 사귀려고 사람들에게 다가갔어요. 처음으로 작은 단체에 가입했다가 어떤 프로그램을 맡고 너무나 두려웠어요. 그래도 사람들 앞에서 말할 때마다 조금씩 용기를 얻었죠. 오래 걸리긴 했지만 이제 저는 꿈꾸던 수준보다 행복해요. 제 아이들을 키울 때도 씁쓸한 경험에서 배운 교훈을 항상 가르쳐요. "무슨 일이 있어도 항상 자기답게 살아야 해!"라고요.

....

제임스 고든 길키James Gordon Gilkey 박사는 자기답게 살려는 의지의 문제는 "역사만큼이나 오래되고 인간의 삶만큼이나 보편적이다"라고 말한다. 이 문제는 많은 신경증과 정신병, 콤플렉스의 원인이다. 안젤로 파트리Angelo Patri는 자녀 교육을 주제로 책을 열세 권 출간하고, 기고문 수천 편을 썼다. 그는 말한다. "자기 몸과 마음이 아닌 다른 사람이나 존재가 되기를 바라는 사람만큼 비참한 존재는 없다."

자신이 아닌 다른 존재가 되려는 갈망은 특히 할리우드에서 만연하다. 샘 우드Sam Wood 감독은 젊은 배우 지망생을 대할 때 가장 골치 아픈 문제가 자기답게 연기하도록 만드는 거라 했다. 그들은 모두 이류 라나 터너Lana Turner, 삼류 클라크 게이블Clark Gable이 되고 싶다. 샘 우드는 그들에게 거듭 말한다. "대중은 이미 그 맛을 봤어. 그래서 이제 다른 걸 원하지."

샘 우드는 〈굿바이 미스터 칩스Goodbye Mr. Chips〉, 〈누구를 위하여 종은 울리나For Whom the Bell Tolls〉 같은 영화를 연출하기 전에 몇 년 동안 부동산 사업을 하며 영업 감각을 키웠다. 그는 영화 업계와 부동산 업계에 같은 원칙이 적용된다고 주장한다. 서투른 흉내로는 성공하지 못한다. 앵무새가 돼선 안 된다. 그는 말한다.

"자신이 아닌 사람인 척하는 사람은 최대한 빨리 내치는 게 안전하다는 걸 경험으로 배웠습니다."

나는 최근에 소코니배큐엄오일컴퍼니의 인사과장 폴 보인턴에게 구직자들이 저지르는 가장 큰 실수가 무엇인지 물었다. 그는 6만 명이 넘는 구직자를 면접했고, 《일자리를 얻는 6가지 방법Six Ways to Get a Job》이라는 책을 썼다. 그는 답했다.

"구직자들이 저지르는 가장 큰 실수는 자기답지 않은 모습을 꾸며내는 겁니다. 긴장을 풀고 솔직히 답하는 대신 면접관이 원할 거라고 생각하는 답을 말하려고 애쓰는 경우가 많아요." 이런 방식은 통하지 않는다. 아무도 가짜를 원하지 않기 때문이다. 위조지폐를 원하는 사람은 없다.

한 전차 기관사의 딸은 힘들게 그 교훈을 얻었다. 그녀는 가수가 되고 싶었다. 그러나 불운하게도 얼굴이 예쁘지 않았다. 입이 크고 뻐드렁니가 있었다. 그녀는 뉴저지의 나이트클럽에서 처음 노래할 때 윗입술로 이를 감추고, '매혹적인' 것처럼 꾸미려 애썼다. 그 결과는 어땠을까? 웃음거리가 되고 말았다. 그녀는 실패의 길을 걸어가고 있었다.

그 나이트클럽에는 그녀의 노래를 듣고 재능이 있다고 생각한 사람이 있었다. 그가 단도직입적으로 말했다. "아까 공연하는 걸 봤어요. 당신이 뭘 숨기려 하는지 알아요. 튀어나온 이가 부끄러운 모양이군요." 그녀는 창피했다. 그가 덧붙였다. "그게 뭐가 어때서 그래요? 뻐드렁니가 난 게 죄인가요? 숨기려 하지 말고 입을 벌려요! 당신이 부끄러워하지 않는 모습을 보일 때 청중도 좋아할 거예요. 게다가 당신이 숨기려는 뻐드렁니가 당신의 재산이 될지 몰라요!"

카스 데일리Cass Daley는 그 조언을 듣고 나서 이를 신경 쓰지 않았다. 그 후로 청중만 생각했다. 입을 크게 벌리고 열정과 기쁨으로 노래 불렀다. 덕분에 영화와 라디오에서 톱스타가 됐다. 이제는 다른 코미디언들이 그녀를 흉내 내려 애쓴다!

유명한 윌리엄 제임스는 자신을 찾지 못한 사람들에 관해 이야기했다. 그는 보통 사람은 잠재된 정신적 능력을 10퍼센트밖에 개발하지 못한다고 주장했다.

"우리는 잠재력에 비해 절반만 깨어 있다. 신체적, 정신적 자원의 작은 부분만 활용한다. 따라서 넓게 보면 인간은 한계에 훨씬 못 미치게 살아간다. 다양한 능력이 있으면서도 늘 활용하지 못한다."

우리에게는 그런 능력이 있다. 그러니 다른 사람과 다르다고 근심하느라 1초도 낭비하지 말자. 당신은 이 세상의 새로운 존재다. 태초 이래 당신과 똑같은 사람이 존재한 적은 없다. 앞으로도 영원히 당신과 똑같은 사람은 존재하지 않을 것이다. 유전학이라는 새로운 학문은 우리가 대개 아버지가 물려준 염색체 23개와 어머니가 물려준 염색체 23개 덕분에 지금의 모습이 됐음을 알려준다. 이 46개 염색체는 우리가 무엇을 물려받을지 결정하는 모든 것을 구성한다. 암란 샤인펠트Amran Sheinfeld에 따르면 각 염색체에는 "수십 개에서 수백 개 유전자가 있으며, 유전자 하나가 개인의 삶 전체를 바꿀 수도 있다".

실로 우리는 '두렵고도 경이롭게' 만들어졌다.

당신의 아버지와 어머니가 만나 당신이 태어날 확률은 300조 분의 1에 불과하다. 다시 말해 당신에게 300조 명의 형제자매가 있더라도 그들 모두 당신과 다르다. 추측이 아니라 과학적 사실이다. 더 자세한 내용을 알고 싶으면 공립 도서관에 가서 암란 샤인펠트가 쓴 《당신과 유전You and Heredity》을 읽어보기 바란다.

나는 자기답게 산다는 주제에 관해 확신을 가지고 이야기할 수 있다. 깊이 공감하기 때문이다. 나는 그렇게 되기까지 씁쓸하고 값비싼 경험을 했다. 예를 들어 미주리주의 옥수수밭에서 처음 뉴욕에 왔을 때, 미국극예술아카데미American Academy of Dramatic Arts에 입학했다. 배우가 되고 싶었고, 멋진 아이디어도 있었다. 그것은 성공으로 가는 지름길이었다. 아이디어는 너무나 단순하고도 확실해서 왜 수많은 야심 찬 사람이 발견하지 못했는지 의아했다. 존 드루John Drew, 월터 햄프던Walter Hampden, 오티스 스키너Otis Skinner 등 당대 유명 배우들이 강한 인상을 남기는 방식을 연구한 다음, 그들 각자의 최고 장점을 모방하는 방법이다. 그러면 그들을 모두 합친 빛나고 성공적인 배우가 될 수 있을 것 같았다. 얼마나 어리석고 말도 안 되는 생각인지. 나는 다른 사람을 모방하느라 몇 년을 낭비하고 나서야 미주리 촌뜨기의 아둔한 머리로 깨달음을 얻었다. 나 자신이 되어야 하고, 결코 다른 사람이 될 수 없다는 것을 말이다.

나는 이 괴로운 경험을 통해 오래도록 남을 교훈을 얻어야 했으나 그러지 못했다. 나는 너무 멍청했다. 모든 걸 다시 배워야 했다. 몇 년 뒤, 나는 직장인을 대상으로 역대 최고 화술 관련 도서가 될 책을 쓰는 일에 나섰다. 이번에도 배우가 되려 했을 때처럼 어리석은 생각을 품었다. 수많은 다른 저자의 아이디어를 빌려서 모든 비법이 담긴 책 한 권을 엮어낼 작정이었다. 화술 관련 도서를 수십 권 구해서 1년 동안 거기에 담긴 아이디어를 내 원고에 반영했다. 그러다가 내가 바보짓을 하고 있다는 걸 다시 한번 깨달았다. 다른 사람들의 아이디어를 짜깁기한 내 원고는 너무나 인위적이고 따분해서 아무도 끝까지 읽지 못할 것 같았다. 1년 동안 작업한 원고를 쓰레기통에 버리고 처음부터 다시 시작했다.

이번에는 자신에게 말했다. "너는 데일 카네기가 돼야 해. 모든 결점과 한계까지 받아들여야 해. 다른 누구도 될 수 없어." 나는 다른 사람들의 아이디어를 모으려는 시도를 중단했다. 소매를 걷어붙이고 애초에 했어야 할 일에 매달렸다. 화술 강사와 교사로서 내 경험, 관찰, 확신을 토대로 화술 교재를 쓰는 일이었다. 나는 월터 롤리Walter Raleigh 경이 배운 교훈을 (바라건대 영원히) 배웠다. (내가 말하는 월터 롤리 경은 여왕이 밟을 수 있도록 코트를 진흙탕에 던진 사람이 아니라 1904년 옥스퍼드대학교에서 영문학 교수를 지낸 사람이다.) 그는 이렇게 말했다. "나는 셰익스피어의 작품에 비견되는 책을 쓸 수 없다. 하지만 내 책은 쓸 수 있다."

당신다워져라. 어빙 벌린Irving Berlin이 작고한 조지 거슈윈George Gershwin에게 한 조언을 실천하라. 두 사람이 처음 만났을 때 벌린은 유명했지만, 거슈윈은 틴팬앨리Tin Pan Alley(대중음악을 주도한 음악 출판

업자와 작곡가 집단을 이르는 말로, 19세기 말과 20세기 초 미국 음악 산업의 중심지였던 뉴욕의 거리명에서 유래했다)에서 주당 35달러를 받으며 고생하는 젊은 작곡가였다. 벌린은 거슈윈의 재능에 감탄한 나머지, 거의 세 배에 이르는 급여로 자신의 음악 조수 자리를 제안했다. 그리고 이렇게 조언했다. "그런데 내 제안을 받아들이지 말게. 그러면 이류 벌린이 될지도 몰라. 자네 음악을 지켜나가면 언젠가 일류 거슈윈이 될 거야." 거슈윈은 그 조언을 따랐고, 서서히 미국의 당대 최고 작곡가로 부상했다.

찰리 채플린, 윌 로저스Will Rogers, 메리 마거릿 맥브라이드Mary Margaret McBride, 진 오트리Gene Autry 그리고 수많은 다른 사람은 내가 전하려는 교훈을 배워야 했다. 그것도 나처럼 힘든 방식으로.

찰리 채플린이 처음 영화에 출연했을 때, 감독은 당시 인기를 끌던 독일 코미디언을 흉내 내라고 했다. 채플린은 자기만의 연기를 하기 전까지 아무것도 이루지 못했다. 밥 호프Bob Hope는 몇 년 동안 춤과 노래를 했지만 빛을 보지 못했다. 재치 있는 농담을 던지고 자기다워지기 시작하기 전까지 말이다. 윌 로저스는 몇 년 동안 보드빌(춤과 노래를 곁들인 가볍고 풍자적인 통속 희극. 노르망디 지역에서 불리던 풍자적인 대중가요에서 비롯됐다) 공연에서 말 한마디 없이 밧줄을 돌렸다. 그가 유머에 대한 자신의 재능을 발견하고 밧줄을 돌리며 말하기 전에는 아무도 그를 눈여겨보지 않았다.

메리 마거릿 맥브라이드는 처음 방송에 출연했을 때, 아일랜드계 코미디언처럼 되려고 시도하다가 실패했다. 그녀는 자기 모습 그대로, 미주리 출신 평범한 시골 여자로 돌아가면서 뉴욕의 인기 라디오 스타가 됐다. 진 오트리는 텍사스 억양을 없애려 애쓰고, 도시 사람처럼 옷을 입고, 자신이 뉴욕 출신이라고 주장했다. 사람들은 뒤에서 실소했다. 이후 그는 밴조를 튕기며 카우보이의 발라드를 노래했다. 그때부터 그를 영화와 라디오에서 세계 최고 인기를 누리는 카우보이로 만들어줄 여정이 시작됐다.

당신은 이 세상의 새로운 존재다. 그 점을 기뻐하라. 자연이 준 것을 최대한 활용하라. 결국 모든 예술은 자전적이다. 당신은 당신 자신만 노래할 수 있다. 당신 자신만 그릴 수 있다. 당신의 경험과 환경, 유전이 만든 자신이 돼야 한다.

좋든 나쁘든 당신만의 작은 정원을 가꿔야 한다. 좋든 나쁘든 삶이라는 오케스트라에서 당신만의 작은 악기를 연주해야 한다.

랄프 왈도 에머슨은 에세이 《자기 신뢰Self-Reliance》에서 이렇게 말했다.

....

모든 사람은 수양하다 보면 확신이 드는 때가 있다. 시기심은 곧 무지라는 확신, 모방은 곧 자살이라는 확신, 좋든 나쁘든 자신을 운명으로 받아들여야 한다는 확신, 드넓은 우주는 선으로 가득하며, 영양가 높은 옥수수 종자는 오로지 자신이 갈아야 할 땅에 기울인 수고를 통해 주어진다는 확신 말이다. 우리 안에 깃든 힘은 자연 안에서 새로운 것이다. 본인만이 자신이 할 수 있는 일이 무엇인지 알며, 시도하기 전에는 알 수 없다.

....

그러나 작고한 시인 더글러스 맬럭Douglas Malloch은 다음과 같이 썼다.

산꼭대기에 있는 소나무가 될 수 없다면
계곡에 있는 관목이 되어라. 다만,
산등성이에 있는 최고의 관목이 되어라.
나무가 될 수 없다면 수풀이 되어라.

수풀이 될 수 없다면 한 포기 잡초가 되어라.
강꼬치고기가 될 수 없다면 그저 배스가 되어라.
다만 호수에서 가장 활기 넘치는 배스가 되어라!

모두가 선장이 될 수는 없다. 우리는 선원이 되어야 한다.
우리 모두 이 세상에 온 이유가 있다.
누군가 해야 할 큰일이 있고, 작은 일도 있다.
우리가 해야 할 일은 가까이에 있다.

고속도로가 될 수 없다면 그저 오솔길이 되어라.
해가 될 수 없다면 별이 되어라.
크기로 성패가 결정되는 게 아니다.
무엇이든 최고의 당신이 되어라!

데일 카네기 자기관리론

평화를 가져오고 걱정에서 벗어나는 마음가짐을 기르고 싶다면 다음을 따르라.

> **원칙 5**
>
> 다른 사람을 모방하지 말자.
> 자신을 찾고 자기다워지자.

06

레몬이 있으면
레모네이드를 만들어라

이 책을 쓰는 동안 하루는 시카고대학교에 들러서 로버트 메이너드 허친스Robert Maynard Hutchins 총장에게 어떻게 걱정을 피하는지 물었다. 그는 다음과 같이 말했다.

"시어스로벅앤드컴퍼니 회장을 지낸 줄리어스 로젠월드Julius Rosenwald가 제게 해준 조언을 따르려고 노력해요. '레몬이 있으면 레모네이드를 만들어라'라고 했죠."

훌륭한 교육자는 그런 일을 한다. 반면 어리석은 사람들은 정반대로 한다. 그들은 삶이 레몬을 건네면 지레 포기하며 "난 실패했어. 그게 내 팔자야. 내겐 기회가 없었어"라고 말한다. 그리고 세상을 욕하며 자기 연민에 빠진다. 현명한 사람은 레몬을 받으면 "이 불행에서 배울 교훈은 무엇일까? 어떻게 해야 상황이 나아질까? 이 레몬을 어떻게 레모네이드로 바꿀 수 있을까?"라고 말한다.

뛰어난 심리학자 알프레트 아들러Alfred Adler는 평생 인간과 잠재력을 연구했다. 그는 인간의 경이로운 속성 가운데 하나가 "마이너스를 플러스로 바꾸는 힘"이라고 주장했다.

뉴욕 모닝사이드 드라이브 100번지에 사는 델마 톰슨은 그 능력을 보여준 사람이다. 다음은 그녀가 내게 들려준 흥미롭고 고무적인 이야기다.

....

남편은 전시戰時에 모하비사막 근처에 있는 육군훈련소에서 근무했어요. 남편과 함께 지내고 싶어서 저도 따라갔죠. 하지만 그곳이 싫었어요. 정말 끔찍하더라고요. 그렇게 비참한 적이 없었어요. 남편이 모하비사막으로 기동훈련을 하러 가면 저 혼자 작은 관사에 남았어요. 날씨는 참을 수 없을 만큼 더워. 선인장 그늘도 섭씨 51도가 넘었어요. 멕시코인과 원주민 말고는 말 걸 사람이 없는데, 그들은 영어를 못했어요. 바람이 끝없이 불었어요. 제가 먹는 음식과 마시는 공기가 모래투성이였어요!

너무나 비참하고 서글퍼서 부모님에게 편지를 썼어요. 모든 걸 포기하고 집으로 돌아가고 싶다고 말했죠. 여기서는 1분도 더 못 견디겠다고, 차라리 감옥에 있는 편이 낫겠다고 말했어요. 아버지는 단 두 줄로 된 답장을 보냈어요. 그 두 문장은 언제나 제 기억 속에 남아 있을 거예요. 제 삶을 완전히 바꿨으니까요.

두 사람이 감옥 창살 밖을 내다보았네.
한 명은 진흙탕을, 다른 한 명은 별을 보았네.

두 문장을 몇 번이나 읽었는지 몰라요. 저 자신이 부끄러웠어요. 현재 상황에서 좋은 점을 찾아내기로 마음먹었어요. 별을 찾아 나선 거죠. 저는 원주민과 친해졌어요. 그들의 반응은 놀라웠어요. 그들은 제가 직물과 도자기에 흥미를 보이자, 관광객에게도 팔지 않던 애장품을 선물로 줬어요. 저는 매혹적인 선인장과 유카, 조슈아나무를 공부했고, 프레리도그에 대해 배우고, 사막의 석양을 보고, 수백만 년 전에 사막이 바닷속에 있었음을 알려주는 조개껍데기를 찾아다녔어요.

무엇이 제게 이런 놀라운 변화를 가져왔을까요? 모하비사막이나 원주민은 변하지 않았어요. 하지만 저는 달라졌어요. 마음을 고쳐먹으니 비참한 경험이 제 삶에서 가장 흥미로운 모험으로 바뀌었어요. 제가 발견한 새로운 세계는 자극과 흥분을 줬어요. 그 세계가 너무나 흥미로워서《빛나는 성벽Bright Ramparts》이라는 소설도 썼죠. 저는 스스로 만든 감옥 밖을 내다보며 별을 찾아냈어요.

....

델마 톰슨은 예수가 태어나기 500년 전에 그리스인이 가르친 오랜 진리를 발견했다. "가장 좋은 것은 가장 힘든 것이다." 해리 에머슨 포스딕은 20세기에 이 진리를 다시 말했다. "행복은 대개 쾌감이 아니라 승리감이다." 그렇다. 승리감은 성취감, 정복감, 레몬을 레모네이드로 바꾸겠다는 생각에서 나온다.

나는 독이 든 레몬을 레모네이드로 바꾼 플로리다의 행복한 농부를 만난 적이 있다. 그는 처음 장만한 농장을 보고 낙담했다. 땅이 황폐해서 과일나무나 돼지를 키울 수 없었다. 졸참나무와 방울뱀 외에는 아무것도 살지 못했다. 그때 아이디어가 떠올랐다. 그는 빚을 자산으로 바꿀 작정이었다. 방울뱀을 최대한 이용하는 방법이다. 놀랍게도 그는 방울뱀 고기를 캔에 넣어 팔기 시작했다. 몇 년 전 그를 방문했을 때, 연간 2만 명이나 되는 관광객이 그의 방울뱀 농장을 보기 위해 몰려왔다. 그의 사업은 번창하고 있었다. 방울뱀 독니에서 채취한 독은 해독제를 만들기 위해 연구소로 보냈다. 방울뱀 가죽은 여성용 구두와 핸드백을 만들기 위해 비싼 값에 팔렸다. 방울뱀 고기 통조림은 전 세계에 배달됐다. 나는 기념엽서를 사서 마을 우체국에서 발송했다. 독이 든 레몬을 달콤한 레모네이드로 바꾼 사람을 기리는 의미에서 지명까지 '플로리다주 방울뱀Rattlesnake'마을로 바뀌었다.

나는 미국 전역을 여러 번 여행했다. 덕분에 '마이너스를 플러스로 바꾸는 힘'을 증명한 많은 사람을 만나는 특혜를 누렸다.

《신에게 맞선 12인Twelve Against the Gods》을 쓴 윌리엄 볼리토William Bolitho는 말했다. "삶에서 가장 중요한 일은 이익을 활용하는 것이 아니다. 그런 일은 어떤 바보라도 할 수 있다. 정말로 중요한 일은 손실에서 이득을 얻는 것이다. 그러기 위해서는 지성이 필요하다. 합리적인 사람과 바보의 차이가 거기에 있다."

볼리토는 열차 사고로 한쪽 다리를 잃은 뒤 이 말을 했다. 나는 두 다리를 잃고도 마이너스를 플러스로 바꾼 사람을 안다. 그의 이름은 벤 포트슨이다. 나는 조지아주 애틀랜타의 한 호텔 엘리베이터에서 휠체어를 타고 구석에 있던 그를 봤다. 그는 내려야 할 층에 도착했을 때 지나갈 수 있도록 조금만 비켜달라고 부탁했다. "번거롭게 해서 죄송합니다"라고 말할 때, 마음을 따스하게 만드는 환한 웃음이 그의 얼굴을 밝혔다.

엘리베이터에서 나와 방에 들어간 뒤에도 유쾌해 보이는 장애인에 관한 생각이 머릿속을 떠나지 않았다. 그래서 그를 찾아가 이야기를 들려달라고 요청했다. 그는 웃는 얼굴로 말했다.

....

사고가 난 때는 1929년입니다. 정원에 있는 콩 줄기를 묶을 지지대를 만들기 위해 히코리 가지를 자르러 나갔죠. 포드에 히코리 가지를 가득 싣고 집으로 돌아오는 길이었습니다. 하필 급커브를 도는데, 가지 하나가 차 밑으로 떨어져 조향장치를 망가뜨리고 말았습니다. 결국 차가 제방을 넘어갔고, 저는 튕겨 나와 나무에 부딪혔습니다. 그 사고로 척추를 다쳐서 다리가 마비됐어요. 그때 스물네 살이었고, 그 이후로 한 발자국도 걷지 못했습니다.

....

스물넷 청년이 평생 휠체어 신세를 지다니. 나는 그런 일을 어쩌면 그토록 담대하게 받아들일 수 있었는지 물었다. 그는 "그러지 못했어요"라고 말했다. 그는 분노하고 반발했다. 자기 운명에 분개했다. 그러나 시간이 지나면서 반발심이 분노 외에 아무것도 주지 못한다는 사실을 알았다. "다른 사람들이 친절과 예의로 저를 대했다는 사실을 마침내 깨달았습니다. 저도 친절과 예의로 대하는 게 제가 할

데일 카네기 자기관리론

수 있는 최소한의 일이었습니다."

오랜 세월이 지난 지금도 그 사고가 끔찍한 불운이었다고 생각하는지 물었다. 그는 망설임 없이 대답했다. "지금은 그 일이 일어난 게 기쁠 정도예요." 그는 충격과 울분을 극복한 뒤에 다른 세상에서 살기 시작했다고 말했다. 책을 읽으며 좋은 문학작품에 애정을 품게 됐다. 14년 동안 읽은 책이 1400권 남짓이라고 한다. 책은 그에게 새로운 지평을 열어줬고, 전에는 상상도 못 할 만큼 삶을 풍요롭게 만들었다. 좋은 음악도 듣기 시작했다. 전에는 따분하던 교향곡이 지금은 흥분을 안긴다. 가장 큰 변화는 생각하는 시간을 갖게 됐다는 점이었다. "평생 처음으로 세상을 바라보며 진정한 가치관을 가질 수 있었어요. 이전에 추구하던 것이 대부분 아무런 가치가 없다는 걸 깨닫기 시작했어요."

책을 읽으면서 정치에 관심이 생겼고, 사회문제를 공부했으며, 휠체어를 타고 연설까지 하게 됐다! 그는 사람들을 알아갔고 사람들은 그를 알아갔다. 여전히 휠체어를 타고 다니는 벤 포트슨은 조지아주의 국무부 장관이다.

지난 35년 동안 뉴욕에서 교육 강좌를 진행하다 보니, 대학에 가지 않은 것을 후회하는 사람이 많았다. 그들은 대학 교육을 받지 못한 것이 커다란 핸디캡이라고 생각하는 듯했다. 나는 꼭 그렇지 않다는 사실을 안다. 대학 문턱에도 가보지 못했으나 성공한 사람을 많이 알기 때문이다. 그래서 그런 수강생에게 초등학교도 마치지 못한 지인의 이야기를 자주 들려준다. 그는 혹독한 가난에 시달리며 자랐다. 그의 아버지가 죽었을 때, 친구들이 돈을 모아 관을 샀다. 그의 어머니는 하루 10시간씩 우산 공장에서 일하고, 부품을 집에 가져와서 밤 11시까지 일했다.

이런 환경에서 자란 그는 교회 동호회에서 만든 아마추어 연극에 참가했다. 그는 연기에 매료된 나머지 웅변을 배우기로 마음먹었다. 이 경험은 그를 정치로 이끌었다. 그는 서른 살 무렵 뉴욕 주의원에 선출됐다. 하지만 그는 그런 자리를 맡을 준비가 전혀 되지 않았다. 그는 내게 주의원이 무슨 일을 하는지 몰랐다고 솔직히 말했다. 그는 투표로 자신이 찬성하거나 반대해야 할 길고 복잡한 법안을 연구했다. 그러나 그에겐 인디언 말로 쓰인 것이나 다름없었다. 숲에 발을 들인 적도 없는 그는 삼림위원회 위원이 됐을 때, 걱정하며 어찌할 바를 몰랐다. 은행에 계좌도 없는데 은행위원회 위원이 됐을 때도 마찬가지다. 그는 너무나 낙담한 나머지 어머니에게 실패했다고 인정하는 게 부끄럽지만 않았다면, 의원직에서 물러났을 거라고 했다. 그는 절망 속에서도 하루 16시간씩 공부해 무지의 레몬을 지식의 레모네이드로 바꾸기로 결심했다. 그 과정에서 그는 지역 정치인에서 전국구 인사로 성장했고, 《뉴욕타임스》가 "뉴욕에서 가장 사랑받는 시민"이라고 칭할 만큼 두각을 드러냈다. 이 사람이 앨 스미스다.

앨 스미스는 정치를 독학한 지 10년 만에 뉴욕주에서 가장 권위 있는 정치인이 됐다. 그가 세운 주지사 4선 기록을 아무도 깨지 못했다. 1928년에는 민주당 대선 후보가 됐다. 초등학교도 졸업하지 못한 그에게 컬럼비아와 하버드를 비롯한 명문대 여섯 곳이 명예 학위를 수

여했다. 앨 스미스는 마이너스를 플러스로 바꾸기 위해 하루 16시간씩 공부하지 않았다면 이런 일을 하나도 이루지 못했을 거라고 했다.

니체가 말한 초인의 요건은 "필요의 부담감을 견딜 뿐만 아니라 즐기는 것"이다. 성취한 사람들의 경력을 공부할수록 깊이 확신하는 사실이 있다. 커다란 노력과 보상을 추구하도록 만든 핸디캡을 안은 채 출발하지 않았다면 그들 중 많은 수가 성공하지 못했을 것이다. 윌리엄 제임스가 말한 대로 "우리의 결함은 뜻밖의 도움을 준다".

그렇다. 밀턴은 시각장애인이었기에 더 좋은 시를 썼고, 베토벤은 청각장애인이었기에 더 좋은 곡을 썼을 가능성이 높다. 헬렌 켈러의 눈부신 경력은 보지 못하고 듣지 못했기에 가능하지 않았을까. 차이콥스키가 비극적 결혼에 좌절하고 자살할 지경까지 몰리지 않았다면, 그의 삶이 비참하지 않았다면 〈비창〉을 작곡하지 못했을 것이다. 도스토옙스키와 톨스토이가 고통스럽게 살지 않았다면 불멸의 소설을 쓰지 못했을 것이다.

지구상의 생물에 관한 과학적 개념을 바꾼 사람이 이렇게 썼다. "내가 그토록 병약하지 않았다면 그만큼 많은 연구 성과를 내지 못했을 것이다." 결함이 뜻밖의 도움이 됐다는 찰스 다윈의 고백이다.

다윈이 영국에서 태어난 날, 켄터키 숲속의 한 오두막에서 다른 아이가 태어났다. 그 역시 결함의 도움을 받았다. 그의 이름은 에이브러햄 링컨이다. 그가 귀족 가문에서 자라 하버드대학교에서 법학학위를 받고 행복한 결혼 생활을 했다면, 사람들을 사로잡은 게티즈버그 연설을 마음속 깊은 곳에서 끌어내지 못했을 것이다. 재임 취임식에서 말한 신성한 시, 통치자가 읊조린 가장 아름답고 고귀한 구절도 떠올리지 못했을 것이다. "아무에게도 악의를 품지 않고, 모든 이에게 선의를 베푸는 마음으로…."

해리 에머슨 포스딕은 《끝까지 견디는 힘 The Power to See it Through》에서 다음과 같이 말한다.

....

우리가 삶의 구호로 삼을 만한 스칸디나비아 속담이 있다. '북풍이 바이킹을 만든다'이다. 안전하고 즐거운 생활, 어려움의 부재, 수월한 삶의 편안함이 그 자체로 사람을 착하거나 행복하게 만든다는 생각은 어디서 나왔을까? 자신을 연민하는 사람은 부드러운 방석에 앉혀도 계속 자신을 연민한다. 역사적으로 인성과 행복은 좋거나, 나쁘거나, 이도 저도 아닌 온갖 환경에서 개인적 책임을 떠안는 사람에게 찾아왔다. 북풍이 계속 바이킹을 만든 것이다.

....

우리가 낙담한 나머지 레몬을 레모네이드로 만들 가망이 없어 보인다고 가정하자. 그래도 노력해야 할 두 가지 이유, 잃을 것은 없고 얻을 것만 있는 두 가지 이유가 있다.

첫째, 성공할지도 모른다.

둘째, 설령 성공하지 못해도 마이너스를 플러스로 바꾸려는 시도가 앞을 내다보게 만든다. 부정적인 생각을 긍정적인 생각으로 바꾼다. 창조적 에너지를 발산하도록, 너무나 바빠서 영원히 과거를 슬퍼할 시간이나 마음이 생기지 않도록 밀어붙인다.

세계적으로 유명한 바이올린 연주자 올레 불Ole Bull이 파리에서 연주회를 할 때 갑자기 A현이 끊어졌다. 그는 세 현만으로 연주를 끝냈다. 포스딕은 말한다. "A현이 끊어져도 나머지 세 현으로 연주를 끝내는 것이 인생이다." 이것은 단순한 인생이 아니라 인생 이상의 것, 승리의 인생이다!

내게 그럴 힘이 있다면 윌리엄 볼리토의 말을 동판에 새겨서 전국의 모든 학교에 걸어둘 것이다.

....

삶에서 가장 중요한 일은 이익을 활용하는 것이 아니다. 그런 일은 어떤 바보라도 할 수 있다. 정말로 중요한 일은 손실에서 이득을 얻는 것이다. 그러기 위해서는 지성이 필요하다. 합리적인 사람과 바보의 차이가 거기에 있다.

....

평화와 행복을 안겨줄 마음가짐을 기르고 싶다면 다음을 따르라.

원칙 5

운명이 레몬을 건네면 레모네이드를 만들려고 노력하자.

07

2주 만에
우울증을 고치는 방법

나는 이 책을 쓰기 시작할 때, '걱정을 정복하는 법'에 대한 가장 유익하고 감동적인 실화에 상금 200달러를 걸었다. 이 대회 심사위원은 이스턴항공 에디 리켄배커 회장과 링컨메모리얼대학교Lincoln Memorial University 스튜어트 매클렐랜드Stewart W. McClelland 총장, 라디오 뉴스애널리스트 한스 칼텐본Hans von Kaltenborn이었다. 그들은 두 이야기가 뛰어나서 우열을 가리지 못하고, 두 사람에게 상금을 나눠주기로 했다. 다음은 공동 1위 수상작이다. C. R. 버턴은 미주리주 스프링필드 커머셜가 1067번지에 살고 위저모터세일즈에서 근무한다.

....

저는 아홉 살 때 어머니를 잃고, 열두 살 때 아버지마저 잃었습니다. 아버지는 돌아가셨지만, 어머니는 19년 전에 집을 나갔습니다. 그 뒤로 한 번도 뵌 적이 없어요. 어머니가 데려간 두 여동생도 마찬가지고요. 어머니는 심지어 가출하고 7년 동안 편지 한 통 보내지 않았습니다. 어머니가 떠나고 3년 뒤, 아버지는 사고로 돌아가셨어요. 아버지는 동업자와 소도시의 카페를 인수했는데, 출장 간 사이에 동업자가 카페를 팔아 치우고 도망갔습니다. 그 사실을 안 친구가 아버지에게 급히 돌아오라고 전보를 쳤습니다. 아버지는 서둘러 돌아오다가 캔자스주 설라이나에서 교통사고를 당하고 말았죠. 가난하고 늙고 병든 두 고모가 우리 형제 가운데 셋을 거두셨습니다. 저와 어린 남동생은 갈 곳이 없었어요. 우리는 마을 사람들의 자비에 맡겨졌습니다. 우리는 고아라 불리고, 고아 취급을 받을까 두려웠습니다. 우리의 두려움은 곧 현실이 됐습니다.

저는 한동안 마을의 가난한 가족과 살았습니다. 하지만 경기가 좋지 않은 데다, 그 집의 가장이 일자리를 잃어서 저까지 먹여 살릴 여유가 없었습니다. 그후 마을에서 약 18킬로미터 떨어진 농장에 사는 로프틴 부부가 저를 받아줬습니다. 그는 일흔 살이었고, 대상포진에 걸려 누워 있었습니다. 그분은 "거짓말하지 않고, 훔치지 않고, 시키는 대로 하면" 얼마든지 함께 지내도 좋다고 했습니다. 저는 이 세 가지를 성경 말씀처럼 철저히 지켰습니다. 학교에 다니기 시작했는데 일주일 만에 가기 싫어서 아기처럼 울었습니다. 다른 아이들이 괴롭히고, 제 코가 크다고 놀렸습니다. 제가 멍청하다면서 '고아 새끼'라고 불렀습니다. 마음의 상처를 받아서 아이들과 싸우고 싶었습니다. 하지만 저를 받아준 로프틴 씨가 말했습니다. "도망가지 않고 싸우는 것보다 싸움을 피하는 게 큰사람이라는 걸 항상 명심해라." 어느 날 한 아이가 학교 운동장에 떨어진 닭똥을 제 얼굴에 던져서 싸울 수밖에 없었습니다. 그 아이를 흠씬 두들겨 팼습니다. 그랬더니 친구가 두어 명 생겼습니다. 그들은 그 아이가 맞을 짓을 했다고 말했습니다.

저는 로프틴 부인이 사준 새 모자를 좋아하고 아꼈습니다. 어느 날 덩치 큰 여자아이 한 명이 제 모자를 낚아채서 물을 붓는 바람에 망가지고 말았습니다. 그 애는 "물로 네 멍청한 머리를 적셔서 팝콘만 한 뇌가 부풀지 않게 하려고" 그랬다고 했습니다.

저는 학교에서는 절대 울지 않았지만, 집에서는 울음을 터뜨리곤 했습니다. 그러던 어느 날, 로프틴 부인이 모든 문제와 걱정을 없애고 적을 친구로 만드는 몇 가지 조언을 해줬습니다. "랠프, 네가 다른 아이들에게 관심을 쏟고 얼마나 많은 걸 해줄 수 있는지 보여주면 더는 널 놀리며 '고아 새끼'라고 부르지 않을 거야." 저는 그 말을 듣고 열심히 공부해서 곧 반에서 1등을 했습니다. 제가 나서서 아이들을 도와줬기 때문에 미움을 사지도 않았습니다.

저는 다른 남자아이들이 리포트와 에세이 쓰는 걸 돕고, 토론문을 통째로 써주기도 했습니다. 한 아이는 제 도움을 받고 있다고 가족에게 알리는 걸 창피하게 생각했습니다. 그래서 엄마한테 주머니쥐를 잡으러 간다고 해놓고 로프틴 씨 농장으로 와서 헛간에 개를 묶어두고 도움을 받았습니다. 저는 한 남자아이 대신 독후감을 써주고, 며칠 저녁은 여자아이의 수학 공부를 도와주기도 했습니다.

죽음이 우리 동네를 덮쳤습니다. 나이 많은 두 농부가 죽었고, 한 아줌마는 남편에게 버림받았습니다. 저는 네 가정에서 유일한 남자였습니다. 저는 2년 동안 그 미망인들을 도왔습니다. 학교를 오가는 길에 그들의 농장에 들러서 장작을 패고, 소젖을 짜고, 가축에게 사료와 물을 먹였습니다. 이제 저는 저주가 아니라 축복을 받습니다. 모두 저를 친구로 받아줬습니다. 그들은 제가 해군에서 전역했을 때 진심으로 반겼습니다. 집에 온 첫날 200명이 넘는 농부가 저를 보러 왔습니다. 130킬로미터나 운전해서 온 사람도 있었습니다. 그들이 저를 대하는 마음은 진심이었습니다. 저는 다른 사람을 열심히, 기꺼이 돕느라 바쁘고 행복했기에 걱정이 없었습니다. 지금까지 13년 동안 '고아 새끼'라고 불리지 않았습니다.

....

버턴에게 찬사를! 그는 친구를 만드는 법을 안다. 걱정을 물리치고 인생을 즐기는 법도 안다.

워싱턴주 시애틀의 작고한 프랭크 루프Frank Loope 박사도 그랬다. 그는 23년 동안 관절염 때문에 침대 신세를 졌다. 그럼에도 일간지《시애틀스타The Seattle Star》의 스튜어트 위트하우스는 내게 쓴 편지에서 말했다. "저는 루프 박사를 여러 번 인터뷰했습니다. 그분만큼 이타적이고 삶에서 많은 걸 얻어낸 사람을 알지 못합니다."

침대 신세를 지는 병자가 어떻게 삶에서 그토록 많은 걸 얻어낼 수 있을까? 두 가지 추측을 해보자. 그가 불평과 비판으로 그 일을 해냈을까? 아니다. 자기 연민에 빠지거나, 자신이 관심을 독점해야 하며 모두가 자신에게 맞춰야 한다고 요구해서? 아니다. 그는 '나는 봉사한다Ich dien'라는 웨일스 공Prince of Wales의 신조를 받아들여 그 일을 해냈다. 다른 병자들의 이름과 주소를 모아 행복과 격려가 담긴 편지를 써서 그들과 자신을 격려했다. 병자를 대상으로 펜팔 클럽을 만들어 서로에게 편지를 쓰도록 하고, 나중에는 '거동불편인협회Shut-in Society'라는 전국적인 단체까지 조직했다. 그는 침대에 누워 지내면서도 해마다 평균 1400통이나 되는 편지를 썼고, 거동이 불편한 수천 명에게 라디오와 책을 전달해 기쁨을 줬다.

　루프 박사와 다른 많은 사람의 주된 차이는 무엇일까? 루프 박사는 목적의식과 사명감이 있는 사람의 내적 광휘로 빛났다. 그는 쇼가 말한 것처럼 "세상이 자신을 행복하게 해주지 않는다고 불평하는 이기적이고 옹졸한 질병과 불만의 덩어리"가 되지 않고, 자신보다 훨씬 고귀하고 중요한 이상에 쓰인다는 기쁨을 누렸다.

　다음은 훌륭한 정신의학자가 쓴 글 중에서 내가 읽은 가장 놀라운 글이다. 이 글을 쓴 아들러는 우울증에 시달리는 환자들에게 말했다. "이 처방을 따르면 14일 만에 우울증을 고칠 수 있습니다. 날마다 어떻게 하면 다른 사람을 기쁘게 할 수 있을지 생각하세요."

　이 말은 너무나 대단해서 아들러 박사가 쓴 《다시 일어서는 용기 What Life Should Mean to You》의 몇 페이지를 인용해 설명한다.

······················

우울증은 타인에 대한 오랜 분노와 책망에서 기인한다. 하지만 환자는 보살핌, 공감, 지원을 얻기 위해 자신의 죄책감에만 연연하는 것으로 보인다. 우울증 환자의 첫 기억은 일반적으로 이런 식이다. "소파에 눕고 싶었는데 형이 누워 있었어요. 그래서 형이 비켜줘야 할 만큼 아주 크게 울었어요."

　우울증 환자들은 흔히 자살을 통해 자신에게 복수하는 경향이 있다. 의사가 가장 먼저 해야 할 일은 자살할 핑계를 제공하지 않는 것이다. 나는 치료의 첫 번째 규칙으로 '싫어하는 일은 절대 하지 말 것'을 제안하여 전반적인 긴장을 완화하려 애쓴다. 이는 매우 미약한 조치처럼 보인다. 그러나 나는 이 조치가 전반적인 문제의 뿌리에 가닿는다고 믿는다. 우울증 환자가 무엇이든 자신이 좋아하는 일을 할 수 있다면, 누구를 탓할 수 있을까? 무엇 때문에 자신에게 복수해야 할까? 나는 그에게 말한다. "극장에 가고 싶거나 휴가를 떠나고 싶으면 그렇게 하세요. 도중에 가기 싫어지면 가지 마세요." 이는 누구나 원하는 상황이다. 우월성을 얻으려 애쓰는 마음에 만족을 안긴다. 마치 신과 같이 무엇이든 좋아하는 일을 할 수 있다. 한편, 이런 태도는 그의 생활 방식에 쉽게 들어맞지 않는다. 그는 다른 사람을 지배하고 비난하기를 원한다. 다른 사람이 그의 말에 동의하면 지배할 길이 없다. 이 규칙은 긴장을 완화하는 훌륭한 수단이다. 나의 환자 중에는 자살한 사람이 한 명도 없다.

일반적으로 환자는 "하지만 하고 싶은 게 없어요"라고 대꾸한다. 나는 이런 말을 하도 많이 들어서 대처법도 마련해두었다. 나는 "그러면 하기 싫은 일을 일체 하지 마세요"라고 말한다. 가끔 "그냥 종일 침대에 누워 있고 싶어요"라고 말하는 사람이 있다. 나는 그런 사람에게 그렇게 하라고 허락하면 더는 원하지 않는다는 걸 안다. 반대로 그렇게 하면 안 된다고 금지하면 전쟁이 벌어진다. 나는 항상 환자의 말에 동의한다.

이게 하나의 규칙이다. 다른 규칙은 그들의 생활 방식을 보다 직접적으로 공략한다. 나는 그들에게 말한다. "이 처방을 따르면 14일 만에 우울증을 고칠 수 있어요. 매일 어떻게 하면 다른 사람을 기쁘게 만들 수 있을지 생각하려고 노력해요." 그들이 이 말을 어떤 의미로 받아들이는지 보라. 그들은 '어떻게 하면 다른 사람을 걱정하게 만들 수 있을까'라는 생각에 골몰한다. 그들의 대답은 아주 흥미롭다. 어떤 사람은 "아주 쉬운 일이네요. 평생 해왔으니까요"라고 말한다. 사실 그들은 한 번도 그런 적이 없다. 나는 그들에게 다시 생각해보라고 말한다. 그들은 다시 생각해보지 않는다. 나는 그들에게 말한다. "잠이 오지 않으면 그 시간에 누군가를 기쁘게 해줄 방법을 생각할 수 있어요. 그러면 건강을 회복하는 데 큰 진전을 이룰 수 있을 겁니다." 다음 날 나는 그들에게 묻는다. "제가 제안한 대로 생각해보셨나요?" 그들의 대답은 하나같이 "어젯밤에는 눕자마자 바로 잠들었어요"다. 물론 이 방법을 쓸 때는 그들보다 우월하다는 기미를 보이는 일 없이 겸손하고 친근한 태도를 취해야 한다.

"못 하겠어요. 걱정이 너무 많아요"라고 말하는 사람도 있다. 나는 그들에게 말한다. "걱정이 들면 억지로 멈추지 마세요. 대신 가끔 다른 사람들을 생각해보세요." 나의 목적은 그들의 관심을 다른 사람들에게로 돌리는 것이다. 많은 환자는 "왜 제가 다른 사람들을 기쁘게 해줘야 하나요? 다른 사람들은 저를 기쁘게 해주지 않아요"라고 말한다. 나는 이렇게 대답한다. "당신의 건강을 생각해야 하니까요. 다른 사람들도 그러다가는 나중에 고통받을 겁니다." "선생님의 제안을 깊이 생각해봤어요"라고 말하는 환자는 극히 드물다. 나의 모든 노력은 환자의 사회적 관심을 높이는 데 할애된다. 나는 그들이 우울증에 걸린 진짜 이유가 협력의 결여라는 것을 안다. 그들도 그 사실을 깨닫기를 바란다. 환자들이 동등하고 협력적인 토대 위에서 다른 사람들과 교류하는 순간 우울증은 치료된다. 종교가 부여한 가장 중요한 과제는 언제나 "네 이웃을 사랑하라"였다. 다른 사람들에게 관심이 없는 사람은 삶에서 크나큰 어려움을 겪고, 다른 사람에게 크나큰 상처를 입힌다. 그들에게서 모든 인간적 병폐가 생겨난다. 우리가 인간으로서 다른 사람에게 요구하는 모든 것은 좋은 직장 동료, 다른 모든 사람의 친구, 사랑과 결혼에서 진정한 동반자가 되어야 한

데일 카네기 자기관리론

다는 것이다. 누군가가 그런 사람이라는 것은 우리가 할 수 있는 최고의 칭찬
이다.

....

아들러 박사는 매일 선행을 베풀라고 촉구한다. 무엇이 선행일까?
예언자 무함마드는 말했다. "선행은 다른 사람의 얼굴에 기쁨의 미
소가 떠오르게 만드는 것이다."

매일 베푸는 선행이 그토록 놀라운 효과를 낳는 까닭은 무엇일
까? 다른 사람을 기쁘게 하려고 노력하다 보면 자신에 대한 생각을
멈추게 되기 때문이다. 걱정과 두려움과 우울증을 초래하는 그 생각
말이다.

뉴욕 5번가 521번지에서 비서 학원을 운영하는 윌리엄 문William T.
Moon 부인은 우울증을 치료하기 위해 2주 동안 다른 사람을 기쁘게
만들 방법을 생각할 필요가 없었다. 그녀는 알프레트 아들러보다 훨
씬 뛰어났다. 그녀는 14일이 아니라 단 하루 만에, 고아 두 명을 기쁘
게 만들 방법을 생각해내 우울증을 물리쳤다. 그 과정은 다음과 같다.

....

저는 5년 전 12월에 슬픔과 자기 연민에 휩싸였어요. 오랫동안 행복한 결혼 생
활을 함께한 남편을 잃었거든요. 크리스마스 연휴가 다가오니 슬픔이 더 깊어
졌어요. 평생 혼자 크리스마스를 보낸 적이 없거든요. 크리스마스가 오는 게
두려웠어요. 친구들이 크리스마스를 함께 보내자고 초대했지만, 즐겁게 놀 기

분이 아니었어요. 어떤 파티에 가도 분위기를 망칠 게 뻔했으니까요. 그래서 친구들의 다정한 초대를 거절했어요. 크리스마스이브가 다가올수록 자기 연민에 휩싸였어요. 맞아요. 저는 많은 것에 감사해야 했어요. 우리 모두 감사해야 할 게 많으니까요. 크리스마스 전날 오후 3시에 퇴근해 5번가를 정처 없이 걸었어요. 무작정 걷다 보면 자기 연민과 우울한 기분이 사라지지 않을까 싶어서요. 거리는 즐겁고 행복한 사람으로 가득했어요. 그 풍경이 지나간 행복한 나날의 기억을 되살렸어요.

외롭게 텅 빈 아파트에 돌아갈 엄두가 나지 않았어요. 어찌할 바를 모르고, 뭘 해야 할지 알 수 없었어요. 눈물을 참을 수 없더라고요. 한 시간 넘게 정처 없이 걷다가 정신을 차려보니 버스 터미널 앞이었어요. 남편과 제가 자주 모험삼아 아무 버스나 탄 기억이 났어요. 그래서 가장 먼저 본 버스에 탔죠. 버스는 허드슨강을 지나 한참 달려갔어요. 그러다가 "손님, 종점입니다"라는 소리를 듣고 버스에서 내렸어요. 이름도 모르는 동네였어요. 조용하고, 평화롭고, 작은 곳이었죠. 집으로 가는 버스를 기다리다가 주택가를 걷기 시작했어요. 교회 앞을 지날 때 〈고요한 밤 거룩한 밤〉의 아름다운 선율이 들렸어요. 그 소리에 이끌려 교회로 들어갔어요. 교회에는 오르간 연주자 외에 아무도 없었어요. 눈에 띄지 않게 자리에 앉았어요. 화려한 크리스마스트리에 달린 조명 때문에 수많은 별이 달빛을 받아 춤추는 것 같았어요. 아침부터 아무것도 먹지 않은 데다, 길게 이어지는 선율을 들으니 나른했어요. 기운이 없고 마음이 무거워서 저도 모르게 잠이 들었나 봐요.

정신을 차렸을 때, 제가 어디에 있는지 알 수 없었어요. 너무나 무서웠어요. 문득 제 앞에 앉아 있는 두 아이가 보였어요. 크리스마스트리를 보러 온 모양이었어요. 여자아이가 저를 가리키며 "산타 할아버지가 이 아줌마를 데려온 거야?"라고 말했어요. 제가 갑자기 깨서 아이들도 놀란 눈치였어요. 저는 무서워하지 말라고 말했어요. 아이들은 허름한 옷을 입고 있었어요. 부모님은 어디에 계신지 물으니, "우리는 엄마랑 아빠가 없어요"라고 말했어요. 저보다 훨씬 나쁜 처지의 고아들이었죠. 그 아이들을 보니 슬픔과 자기 연민에 빠져 허우적거린 제가 부끄러웠어요. 저는 아이들에게 크리스마스트리를 보여주고, 가게에 데려가서 함께 간단한 음식을 먹었어요. 사탕과 선물도 사줬어요. 그러는 동안 제 외로움이 마법처럼 사라졌어요. 두 아이 덕분에 몇 달 만에 처음으로 자신을 잊고 진정한 행복을 느꼈어요.

아이들과 이야기하다 보니 제가 얼마나 운이 좋았는지 깨닫게 됐어요. 저는 어린 시절 부모님의 사랑과 애정으로 모든 크리스마스가 밝게 빛난 것에 하나님께 감사드렸어요. 두 아이는 제가 베푼 것보다 훨씬 많은 걸 줬어요. 그 경험은 자신이 행복하려면 다른 사람들을 행복하게 만들어야 한다는 사실을 다시금 알려줬어요. 저는 행복이 전염된다는 걸 깨달았어요. 우리는 베풂으로써 받아요. 저는 다른 사람을 돕고 사랑을 베풂으로써 걱정과 슬픔과 자기 연민을 이겨내고 새사람이 된 기분이었어요. 그때만이 아니라 그 후로 오랫동안 새사람으로 살고 있어요.

....

나는 자신을 잊고 건강과 행복을 얻은 사람들의 이야기로 책 한 권을 채울 수 있다. 미 해군에서 가장 인기 있는 마거릿 테일러 예이츠Margaret Tayler Yates의 예를 살펴보자.

예이츠 부인은 소설가지만 일본군이 진주만에서 우리 해군 함대를 공격한 운명적인 아침에 그녀에게 일어난 일은 자신이 쓴 추리소설보다 훨씬 흥미로웠다. 그녀는 24시간 중 22시간을 침대에 누워서 보냈다. 그녀에게 가장 긴 여정은 일광욕하기 위해 정원까지 걸어가는 것이었는데, 그때조차 하녀의 부축을 받아야 했다. 당시만 해도 평생 병자로 살 줄 알았다고 말했다.

....

일본군이 진주만을 공격해 나약하던 저를 흔들어 깨우지 않았다면 다시는 진정한 삶을 살지 못했을 거예요. 그 일이 터졌을 때, 모든 게 혼란과 혼돈에 휩싸였어요. 폭탄이 집 근처에 떨어진 충격으로 침대에서 떨어졌어요. 수송대 트럭이 히컴 비행장Hickam Field, 스코필드 병영Scofield Barracks, 카네오헤 만 공군 기지Kaneohe Bay Air Station로 급히 달려가 육군과 해군의 가족을 공립학교로 데려갔어요. 적십자는 군인 가족이 쓸 방이 있는 사람들에게 전화를 걸었어요. 적십자 요원들은 제 침대 옆에 전화기가 있다는 걸 알고, 제게 정보 교환소 역할을 해달라고 부탁했어요. 저는 육군과 해군의 가족이 어디에 있는지 수소문했어요. 적십자는 모든 군인에게 가족이 어디에 있는지 제게 전화해서 확인하라고 알렸죠.

저는 곧 남편 로버트 롤리 예이츠 사령관이 무사하다는 걸 알게 됐어요. 저는 남편의 생사를 모르는 아내들에게 용기를 주고, 남편을 잃은 미망인들을 위로하려고 노력했어요. 그 수가 적지 않았어요. 해군과 해병대 간부와 병사들이 2117명이나 죽었고, 실종자도 960명이나 됐어요.

처음에 저는 침대에 누워서 전화를 걸었어요. 그러다가 앉아서 전화를 받았죠. 나중에는 너무 바쁘고 흥분해서 모든 병세를 잊고 테이블에 앉았어요. 저보다 훨씬 나쁜 처지에 있는 사람들을 도우면서 저를 완전히 잊어버렸어요. 이후로는 매일 여덟 시간씩 잘 때가 아니면 침대에 눕지 않았어요. 일본군이 진주만을 폭격하지 않았다면 평생 반쯤 병자로 살았을 거예요. 침대에 누워 지내는 게 편했고, 항상 수발을 받았어요. 그때 제가 무의식적으로 재활 의지를 잃었다는 걸 이제는 알아요.

진주만공격은 미국 역사에서 가장 큰 비극이지만, 제게는 최고의 일이었어요. 그 끔찍한 위기가 미처 몰랐던 힘을 줬어요. 저 자신에서 다른 사람에게로 주의를 돌리게 했죠. 살아가는 데 필요한 거대하고, 필수적이고, 중요한 목적이 생겼어요. 더는 저 자신에 대해 생각하고 신경 쓸 시간이 없었어요.

....

정신과 의사에게 서둘러 도움을 받으러 오는 사람 중 3분의 1은 마거릿 예이츠처럼 하면 저절로 치료될 것이다. 즉 다른 사람을 돕는 일에 관심을 쏟으면 된다. 내 생각이 아니라 카를 융Carl Jung이 한 말이다. 그는 잘 알고 있다. "내 환자 중 약 3분의 1은 임상적으로 정의할 수 있는 신경증이 아니라 삶의 무의미성과 그에 대한 공허감에 시달린다." 다시 말해 그들은 인생을 무임승차하려고 하는데, 지나가는 차는 그들을 외면한다. 그래서 그들은 하찮고, 무의미하고, 쓸모없는 삶과 함께 서둘러 정신과 의사에게 달려간다. 배를 놓친 그들은 부두에 우두커니 서서 자신을 제외한 모두를 욕한다. 세상이 자신의 이기적인 욕구에 맞춰야 한다는 것이다.

당신은 지금 이렇게 생각할지 모른다. '이런 이야기는 그다지 인상적이지 않아. 나도 크리스마스이브에 만난 고아에게 관심을 줄 수 있어. 진주만에 있었다면 마거릿 테일러 예이츠가 한 일을 기꺼이 했을 거야. 하지만 내 상황은 달라. 나는 하루 여덟 시간씩 따분한 일을 하며 평범하고 단조로운 삶을 살아. 극적인 일은 일어나지 않는다고. 어떻게 다른 사람을 돕는 데 관심을 가질 수 있겠어? 왜 그래야 하지? 그렇게 해서 내가 얻을 수 있는 게 뭐야?'

타당한 의문이다. 이제 답해보겠다. 아무리 단조롭게 살아도 날마다 사람들을 만날 것이다. 당신은 그들에게 무슨 일을 하는가? 그저 바라보기만 하는가, 아니면 무엇이 그들의 마음을 움직이는지 알려고 노력하는가? 예를 들어 집배원은 어떤가? 그는 해마다 수백 킬로미터를 걸어 다니며 당신의 집까지 우편물을 배달한다. 그가 어디에 사는지 알아내거나, 그에게 가족사진을 보여달라고 요청한 적이 있는가? 다리가 아프지 않은지, 따분하지 않은지 물어본 적이 있는가?

식료품점 직원, 신문 판매원, 길모퉁이에서 구두를 닦는 사람은 어떤가? 그들도 사람으로서 고민과 꿈, 개인적 야심이 있다. 그들도 자기 이야기를 다른 사람과 나눌 기회를 고대한다. 그들에게 그런 기회를 준 적이 있는가? 그들과 그들의 삶에 진지하고 진정한 관심을 보인 적이 있는가? 그게 내가 말하는 일이다. 세상, 그러니까 당신만의 사적인 세상을 개선하는 데 도움이 되기 위해 나이팅게일이나 사회운동가가 될 필요는 없다. 당장 내일 아침부터 당신이 만나는 사람들에게 시작할 수 있다!

그래서 무엇을 얻느냐고? 훨씬 큰 행복을 얻을 수 있다! 더 큰 만족, 자긍심을 얻을 수 있다! 아리스토텔레스는 이런 태도를 '계몽된 이기심'이라 불렀다. 조로아스터는 "타인에게 좋은 일을 하는 것은 의무가 아니라 기쁨이다. 자신의 건강과 행복을 증진하기 때문이다"라고 말했다. 벤저민 프랭클린은 간단하게 "타인을 잘 대하는 것이 곧 자신을 최고로 잘 대하는 것"이라고 요약했다.

뉴욕에 있는 심리상담센터의 헨리 링크Henry Link 박사는 이렇게 썼다. "내 의견으로는 현대 심리학의 어떤 발견도 자기실현과 행복을 위해서는 자기희생이나 절제가 필요하다는 사실의 과학적 증명만큼 중요치 않다."

타인을 생각하는 일은 당신 자신에 대한 근심을 막아줄 뿐 아니라, 많은 친구를 만들고 즐거움을 누리는 데 도움을 준다. 어떻게 그럴까? 나는 예일대학교 윌리엄 라이언 펠프스William Lyon Phelps 교수에게 이 질문을 한 적이 있다. 그는 다음과 같이 대답했다.

....

저는 호텔이나 이발소, 가게에 갈 때마다 만나는 모든 사람에게 기분 좋은 말을 합니다. 그들을 단순한 기계의 부속품이 아니라 한 인격체로 대하는 말을 하려고 노력합니다. 때로는 가게의 여자 점원에게 눈이나 머리가 예쁘다고 말합니다. 이발사에게 종일 서 있으면 발이 아프지 않냐고 묻습니다. 어떻게 이발사가 됐는지, 얼마나 오래 일했고, 얼마나 많은 사람의 머리를 다듬어줬는지 묻습니다. 계산하는 것도 도와줍니다. 사람들에게 관심을 보이면 그들의 얼굴이 기쁨으로 밝게 빛납니다. 저는 짐가방을 들어준 짐꾼과 자주 악수합니다. 이런 행동은 그들에게 기운을 주고 종일 활기 넘치게 지내도록 도와줍니다.

무더운 어느 여름날, 뉴헤이븐철도 식당 칸으로 점심을 먹으러 갔습니다. 북적이는 식당 칸은 찜통 같았고, 승무원들의 행동은 굼떴습니다. 마침내 승무원이 제게 와서 메뉴를 건넸습니다. 저는 "오늘 같은 날 더운 주방에서 일하는 분들이 아주 힘들겠어요"라고 말했습니다. 그러자 승무원은 푸념하기 시작했습니다. 말투는 씁쓸했죠. 처음에는 그가 화난 줄 알았습니다. "말도 마세요. 사람들은 음식에 대해 불평하죠. 서비스가 느리다고 떽떽거리고 더위와 가격에 대해 투덜대죠. 그런 비난을 19년이나 들었어요. 더운 주방에서 일하는 요리사를 동정하는 말을 한 분은 손님이 처음이에요. 손님 같은 분이 더 많으면 정말 좋겠어요."

승무원이 놀란 이유는 제가 유색인종 요리사를 거대한 철도 회사 조직의 부속품이 아니라 인간으로 생각했기 때문입니다. 사람들이 원하는 건 작은 인간적 관심입니다. 저는 거리에서 예쁜 개를 데리고 다니는 사람을 보면 항상 개가 예쁘다고 말합니다. 그러고 나서 슬쩍 돌아보면 그 사람이 개를 사랑스럽게 쓰다듬는 경우가 많아요. 제가 개의 미모를 알아보니 새삼 주인도 알아본 거죠.

한번은 영국에서 양치기를 만났어요. 덩치가 크고 똑똑한 양치기 개에 진심으로 감탄해서, 이렇게 훈련했는지 물었습니다. 자리를 떠나며 슬쩍 돌아보니 개가 양치기 어깨에 앞발을 올린 채 섰고, 양치기는 그 개를 쓰다듬고 있었습니다. 저는 양치기와 그의 개에 약간 관심을 보여서 그들을 행복하게 만들었고. 저도 행복해졌습니다.

....

짐꾼과 악수하고, 더운 주방에서 일하는 요리사에게 동정심을 표현하고, 개가 사랑스럽다고 주인에게 말하는 사람을 그려보라. 그런 사람이 토라지고, 걱정하고, 정신과 의사의 도움을 받는 모습을 상상할 수 있겠는가? 당연히 그럴 수 없을 것이다. 중국에 이런 속담이 있다. '장미를 건네는 손에는 항상 향기가 남는다.'

윌리엄 펠프스에게는 이 사실을 말해줄 필요가 없다. 이미 알고, 그렇게 살아왔으니까.

당신이 남성이라면 다음 문단을 건너뛰어라. 별로 흥미가 없을 것이다. 걱정 많고 불행하던 여성이 여러 남성의 프러포즈를 받게 된 이야기다. 그녀는 이제 할머니가 됐다. 몇 년 전, 나는 그녀와 남편이 사는 집에서 하룻밤 묵었다. 그 도시에서 강연을 마친 뒤였다. 그녀는 다음 날 아침, 내가 뉴욕 센트럴역으로 가는 주선主線 열차를 탈 수 있도록 80킬로미터나 되는 거리를 차로 데려다줬다. 우리는 친구를 만드는 일에 관해 이야기했다. 그녀가 말했다. "카네기 씨, 지금까지 아무한테도 털어놓지 않은 이야기를 들려줄게요. 남편한테도 말한 적이 없어요." (참고로 생각만큼 흥미롭진 않을 수 있다.)

....

우리 가족은 필라델피아의 사교계 리스트에 올라가 있었어요. 제가 소녀일 때와 젊은 시절에 겪은 비극은 우리 집이 가난하다는 것이었어요. 같이 어울리는 다른 아이들처럼 호사를 누릴 수 없었죠. 좋은 옷을 입은 적이 한 번도 없었어요. 키가 자라서 옷이 몸에 맞지 않고, 유행이 지난 경우가 흔했어요. 너무 창피하고 부끄러워서 울다가 잠든 적이 많아요. 절박한 나머지, 디너파티에서 만난 파트너에게 그의 경험과 미래에 대한 계획을 들려달라고 하는 묘안을 떠올렸어요. 딱히 궁금해서 이런 질문을 한 게 아니라, 후줄근한 제 옷에 눈길이 가지 않게 만들려고요. 그런데 이상한 일이 일어났어요. 파트너의 이야기를 듣고 그들에 대해 더 많이 알게 되니 정말로 흥미가 생기더라고요. 저 자신도 때로 옷에 관한 생각을 잊어버릴 정도였죠. 놀라운 점은 이거예요. 저는 파트너들에게 자기 이야기를 하도록 권하고 귀 기울였을 뿐인데, 그게 그들에게 행복을 줬어요. 덕분에 저는 우리 모임에서 가장 인기 있는 여자가 됐고, 세 남자가 제게 청혼했어요.

··················

여성들이여, 이게 그녀의 비결이다. 이 장을 읽는 어떤 사람들은 말할 것이다. "다른 사람에게 관심을 가지라는 건 전부 헛소리야! 순전히 종교적인 수작이라고! 나한테는 안 통해! 나는 내 이익을 챙길 거야. 가질 수 있는 모든 걸 지금 움켜쥘 거야. 다른 멍청이들이 어떻게 되든 알 게 뭐야!"

당신은 이렇게 생각할 자유가 있다. 하지만 당신의 생각이 옳다면 예수, 공자, 석가모니, 플라톤, 아리스토텔레스, 소크라테스, 성 프란치스코 등 유사 이래 모든 위대한 철학자와 스승은 모두 틀린 것이다. 당신이 종교 지도자의 가르침을 무시하니, 무신론자의 조언을 들어보자. 먼저 소개할 사람은 당대 두드러졌던 학자인 앨프리드 하우스먼Alfred Edward Housman 교수다. 그는 1936년 케임브리지대학교에서 '시의 제목과 속성'이라는 강연 시간에 말했다. "시대를 통틀어 가장 위대한 진리이자 가장 심오한 도덕적 발견은 다음과 같은 예수의 말입니다. '자기 목숨을 얻는 자는 잃을 것이요 나를 위하여 자기 목숨을 잃는 자는 얻으리라.'(〈마태복음〉10장 39절)"

우리는 지금까지 목사들이 이 말을 하는 것을 숱하게 들었다. 하지만 하우스먼은 무신론자이며 비관론자에, 자살을 고민하던 사람이다. 그런데도 자신만 생각하는 사람은 삶에서 많은 걸 얻지 못하고 비참할 것이며, 자신을 잊고 타인을 위하는 사람은 삶의 기쁨을 누릴 것이라 믿었다.

하우스먼의 말이 인상적이지 않다면 20세기 미국의 가장 유명한 무신론자 시어도어 드라이저Theodore Dreiser의 조언을 들어보자. 드라이저는 모든 종교를 동화라 조롱했으며, 삶을 "아무 의미도 없이 음향과 분노로 가득한 백치의 이야기"라 여겼다. 그런데도 그는 예수가 가르친 위대한 원칙, 타인을 위하라는 원칙을 지지했다. "삶에서 어떤 기쁨이라도 얻고자 하는 사람은 자신만이 아니라 타인을 위해 상황을 개선하려고 생각하고 계획해야 한다. 우리의 기쁨은 타인에게서 얻는 우리의 기쁨과 우리에게서 얻는 타인의 기쁨에 좌우되기 때문이다."

드라이저가 조언한 대로 타인을 위해 상황을 개선하려면 서둘러야 한다. 지금도 시간이 흐르고 있다. "이 길을 한 번만 지날 테니 할 수 있는 모든 선행을 지금 하고, 다른 사람에게 보일 수 있는 모든 친절을 지금 보여라. 미루거나 게을리하지 마라. 다시는 이 길을 지나지 못할 테니."

걱정을 없애고 평화와 행복을 안겨줄 마음가짐을 기르고 싶다면 다음을 따르라.

원칙 7

타인에게 관심을 가짐으로써 자신을 잊어라.
매일 다른 사람의 얼굴에 웃음을 줄 선행을 베풀어라.

평화와 행복을 안겨줄 7가지 방법

*평화, 용기, 건강, 희망에 대한 생각으로 마음을 채우자. "우리 삶은 우리의 생각이 만드는 것"이기 때문이다.

*절대 원수에게 앙갚음하려 들지 마라. 그랬다가는 그들보다 스스로에게 더 큰 타격을 주게 된다. 아이젠하워 장군이 그랬던 것처럼 싫어하는 사람을 생각하느라 절대 1분도 낭비하지 말자.

*감사에 관한 다음의 원칙들을 기억하라.

> 첫째, 감사할 줄 모를까 걱정하지 말고 그럴 거라고 받아들여라. 예수는 하루에 나병 환자 열 명을 고쳤지만, 그중에 감사하다는 말을 한 사람은 한 명뿐이라는 사실을 기억하자. 우리가 예수보다 많은 감사를 기대할 이유가 있을까?

> 둘째, 행복을 찾는 유일한 길은 감사를 기대하지 말고 베푸는 기쁨을 위해 베푸는 것임을 기억하자.

> 셋째, 감사하는 마음은 '계발되는' 것임을 기억하자. 자녀가 감사할 줄 알기를 바란다면 그렇게 가르쳐야 한다.

*고난이 아니라 축복을 헤아려라!

*다른 사람을 모방하지 말자. 자신을 찾고 자기다워지자. "시기심은 곧 무지이며, 모방은 곧 자살"이기 때문이다.

*운명이 레몬을 건네면 레모네이드를 만들려고 노력하자.

*타인에게 관심을 가짐으로써 자신을 잊어라. 매일 다른 사람의 얼굴에 웃음을 줄 선행을 베풀어라. "타인을 잘 대하는 것이 곧 자신을 최고로 잘 대하는 것"이다.

PART 5

걱정을 물리치는
황금률

THE GOLDEN RULE FOR
CONQUERING WORRY

01
부모님이 걱정을 물리친 방법

앞서 말한 대로 나는 미주리주의 농장에서 태어나고 자랐다. 당시 대다수 농민처럼 부모님은 아주 힘들게 살았다. 어머니는 시골 교사였고, 아버지는 한 달에 12달러를 받는 농장 일꾼이었다. 어머니는 내 옷뿐 아니라 빨래할 비누까지 만들었다.

1년에 한 번 돼지를 팔 때가 아니면 집에 돈이 거의 없었다. 우리는 식료품점에 버터와 달걀을 가져가서 밀가루, 설탕, 커피와 바꾸곤 했다. 열두 살 때, 1년 용돈이 50센트가 되지 않았다. 독립기념일 행사에 갔는데 아버지가 마음껏 쓰라며 10센트를 준 게 지금도 기억난다. 부자가 된 기분이었다.

나는 1.6킬로미터를 걸어서 교실이 하나밖에 없는 시골 학교에 다녔다. 눈이 잔뜩 쌓이고 기온이 영하 28도일 때도 학교에 갔다. 열네 살까지 고무신이나 덧신을 신어본 적이 없었다. 길고 추운 겨우내 발이 항상 젖었고, 시렸다. 어린 시절에는 겨울에 발이 마르고 따뜻한 사람은 아무도 없다고 생각했다.

부모님은 하루 16시간씩 일했지만, 우리 가족은 항상 빚에 쪼들리고 불운에 시달렸다. 아주 어린 시절에 홍수로 102번강이 범람해 우리 옥수수밭과 건초밭이 망가진 광경을 바라본 기억이 난다. 7년 중 6년 농사를 홍수로 망쳤다. 해마다 돼지가 콜레라로 죽어서 돼지 사체를 태웠다. 지금도 눈을 감으면 돼지가 타는 악취가 나는 것 같다.

어느 해 홍수가 나지 않았고, 옥수수가 풍년이었다. 우리는 가축을 사서 옥수수를 먹였다. 하지만 그해 홍수로 옥수수밭이 잠기지 않았어도 별다를 게 없었다. 시카고 시장에서 가축값이 떨어졌기 때문이다. 기껏 사료를 먹이고 살을 찌워놨는데, 살 때보다 30달러밖에 더 받지 못했다. 1년 동안 일한 대가가 고작 30달러라니!

무슨 일을 해도 손해를 봤다. 아버지가 산 새끼 노새가 지금도 기억난다. 우리는 3년 동안 노새를 먹이고, 사람을 고용해서 길들인 다음, 테네시주 멤피스까지 실어 갔다. 그리고 3년 전에 치른 값보다 싸게 팔았다.

10년 동안 부지런히, 힘들게 일했는데도 우리는 빈털터리에 빚까지 졌다. 농장은 담보로 잡힌 상태였다. 아무리 열심히 노력해도 대출이자조차 갚기 힘들었다. 은행은 아버지를 괴롭히고 모욕하면서 농장을 압류하겠다고 위협했다. 아버지는 마흔일곱 살이었고, 30년 넘게 열심히 일한 결과 남은 건 빚과 모멸감뿐이었다. 감당하기에 벅찬 현실이었다. 아버지는 근심에 빠졌다. 건강이 나빠졌고, 식욕을 잃었다. 종일 농장에서 힘들게 일해도 약을 먹어야 식욕이 났다. 체중이 빠지기 시작했고, 의사는 어머니에게 아버지가 6개월을 넘기지 못할 거라고 말했다. 아버지는 너무나 근심한 나머지 살아갈 의욕을 잃었다. 나는 어머니에게 아버지가 말을 먹이고 소젖을 짜기 위해 축사로 갔다가 오래 있으면 행여 목이라도 매지 않았나 불안해하며 축사로 가보곤 했다는 이야기를 자주 들었다. 어느 날, 아버지는 은행원에게 농장을 압류하겠다는 위협을 받고 메리빌에서 돌아오는 길에 102번강을 가로지르는 다리에 마차를 세웠다. 그리고 밖으로 나와 강물을 내려다보며 다리에서 뛰어내려 모든 걸 끝내야 할지 한참 고민했다.

몇 년 뒤 아버지는 그때 강에 뛰어들지 않은 이유는 하나님을 사랑하고 계명을 지키면 모든 일이 잘 풀릴 거라는 어머니의 깊고 변함없고 기쁨을 안기는 믿음 때문이라고 말했다. 어머니의 믿음이 옳았다. 결국에는 모든 일이 잘 풀렸다. 아버지는 행복하게 42년을 더 살다가 89세가 되던 1941년에 돌아가셨다.

어머니는 그토록 오래 고생과 두통에 시달리면서도 절대 걱정하지 않았다. 어머니는 기도로 모든 고난을 하나님에게 맡기고, 매일 밤 잠자리에 들기 전에 성경을 읽었다. 어머니나 아버지는 위안을 주는 말씀을 자주 읽었다. "내 아버지 집에 거할 곳이 많도다. (중략) 가서 너희를 위하여 거처를 예비하면 나 있는 곳에 너희도 있게 하리라."(《요한복음》 14장 2~3절)

윌리엄 제임스는 하버드대학교 철학 교수 시절에 "걱정에 대한 최고의 치료제는 종교적 믿음이다"라고 말했다. 하버드에 다니지 않아도 이 사실을 알 수 있다. 내 어머니는 미주리 농장에서 스스로 알아 냈다. 홍수도, 빚도, 재난도 어머니의 행복하고, 환하고, 당당한 정신을 억누르지 못했다. 어머니가 일하는 동안 부르던 노랫소리가 지금도 들리는 듯하다.

> 평화. 평화. 아름다운 평화.
>
> 하늘에 계신 아버지로부터 흘러나오네.
>
> 한없는 사랑의 물결 속에
>
> 내 영혼을 영원토록 덮어주소서.

어머니는 내가 평생을 종교에 바치기를 바랐다. 나는 선교사가 되는 것을 진지하게 고민하다가 대학에 갔고, 시간이 지나면서 점차 생각이 바뀌었다. 나는 생물학, 과학, 철학, 비교종교학을 공부했다. 성서가 어떻게 쓰였는지에 관한 책을 읽고, 성서의 많은 주장에 의문을 품었다. 당시 시골 목사들이 가르치던 편협한 교리를 의심하기 시작했다. 혼란스러웠다. 월트 휘트먼처럼 "호기심에 가득한 갑작스러운 의문이 내 안에서 꿈틀거렸다." 무엇을 믿어야 할지 몰랐다. 삶의 목적이 보이지 않았다. 나는 기도를 멈추고 불가지론자가 됐다.

모든 삶이 계획할 수 없고 목적이 없다고 믿었다. 인간은 2억 년 전 이 땅에서 어슬렁거리던 공룡만큼이나 신성한 목적이 없다고 믿었다. 인류는 언젠가 공룡처럼 멸망할 것이라고 생각했다. 과학이 가르쳐준 바에 따르면 태양이 서서히 식어가고 있으며, 그 온도가

10퍼센트만 낮아져도 지구상에 어떤 생명체도 존재할 수 없다. 나는 자신의 형상대로 인간을 창조한 자비로운 하나님이라는 개념을 비웃었다. 어둡고 차갑고 생명이 없는 공간을 떠도는 수많은 별이 맹목적인 힘으로 창조됐다고 믿었다. 어쩌면 아예 창조되지 않았을지 몰랐다. 시간과 공간이 항상 존재한 것처럼 영원히 존재한 것인지도 몰랐다.

이제는 내가 이 모든 질문에 대한 답을 안다는 말이 아니다. 아무도 우주의 신비, 생명의 신비를 설명하지 못했다. 우리는 수수께끼에 둘러싸여 있다. 인체의 기능도 심오한 수수께끼다. 집에서 쓰는 전기도, 벽 틈에 피어난 꽃도, 창밖의 녹색 풀도 마찬가지다. 제너럴모터스연구소를 이끄는 천재 찰스 케터링은 풀이 왜 녹색인지 알아내려고 안티오크대학Antioch College에 자비로 3만 달러를 매해 기부해왔다. 그는 풀이 햇빛, 물, 이산화탄소를 당분으로 바꾸는 방법을 알아내면 문명을 바꿀 수 있다고 주장한다.

심지어 우리가 모는 자동차 엔진이 작동하는 방식도 심오한 수수께끼다. 제너럴모터스연구소는 수년 동안 수백만 달러를 들여 실린더에 일으킨 스파크가 자동차를 움직이는 폭발력을 만드는 방식과 원인을 알아내려고 노력한다. 그들은 아직 그 답을 모른다.

우리 몸이나 전기, 가스엔진의 수수께끼를 이해하지 못한다고 해서 이것을 이용하거나 누리지 못하는 것은 아니다. 나는 기도와 종교의 수수께끼를 이해하지 못한다. 그렇다고 종교가 주는 풍요롭고 행복한 삶을 누리지 못하는 것은 아니다. 마침내 나는 철학자 산타야나

George Santayana의 말에 담긴 지혜를 깨달았다. "인간은 삶을 이해하도록 만들어진 것이 아니라 살도록 만들어졌다."

나는 돌아갔다. 종교로 돌아갔다고 말하려 했지만 그건 정확하지 않다. 나는 종교의 새로운 개념으로 나아갔다. 교단을 나누는 교리의 차이에는 아무 관심이 없지만, 종교가 내게 해줄 수 있는 것에는 엄청난 관심이 있다. 전기와 좋은 음식과 물이 내게 해줄 수 있는 것에 관심이 있는 것처럼 말이다. 그것은 더 풍요롭고, 충만하고, 행복하게 살도록 도와준다. 종교는 그보다 훨씬 많은 일을 한다. 종교는 영적 가치를 준다. 윌리엄 제임스가 말한 "삶, … 더 많은 삶, 더 크고, 풍요롭고, 만족스러운 삶에 대한 새로운 열정"을 내게 준다. 믿음과 희망, 용기를 주고, 긴장과 불안, 두려움, 걱정을 없애게 도와준다. 삶의 목적과 방향을 제시한다. 나의 행복을 더하고 넘치는 건강을 준다. 나 자신을 위해 "삶이라는 모래 폭풍 속에서 평화의 오아시스"를 만들도록 도와준다.

350년 전에 프랜시스 베이컨Francis Bacon이 한 말은 옳다.

"얕은 철학은 인간의 정신을 무신론으로 이끈다. 그러나 깊은 철학은 인간의 정신을 종교로 이끈다."

사람들이 종교와 과학의 갈등에 관해 이야기하던 시절이 기억난다. 지금은 그런 갈등이 없다. 최신 과학인 정신의학은 예수가 가르친 것을 가르치고 있다. 왜 그럴까? 정신의학자들이 기도와 독실한 신앙이 모든 질병의 절반 이상을 초래하는 걱정, 불안, 긴장, 두려움을 없애준다는 사실을 깨달았기 때문이다. 에이브러햄 브릴Abraham

A. Brill 박사는 "진정으로 종교적인 사람은 신경증에 걸리지 않는다"고 말했다. 종교가 참되지 않다면 삶은 무의미하다. 그것은 비극적인 소극笑劇이다.

나는 헨리 포드가 사망하기 몇 년 전에 그와 인터뷰했다. 그를 만나러 가기 전, 세계적인 기업을 만들고 오랜 세월 운영한 사람의 피로가 드러나리라 생각했다. 그래서 78세인 그의 차분하고, 건강하고, 평화로운 모습에 놀랐다. 그는 걱정에 시달린 적이 있느냐는 질문에 이렇게 답했다. "없어요. 하나님이 세상만사를 주관하시며, 그분은 제 조언이 필요하지 않다고 믿습니다. 하나님이 주관하시는 가운데 모든 일이 최선의 결과로 이어질 거라고 믿고요. 그러니 걱정할 이유가 뭐가 있어요?"

지금은 정신의학자도 현대의 전도사가 돼가고 있다. 그들은 내세에 지옥의 불길을 피하려면 종교적인 삶을 살라고 재촉하지 않는다. 현세에 위궤양, 협심증, 신경쇠약, 정신이상 같은 지옥의 불길을 피하려면 종교적인 삶을 살라고 촉구한다. 요즘 심리학자와 정신의학자가 무엇을 가르치는지 알고 싶다면 헨리 링크 박사가 쓴《종교로의 귀의The Return to Religion》를 읽어라. 아마 공립 도서관에서 찾을 수 있을 것이다.

기독교 신앙은 영감과 건강을 준다. 예수는 "내가 온 것은 양으로 생명을 얻게 하고 더 풍성히 얻게 하려는 것이라"(《요한복음》 10장 10절)라고 말했다. 그는 당대에 종교로 간주하던 건조한 형식과 죽은 의식을 비난하고 공격했다. 그는 반역자였다. 그는 새로운 종교, 세상을 뒤흔들 종교를 설파했다. 그래서 십자가에 달렸다. 그는 인간이 종교를 위해 존재하는 게 아니라 종교가 인간을 위해 존재해야 하며, 안식일을 위해 인간이 존재하는 게 아니라 안식일이 인간을 위해 존재해야 한다고 설파했다. 그는 죄악보다 두려움에 관해 많이 말했다. 잘못된 두려움은 죄악이다. 건강을 해치는 죄악, 예수가 주장한 더 풍요롭고, 충만하고, 행복하고, 용기 있는 삶에 맞서는 죄악이다. 에머슨은 자신을 '기쁨학 교수'라 칭했다. 예수 역시 '기쁨학' 스승이다. 그는 제자들에게 "그날에 기뻐하고 뛰놀라"(〈누가복음〉 6장 23절)고 명령했다.

예수는 신앙에서 중요한 두 가지가 있다고 했다. 하나는 마음을 다해 하나님을 사랑하는 것이고, 다른 하나는 이웃을 내 몸처럼 사랑하는 것이다. 이를 실천하는 사람은 자신이 알든 모르든 종교적인 사람이다. 예컨대 오클라호마주 털사에 사는 장인어른 헨리 프라이스는 황금률에 따라 살려고 노력한다. 비열하거나, 이기적이거나, 정직하지 않은 일은 못 한다. 그는 교회에 다니지 않으며, 자신을 불가지론자라 여긴다. 말도 안 된다! 한 사람을 기독교도로 만드는 것은 무엇일까? 존 베일리John Baillie의 말로 그 답을 대신한다. 그는 에든버러대학교University of Edinburgh에서 신학을 가르친 가장 유명한 교수일 것이다. "한 사람을 기독교도로 만드는 것은 특정한 사상을 지적으로 수용하는 것이나 특정한 규율을 준수하는 것이 아니라 특정한 영혼을 소유하는 것 그리고 특정한 삶에 참여하는 것이다." 이것이 한 사람을 기독교인으로 만든다면 내 장인어른은 고귀한 기독교인이다.

'현대 심리학의 아버지' 윌리엄 제임스는 친구 토머스 데이비슨 Thomas Davidson 교수에게 쓴 편지에서 날이 갈수록 "하나님 없이 살아갈 수 없다"고 말했다.

나는 앞서 '걱정을 정복하는 법'에 관한 이야기 두 편이 우열을 가리기 힘들어 두 사람에게 상금을 나눠줬다고 했다. 그중 두 번째 이야기를 지금 하려 한다. 이야기의 주인공은 메리 쿠시먼이라는 가명으로 부르겠다. 그녀의 자녀와 손주들이 책에 실린 내용을 보고 당황할 수도 있어서 실명을 밝히지 않기로 동의했다. 물론 이 여성은 실제 인물이다. 몇 달 전, 그녀는 내 책상 옆 안락의자에 앉아 자신의 이야기를 들려줬다.

....

대공황 때 남편의 평균 급여는 주당 18달러였어요. 남편이 아프면 급여가 나오지 않아. 그마저 못 버는 때가 많았죠. 남편은 자주 아팠어요. 연이어 작은 사고를 당했고, 볼거리와 성홍열을 앓았으며, 독감도 여러 번 걸렸어요. 결국 우리 손으로 지은 작은 집을 잃고 말았죠. 식료품점에 50달러를 빚졌고, 다섯 아이를 먹여 살려야 했어요. 저는 이웃에게 빨래와 다림질 일감을 받았고, 구세군 매장에서 헌 옷을 사다가 수선해서 아이들에게 입혔어요. 나는 살아갈 걱정에 병이 날 정도였죠.

어느 날 열한 살 난 아들이 우리가 50달러를 빚진 식료품점 주인에게 연필 도둑으로 몰렸어요. 아들은 울며 그 이야기를 했어요. 정직하고 예민한 아이가 다른 사람들 앞에서 그런 일을 당했으니 얼마나 창피했을지 알 것 같았죠. 그게 결정타였어요. 저는 우리가 견딘 모든 고통을 생각했어요. 미래에 대한 희망이 전혀 보이지 않았어요. 아마 걱정 때문에 잠깐 정신이 나갔나 봐요. 저는 세탁기를 끄고, 다섯 살 난 딸을 데리고 침실로 가서 창문과 틈새를 종이와 걸레로 막았어요. 딸이 물었어요. "엄마, 뭐 해?" 저는 "바람이 들어와서 막는 거야"라고 하곤, 침실에 있던 가스히터를 켜고 불은 붙이지 않았어요. 같이 침대에 누워 있던 딸이 말했어요. "엄마, 이상해. 조금 전에 일어났잖아!" 저는 "괜찮아, 잠깐 낮잠 자는 거야"라고 했어요. 눈을 감고 히터에서 가스가 새는 소리를 들었어요. 그 냄새는 절대 잊지 못할 거예요.

그때 갑자기 음악 소리가 들렸어요. 주방에 있는 라디오를 끄지 않은 모양이더라고요. 아무 의미 없는 일이었죠. 음악 소리가 계속 들렸어요. 누군가 부르는 오랜 찬송가였어요.

예수님은 얼마나 좋은 친구이신지.
우리의 모든 죄악과 근심을 떠안아주시네.
모든 것을 기도로 하나님께 맡기는 게
얼마나 크나큰 특권인지.
우리가 얼마나 자주 마음의 평온을 잃는지,
얼마나 많이 쓸데없는 고통에 시달리는지.
기도로 모든 것을 하나님께 맡기면 될 것을!

찬송가를 듣다가 제가 얼마나 끔찍한 짓을 저질렀는지 깨달았어요. 저는 모든 끔찍한 싸움을 홀로 감당하려고 했어요. 모든 걸 기도로 하나님께 맡기지 않았어요. 저는 벌떡 일어나 가스를 끄고, 문을 열고, 창문을 올렸어요.

그날 내내 울며 기도했어요. 도와달라고 기도한 게 아니라, 하나님이 주신 축복에 진심으로 감사드렸어요. 제게는 훌륭한 다섯 아이가 있었어요. 모두 건강하고, 착하고, 심신이 튼튼했죠. 저는 하나님께 다시는 감사할 줄 모르는 모습을 보이지 않겠다고 약속했어요. 지금까지 그 약속을 지켰고요.

우리는 집을 잃은 뒤 월세가 5달러인 작은 시골 학교 사택으로 이사했어요. 그래도 하나님께 감사드렸어요. 비바람을 피하고 온기를 줄 지붕이 있으니까요. 사정이 더 나쁘지 않은 데 진심으로 감사드렸어요. 하나님이 제 기도를 들으신 게 분명해요. 시간이 지나면서 사정이 나아졌거든요. 하루아침에 그렇게 된 건 아니고, 경기가 나아지면서 버는 돈이 조금 늘어났어요. 규모가 큰 컨트리클럽에서 의류 보관실 직원으로 일했고, 부업으로 스타킹을 팔았어요. 아들 하나는 대학 학비를 벌려고 농장에서 밤낮으로 젖소 열세 마리의 젖을 짰어요. 아이들은 이제 다 커서 결혼했어요. 예쁜 손주도 세 명이나 있어요. 가스히터를 켜고 누운 그 끔찍한 날을 돌아보면 제때 '깨워주신' 것에 하나님께 거듭 감사드려요. 그 어리석은 짓을 그만두지 않았다면 얼마나 많은 기쁨을 놓쳤을까요! 얼마나 많은 멋진 시간을 잃었을까요! 이제는 누가 살기 싫다고 말하면 "그러지 말아요! 제발!"이라고 외치고 싶어요. 우리가 겪는 암울한 순간은 잠깐에 불과해요. 그다음에는 미래가 찾아오죠.

······················

미국에서 평균적으로 35분에 한 명씩 자살하고, 120초마다 한 명씩 정신 질환에 걸린다. 종교와 기도에서 찾는 위안과 평화를 얻었다면 대부분의 자살이나 수많은 정신 질환의 비극은 예방할 수 있었을 것이다. 현존하는 유명 정신의학자 카를 융 박사는 《영혼을 찾는 현대인Modern Man in Search of a Soul》에서 이렇게 말한다.

....

지난 30년 동안 세상의 모든 문명국에 사는 사람들이 내게 도움을 구했다. 나는 수백 명의 환자를 치료했다. 삶의 후반부에 속한 모든 환자, 즉 35세 이상의 환자 중 궁극적으로 삶에 대한 종교적 관점을 찾는 문제와 무관한 사람은 한 명도 없었다. 모든 시대의 종교가 추종자들에게 주는 것을 잃었기 때문에 모두 병에 걸렸다. 종교적 관점을 되찾지 못한 채 진정으로 치유된 사람은 없다 해도 무방하다.

....

이 말은 너무나 중요해서 거듭 강조해도 지나치지 않다.

윌리엄 제임스도 비슷한 말을 했다. "믿음은 사람을 살게 하는 힘 중 하나이며, 그 힘을 완전히 잃으면 무너진다." 석가모니 이후 가장 위대한 인도의 리더 간디도 자신을 떠받치는 기도의 힘으로 기운을 얻지 않았다면 무너졌을 것이다. 간디는 "기도가 아니라면 오래전에 광인이 됐을 것"이라고 썼다.

수많은 사람이 비슷한 증언을 할 수 있다. 아버지도 그중 하나다. 앞서 말한 대로 아버지는 어머니의 기도와 믿음이 아니었다면 물에 빠져 죽었을 것이다. 지금 정신병원에서 울부짖는 수많은 상처받은 영혼도 홀로 삶의 전투를 치르려 하지 않고 고귀한 힘에 의지했으면 구원받았을 것이다.

우리는 괴로워하다가 한계까지 몰린 뒤에야 절박하게 하나님에게 귀의한다. "참호에는 무신론자가 없다"는 말이 있다. 왜 절박해질 때까지 기다리는가? 왜 매일 새로운 기운을 얻지 않는가? 왜 일요일까지 기다리는가? 나는 오랫동안 평일 오후에 습관적으로 텅 빈 교회에 들렀다. 너무 조급해하고 서둘러서 몇 분이라도 영적인 문제를 생각하지 못한다고 느낄 때면 나 자신에게 이렇게 말한다. "잠깐, 데일 카네기. 왜 이렇게 정신없이 서두르는 거야? 잠시 멈춰서 상황을 살펴." 그럴 땐 처음 마주치는 교회에 들어간다. 나는 개신교도지만 평일 오후에 5번가에 있는 성패트릭성당에 자주 들른다. 그곳에서 '나는 30년 안에 죽겠지만 모든 교회가 가르치는 위대한 영적 진리는 영원하다'는 사실을 상기한다. 눈을 감고 기도하면 마음이 차분해지고, 몸이 가벼워지며, 머리가 맑아지고, 가치관을 재정립하는 데 도움이 된다. 한번 해볼 만하다.

이 책을 쓴 지난 6년 동안 사람들이 기도를 통해 두려움과 걱정을 물리친 수많은 사례를 수집했다. 내 서류함이 그런 사례로 넘칠 지경이다. 전형적인 예로 낙심한 출판 영업자 존 앤서니의 이야기를 살펴보자. 그는 현재 텍사스주 휴스턴의 험블 빌딩에 사무실을 열고 변호사로 활동하고 있다.

．．．．．．．．．．．．．．．．．．

22년 전, 저는 개인 법률 사무실을 닫고 법률 서적 출판사의 주써 영업 대리인이 됐습니다. 저는 잠재 고객에게 전화를 걸기 전에 변호사로서 평가, 법무 활동의 성격, 정치적 입장과 취미를 숙지했습니다. 잠재 고객과 이야기할 때 그 정보를 능숙하게 활용했죠. 그런데 문제가 있었습니다. 도무지 주문을 받을 수가 없었습니다!

저는 낙심했습니다. 시간이 지날수록 두세 배 노력했지만, 비용을 충당할 만한 매출을 올릴 수 없었습니다. 두려움과 공포가 커졌습니다. 사람들에게 전화를 걸기가 두려웠습니다. 잠재 고객의 사무실에 들어가려다가도 공포심이 너무 커서 복도를 서성거리거나, 건물 밖으로 나가 주변을 맴돌곤 했습니다. 귀중한 시간을 흘려보내고 사무실 문을 부술 만큼 용기를 얻었다고 믿었다가도, 떨리는 손으로 손잡이를 힘없이 돌렸습니다. 차라리 잠재 고객이 사무실에 없기를 바라면서 말이죠!

영업 책임자는 주문을 더 많이 받지 못하면 일을 중단시키겠다고 위협했습니다. 아내는 자신과 세 아이가 먹고살 식비라도 벌어 오라고 간청했습니다. 저는 걱정에 휩싸였고, 매일 더 절박해졌습니다. 어떻게 해야 할지 몰랐습니다. 말한 대로 개인 법률 사무실을 닫고 고객을 포기한 상태인데, 빈털터리가 됐습니다. 숙박비도, 집으로 돌아갈 차표를 살 돈도 없었습니다. 설령 차표를 산다 해도 실패자가 돼서 돌아갈 용기가 나지 않았습니다. 또다시 비참한 하루를 보내고 호텔 방으로 터벅터벅 걸어갔습니다. 이젠 끝이라는 생각이 들었습니다. 아무리 생각해도 완전히 망한 신세였습니다.

상심과 우울감에 짓눌린 저는 어디로 가야 할지 몰랐습니다. 살든 죽든 별

데일 카네기 자기관리론

상관이 없었습니다. 태어난 게 억울했습니다. 저녁으로 뜨거운 우유 한 잔을 마신 게 전부인데, 그조차 분에 넘쳤습니다. 절박한 사람들이 호텔 창문을 열고 뛰어내리는 심정을 이해할 수 있었습니다. 저도 용기가 있다면 그렇게 했을 겁니다. 삶의 목적이 뭔지 고민하기 시작했습니다. 그 답을 몰랐습니다. 알 수 없었습니다.

의지할 사람이 없었기에 하나님에게 의지했습니다. 저는 기도했습니다. 주위를 둘러싼 어둡고 험한 절망의 광야를 지나갈 수 있도록 빛과 이해와 조언을 달라고 간청했습니다. 주문을 받아내고, 아내와 아이들을 먹여 살릴 돈을 벌 수 있도록 해달라고 부탁했습니다. 기도를 끝내고 눈을 뜨니 외로운 호텔 방 서랍장 위에 놓인 기드온Gideon 성경이 보였습니다. 저는 성경을 펴고 모든 시대에 걸쳐 외로움과 근심과 좌절에 시달린 수많은 세대를 북돋운 예수의 아름다운 불멸의 약속을 읽었습니다. 예수가 제자들에게 걱정하지 않을 방법에 대해 들려준 이야기였습니다.

그러므로 내가 너희에게 이르노니 목숨을 위하여 무엇을 먹을까 무엇을 마실까 몸을 위하여 무엇을 입을까 염려하지 말라. 목숨이 음식보다 중하지 아니하며 몸이 의복보다 중하지 아니하냐. 공중의 새를 보라. 심지도 않고 거두지도 않고 창고에 모아들이지도 아니하되, 너희 하늘 아버지께서 기르시나니 너희는 이것들보다 귀하지 아니하냐. 그런즉 너희는 먼저 그의 나라와 그의 의를 구하라. 그리하면 이 모든 것을 너희에게 더하시리라.(《마태복음》 6장 25~26, 33절)

기도하고 나서 이 말씀을 읽는 동안 기적이 일어났습니다. 긴장감이 사라지고, 불안과 두려움, 걱정이 마음을 따스하게 하는 용기와 희망 그리고 의기양양한 믿음으로 바뀌었습니다. 숙박비를 낼 돈이 충분치 않아도 행복했습니다. 저는 침대로 가서 몇 년 만에 처음으로 아무 걱정 없이 푹 잤습니다.

이튿날 아침. 주체할 수 없는 의욕에 넘쳐서 잠재 고객의 사무실 문이 열리기를 기다렸습니다. 아름답고 춥고 비가 오던 날. 과감하고 당당한 발걸음으로 첫 잠재 고객의 사무실 문까지 걸어갔습니다. 손을 떨지 않고 힘차게 손잡이를 돌렸습니다. 안으로 들어가서 곧바로 잠재 고객에게 향했습니다. 활기차게 고개를 들고 적절한 위엄을 드러내면서 만면에 미소를 피고 말했습니다.

"스미스 씨, 안녕하세요! 저는 올아메리칸로북컴퍼니에서 온 존 앤서니입니다!"

잠재 고객은 웃는 얼굴로 자리에서 일어나 손을 내밀었습니다.

"아, 네… 만나서 반가워요. 앉으시죠!"

저는 그날 몇 주 동안 받은 주문보다 많은 매출을 올렸습니다. 저녁에 개선장군처럼 당당하게 호텔로 돌아왔습니다. 새사람이 된 기분이었고 실제로도 그랬습니다. 새롭고 성공적인 마음가짐이 생겼으니까요. 그날 저녁은 뜨거운 우유로 때우지 않았습니다. 그럴 리가요! 저는 온갖 음식을 곁들여 스테이크를 먹었습니다. 그날 이후로 실적이 급증했습니다.

저는 21년 전, 텍사스주 애머릴로의 작은 호텔에서 보낸 절박한 저녁에 다시 태어났습니다. 다음 날 제 외적인 상황은 실패를 거듭하던 몇 주 동안과 같았습니다. 하지만 제 안에서 엄청난 일이 일어났습니다. 저는 갑자기 하나님과 제 관계를 인식했습니다. 사람은 혼자일 때 패배하기 쉽지만, 내면에 하나님의 힘을 담고 살아가는 사람은 무적입니다. 제 삶에서 그 사실을 확인했습니다.

"구하라. 그리하면 너희에게 주실 것이요, 찾으라. 그리하면 찾아낼 것이요. 문을 두드리라. 그리하면 너희에게 열릴 것이니."(《마태복음》 7장 7절)

....

일리노이주 하일랜드 8번가 1421번지에 사는 L. G. 비어드 부인은 냉혹한 비극에 직면했을 때 무릎을 꿇고 "주여, 내 원대로 마시옵고 아버지의 원대로 되기를 원하나이다"(《누가복음》 22장 42절)라고 말함으로써 평화와 평온을 찾을 수 있다는 사실을 깨달았다. 그녀는 지금 내가 들고 있는 편지에 이렇게 썼다.

....

어느 날 저녁에 전화벨이 울렸어요. 저는 용기가 나지 않아 벨이 14번 울린 뒤에야 수화기를 들었어요. 병원에서 온 전화가 분명해, 받기가 두려웠어요. 우리의 어린 아들이 죽을까 봐 두려웠어요. 아들은 뇌막염에 걸려서 페니실린을 맞았는데, 그 때문에 체온이 오르내렸어요. 의사는 염증이 뇌까지 번져서 뇌종양이나 사망으로 이어질까 불안해했어요. 걱정한 대로 병원에서 온 전화가 맞았어요. 의사는 우리에게 즉시 오라고 했어요.

우리가 대기실에 앉아서 겪은 고로움을 생각해보세요. 다른 사람들은 모두 아기를 안고 있는데, 우리만 어린 아들을 다시 안을 수 있을지 모른 채 빈손으로 있었어요. 마침내 진료실로 들어갔을 때, 의사의 표정은 우리 마음을 두려움으로 가득 채웠어요. 그의 말은 더 많은 두려움을 안겼어요. 그는 아이가 살 확률이 25퍼센트밖에 되지 않는다면서 혹시 아는 의사가 있으면 얼마든지 연락해도 좋다고 했어요.

집으로 가는 길에 남편은 감정을 주체하지 못했어요. 주먹으로 운전대를 치면서 "절대 아이를 포기할 수 없어"라고 말했어요. 남자가 우는 걸 본 적이 있나요? 유쾌한 경험은 아니었어요. 우리는 차를 세우고 의논한 끝에, 교회에 가서 아들을 데려가는 게 하나님의 뜻이라면 따르겠다고 기도하기로 했어요. 저는 자리에 앉아서 눈물을 흘리며 말했어요. "내 원대로 마시옵고 아버지의 원대로 되기를 원하나이다."

이 말을 하는 순간, 기분이 나아졌어요. 오랫동안 느끼지 못한 평화가 저를 감쌌어요. 저는 집으로 오는 내내 "주여, 내 원대로 마시옵고 아버지의 원대로 되기를 원하나이다"라고 읊조렸어요.

그날 밤 일주일 만에 처음으로 푹 잤어요. 며칠 뒤 의사가 전화를 걸어 우리 아이가 고비를 넘겼다고 말했어요. 저는 이제 네 살이 된 건강한 우리 아이를 주신 것에 하나님께 감사드려요.

....

나는 종교가 여자와 아이, 목사를 위한 것이라고 생각하는 사람들을 안다. 그들은 홀로 싸우는 '상남자'라는 데 자부심을 느낀다. 그들이 세상의 유명한 '상남자'도 매일 기도한다는 사실을 알면 얼마나 놀랄까?

잭 뎀프시는 기도하지 않으면 절대 잠자리에 들지 않는다. 먼저 하나님께 감사드리지 않으면 절대 밥을 먹지 않는다. 시합을 앞두고 훈련할 때 매일 기도하며, 경기 중에도 각 라운드 시작 공이 울리기 직전에 기도한다. "기도는 용기와 자신감을 갖고 싸우도록 도와줘요." '상남자' 코니 맥도 기도하지 않으면 잠을 자지 못한다.

제너럴모터스와 US스틸United States Steel Company의 전 고위 임원이자 전 국무부 장관을 지낸 '상남자' 에드워드 스테티니어스Edward R. Stettinius도 매일 아침저녁으로 지혜와 인도를 바라며 기도한다. 당대 최고 금융인인 '상남자' J. P. 모건John Pierpont Morgan은 토요일 오후에 월가 초입에 있는 트리니티교회Trinity Church에 가서 무릎 꿇고 기도했다.

'상남자' 아이젠하워는 총사령관으로서 영국군과 미군을 지휘하기 위해 영국으로 날아갈 때 책은 오직 한 권, 성경만 가져갔다. '상남자' 마크 클라크 장군은 전시에 매일 성경을 읽었으며, 무릎 꿇고 기도했다. 장제스, 엘 알라메인의 몬티Monty of El Alamein로 불린 몽고메리Bernard Montgomery 장군도 그랬다. 트라팔가르해전에서 넬슨Horatio Nelson 경도 그랬다. 로버트 리, 스톤월 잭슨Stonewall Jackson 등 다른 수많은 위대한 군사 지도자도 그랬다.

이 '상남자'들은 윌리엄 제임스가 한 말의 진실을 발견했다.

"우리와 하나님은 교류한다. 열린 마음으로 하나님의 영향력을 받아들일 때, 우리의 가장 깊은 운명이 실현된다."

많은 '상남자'가 이 사실을 발견하고 있다. 현재 미국인 7200만 명이 기독교 신자다. 이는 역대 최고 수치다. 앞서 말한 대로 과학자조차 종교에 귀의하고 있다. 《미지의 인간Man, the Unknown》을 쓴 알렉시 카렐 박사는 과학자에게 주어지는 최고의 영예인 노벨상을 받았다. 그는 《리더스 다이제스트》에 기고한 글에서 이렇게 밝혔다.

....

기도는 사람이 만들 수 있는 가장 강력한 형태의 에너지를 만든다. 이 힘은 중력만큼이나 실질적이다. 나는 의사로서 모든 치료법이 실패한 뒤 기도를 통한 엄숙한 노력으로 질병과 우울증에서 벗어난 사람들을 봤다. … 기도는 라듐처럼 빛나는 자생적 에너지의 원천이다. … 인간은 기도를 통해 모든 에너지의 무한한 원천에 탄원함으로써 자신의 유한한 에너지를 증강하려 한다. 우리는 기도할 때 우주를 운행하는 쉼 없는 원동력과 자신을 연결한다. 우리는 그 힘의 일부가 우리의 필요에 할당되기를 기도한다.

기도로 뭔가를 바랄 때조차 우리의 인간적 결핍이 채워진다. 우리는 강해지고 치유되어 다시 일어선다. … 하나님께 간절히 기도할 때마다 영혼과 육체가 더 나아진다. 한순간이라도 기도를 통해 좋은 결과를 얻지 못하는 일은 일어날 수 없다.

....

버드 제독은 "우주를 운행하는 쉼 없는 원동력과 우리 자신을 연결한다"는 말의 의미를 안다. 그는 바로 그 능력 덕분에 인생에서 가장 힘든 시련을 견뎌냈다. 그는 《혼자》라는 책에서 그 이야기를 들려준다. 그는 1934년 남극 대륙 로스 배리어Ross Barrier 빙원에 깊이 파묻힌 오두막에서 5개월을 보냈다. 그는 위도 78도 남쪽에 있는 유일한 생명체였다. 눈 폭풍이 오두막 위로 몰아쳤다. 기온은 영하 82도까지 내려갔다. 끝없는 밤이 주위를 에워쌌다. 게다가 그는 난로에서 새어 나오는 이산화탄소에 서서히 중독되고 있었다. 어떻게 해야 할까? 도움을 청할 가장 가까운 곳은 무려 200킬로미터나 떨어져, 사람들이 오는 데 몇 달이 걸렸다. 그는 난로와 배기 장치를 고치려고 했지만, 여전히 연기가 새어 나왔다. 연기에 의식을 잃고 바닥에 쓰러졌다. 먹을 수도, 잘 수도 없었다. 몸이 너무나 허약해져서 거의 간이침대를 떠날 수 없었다. 아침까지 살아남지 못할까 봐 두려워하는 적이 많았다. 그는 자신이 그 오두막에서 죽을 것이며, 시체는 만년설에 파묻힐 거라고 생각했다.

무엇이 그의 생명을 구했을까? 어느 날, 깊은 절망에 빠져 있던 그는 일기장에 인생관을 정리하려 했다. "인류는 이 우주에 혼자가 아니다"라고 썼다. 그는 머리 위에 있는 별을, 별자리와 행성의 정연한 운행을, 때가 되면 다시 돌아와 남극 지방의 황무지까지 비출 영원한 태양을 생각했다. 뒤이어 "나는 혼자가 아니다"라고 썼다.

세상 끝에 있는 빙원의 오두막에서도 자신이 혼자가 아니라는 깨달음이 버드 제독을 구했다. "그 깨달음이 나를 일으켜 세웠다. 평생 내면의 자원이 거의 소진되는 지경에 이르는 사람은 드물다. 깊이 있는 우물은 힘을 쓴 적이 없다." 버드 제독은 하나님에게 의지함으로써 우물을 열고 그 힘을 활용하는 법을 배웠다.

글렌 아널드는 일리노이주의 옥수수밭에서 버드 제독이 남극의 빙원에서 얻은 것과 같은 교훈을 얻었다. 일리노이주 칠리코시의 베이컨 빌딩에서 보험중개인으로 일하는 아널드 씨는 걱정을 물리치는 방법에 대한 발표를 다음과 같이 시작했다.

· · · · · · · · · · · · · · · · · ·

저는 8년 전, 이게 마지막일 거라 믿으며 집을 나섰습니다. 저는 실패자였습니다. 한 달 전, 제 작은 세계가 무너졌습니다. 운영하던 가전제품 매장이 망했습니다. 집에는 노모가 사경을 헤매고, 아내는 둘째 아이를 임신해 의료비가 쌓여갔습니다. 저는 사업을 시작하느라 자동차와 가구 등 모든 걸 저당 잡히고, 보험 담보대출까지 받았습니다. 그런데 모든 게 사라지고 말았습니다. 더는 견딜 수 없었습니다. 비참한 삶을 끝낼 생각으로 차를 몰고 강으로 향했습니다.

교외로 몇 킬로미터 나가 길가에 차를 세웠습니다. 밖으로 나와 땅에 주저앉아서 아이처럼 울었습니다. 그러다가 제대로 생각하기 시작했습니다. 두려운 걱정의 고리를 맴도는 것이 아니라 건설적으로 생각하려 노력했습니다. '내 상황은 얼마나 나쁜가? 더 나빠질 수 있는가? 정말 가망이 없나? 상황을 개선하기 위해 뭘 할 수 있을까?'

저는 그 자리에서 모든 문제를 주님에게 가져가 도와달라고 부탁하기로 했습니다. 그래서 기도했습니다. 열심히 기도했습니다. 목숨이 달린 것처럼 기도했습니다. 실제로도 그랬습니다. 그러자 이상한 일이 일어났습니다. 모든 문제를 저 자신보다 강한 존재에게 맡기자마자 몇 달 동안 몰랐던 마음의 평화가 찾아왔습니다. 아마 30분쯤 그 자리에 앉아서 울며 기도했을 겁니다. 그리고 집에 돌아가 아기처럼 잤습니다.

다음 날 아침, 저는 자신감에 가득 차 일어났습니다. 두려울 게 없었습니다.

하나님의 인도에 의지하고 있었으니까요. 그날 아침, 자신감을 갖고 동네 백화점에 가서 가전제품 판매원에 지원하러 왔다고 말했습니다. 분명 일자리를 얻을 거라 확신했고, 실제로 그랬습니다. 전쟁으로 가전산업이 무너지기 전까지 그 일을 잘 해냈습니다. 그 뒤로는 생명보험 영업을 시작했습니다. 물론 여전히 위대한 인도자의 도움을 받았죠. 그게 겨우 5년 전 일입니다. 지금은 빚을 모두 갚았고, 똑똑한 세 아이가 있는 단란한 가정을 꾸렸으며, 집과 새 차를 장만했고, 생명보험에 2만 5000달러를 예치했습니다.

돌이켜 보면 모든 걸 잃고 너무나 우울한 나머지 강으로 갔던 게 기쁩니다. 그 비극이 하나님께 의지하도록 가르쳤으니까요. 이제 저는 과거에 꿈도 꾸지 못한 평화와 자신감으로 가득합니다.

....

신앙심은 왜 우리에게 평화와 안정과 용기를 줄까? 윌리엄 제임스의 말로 답을 대신한다. "성마른 수면이 아무리 소용돌이쳐도 깊은 바닷속은 요동치지 않는다. 더 방대하고 영구적인 본질을 이해하는 사람에게 시시각각 변하는 개인적 운명의 우여곡절은 비교적 사소해 보인다. 따라서 신앙심이 깊은 사람은 쉽게 흔들리지 않고, 평정심을 잃지 않으며, 그날 해야 할 모든 의무를 차분히 준비한다."

걱정과 불안에 시달릴 때 하나님께 도움을 청해보면 어떨까? 칸트가 말한 대로 "그런 믿음이 필요하므로 신에 대한 믿음을 받아들이면" 어떨까? 우리 자신을 "우주를 운행하는 쉼 없는 원동력"과 연결하면 어떨까?

당신이 기질적으로 혹은 학습을 통해 종교를 멀리한다거나 철저한 회의주의자라 해도 기도는 생각보다 훨씬 많은 도움을 준다. 기도는 실질적인 효과가 있기 때문이다. 기도가 실질적인 까닭은 하나님을 믿든 안 믿든, 모든 사람이 공유한 세 가지 근본적인 심리적 필요를 충족하기 때문이다.

첫째, 기도는 우리를 힘들게 하는 것을 정확히 말로 표현하도록 도와준다. 2장에서 모호하거나 불분명한 상태로 남아 있는 한, 문제에 대응하기가 거의 불가능하다는 것을 확인했다. 기도는 어떤 의미에서 우리의 문제를 종이에 글로 적는 것과 비슷하다. 하나님께라도 문제에 대한 도움을 구하려면 일단 말로 표현해야 한다.

둘째, 기도는 부담을 나누는 느낌, 혼자가 아니라는 느낌을 준다. 너무나 무거운 부담, 너무나 괴로운 문제를 혼자 감당할 수 있을 만큼 강한 사람은 드물다. 때로 우리가 걱정하는 문제는 너무나 사적이어서 가족이나 친구와도 의논할 수 없다. 그럴 때 기도가 답이다. 모든 정신과 의사는 답답하고 신경이 곤두섰을 때, 마음이 괴로울 때 다른 사람에게 문제를 털어놓는 것이 좋은 요법이라고 말한다. 아무에게도 말하지 못한 문제라도 하나님께는 언제나 말할 수 있다.

셋째, 기도는 뭐라도 한다는 적극적 원칙을 따른다. 기도는 행동에 나서는 첫 단계다. 매일 어떤 것을 충족하기 위한 기도를 통해 혜택을 보지 않는 사람은 없을 것이다. 다시 말해 기도하면 바라는 바를 이루기 위한 몇 가지 단계를 밟게 된다. 세계적으로 유명한 과학자도 "기도는 사람이 만들 수 있는 가장 강력한 형태의 에너지를 만들어낸다"고 말했다. 그렇다면 기도를 활용하지 못할 이유가 있을까? 그 대상이 하나님이든, 알라든, 신령이든 상관없다. 자연의 신비한 힘이 우리를 거둬주기만 한다면 명칭을 두고 다툴 필요가 있을까?

지금 이 책을 덮고 침실로 가서 문을 닫고, 무릎을 꿇고, 마음의 짐을 덜어내자. 종교를 잃었다면 전지전능한 하나님께 믿음을 되찾게 해달라고 간청하라. "하나님, 더는 혼자 싸울 수 없습니다. 당신의 도움이, 당신의 사랑이 필요합니다. 제 모든 실수를 용서하소서. 제 마음에서 모든 악을 정화하소서. 평화와 고요와 건강으로 가는 길을 보여주시고, 원수조차 사랑할 수 있는 마음을 갖게 하소서."

기도하는 법을 모른다면 수백 년 전에 성 프란치스코가 쓴 아름답고 감동적인 기도문을 반복하라.

주여, 나를 당신의 평화의 도구로 써주소서.

미움이 있는 곳에 사랑을

상처가 있는 곳에 용서를

의심이 있는 곳에 믿음을

절망이 있는 곳에 희망을

어둠이 있는 곳에 빛을

슬픔이 있는 곳에 기쁨을

씨 뿌리게 하소서. 오, 신성한 주여.

위로받기보다는 위로하고

이해받기보다는 이해하며

사랑받기보다는 사랑하게 하소서.

우리는 줌으로써 받고

용서함으로써 용서받으며

자기를 버리고 죽음으로써

영생을 얻기 때문입니다.

.

PART 6

비판에 대한 걱정에서 벗어나는 방법

How To Keep From
Worrying About Criticism

01

죽은 개를 걷어차는 사람은 없다

1929년 교육계에 전국적으로 화제를 모은 사건이 일어났다. 미국 전역에서 학식 있는 사람들이 모두 그 일을 지켜보기 위해 시카고로 모여들었다. 그보다 몇 년 전, 로버트 허친스라는 청년이 웨이터와 벌목공, 가정교사, 빨랫줄 판매원으로 일하면서 예일대학교를 졸업했다. 그리고 겨우 8년이 지난 지금, 그는 미국에서 네 번째로 부유한 시카고대학교의 총장으로 취임했다. 그는 놀랍게도 서른 살이었다. 나이 많은 교육자들은 고개를 저었다. '신동'에 대한 비판이 산사태처럼 일었다. 너무 어리고, 경험이 부족하고, 교육관이 비뚤어졌다는 등 이런저런 말이 나왔다. 신문도 공격에 가세했다.

취임식 날, 한 친구가 로버트 허친스의 아버지에게 말했다. "오늘 아침에 신문에서 자네 아들을 비난하는 논설을 읽고 깜짝 놀랐어." 그의 아버지가 대꾸했다. "맞아, 좀 심했지. 하지만 죽은 개를 걷어차는 사람은 없다는 걸 기억해."

그렇다. 사람들은 영향력이 클수록 걷어찰 때 더 큰 만족을 얻는다. 나중에 에드워드 8세가 된 웨일스 왕자(현재 원저 공)는 이 사실을 강제로 깨달을 수밖에 없었다. 당시 그는 데번셔주에 있는 다트머스 대학Dartmouth College에 다녔는데, 그곳은 아나폴리스의 미국 해군 사관학교에 해당한다. 왕자는 열네 살 정도였다. 어느 날, 울고 있는 그를 본 해군 장교가 이유를 물었다. 그는 처음에는 말하지 않다가 생도들이 발길질한 사실을 털어놨다. 학장은 가해자들을 불러서 왕자가 불만을 제기한 건 아니지만, 그래도 왜 험하게 다뤘는지 알고 싶다고 말했다.

가해자들은 한참을 망설이다가 마침내 부끄러운 듯 고백했다. 나중에 해군 장교와 지휘관이 됐을 때 왕을 걷어찬 적이 있다고 뽐내려 했다고 말이다.

많은 경우 사람들이 당신을 공격하고 비난하는 이유는 그럼으로써 자신이 중요한 존재라는 느낌을 받기 때문임을 기억하라. 이는 당신이 뭔가를 이루고 있으며, 주목받을 자격이 있다는 뜻이다. 대다수 사람은 자신보다 학식이 높거나 성공한 사람을 비난하는 데서 야만적인 만족감을 얻는다. 나는 이 장을 쓸 때 구세군 창립자 윌리엄 부스William Booth 장군을 비난하는 여성의 편지를 받았다. 나는 부스 장군을 칭송하는 방송을 한 적이 있다. 이 여성은 부스 장군이 가난한 사람을 돕기 위해 모금한 800만 달러를 훔쳤다고 썼다. 물론 말도 안 되는 비난이다. 어차피 그녀가 바란 건 진실이 아니다. 그녀는 자신보다 훨씬 높은 위치에 있는 사람을 헐뜯는 데서 못된 만족감을 얻으려 했다. 나는 그 편지를 쓰레기통에 버리고 그런 여성과 결혼하지 않은 것에 전지전능한 하나님께 감사드렸다. 그 편지는 부스 장군에 대해 아무것도 말해주지 않았지만, 그녀에 대해서는 많은 것을 말해줬다. 쇼펜하우어는 오래전에 말했다. "천박한 사람은 위인의 잘못과 실수에서 큰 기쁨을 얻는다."

예일대학교 총장이 천박한 사람이라 생각하는 사람은 거의 없다. 하지만 예일대학교 전 총장 티머시 드와이트Timothy Dwight는 미 대선 후보로 나선 사람을 비난하는 데서 큰 기쁨을 얻는 듯했다. 그는 이 사람이 대통령으로 선출되면 "우리 아내와 딸이 합법적 매춘의 희생자가 돼 심각한 치욕을 당하고, 허울 좋은 타락에 빠지며, 조신함과 미덕에서 버림받고, 하나님과 인간의 혐오를 받을지도 모른다"고 경고했다.

거의 히틀러를 비난하는 말처럼 들리지 않는가? 하지만 이는 토머스 제퍼슨을 비난하는 말이다. 〈독립선언서〉를 쓴 불멸의 토머스 제퍼슨은 분명 아닐 거라고? 아니, 바로 그 사람이다.

어떤 미국인은 '위선자', '사기꾼', '살인자보다 조금 나은 인간'으로 비난받았다. 한 신문 만평은 커다란 칼날이 단두대에 선 그의 머리를 자르기 전을 묘사했다. 대중은 그가 지나갈 때 조롱하고 비난했다. 그는 조지 워싱턴이다.

하지만 이는 오래전에 일어난 일이다. 어쩌면 그 후 인간의 본성이 나아졌을지도 모른다. 1909년 4월 6일 개가 끄는 썰매를 타고 북극점에 도달해 세상을 놀라게 하고 흥분시킨 피어리Robert Edwin

Peary 제독의 예를 보자. 그는 수 세기 동안 용감한 사람들이 도전했다가 고통에 시달리고 목숨을 잃으면서도 성공하지 못한 일을 해냈다. 그도 추위와 굶주림으로 죽을 뻔했으며, 발가락 여덟 개는 동상으로 잘라야 했다. 이런 재난을 겪으며 자신이 미치지 않을까 두려웠다고 한다. 워싱턴에 있는 해군 상관들은 피어리가 너무나 많은 주목과 칭송을 받는 데 분노했다. 그래서 그가 과학 탐험을 빌미로 모금해놓고 "북극에서 빈둥댄다"며 비난했다. 그들은 실제로 그렇게 믿었을 것이다. 자신이 원하는 것을 믿지 않기는 거의 불가능하니까. 피어리를 폄하하고 방해하려는 그들의 의지는 난폭하게 표출됐다. 피어리는 매킨리William McKinley 대통령의 명령 덕분에 북극 탐험을 계속할 수 있었다.

피어리가 워싱턴에 있는 해군사령부에서 행정 업무를 했다면 그렇게 비난받았을까? 아니다. 그랬다면 그는 질투심을 불러일으킬 만큼 중요한 인물이 되지 못했을 것이다.

그랜트 장군은 피어리 제독보다 나쁜 경험을 했다. 그는 1862년 북군이 이룬 최초의 결정적인 대승을 이끌었다. 어느 날 오후에 달성한 이 승리로 그랜트는 하루아침에 국가적인 우상이 됐다. 이 승리는 먼 유럽까지 엄청난 파장을 일으켰고, 메인주부터 미시시피강 둑까지 교회 종소리가 울리고 모닥불이 타오르게 했다. 그러나 북군의 영웅 그랜트는 이 대승을 거둔 지 6주 만에 체포되고, 지휘권을 박탈당했다. 그는 수치와 절망감에 눈물을 흘렸다.

그랜트 장군은 왜 한창 승전고를 울리던 와중에 체포됐을까? 주

원인은 오만한 상관들의 질투심과 시기심을 자극했기 때문이다. 부당한 비판에 근심이 생기려 한다면 다음을 따르라.

> **원칙 1**
>
> **부당한 비판은 왜곡된 칭찬인 경우가 많다는 사실을 기억하라. 죽은 개를 걷어차는 사람은 없다.**

02

비판에 상처받지 않는 방법

나는 늙은 '매의 눈' 스메들리 버틀러Smedley Butler 소장을 인터뷰한 적이 있다. 늙은 '지옥 악마' 말이다! 그를 기억하는가? 그는 미 해병대를 지휘한 가장 요란하고 호기 넘치는 장군이었다.

그는 젊은 시절에 인기를 간절히 바랐고, 모두에게 좋은 인상을 남기고 싶었다고 말했다. 그때는 조금이라도 비판을 받으면 아프고 쓰라렸는데, 해병대에서 보낸 30년이 맷집을 키웠다고 한다. "저는 질책과 모욕에 시달렸습니다. 겁쟁이, 독사, 스컹크라고 놀림당하고 상관에겐 욕도 먹었죠. 책에 못 쓸 험한 욕도 들었어요. 그게 신경쓰이냐고요? 이젠 누가 욕해도 쳐다도 안 봐요."

늙은 매의 눈 버틀러는 비판에 무관심한지도 모른다. 한 가지는 확실하다. 대다수 사람은 사소한 험담과 공격을 심각하게 받아들인다. 몇 년 전《뉴욕선New York Sun》기자가 내 성인 교육 시범 강좌에 참석한 뒤 나와 내 강의를 비꼰 일이 기억난다. 화가 났냐고? 나는 이 일을 개인적 모욕으로 받아들여서,《뉴욕선》집행위원회 길 호지스 Gill Hodges 회장에게 전화를 걸어 조롱이 아닌 팩트를 담은 기사를 내라고 요구했다. 반드시 대가를 치르게 할 작정이었다.

지금은 그 행동이 부끄럽다. 이제는 그 신문을 산 사람 가운데 절반은 해당 기사를 읽지도 않았다는 걸 안다. 읽은 사람 중 절반은 해당 기사를 그저 재밋거리로 삼았을 것이다. 그 기사를 보고 고소하게 여긴 사람 중 절반은 몇 주 만에 깡그리 잊었을 것이다.

이제 나는 사람들이 당신이나 나에 대해 생각하거나, 우리에 대한 말을 신경 쓰지 않는다는 걸 안다. 그들은 아침에도, 오후에도, 자정이 막 지난 뒤에도 자신에 대해 생각한다. 그들은 당신이나 내가 죽었다는 소식보다 자신의 가벼운 두통을 1000배는 신경 쓴다.

가까운 친구 여섯 명 가운데 한 명이 우리에 대해 거짓말하고, 우리를 조롱하고, 배신하고, 배반하고, 등에 칼을 꽂아도 자기 연민에 빠지지 말자. 대신 예수가 바로 그런 일을 당했다는 걸 상기하자. 가까운 친구 열둘 중 하나는 지금 돈으로 약 19달러를 받고 배신자가 됐다. 또 다른 친구는 예수가 곤경에 처하자마자 자신은 예수를 알지도 못한다고 세 번이나 말했다. 심지어 맹세까지 하면서 말이다. 그런데 왜 당신과 내가 예수보다 나은 상황을 바라야 할까?

나는 몇 년 전에 사람들이 나를 부당하게 비판하는 것을 막진 못해도 훨씬 더 중요한 일을 할 수 있다는 걸 깨달았다. 나는 부당한 비난이 나를 흔들도록 놔둘지 결정할 수 있다.

확실히 해둘 점이 있다. 모든 비판을 무시하라는 게 아니라 부당한 비판을 무시하라는 말이다. 나는 엘리너 루스벨트에게 부당한 비판에 어떻게 대처하는지 물은 적이 있다. 그녀가 그런 비판을 숱하게 받았다는 건 하늘이 안다. 그녀는 백악관에서 지낸 어느 여성보다 열성적인 우군과 난폭한 적을 뒀을 것이다.

그녀는 어린 시절에 병적으로 부끄럼이 많아, 사람들이 무슨 말을 할지 두려워했다고 한다. 비판이 너무나 두려워서 고모(시어도어 루스벨트의 누이)에게 조언을 구했다.

"바이 고모, 이런저런 일을 하고 싶은데 비판받을까 봐 두려워요."

고모는 그녀의 눈을 보며 말했다.

"네가 옳다는 걸 아는 한, 절대 사람들이 하는 말을 신경 쓰지 마."

엘리너 루스벨트는 그 조언이 나중에 백악관에 들어갔을 때 버팀목이 됐다고 했다. 모든 비판을 피할 수 있는 유일한 길은 선반 위에 놓인 도자기 인형처럼 되는 것이라고도 했다.

"마음속으로 옳다고 느끼는 일을 하세요. 어차피 비판은 받게 마련이니까요. 해도 비판받을 것이고, 하지 않아도 비판받을 거예요."

나는 돌아가신 매튜 브러시Matthew C. Brush가 월가 40번지에 있는 아메리칸인터내셔널코퍼레이션American International Corporation 회장일 때 비판에 민감한 적이 있었는지 물었다. 그가 대답했다.

....

그럼요. 초기에는 아주 민감했어요. 그때는 모든 직원이 저를 완벽하다고 생각해주기를 바랐어요. 그렇지 않으면 걱정했죠. 제게 반대하는 사람이 있으면

데일 카네기 자기관리론

그의 비위를 맞추려고 노력했어요. 하지만 그 사람과 갈등을 봉합하려고 한 일이 다른 사람을 화나게 해서, 또 다른 사람과 관계를 바로잡으려고 애쓰다 보면 다른 벌집을 건드렸어요. 마침내 저는 개인적 비판을 피하려고 상한 감정을 다독이고 수습하려 할수록 적이 늘어날 수밖에 없다는 걸 깨달았어요. 그래서 저 자신에게 말했죠. "두각을 나타내면 비판받게 마련이야. 그러니까 비판에 익숙해져야 해." 그게 큰 도움이 됐어요. 이후로는 최선을 다한 다음에 비난의 화살을 고스란히 맞지 않고 방패로 막는 걸 규칙으로 삼았어요.

....

딤스 테일러Deems Taylor는 한 발 더 나갔다. 그는 비난의 화살이 쏟아지도록 놔두고 웃어넘겼다. 그것도 공개된 자리에서. 그는 일요일 오후에 라디오로 방송된 뉴욕필하모닉 공연 휴식 시간에 논평했다. 한 여성이 그 논평을 듣고 그를 '거짓말쟁이, 배신자, 사기꾼, 멍청이'라 부르는 편지를 썼다.

다음 주 방송에서 테일러 씨는 수백만 청취자에게 그 편지를 읽어줬다. 며칠 뒤 같은 여성에게 다시 편지를 받은 이야기가 그가 쓴 《인간과 음악Of Men & Music》에 나온다. "그녀는 '내가 당신을 거짓말쟁이, 배신자, 사기꾼, 멍청이라고 생각하는 데는 변함이 없다'고 밝혔다. 아마 그 방송을 개의치 않은 모양이다." 그처럼 비판을 가볍게 넘길 줄 아는 사람은 존경하지 않을 수 없다. 그의 평정심과 흔들림 없는 침착함, 유머 감각은 존경스럽다.

찰스 슈와브는 프린스턴대학교 강연에서 자신의 제철 공장에서 일하는 늙은 독일인에게 중요한 교훈을 배웠다고 말했다. 그 독일인은 전시에 다른 노동자들과 심한 언쟁을 벌였고, 노동자들은 그를 강에 던져버렸다. 슈아브가 그 후의 이야기를 전했다. "그는 흙탕물을 뒤집어쓴 채 제 사무실에 들어왔어요. 강에 던진 사람들에게 무슨 말을 했냐고 물었더니 그는 '그냥 웃고 말았어요'라고 했습니다."

슈와브는 그 독일인이 한 대로, "그냥 웃고 말자"를 신조로 삼았다고 밝혔다. 이 신조는 부당한 비판의 희생자가 됐을 때 특히 좋다. 대꾸하는 사람에게는 반론할 수 있지만, '그냥 웃어넘기는' 사람에게 무슨 말을 할 수 있을까?

링컨은 모든 무자비한 비판에 대응하려는 것이 어리석다는 사실을 깨닫지 못했다면 남북전쟁의 압박감을 버티지 못했을 것이다. "나를 공격하는 모든 글을 읽고 반박하느니 다른 일을 하는 편이 낫다. 나는 내가 아는 한, 능력이 닿는 한 최선을 다한다. 끝까지 그럴 것이다. 결과가 좋으면 나에 대한 비판은 문제가 되지 않는다. 결과가 나쁘면 천사 열 명이 나서서 내가 옳다고 해도 별 소용이 없다."

부당한 비판을 받을 때 다음을 기억하라.

원칙 2

**가능한 한 최선을 다하고
비난의 화살을 방패로 막아라.**

데일 카네기 자기관리론

03

내가 저지른 어리석은 행동

나의 개인 서류함에는 'FTD'라는 폴더가 있다. '내가 저지른 어리석은 행동Fool Things I Have Done'의 줄임말이다. 그 폴더에는 말 그대로 내가 저지른 어리석은 행동들이 기록되어 있다. 대개는 비서에게 받아적게 하지만, 너무 사적인 내용이거나 부끄러워서 직접 쓰기도 한다.

지금도 15년 전에 FTD 폴더에 넣은 나에 대한 비판을 떠올릴 수 있다. 나 자신에게 솔직했다면 지금쯤 서류함은 FTD 폴더로 넘쳐날 것이다. 나는 20세기 전에 사울Saul 왕이 한 말을 진심으로 되풀이할 수 있다. "내가 어리석은 일을 하였으니 대단히 잘못되었도다." (《사무엘상》 26장 21절)

FTD 폴더를 꺼내서 나에 대한 비판을 다시 읽으면 내가 영원히 직면할 가장 어려운 문제, 바로 나 자신을 관리하는 문제에 대처하는 데 도움이 된다. 나는 곤경에 처하면 다른 사람을 탓했다. 하지만 나이가 들수록(그리고 바라건대 더 현명해질수록) 거의 모든 불운이 결국 내 책임이라는 걸 깨달았다. 많은 사람이 나이가 들어가면서 그 사실을 발견했다. 나폴레옹은 세인트헬레나섬에서 말했다. "나의 몰락은 다른 누구도 아닌 내 탓이다. 내가 나의 가장 큰 적이자 처참한 운명의 원인이다."

자기평가와 자기 관리에서 예술의 경지에 오른 한 지인의 이야기다. 그는 허버트 하웰이다. 그가 뉴욕에 있는 앰배서더호텔 내 약국에서 급사했다는 뉴스가 전국에 보도된 1944년 7월 31일, 월가는 충격에 빠졌다. 그는 월가 56번지에 있는 커머셜 내셔널뱅크앤드트러스트컴퍼니 이사회 의장이자, 여러 대기업의 이사로 활동하는 미국 금융계의 리더였기 때문이다. 그는 정규교육을 거의 받지 못했고, 시골에서 가게 점원으로 사회생활을 시작했다. 그래도 나중에 US스틸 채권부장이 됐고, 지위와 권력을 향한 길에 올랐다. 하웰 씨에게 성공한 이유를 묻자, 다음과 같이 말했다.

....

저는 그날의 모든 약속을 보여주는 일정 수첩을 오랫동안 갖고 다녔습니다. 우리 가족은 저를 위해 토요일 밤에 아무 약속도 잡지 않았어요. 제가 토요일 저녁마다 자기 성찰의 시간을 통해 그 주에 한 일을 검토하고 평가한다는 걸 알거든요. 저는 저녁을 먹고 혼자 방에 가서 일정 수첩을 보며 월요일 아침부터 한 모든 면담과 의논, 회동을 생각합니다. "그때 어떤 실수를 저질렀지?", "잘한 일은 무엇이고, 어떻게 하면 더 잘할 수 있을까?" "그 경험에서 얻은 교훈은 무엇이지?" 자문합니다. 이런 주간 검토가 기분 나쁘게 만들기도 하고, 제가 저지른 실수에 깜짝 놀라기도 합니다. 물론 시간이 지나며 실수를 저지르는 횟수는 줄었습니다. 해마다 계속한 자기분석 시스템은 제가 시도한 어떤 방법보다 많은 도움이 됐습니다.

....

허버트 하웰은 벤저민 프랭클린의 아이디어를 빌린 것인지도 모른다. 다만 프랭클린은 토요일 밤까지 기다리지 않았다. 그는 매일 밤 엄격하게 하루를 돌아봤다. 어느 날은 심각한 잘못을 열세 가지나 발견했다. 그중 세 가지가 시간을 낭비한 것, 사소한 문제에 안달한 것, 언쟁을 벌이고 반박한 것이다. 그 옛날 현명한 프랭클린은 이런 장애물을 제거하지 않으면 멀리 나가지 못할 것임을 깨달았다. 그래서 매일 자신의 결점과 싸웠고, 그날그날 난타전에서 누가 이겼는지 기록했다. 이튿날 그는 또 다른 나쁜 습관을 지목하고 글러브를 낀 다음 공이 울리면 코너에서 나와 싸웠다. 그는 이런 싸움을 2년 넘게 이어갔다. 그가 미국의 사랑받고 영향력 있는 인물 중 하나가 된 것은 놀라운 일이 아니다.

엘버트 허버드Elbert Hubbard는 말했다. "모든 사람은 적어도 매일 5분은 빌어먹을 멍청이가 된다. 지혜는 그 한계를 넘지 않는 데서 나온다." 소인배는 사소한 비판에도 분통을 터뜨린다. 반면 현자는 자신을 책망하고, 나무라고, '자신과 논쟁을 벌인' 사람에게서 기꺼이 배운다. 월트 휘트먼은 말했다. "당신을 존중하고, 다정하게 대하고,

당신을 위해 물러서준 사람에게서만 교훈을 얻었는가? 당신을 거부하거나, 당신에게 맞서거나, 당신과 논쟁을 벌인 사람에게서 큰 교훈을 얻지 않았는가?"

적이 우리나 우리 일을 비판하길 기다리지 말고 선수 치자. 자신에 대한 가장 가혹한 비판자가 되자. 적이 말을 꺼낼 기회를 얻기 전에 우리의 모든 약점을 찾아서 바로잡자. 다윈은 그렇게 했다. 실제로 그는 자기 비평에 15년을 보냈다. 자세히 이야기하면 이렇다. 그는 불멸의 책《종의 기원The Origin of Species》원고를 완성했을 때, 창조에 대한 자신의 혁명적인 개념이 지성계와 종교계를 뒤흔들 것임을 깨달았다. 그래서 자신에 대한 비평가가 되어 15년 동안 데이터를 점검하고, 추론을 반박하고, 결론을 비판했다.

누군가 당신을 '빌어먹을 멍청이'라고 비난하면 어떻게 할까? 화를 낼까, 분개할까? 링컨은 어떻게 했는지 보자. 그는 전쟁부 장관 에드워드 스탠턴Edward M. Stanton에게 '빌어먹을 멍청이'라는 욕을 들은 적이 있다. 스탠턴이 분개한 이유는 링컨이 자기 업무에 간섭했기 때문이다. 링컨은 한 이기적인 정치인을 기쁘게 해주기 위해 특정 연대의 이동 명령서에 서명했다. 스탠턴은 링컨의 명령을 이행하지 않았고, 그런 명령서에 서명한 링컨을 빌어먹을 멍청이라고 욕했다. 무슨 일이 일어났을까? 링컨은 스탠턴이 한 말을 전해 듣고 차분히 대꾸했다. "스탠턴이 내가 빌어먹을 멍청이라고 했다면 분명 그럴 만한 이유가 있을 거야. 그는 거의 항상 옳으니까. 가서 직접 알아봐야겠군."

링컨은 스탠턴을 만나러 갔다. 스탠턴은 명령이 잘못됐음을 설득했고, 링컨은 명령을 철회했다. 링컨은 진정성 있고, 지식을 기반으로 하고, 도움을 주려는 마음에서 하는 비판을 환영했다.

우리도 그런 비판을 환영해야 한다. 우리는 네 번 중 세 번 이상 옳은 판단을 할 수 없기 때문이다. 시어도어 루스벨트는 백악관에 있을 때 그게 바라는 전부였다고 한다. 현존하는 가장 심오한 사상가인 아인슈타인도 자신의 결론이 99퍼센트는 틀린다고 고백한다!

라 로슈푸코La Rochefoucauld는 "적의 의견은 우리의 의견보다 우리에 대한 진실에 가깝다"고 말했다. 나는 이 말이 많은 경우에 맞을 수 있다는 사실을 안다. 그럼에도 누가 나를 비판하기 시작하면 즉시, 자동으로 방어 태세를 취하기 쉽다. 비판자가 무슨 말을 하려는지 조금이라도 알기 전에 말이다. 그럴 때마다 나 자신에게 혐오감이 든다. 우리는 비판이나 칭찬이 정당한지와 무관하게 비판에 분노하고 칭찬을 덥석 받아들인다. 우리는 논리적인 동물이 아니라 감정적인 동물이다. 우리의 논리는 깊고, 어둡고, 폭풍이 부는 감정의 바다에 던져진 카누와 같다. 대다수 사람은 지금의 자신을 상당히 좋게 평가한다. 그러나 40년 뒤에 돌아보면 지금의 자신을 비웃을지 모른다.

'역사상 가장 유명한 지방 신문 편집자' 윌리엄 앨런 화이트William Allen White는 50년 전 자신을 돌아보며 "자만심 가득하고 뻔뻔한 바보에 철없고 거만한 거짓 도덕군자, 안일한 반동분자"라고 묘사했다. 우리도 20년 뒤 지금의 자신을 비슷하게 묘사할지 모른다. 그때 자신을 어떻게 볼지 누가 알겠는가?

앞서 나는 부당한 비판을 받았을 때 어떻게 해야 하는지 이야기했다. 이 장은 다른 내용을 다룬다. 부당한 비난을 받아서 화가 치밀어 오를 때 잠시 진정하고 이렇게 생각하면 어떨까? '잠깐, 나는 완벽하지 않아. 아인슈타인도 99퍼센트는 틀린다고 인정했어. 나는 적어도 80퍼센트는 틀릴지 몰라. 그런 비판을 들을 만했을 수도 있어. 그렇다면 거기에 감사하고 도움을 받으려고 노력해야 해.'

펩소던트컴퍼니 찰스 럭맨Charles Luckman 회장은 연간 100만 달러를 들여서 밥 호프가 진행하는 라디오 프로그램을 제작한다. 그는 이 프로그램을 칭찬하는 편지를 읽지 않지만, 비판하는 편지는 반드시 읽는다. 거기서 뭔가 배울 수 있다는 사실을 알기 때문이다. 포드사는 경영과 운영의 문제를 찾으려는 열의가 아주 강하다. 그래서 최근 직원을 대상으로 설문해 회사를 비판하도록 권장했다.

나는 비판을 요청한 전직 비누 판매원도 안다. 처음 콜게이트사의 비누를 팔기 시작했을 때, 주문이 시원찮았다. 그는 일자리를 잃을까 걱정했다. 비누나 값에는 문제가 없으니, 자신이 문제인 게 분명했다. 그는 영업에 실패하면 자주 매장 주변을 다니며 잘못된 점을 파악하려고 애썼다. 설명이 모호했을까? 열의가 부족했을까? 때로 그는 점주에게 돌아가서 말했다. "비누를 팔러 온 게 아닙니다. 조언과 비판을 구하러 왔습니다. 아까 제가 비누를 팔려고 할 때 뭘 잘못했는지 말씀해주시겠습니까? 선생님은 저보다 훨씬 경험이 많고 성공하신 분입니다. 제발 저를 비판해주세요. 솔직하게, 가차 없이 부탁드립니다." 그는 이런 태도 덕분에 많은 친구를 사귀고 값진 조언을 들었다.

그가 어떻게 됐을까? 현재 그는 세계 최대 비누 제조사 콜게이트 팜올리브피트 비누 회사의 회장이다. 그의 이름은 에드워드 리틀이다. 그의 연봉은 24만 141달러로, 지난해 미국에서 그보다 많은 연봉을 받은 사람은 14명뿐이다.

허버트 하웰, 벤저민 프랭클린, 에드워드 리틀이 한 일을 하려면 그릇이 커야 한다. 지금 아무도 보지 않을 때 거울을 보며 당신이 그런 부류에 속하는지 자문하면 어떨까? 비판에 대한 걱정에서 벗어나려면 다음을 따르라.

> **원칙 3**
>
> 우리가 저지른 어리석은 짓을 기록하고 자신을 비판하자.
> 우리는 완벽하지 않으니 에드워드 리틀처럼
> 다른 사람에게 공정하고, 유익하고, 건설적인 비판을 요청하자.

비판에 대한 걱정에서 벗어나는 방법

*부당한 비판은 왜곡된 칭찬인 경우가 많다. 당신이 질투심과 시기심을 자극했다는 의미다. 죽은 개를 걷어차는 사람은 없다는 것을 기억하라.

*가능한 한 최선을 다하고, 비난의 화살을 방패로 막아라.

*우리가 저지른 어리석은 짓을 기록하고 자신을 비판하자. 우리는 완벽하지 않으니 에드워드 리틀처럼 다른 사람에게 공정하고, 유익하고, 건설적인 비판을 요청하자.

데일 카네기 자기관리론

PART 7

피로와 걱정을
예방하는
6가지 방법

SIX WAYS TO PREVENT
FATIGUE AND WORRY
AND KEEP YOUR ENERGY
AND SPIRITS HIGH

01
하루에 1시간 더
깨어 있는 방법

나는 왜 걱정을 멀리하는 법을 다루는 책에서 피로 예방법에 대한 장을 쓰고 있을까? 그 이유는 단순하다. 피로는 자주 걱정을 낳고, 적어도 걱정에 취약하게 만들기 때문이다. 모든 의대생은 피로가 감기와 다른 수백 가지 질병에 대한 저항력을 낮춘다고 말할 것이다. 모든 정신과 의사는 피로가 두려움과 걱정에 대한 저항력도 낮춘다고 말할 것이다. 그래서 피로 예방이 걱정을 예방하는 경향이 있다.

경향이 있다고? 이건 약한 표현이다. 에드먼드 제이콥슨Edmund Jacobson 박사는 훨씬 더 나간다. 그는 《점진적 이완Progressive Relaxation》, 《긴장을 풀어야 한다You Must Relax》 등 긴장 완화에 관한 책을 쓰고, 시카고대학교 임상생리학연구소Laboratory for Clinical Physiology 소장으로서 이완을 치료법으로 활용하는 방법을 연구하는 데 오랜 시간을 들였다. 제이콥슨 박사는 어떤 긴장이나 감정적 상태도 "완전히 이완되면 존재할 수 없다"고 밝힌다. 달리 말해 이완되면 계속 걱정할 수 없다는 것이다.

따라서 피로와 걱정을 예방하기 위한 첫 번째 원칙은 이것이다.

'자주 쉬어라. 지치기 전에 쉬어라.'

이것이 왜 중요할까? 피로는 놀랍도록 빠르게 쌓이기 때문이다. 미 육군은 거듭된 실험을 통해 오랜 훈련으로 단련된 젊은 사람조차 매시간 10분 동안 군장을 내려놓고 쉬면 행군을 훨씬 잘하고 오래 버틸 수 있다는 사실을 발견했다. 그래서 육군은 병사들이 강제로 휴식을 취하게 만든다. 당신의 심장은 미 육군만큼 똑똑하다. 당신의 심장은 매일 유조차를 채울 수 있을 만큼 혈액을 뿜어낸다. 석탄 20톤을 약 1미터 높이 단에 퍼 올릴 수 있는 에너지도 발산한다. 이 놀라운 일을 50년, 70년 어쩌면 90년 동안 해낸다. 심장은 어떻게 버틸까? 하버드 의과대학교 월터 캐넌Walter B. Cannon 박사가 그 원인을 설명한다. "사람들은 심장이 항상 일하는 줄 알지만, 수축할 때마다 명확한 휴식기가 있다. 분당 70회씩 적당한 속도로 뛰는 경우, 심장은 24시간 중에서 9시간 동안 일한다. 총 휴식기는 하루 15시간에 이른다."

처칠은 제2차 세계대전 때 60대 후반에서 70대 초반이었다. 그럼에도 몇 년 동안 하루 16시간씩 일하며 대영제국의 전쟁을 이끌었다. 대단한 기록이다. 비결이 뭘까? 그는 매일 오전 11시까지 침대에서 문서를 읽고, 명령하고, 전화를 걸고, 중요한 회의를 주재했다. 점심을 먹은 뒤에는 한 시간 동안 잤다. 저녁에도 8시에 식사하기 전에 두 시간을 더 잤다. 그는 피로를 치료하지 않았다. 피로를 예방해서 그럴 필요가 없었다. 자주 쉬었기에 자정이 한참 지나도록 생생하게 일할 수 있었다.

존 록펠러는 두 가지 특별한 기록을 세웠다. 그는 그때까지 세상에서 가장 많은 부를 축적했고, 98세까지 살았다. 어떻게 그럴 수 있었을까? 물론 주요인은 장수 유전자를 물려받았기 때문이다. 또 다른 요인은 매일 정오에 사무실에서 30분 동안 낮잠을 자는 습관이다. 사무실 소파에서 낮잠을 잤는데, 그 시간에는 미국 대통령조차 그와 통화할 수 없었다.

대니얼 조슬린Daniel W. Josselyn은 《피로한 이유Why Be tired?》라는 훌륭한 책에서 말한다. "휴식은 아무 일도 하지 않는 것이 아니다. 휴식은 회복이다." 짧은 휴식은 엄청난 회복력을 발휘한다. 심지어 낮잠을 5분만 자도 피로 예방에 도움이 된다. 야구계의 원로 코니 맥은 경기를 앞두고 오후에 낮잠을 자지 않으면 5회 무렵부터 완전히 지친다고 말했다. 반대로 5분이라도 자두면 하루 두 번 시합을 해도 전혀 피로를 느끼지 않았다고 한다.

나는 엘리너 루스벨트에게 백악관에 머무른 12년 동안 대단히 힘든 일정을 수행한 원동력이 있는지 물었다. 그녀는 사람들을 만나거나 연설하기 전에 자주 의자나 소파에 앉아 눈을 감고 20분 동안 긴장을 풀었다고 했다.

나는 최근 매디슨스퀘어가든의 대기실에서 진 오트리를 인터뷰했다. 그는 거기서 열리는 로데오 세계 챔피언십의 스타였다. 나는 대기실에서 야전침대를 발견했다. 진 오트리가 말했다. "매일 오후에 저기 누워서 공연 사이에 한 시간 동안 낮잠을 자요. 할리우드에서 영화를 찍을 때도 자주 대형 안락의자에 누워 하루 두세 번 10분씩 낮잠을 자고요. 그러면 기운을 얻는 데 크게 도움이 됩니다."

에디슨은 원할 때마다 자는 습관 덕분에 엄청난 에너지와 지구력을 발휘할 수 있었다고 말했다.

나는 80세 생일을 앞둔 헨리 포드와 인터뷰했다. 그가 놀라울 만큼 생생해 보여서 비결이 뭔지 물었다. "앉을 수 있을 때 절대 서지 않고, 누울 수 있을 때 절대 앉지 않아요."

'미국 공교육의 아버지' 호러스 맨Horace Mann도 나이가 들면서 헨리 포드와 같았다. 그는 안티오크대학 총장으로 재직할 때 소파에 누워 학생들을 면담하곤 했다.

나는 한 영화감독에게 이 방법을 시도해보라고 설득했다. 그는 기적 같은 효과를 봤다고 털어났다. 현재 MGM의 정상급 감독 중 하나인 잭 처톡Jack Chertok은 몇 년 전 나를 보러 왔을 때, 단편영화 부서 책임자였다. 피로에 시달린 그는 강장제와 비타민, 약을 복용했지만, 크게 도움이 되지 않았다. 나는 매일 휴가를 가라고 제안했다. 사무실에서 소속 작가들과 회의할 때 소파에 누워 긴장을 푸는 방법을 알려줬다.

2년 뒤 다시 만났을 때 그가 말했다. "기적이 일어났어요. 주치의가 그러더라고요. 이전에는 단편영화 아이디어를 논의할 때 의자에 똑바로 앉아 긴장한 자세를 취했는데, 지금은 소파에 누워서 해요. 그랬더니 지난 20년 동안보다 몸이 가뿐해요. 하루에 두 시간씩 더

데일 카네기 자기관리론

일해도 지치는 때가 드물어요."

이 모든 방법을 어떻게 적용할 수 있을까? 당신이 속기사라면 에디슨이나 샘 골드윈Sam Goldwyn처럼 사무실에서 낮잠을 잘 수 없다. 당신이 회계사라면 소파에 누워 상사와 재무재표를 논의할 수 없다. 그래도 당신이 소도시에 살고 집에서 점심을 먹는다면 식사 후 10분 동안 낮잠을 잘 수 있을 것이다. 조지 마셜George C. Marshall 장군은 전시에 미 육군을 지휘하느라 너무 바빠 정오에 휴식을 취해야 한다고 생각했다. 당신이 50대 이상이고 너무 바쁘게 산다고 생각하면 즉시 들 수 있는 모든 생명보험에 가입하라. 요즘은 장례식 비용이 많이 들고, 갑작스럽게 장례가 치러진다. (설상가상으로 당신의 아내는 보험금을 타서 젊은 남자와 결혼하고 싶을지도 모른다.)

정오에 낮잠을 잘 수 없다면 적어도 저녁 식사 전에 한 시간 동안 누워 쉬려고 할 수 있다. 이 방법은 하이볼보다 저렴하고, 장기적으로 5467배 더 효과적이다. 5~7시쯤 한 시간 동안 자면 깨어 있는 시간을 한 시간 늘릴 수 있다. 왜? 어떻게? 저녁 식사 전에 한 시간, 밤에 여섯 시간, 총 일곱 시간을 자는 게 밤에 여덟 시간을 이어서 자는 것보다 도움이 되기 때문이다.

육체노동을 하는 사람은 휴식 시간을 늘리면 더 많이 일할 수 있다. 프레더릭 테일러Frederick W. Taylor는 베들레헴스틸에서 과학 경영 엔지니어로 일할 때 그 사실을 증명했다. 그가 관찰한 바에 따르면, 노동자는 하루에 선철 약 12.5톤을 화물열차에 싣고 정오가 되면 지쳤다. 그는 피로를 유발하는 모든 요인을 과학적으로 분석했다. 그 결과 노동자 한 사람이 하루에 12.5톤이 아니라 47톤을 옮길 수 있다는 사실이 드러났다! 그는 노동자들이 네 배에 가까운 작업량을 소화해도 지치지 말아야 한다고 생각했다. 하지만 증명이 필요했다.

테일러는 슈미트라는 노동자의 작업 과정을 스톱워치로 측정하게 했다. 담당 직원은 스톱워치를 들고 슈미트에게 "이제 선철을 들고 걸으세요. … 이제 앉아서 쉬세요. … 이제 걸으세요. … 이제 쉬세요"라고 말했다.

무슨 일이 생겼을까? 다른 사람이 하루에 선철 12.5톤을 옮길 때 슈미트는 47톤을 옮겼다. 게다가 프레더릭 테일러가 일한 3년 동안 같은 속도를 유지하지 못한 적이 한 번도 없다. 지치기 전에 쉬었기 때문이다. 그는 한 시간에 약 26분 일하고 34분을 쉬었다. 즉 일하는 시간보다 쉬는 시간이 많은데, 다른 직원들보다 거의 네 배나 많이 옮겼다. 이건 단순한 주장이 아니다. 테일러가 쓴《과학적 관리의 원칙The Principles of Scientific Management》에서 그 기록을 볼 수 있다.

다시 말한다. 육군이 하는 대로 자주 쉬어라. 심장이 하는 대로 지치기 전에 쉬어라. 그러면 하루에 한 시간 더 깨어 있을 수 있다.

데일 카네기 자기관리론

02

지치게 만드는 요인과
그에 대응하는 방법

놀랍고도 중요한 사실이 하나 있다. 정신노동만으로는 지칠 수 없다. 이는 이상한 말처럼 들리겠지만 몇 년 전 과학자들은 인간의 뇌가 피로의 과학적 정의인 '작업 능력 감소 상태'에 이르지 않고 얼마나 오래 일할 수 있는지 파악하려 시도했다. 놀랍게도 활성화된 뇌를 지나는 혈액에서 피로 지표가 전혀 확인되지 않았다. 작업 중인 일용 노동자에게서 채취한 혈액은 '피로 독소'와 피로 물질로 가득하다. 반면 아인슈타인 같은 사람의 뇌에서 채취한 혈액에선 일과가 끝나도 피로 독소가 나오지 않을 것이다.

뇌는 "여덟 시간, 심지어 열두 시간 동안 노동한 뒤에도 시작할 때처럼 원활하게" 작동할 수 있다. 뇌는 전혀 지치지 않는다. 그러면 무엇이 당신을 지치게 만들까?

정신의학자들은 피로가 대부분 정신적, 감정적 태도에서 기인한다고 주장한다. 영국의 정신의학자 제임스 해드필드는《힘의 심리학》에서 말한다.

"우리가 시달리는 피로는 많은 부분 정신적인 측면에서 기인한다. 순전히 육체적인 측면에서 기인한 피로는 드물다."

미국의 정신의학자 에이브러햄 브릴은 한 발 더 나간다.

"건강한 사무직 노동자가 느끼는 피로는 100퍼센트 심리적 요인, 즉 감정적 요인에 따른 것이다."

어떤 감정적 요인이 사무직(혹은 앉아서 일하는) 노동자를 피로하게 만들까? 기쁨? 만족? 아니다, 전혀 그렇지 않다. 권태와 분노, 인정받지 못한다는 느낌, 허무감, 조바심, 불안, 걱정이 사무직 노동자를 피곤하게 만들고, 감기에 잘 걸리게 하고, 생산성을 떨어뜨리고, 신경성 두통에 시달리며 집에 가게 만드는 감정적 요인이다. 그렇다. 우리는 감정이 신체에서 신경성 긴장을 만들기 때문에 피곤해진다.

메트로폴리탄생명보험은 피로에 대한 소책자에서 이렇게 지적했다. "힘든 일이 숙면이나 휴식으로 풀 수 없는 피로를 초래하는 경우는 드물다. … 걱정, 긴장, 감정적 동요가 피로의 세 가지 최대 요인이다. 신체적, 정신적 작업이 원인처럼 보이지만, 사실 이 요인 때문인 경우가 많다. … 경직된 근육은 노동 중이라는 사실을 명심하라. 긴장을 풀어라! 중요한 일을 위해 기운을 아껴라."

지금 당신이 있는 자리에서 모든 걸 멈추고 자신을 점검하라. 이 부분을 읽는 동안 얼굴을 찌푸리는가? 미간을 좁히는가? 의자에 편하게 앉아 있나, 아니면 어깨를 움츠리고 있나? 얼굴 근육이 경직됐는가? 몸 전체가 오래된 봉제 인형처럼 축 늘어지지 않으면 이 순간 신경과 근육이 긴장하는 것이다. 신경성 긴장과 피로를 초래하고 있다는 말이다.

정신적 작업을 할 때 왜 불필요한 긴장을 할까? 조슬린 박사는 말한다. "주된 장애물은 열심히 일하려면 노력한다는 느낌이 필요하고, 그렇지 않으면 잘한 게 아니라는 거의 보편적인 믿음이다." 그래서 우리는 집중할 때 미간을 좁히고 어깨를 움츠린다. 뇌가 일하는 데 전혀 도움이 되지 않는 근육을 노력하는 상태로 만든다.

놀랍고도 비극적인 진실이 있다. 절대 돈을 낭비하지 않을 수많은 사람이 싱가포르의 술 취한 선원처럼 무모하게 기운을 허비한다.

신경성 피로에 대응하는 방법은 뭘까? 긴장을 풀어라. 일하는 동안 긴장을 푸는 법을 배워라.

쉽지 않다. 평생의 습관을 고쳐야 할 수도 있다. 그래도 노력할 가치는 있다. 당신의 삶을 뒤바꿀지도 모르니 말이다. 윌리엄 제임스는 《이완의 복음The Gospel of Relaxation》에서 말했다. "미국인의 지나친 긴장과 발작성, 헐떡임, 강렬함, 격렬하고 고통스러운 표정은 나쁜 습관일 뿐이다." 긴장과 이완은 습관이다. 나쁜 습관은 버릴 수 있고, 좋은 습관은 기를 수 있다.

당신은 어떻게 긴장을 푸는가? 마음에서 시작하는가, 신경에서 시작하는가? 둘 다 아니다. 언제나 근육 이완에서 시작해야 한다.

한번 해보자. 그 방법을 보여주기 위해 눈부터 시작하자. 이 문단을 끝까지 읽은 다음 의자에 기대어 눈을 감고 눈에게 조용히 말하라. "느슨해져라. 느슨해져라. 긴장하지 마라. 찌푸리지 마라. 느슨해져라. 느슨해져라." 이 말을 1분 동안 아주 천천히 반복하라.

몇 초 후 눈의 긴장이 명령을 따르는 게 느껴지지 않는가? 어떤 손이 긴장을 쓸어 간 것 같지 않은가? 믿기 어렵겠지만 당신은 이 1분으로 긴장 완화법의 모든 열쇠와 비결을 체험했다. 턱, 얼굴 근육, 목, 어깨, 몸 전체에 같은 방법을 쓸 수 있다. 가장 중요한 부위는 눈이다. 시카고대학교 에드먼드 제이콥슨 박사는 심지어 눈의 근육이 완전히 이완되면 모든 문제를 잊을 수 있다고 말했다. 눈이 신경성 긴장을 완화하는 데 그토록 중요한 까닭은 몸이 소모하는 전체 신경 에너지의 4분의 1을 소모하기 때문이다. 시력이 아주 좋은 사람도 '눈의 피로'에 시달리는 까닭이 여기에 있다. 그들은 눈을 긴장시켰다.

유명 소설가 비키 바움Vicki Baum은 어릴 때 대단히 중요한 교훈을 배웠다고 한다. 그녀는 길에서 넘어져 무릎과 손목을 다쳤다. 한 노인이 그녀를 일으켜 세웠다. 과거 서커스단의 광대였던 그는 그녀의 옷을 털어주며 말했다. "네가 다친 건 몸의 긴장을 푸는 법을 몰라서야. 낡고 구겨진 양말처럼 축 늘어져야 해. 이리 와. 어떻게 하는지 보여줄게."

노인은 비키 바움과 다른 아이들에게 넘어지는 방법, 공중제비를 도는 방법, 재주넘는 방법을 알려주며 말했다. "네 몸이 낡고 구겨진 양말과 같다고 생각해. 그리고 긴장을 풀어!"

어디에 있든 거의 모든 곳에서 잠깐씩 긴장을 풀 수 있다. 다만 긴장을 풀려고 억지로 애쓰지 마라. 이완 상태에서는 긴장과 노력이 전혀 없어야 한다. 휴식과 이완을 생각하라. 눈과 얼굴의 근육이 이완

되는 생각부터 시작하라. "느슨해져라. 느슨해져라. 느슨해지고 이완하라"라고 거듭 말하라. 얼굴 근육에서 몸 중심으로 기운이 흘러가는 것을 느껴라. 아기처럼 긴장에서 해방됐다고 생각하라.

이것이 위대한 소프라노 갈리쿠르치Amelita Galli-Curci가 사용한 방법이다. 헬렌 젭슨은 공연 전에 갈리쿠르치가 의자에 앉아 모든 근육을 이완하고, 입이 벌어질 만큼 턱에 힘을 빼는 걸 봤다고 말했다. 이는 아주 좋은 습관으로, 무대에 입장하기 전에 긴장하지 않게 하고 피로를 막아줬다.

다음은 긴장을 푸는 법을 익히는 데 도움이 될 다섯 가지 제안이다.

첫째, 데이비드 핑크David Harold Fink 박사가 쓴 《신경성 긴장 해소Release from Nervous Tension》를 읽어라. 이 주제와 관련된 최고의 책이다.

둘째, 잠깐씩 긴장을 풀어라. 몸을 낡은 양말처럼 축 늘어뜨려라. 나는 일할 때 긴장을 풀어야 한다는 걸 떠올리려고 책상 위에 낡은 적갈색 양말을 둔다. 양말이 없으면 고양이도 괜찮다. 양지에서 자는 새끼 고양이를 들어본 적이 있는가? 머리와 꼬리 쪽이 젖은 신문처럼 축 늘어진다. 인도의 요가 수행자도 긴장 완화법을 터득하고 싶으면 고양이를 관찰하라고 말한다. 나는 지친 고양이나 신경쇠약에 걸린 고양이, 불면증이나 걱정, 위궤양에 시달리는 고양이를 본 적이 없다. 당신도 고양이처럼 긴장을 푸는 방법을 익히면 이런 문제를 피할 수 있을 것이다.

셋째, 최대한 편한 자세로 일하라. 몸의 긴장은 어깨 결림과 신경성 피로를 유발한다는 사실을 기억하라.

넷째, 하루에 네다섯 번씩 자신을 점검하면서 자문하라. "일을 필요 이상으로 힘들게 만드는가? 지금 하는 일과 아무 관련 없는 근육을 쓰고 있는가?" 이는 긴장을 푸는 습관을 기르는 데 도움이 된다. 핑크 박사는 말한다. "심리학을 잘 아는 사람 세 명 가운데 두 명은 이런 습관이 있다."

다섯째, 일과를 마치고 자신을 점검하면서 자문하라. "얼마나 지친 상태인가? 지쳤다면 정신노동 때문이 아니라 작업 방식이 잘못됐기 때문이다." 조슬린 박사는 말한다. "저는 일과를 마치고 얼마나 지치지 않았는지를 기준으로 성과를 측정합니다. 일과 후 심한 피로를 느끼거나, 신경이 곤두서서 짜증이 나면 질과 양에서 비효율적인 하루를 보냈다는 걸 알 수 있습니다." 모든 사업가가 이 교훈을 얻는다면 '고혈압'에 따른 사망률이 하루아침에 낮아질 것이다. 피로와 걱정으로 무너진 사람들이 요양원과 정신병원 신세를 지는 일도 줄어들 것이다.

03

주부가 피로를 피하고
젊게 보이는 방법

어느 늦은 가을날, 동료가 세상에서 가장 특이한 의학 강좌에 참석하기 위해 보스턴으로 날아갔다. 일주일에 한 번 보스턴진료소에서 열리는 이 강좌에 참석하는 환자는 입원하기 전에 철저한 검진을 받는다. 사실 이 강좌는 심리 클리닉이다. 공식적으로는 응용심리학 강좌로 불린다(이전에는 초기 멤버가 제안한 '사고 조절 강좌Thought Control Class'로 불렸다). 그러나 진정한 목적은 걱정 때문에 병에 걸린 사람을 치료하는 것이다. 환자 중 다수는 정서장애에 시달리는 주부다.

이 강좌가 어떻게 시작됐을까? 윌리엄 오슬러 경의 제자 조지프 프랫Joseph H. Pratt 박사는 1930년, 보스턴진료소에 오는 많은 외래 환자가 신체적으로 아무런 문제가 없다는 사실을 알게 됐다. 하지만 그들은 온갖 신체적 증상을 보였다. 한 여성은 심한 관절염으로 손을 아예 쓰지 못했다. 다른 여성은 위암의 모든 고통스러운 증상에 괴로워했다. 요통이나 두통, 만성피로, 희미한 통증에 시달리는 여성들도 있었다. 그들은 모두 통증을 느꼈지만, 아무리 철저하게 검진해도 신체적 이상이 보이지 않았다. 많은 구세대 의사는 이런 경우 '마음의 병'이라고 했을 것이다.

프랫 박사는 이 환자들에게 잊어버리고 집으로 돌아가라고 말해도 아무 소용이 없다는 걸 알았다. 아프고 싶은 사람은 없으니, 대다수 여성 환자는 질병을 쉽게 잊어버릴 수 있다면 그렇게 했을 것이다. 그러면 어떻게 해야 할까?

그는 의료계 인사들이 하나같이 의구심을 드러내는 가운데 강좌를 열었다. 이것이 기적을 일으켰다! 개설 이후 18년 동안 수천 명이 강좌에 참석해 치료를 받았다. 일부 환자는 몇 년 동안 마치 교회에 가듯 성실히 강좌에 참석했다. 동료는 9년 넘게 거의 빠진 적이 없는 여성과 이야기를 나눴다. 그녀는 처음 클리닉에 갔을 때, 자신이 신장과 심장 질환에 걸렸다고 확신했다. 그녀는 너무나 걱정하고 긴장한 나머지 가끔 시력을 잃어서 앞을 보지 못하는 때도 있었다. 하지만 지금은 자신감에 넘치고, 유쾌하며, 아주 건강해서 손주가 있는데도 40대로 보였다. 그녀는 자신의 무릎에 앉아 잠든 손주를 안은 채 말했다.

"가족 문제로 심하게 걱정했어요. 차라리 죽고 싶을 정도였죠. 하지만 이 강좌에서 걱정이 쓸모없다는 것과 걱정을 멈추는 법을 배웠어요. 이제는 제 삶이 평온하다고 정직하게 말할 수 있어요."

이 강좌의 의료 자문을 맡은 로즈 힐퍼딩Rose Hilferding 박사는 걱정을 덜어내는 가장 좋은 방법은 신뢰하는 사람에게 문제를 털어놓는 것이라고 말했다. "거기서 얻는 걸 카타르시스라고 불러요. 이 강좌에 온 환자들은 마음에서 근심을 털어낼 때까지 자신의 문제에 관해 길게 이야기할 수 있어요. 혼자 근심하고 마음속에 담아두는 건 심한 신경성 긴장을 초래해요. 우리는 모두 근심과 걱정을 나눠야 해요. 세상에는 기꺼이 귀 기울이고 이해해주는 누군가가 있다는 걸 느껴야 해요."

동료는 한 여성이 근심을 털어놓으며 큰 위안을 얻는 모습을 봤다. 그녀는 집안 문제로 걱정했다. 처음 이야기를 시작할 때만 해도 한껏 눌린 스프링 같았다. 그러다가 이야기를 이어가면서 점차 차분해졌고, 인터뷰 말미에는 미소 지었다. 문제가 해결돼서 그럴까? 아니다. 그렇게 간단한 문제가 아니었다. 다른 사람에게 근심을 털어놓고 약간의 조언과 인간적 공감을 얻었기에 변화가 일어난 것이다. 변화를 일으킨 건 말에 잠재된 엄청난 치유력이다.

정신분석은 일정 부분 말의 치유력을 기반으로 한다. 프로이트 시대 이후 정신분석가들은 환자가 말하는 것만으로 내면의 불안에서 벗어날 수 있다는 사실을 알게 됐다. 왜 그럴까? 우리가 말함으로써 문제를 바라보는 조금 더 나은 시각과 관점을 얻기 때문일 것이다. 아무도 완전한 답을 알지 못한다. 그래도 우리는 고민을 '토로하고 마음에서 털어내는 것'이 거의 즉각적인 위안을 준다는 사실을 안다.

그러니 앞으로 감정적 문제가 생기면 이야기할 사람을 찾아보는 게 어떨까? 눈에 보이는 모든 사람에게 하소연하고 불평하면서 성가신 존재가 되라는 말이 아니다. 신뢰할 수 있는 사람이 누구인지 판단하고 약속을 정하라. 그 사람은 친척일 수도, 의사일 수도, 변호사일 수도, 목사일 수도, 신부일 수도 있다. 그 사람에게 말하라.

"조언을 얻고 싶습니다. 고민이 있어요. 제 이야기를 들어주셨으면 합니다. 당신은 제게 조언을 해줄 수 있을지도 모르고, 제가 보지 못한 측면을 볼 수 있을지도 몰라요. 설령 그렇지 않더라도 그냥 제 이야기를 들어주는 것만으로 큰 도움이 될 거예요."

진정으로 이야기할 사람이 아무도 없다고 느껴진다면 구조연합 Save-a-Life League을 소개한다. 이 단체는 보스턴진료소와 아무 관련이 없으며, 원래 자살 예방을 목적으로 설립했다. 그러다가 시간이 지나면서 불행하고 정서적 도움이 필요한 사람을 상담해주는 것으로 활동 범위를 넓혔다. 나는 이 단체로 조언을 구하러 온 사람들을 면담한 로나 보넬과 한동안 대화를 나눴다. 그녀는 이 책의 독자들이 보내는 편지에 기꺼이 답장하겠다고 말했다. 이 단체의 주소는 뉴욕 5번가 505번지다. 당신이 보내는 편지와 내용은 비밀리에 엄격히 관리될 것이다. 나는 가능하면 직접 만나서 이야기할 수 있는 사람을 찾으라고 조언하고 싶다. 그게 훨씬 많은 위안이 되기 때문이다. 하지만 그게 불가능하면 이 단체에 편지라도 써보자.

고민을 이야기하는 것은 보스턴진료소 강좌에서 사용하는 핵심 요법 중 하나다. 그 외에도 이 강좌에서 우리가 얻은 몇 가지 아이디어가 있다. 이는 주부들이 집에서 시도할 수 있다.

첫째, '마음을 북돋는' 글귀를 모으는 공책이나 스크랩북을 만들어라. 여기에 개인적으로 끌리고 힘이 되는 모든 시나 짧은 기도문, 인용구를 붙이면 비 오는 오후나 마음이 울적할 때마다 우울한 기분을 떨치는 구절을 찾을 수 있을지 모른다. 보스턴진료소의 많은 환자는 오랫동안 그런 공책을 간직했다. 그들은 그 공책이 정신적 활력소가 된다고 말한다.

둘째, 다른 사람의 결함에 너무 오래 속태우지 마라. 물론 당신의 남편은 결점이 있다. 그가 성자였다면 절대 당신과 결혼하지 않았을 것이다. 강좌에 참석한 한 여성은 자신이 꾸지람과 잔소리를 해대는 초췌한 아내가 되고 있다는 걸 깨달았다. 그녀는 "남편이 죽으면 어떻게 할 건가요?"라는 질문에 정신이 번쩍 들었다. 그녀는 너무나 큰 충격을 받은 나머지 그 자리에서 남편의 모든 장점을 적었다. 그 목록은 꽤 길었다. 당신이 강압적인 폭군과 결혼했다는 생각이 들 때, 이렇게 해보면 어떨까? 남편의 장점 목록을 읽으면 그가 당신이 만나고 싶어 한 사람임을 알게 될지도 모른다.

셋째, 이웃에게 관심을 가져라. 같은 동네에 사는 사람들에게 다정하고 건강한 관심을 기울여라. 병에 걸린 한 여성은 자신이 너무나 배타적이어서 친구가 없다고 생각했다. 그녀는 앞으로 마주치는 사람들에 관한 이야기를 만들어보라는 말을 들었다. 그녀는 전차에서 본 사람들의 배경과 환경을 엮으며 그들의 삶이 어땠을지 상상하려고 애썼다. 그러자 언제부턴가 그녀는 모든 곳에서 사람들과 이야기하게 됐다. 현재 그녀는 '고통'에서 벗어나 행복하고, 기민하고, 매력적인 사람으로 살아간다.

넷째, 오늘 밤 잠자리에 들기 전에 내일의 일정을 짜라. 강좌에서 확인한 바에 따르면, 많은 주부는 끝없는 가사 노동과 해야 할 일에 내몰리고 시달리는 느낌을 받았다. 그들의 일은 아무리 해도 끝나지 않았다. 그들은 시간에 쫓겼다. 이런 조바심과 걱정을 없애기 위해 매일 밤 이튿날의 일정을 짜라고 제안했다. 그 결과 무슨 일이 생겼을까? 더 많은 일을 할 수 있었고, 피로가 훨씬 덜했으며, 자부심과 성취감이 생겼다. 심지어 휴식하고 자신을 꾸밀 시간이 남았다.

다섯째, 긴장을 풀고 피로를 피하라. 긴장과 피로만큼 사람을 빨리 늙어 보이게 만드는 것은 없다. 생기와 외모에 그토록 큰 피해를 주는 것은 없다. 내 동료는 보스턴진료소 강좌의 책임자 폴 존슨Paul E. Johnson 교수가 한 시간 동안 앞서 논의한 많은 원칙을 설명하는 것을 들었다. 주된 내용은 긴장 이완을 위한 규칙이었다. 그녀는 다른 참가자들과 같이 10분간 이완 운동을 한 다음, 의자에 똑바로 앉은 채로 거의 잠들 뻔했다. 신체적 이완을 그토록 강조하는 이유가 뭘까? 해당 클리닉 의사들은 다른 의사들과 마찬가지로 걱정을 없애려면 이완이 필요하다는 사실을 알기 때문이다.

그렇다. 주부는 이완이 필요하다. 그들은 언제든 원할 때 누울 수 있다. 그것도 바닥에 말이다. 이상하게 들릴지 몰라도 푹신한 침대보다 딱딱한 바닥이 긴장을 풀기에 낫다. 더 단단하게 받쳐주기 때문에 척추에 좋다.

집에서 할 수 있는 몇 가지 운동을 알려주겠다. 일주일 동안 해보고 외모와 기분에 어떤 영향을 미치는지 확인하라.

....

- 피곤하다고 느낄 때마다 바닥에 누워라. 최대한 몸을 늘려라. 원한다면 바닥을 굴러라. 하루에 두 번씩 하라.

- 눈을 감아라. 존슨 교수가 추천한 대로 말해보라. "해가 머리 위에서 빛나고 있다. 하늘은 푸르고 눈부시다. 자연은 고요하고 세상을 다스린다. 나는 자연의 아이로서 우주와 조화를 이룬다." 기도하면 더 좋다.

- 요리하는 중이라 짬을 낼 수 없다면 의자에 앉아도 거의 같은 효과를 얻을 수 있다. 딱딱하고 곧은 의자가 긴장 완화에 가장 좋다. 이집트 석상처럼 똑바로 앉아 손바닥을 아래로 해서 허벅지에 올려라.

- 발가락에 천천히 힘을 줬다가 빼라. 다리 근육에도 힘을 줬다가 빼라. 이런 식으로 목에 이를 때까지 몸의 모든 근육을 조였다가 풀어라. 그다음 머리를 축구공처럼 무겁게 굴려라. (앞 장에서 한 대로) 근육에게 계속 말하라. "느슨해져라. 느슨해져라."

- 느리고 일정한 호흡으로 신경을 안정하라. 심호흡하라. 인도의 요가 수행자들이 한 말은 옳다. 규칙적인 호흡은 신경을 다독이는 가장 좋은 방법이다.

- 얼굴의 주름살과 찌푸린 인상을 생각하고 모두 부드럽게 펴라. 미간과 입꼬리에서 느껴지는 걱정 주름을 느슨하게 만들어라. 이를 하루에 두 번씩 하라. 그러면 마사지하러 미용실에 갈 필요가 없어질지도 모른다. 주름살이 안에서부터 없어질지도 모른다.

....

04

피로와 걱정을 예방하는
4가지 업무 습관

좋은 업무 습관 1. 당면한 문제와 관계없는 서류를 모두 책상에서 치워라

시카고앤드노스웨스턴철도의 롤런드 윌리엄스Roland L. Williams 대표는 말한다.

"책상에 각종 서류를 높이 쌓아둔 사람은 당면한 문제와 관계없는 서류를 치우면 일이 훨씬 쉽고 정확해질 것이다. 나는 이를 훌륭한 정리 정돈이라 부른다. 정리 정돈은 효율성을 높이는 첫걸음이다."

워싱턴 D.C.에 있는 의회도서관 천장에 시인 포프Alexander Pope의 시구가 있다. "질서는 천국의 첫째 법칙이다." 질서는 비즈니스의 첫째 법칙이기도 하다. 실제로는 그렇지 않다. 일반적인 사업가의 책상은 몇 주 동안 보지도 않은 서류로 어지럽다. 뉴올리언스의 한 신문사 발행인은 비서가 자신의 책상을 청소하다가 2년 동안 찾지 못한 타자기를 찾아냈다고 말했다.

책상이 답장하지 못한 편지와 보고서, 쪽지로 가득한 광경은 그 자체로 혼란과 긴장, 걱정을 유발하기에 충분하다. 그보다 훨씬 나쁜 영향도 미친다. '할 일은 많은데 시간이 없다'는 사실을 계속 떠올리다 보면 걱정이 긴장과 피로는 물론 고혈압, 심장병, 위궤양까지 초래할 수 있다.

펜실베이니아대학교 의과대학원 교수인 존 스토크스John H. Stokes 박사는 미국의학협회에서 〈장기臟器 질환 합병증으로서 기능성 신경증〉이라는 논문을 발표했다. 그는 이 논문에서 '환자의 심리 상태에서 살펴야 할 점'이라는 제목으로 열한 가지 상태를 나열했다. 다음은 그 첫 번째 항목이다.

"반드시 해야 한다는 인식이나 의무감; 할 일이 끝없이 펼쳐진 것."

책상을 치우고 결정하는 것 같은 기초적인 절차가 고혈압, 반드시 해야 한다는 인식, '할 일이 끝없이 펼쳐진' 느낌을 피하는 데 도움을 줄까? 유명한 정신과 의사 윌리엄 새들러William L. Sadler는 이 간단한 조언으로 신경쇠약을 피한 환자의 이야기를 들려준다. 시카고에 있는 대기업 임원인 그는 긴장과 불안, 걱정에 시달리다 새들러 박사를 찾아왔다. 그는 자신이 무너질 위기에 있다는 걸 알면서도 일을 그만둘 수 없기에 도움이 필요했다. 다음은 새들러 박사가 들려준 이야기다.

....

그 환자가 이야기하는 동안 전화가 울렸습니다. 병원에서 온 전화였죠. 저는 미루지 않고 바로 결정했습니다. 저는 항상 가능하면 그 자리에서 문제를 해결합니다. 통화를 끝내자마자 다시 전화가 울렸습니다. 이번에도 시급한 문제였고, 저는 시간을 들여서 논의했습니다. 동료가 제 진료실에 들어와 위독한 환자에 대한 조언을 구하면서 진료가 세 번째로 중단됐습니다. 동료와 이야기하고 환자를 보며 기다리게 해서 미안하다고 사과했습니다. 하지만 그는 밝아졌고, 얼굴이 완전히 달라 보였습니다.

....

그 환자가 새들러에게 말했다. "사과하실 필요 없어요! 지난 10분 동안 저한테 무엇이 문제였는지 감을 잡았어요. 이제 사무실로 돌아가 업무 습관을 고칠 겁니다. 그전에 선생님의 책상을 살펴봐도 되겠습니까?"

새들러 박사는 책상 서랍을 열어 보여줬다. 사무용품 외에는 아무것도 없었다. 그 환자는 "처리하지 않은 서류는 어디에 두시나요?"라고 물었다.

"다 처리했어요!"

"답장을 보내지 않은 편지는요?"

"없어요. 답장하기 전에는 편지를 내려놓지 않는 게 원칙이에요. 그 자리에서 비서에게 답장을 불러줍니다."

6주 후, 그 환자가 새들러 박사를 자기 사무실로 초대했다. 그는 달라졌다. 그의 책상도 마찬가지다. 책상 서랍을 열어 처리하지 않은 서류가 없다는 걸 보여줬다.

"6주 전까지 두 사무실에서 책상 세 개를 썼어요. 항상 일에 짓눌

데일 카네기 자기관리론

렸죠. 일이 끝난 적이 없었어요. 선생님과 이야기를 나누고 한 트럭이나 되는 보고서와 오래된 서류를 치웠어요. 이제 한 책상에서 일하고, 일이 생기는 대로 처리해요. 처리하지 않은 서류가 산더미같이 쌓여 저를 괴롭히고 긴장과 걱정에 빠지도록 두지 않았어요. 무엇보다 놀라운 건 제가 완전히 회복됐다는 사실입니다. 건강에 아무 문제가 없어요."

미국 대법원장을 지낸 찰스 에번스 휴스Charles Evans Hughes는 말했다.

"사람은 과로로 죽는 게 아니라 에너지 낭비와 걱정으로 죽는다."

사람은 에너지 낭비와 일이 도무지 끝나지 않을 것 같은 걱정 때문에 죽는다.

좋은 업무 습관 2. 중요한 순서대로 일하라

전국적인 규모의 시티스서비스컴퍼니를 설립한 헨리 도허티는 아무리 급여를 많이 줘도 찾기 어려운 두 가지 능력이 있다고 말했다. 바로 생각하는 능력과 중요한 순서대로 일하는 능력이다.

밑바닥에서 시작해 12년 만에 펩소던트컴퍼니의 회장이 된 찰스 럭맨은 연봉 10만 달러 외에 100만 달러를 더 벌었다. 그는 헨리 도허티가 찾기 어렵다고 말한 두 가지 능력 덕분에 성공했다고 말한다. "저는 기억할 수 있는 아주 오래전부터 새벽 5시에 일어났습니다. 그 시간에는 다른 때보다 잘 생각할 수 있거든요. 그 시간에 하루를 계획합니다. 중요한 순서대로 일할 계획을 세우죠."

미국에서 가장 성공한 보험 영업인 프랭클린 베트거는 하루를 계획하기 위해 새벽 5시까지 기다리지 않았다. 그는 전날 밤에 다음 날 보험 계약을 얼마나 할지 목표를 정한다. 목표를 달성하지 못하면 미달량은 다음 날에 추가된다.

나는 오랜 경험을 통해 항상 중요한 순서대로 일하지는 못한다는 걸 안다. 그래도 중요한 일부터 하기 위한 계획을 세우는 것이 즉흥적으로 일하는 것보다 훨씬 낫다.

조지 버나드 쇼는 중요한 일부터 하는 것을 엄격한 규칙으로 삼지 않았다면 작가로서 실패하고 평생 은행원에 머물렀을 것이다. 그는 하루에 다섯 페이지를 쓴다는 계획을 세웠다. 이 계획과 그것을 실행하겠다는 끈질긴 의지가 그를 구했다. 이 계획에 자극받아 9년 동안 상심하면서도 매일 다섯 페이지씩 글을 썼다. 9년 동안 총 30달러, 하루 약 1페니밖에 벌지 못했는데도 말이다.

좋은 업무 습관 3. 문제에 직면했을 때 결정에 도움이 되는 정보가 있다면 바로 해결하라

나의 전 수강생인 허버트 하웰은 US스틸의 이사일 때 회의가 길게 이어지는 일이 잦았다고 말했다. 이사회에서 많은 문제를 논의했지만, 결정을 내리는 경우가 드물었다. 그 결과 이사들은 검토할 보고서를 한 아름씩 들고 집으로 갔다.

그는 한 번에 한 가지 문제를 다루되, 미루거나 지체하지 말고 결정을 내리자고 다른 이사들을 설득했다. 결정할 내용은 추가 정보를 요구하는 것이거나, 어떤 일을 하거나 하지 않은 것일 수 있었다. 어쨌든 다음으로 넘어가기 전에 각 문제를 결정했다. 하웰 씨는 그 결과가 놀랍고도 유익했다고 말했다. 의제 목록과 달력이 깨끗해졌다. 이사들은 보고서를 한 아름씩 들고 집에 갈 필요가 없었다. 해결하지 못한 문제를 걱정할 필요도 없었다. 이는 US스틸 이사회뿐만 아니라 우리에게도 좋은 규칙이다.

좋은 업무 습관 4. 조직하고, 위임하고, 감독하는 법을 배워라

많은 사업가가 일찍 자기 무덤을 판다. 다른 사람에게 위임하는 법을 배운 적이 없고, 모든 걸 직접 하겠다고 고집하기 때문이다. 그들은 세부적인 일을 처리하느라 혼란에 빠지고, 조바심과 걱정, 불안, 긴장에 휘둘린다. 위임하는 법을 배우기는 어렵다. 나도 그랬다. 엉뚱한 사람에게 권한을 위임하는 바람에 당할 수 있는 재난도 경험을 통해 알고 있다. 그러나 경영자는 걱정과 긴장, 피로를 피하려면 권한을 위임하는 일이 어려워도 해야 한다.

큰 사업을 일구면서 조직하고, 위임하고, 감독하는 법을 배우지 않는 사람은 대개 50대나 60대 초반에 긴장과 걱정으로 심장 질환을 앓는다. 구체적인 사례를 알고 싶으면, 지역신문의 부고란을 보라.

05

피로와 걱정, 울분을 낳는 권태를 없애는 방법

권태는 피로의 주원인 중 하나다. 속기사 앨리스는 어느 날 밤 탈진한 상태로 귀가했다. 그녀는 지쳐 보였고 실제로 그랬다. 머리가 아프고 허리 통증에 시달렸다. 너무 피곤해서 저녁도 거르고 잠자리에 들고 싶었지만, 어머니가 저녁을 먹으라고 했다. 식탁에 앉았을 때 전화벨이 울렸다. 남자 친구가 춤추러 가자고 했다. 앨리스의 눈이 반짝였다. 의욕이 솟구쳤다. 서둘러 위층으로 올라가 연푸른색 드레스를 입고 나가서는 새벽 3시까지 춤을 췄다. 집에 돌아왔을 때도 전혀 지치지 않았다. 오히려 들떠서 잠을 이루지 못했다.

앨리스는 지쳐 보이고 그렇게 행동하던 여덟 시간 전에 정말로 피곤했을까? 물론 그랬다. 그녀는 일이, 어쩌면 삶이 지루해서 지친 것이다. 세상에는 그런 사람이 아주 많다. 당신도 그중 한 명일지 모른다.

마음가짐이 신체 활동보다 피로와 훨씬 관련이 깊다는 것은 잘 알려진 사실이다. 몇 년 전, 조지프 바맥Joseph E. Barmack 박사는 《심리학 아카이브Archives of Psychology》에 권태가 피로를 유발한다는 사실을 보여주는 실험 결과를 발표했다. 실험은 참가 학생들에게 전혀 관심 없는 시험을 치르게 하는 방식이었다. 결과가 어땠을까? 학생들은 피곤하고 졸음을 느꼈으며, 두통과 눈 피로를 호소하고, 짜증을 부렸다. 일부 학생은 배탈이 나기도 했다. 이 모든 증상이 상상은 아니다. 해당 학생들에게 신진대사 검사를 진행한 결과, 지루함을 느낄 때 혈압이 떨어지고 산소 섭취량이 줄었다. 반면 일에 관심을 두고 즐거움을 느끼기 시작하는 순간, 즉시 신진대사가 활발해졌다.

우리는 흥미로운 일을 할 때 거의 지치지 않는다. 나는 최근에 캐나다 로키산맥의 루이스 호수 근처에서 휴가를 보냈다. 코럴 해안을 따라 송어 낚시를 했다. 여덟 시간 동안 내 키를 넘는 관목을 헤치고, 통나무에 걸려 넘어지고, 쓰러진 나무를 힘들게 넘었는데도 피곤하지 않았다. 흥분하고 들떴기 때문이다. 붉은 반점 송어를 여섯 마리나 잡아 성취감이 컸다. 낚시가 재미없었다면 어땠을까? 해발고도 2100미터가 넘는 곳에서 그 고생을 하느라 탈진했을 것이다.

등산처럼 힘든 활동을 할 때도 지루함이 격렬한 활동보다 사람을 훨씬 지치게 만든다. 미니애폴리스에 있는 S. H. 킹맨 은행장이 이 말을 완벽하게 보여주는 사건에 관해 이야기했다. 1943년 7월, 캐나다 정부는 캐나다알파인클럽에 웨일스 공 유격대Prince of Wales Rangers의 등반 훈련을 맡아줄 가이드를 요청했다. 킹맨 씨는 교관으로 나설 가이드 중 한 명이었다. 나이가 42~59세인 가이드들은 젊은 병사들을 데리고 빙하와 눈밭을 가로질러 장시간 등산했다. 로프와 작은 발판, 위태로운 손잡이를 이용해 높이 12미터나 되는 절벽도 올랐다. 그들은 이름 없는 여러 봉우리에 올랐다. 6주에 걸쳐 힘든 유격 훈련을 마친 상태라, 체력이 최고조에 이른 병사들도 15시간 등반이 끝나고 완전히 지쳤다.

그들의 피로가 유격 훈련에서 단련되지 않은 근육을 썼기 때문일까? 유격 훈련을 받아본 사람은 이 말도 안 되는 질문에 콧방귀를 뀔 것이다. 그들이 지친 건 등반이 지루했기 때문이다. 지친 나머지 식사도 거르고 잠든 병사도 많았다. 나이가 두세 배 많은 가이드도 지쳤다. 하지만 탈진하진 않았다. 그들은 저녁을 먹고 몇 시간 동안 그날의 경험에 관해 이야기를 나눴다. 그들이 탈진하지 않은 것은 등반이 흥미로웠기 때문이다.

컬럼비아대학교 에드워드 손다이크Edward Thorndike 박사는 피로에 관한 실험을 했다. 청년들에게 흥미를 유발하는 방식으로 거의 일주일 동안 깨어 있게 한 것이다. 그는 많은 연구 끝에 "권태가 생산성을 떨어뜨리는 유일하고도 실제적인 원인"이라고 말했다.

당신이 정신노동자라면 업무량 때문에 지치는 경우는 드물다. 오히려 하지 않은 일 때문에 지칠 수 있다. 계속 일을 방해받은 지난주를 생각해보라. 답장하지 못한 편지, 지켜지지 않은 약속, 여기저기서 생긴 문제 등 그날은 모든 일이 뒤죽박죽이고 당신은 아무런 성과도 내지 못했다. 지쳐서 깨질 듯한 두통에 시달리며 집에 갔다.

다음 날에는 모든 일이 잘 풀렸다. 당신은 전날보다 40배나 많은 성과를 이루고, 갓 피어난 꽃처럼 생생한 상태로 집에 갔다. 누구나 그런 경험이 있다.

　여기서 얻을 수 있는 교훈은 뭘까? 피로는 일이 아니라 걱정, 짜증, 울분에서 생기는 경우가 많다는 것이다.

　나는 이 장을 쓰는 동안 제롬 컨Jerome Kern의 유쾌한 뮤지컬 코미디 〈쇼 보트Show Boat〉 재공연을 보러 갔다. 극 중 코튼블라섬 호의 앤디 선장이 말했다. "그 사람들은 운이 좋아요. 더 활기차게, 더 행복하게, 덜 걱정스럽게, 덜 피곤하게 사니까요. 흥미가 생기는 곳에서 기운도 생겨요. 잔소리하는 아내와 열 블록을 걷는 게 사랑스러운 연인과 10킬로미터를 걷는 것보다 피곤할 수 있어요."

　다음은 오클라호마주 털사에 있는 석유 회사에서 일하는 속기사의 이야기다. 그녀는 매달 며칠씩 너무나도 따분한 일을 했다. 석유 시추권 계약의 양식을 채우고, 수치와 통계를 넣는 일은 무척 지루했다. 그녀는 자신을 위해 이 일을 흥미롭게 만들기로 했다. 매일 자신을 상대로 경쟁하는 방법이었다. 매일 오전에 채운 양식이 몇 장인지 센 다음, 오후에 그 기록을 깨려고 애쓴 것이다. 매일 합계를 내고, 다음 날 그보다 잘하려고 애썼다. 결과는 어땠을까? 그녀는 이 지루한 양식을 같은 부서의 어떤 속기사보다 많이 채웠다. 그래서 그녀가 얻은 것은 칭찬일까, 감사일까? 승진? 급여 인상? 아니다. 권태가 유발한 피로를 예방하는 데 도움이 됐고, 정신적 자극을 받았다. 그녀는 지루한 일을 흥미롭게 만들기 위해 최선을 다했다. 그래서 더 많은 활력과 열의를 발휘했으며, 여가에 훨씬 많은 행복을 누릴 수 있었다. 나는 우연히 이 이야기가 사실임을 알게 됐다. 그 속기사와 결혼했기 때문이다.

다음은 일이 재미있는 것처럼 꾸미는 게 도움이 된다는 사실을 알게 된 다른 속기사의 이야기다. 그녀는 치열하게 일했지만 이젠 아니다. 밸리 골든은 일리노이주 엘름허스트 사우스 케닐워스가 473번지에 산다. 그녀가 내게 편지로 들려준 이야기다.

··················

우리 사무실에는 속기사가 네 명 있어요. 각자 여러 명의 편지를 담당하는데, 가끔 일이 몰리는 때가 있죠. 어느 날, 비서실장이 제게 긴 편지를 다시 치라고 했어요. 저는 반발심이 생겨서 다시 치지 않아도 수정할 수 있다는 점을 지적하려고 애썼어요. 그는 제가 다시 못 하겠다면 다른 사람에게 시키겠다고 했어요. 정말 화가 났지만, 편지를 다시 치다 보니 문득 제 일을 하려고 달려들 사람이 많다는 생각이 들었어요. 그 일을 하려고 제가 급여를 받는다는 생각도 들었고요. 그러자 기분이 나아지기 시작했어요. 저는 싫어하는 일을 정말 즐거운 것처럼 하기로 마음먹었어요. 그 후 중요한 사실을 발견했어요. 정말 즐거운 것처럼 일하면 어느 정도 즐기게 된다는 걸요. 일을 즐기면 속도가 빨라진다는 것도 알았어요. 이제는 연장근무를 하는 경우가 드물어요. 새로운 마음가짐은 제게 일을 잘한다는 평판도 안겨줬어요. 비서가 필요하던 한 부서장이 제게 그 자리를 제안했어요. 뾰로통하지 않고 추가업무를 기꺼이 한다는 이유로요! 마음가짐의 변화가 이런 힘을 발휘한다는 건 제게 아주 중요한 발견이었어요. 기적을 일으켰어요.

··················

골든 씨는 자신도 모르게 유명한 '마치 ○○○처럼'의 철학을 활용하고 있었다. 윌리엄 제임스는 우리에게 '마치 용감한 것처럼' 행동하면 용감해지고, '마치 행복한 것처럼' 행동하면 행복해진다고 조언했다.

마치 일에 관심이 있는 것처럼 행동하라. 그러면 정말로 관심이 생기고 피로와 긴장감, 걱정이 줄어들 것이다.

할런 하워드는 몇 년 전, 인생을 완전히 바꾼 결정을 내렸다. 그는 지루한 일을 흥미롭게 만들기로 했다. 다른 남자아이들이 공놀이하거나 여자아이들과 농담하는 동안 고등학교 급식실에서 접시를 닦고, 카운터를 청소하고, 아이스크림을 퍼주는 일은 확실히 지루했다. 그는 자기 일이 싫었다. 그러나 계속할 수밖에 없었기에 아이스크림이 어떻게 만들어지는지, 어떤 재료를 쓰는지, 왜 어떤 아이스크림은 다른 아이스크림보다 맛있는지 등 아이스크림에 대해 공부하기로 했다. 아이스크림에 관련된 화학 원리를 공부하니 화학 수업에선 달인으로 통했다. 식품화학에 큰 흥미를 느낀 그는 매사추세츠주립대학교에서 식품공학을 전공했다. 뉴욕코코아거래소가 대학생을 대상으로 코코아와 초콜릿 활용법에 관한 논문 공모에 상금 100달러를 걸었는데, 그가 당선됐다.

그는 일자리를 구하기 힘들어, 매사추세츠주 애머스트의 노스 플레전트가 750번지에 있는 자기 집 지하실에 개인 실험실을 차렸다. 그 직후 우유에 든 박테리아의 수를 계산해야 한다는 새 법안이 통과됐다. 하워드는 곧 애머스트에 있는 14개 우유 회사를 위해 박테리아 개수를 세는 일을 했다. 그는 조수 두 명까지 고용해야 했다.

앞으로 25년 뒤, 그는 어떤 자리에 있을까? 지금 식품화학 사업을 운영하는 사람들은 그때가 되면 은퇴하거나 사망할 것이다. 그들의 자리는 지금 의욕과 열의를 뿜어내는 청년들이 차지할 것이다. 25년 뒤, 할런 하워드는 업계 리더 중 한 명이 될 것이다. 그가 일하는 카운터 너머에서 아이스크림을 사던 동창 가운데 일부는 삐뚤어지고, 일자리를 잃고, 정부를 욕하고, 기회를 얻지 못했다고 불평할 것이다. 하워드도 지루한 일을 흥미롭게 만들기로 마음먹지 않았다면 기회를 얻지 못했을 것이다.

공장에서 볼트를 만드는 지루한 일에 싫증을 느낀 다른 청년이 있었다. 샘은 일을 그만두고 싶었지만 다른 일자리를 찾지 못할까 두려웠다. 그는 지루한 일을 재미있게 만들기로 마음먹었다. 옆에서 기계를 조작하는 기계공과 대결하는 것이었다. 한 명이 기계로 볼트의 거친 표면을 깎아내면, 다른 한 명은 적절한 지름으로 구멍을 뚫었다. 그들은 가끔 기계를 바꿔서 누가 더 많은 볼트를 생산하는지 겨뤘다. 샘의 속도와 정확성에 감탄한 반장이 곧 더 좋은 일을 배정했다. 그것이 이어질 승진의 시작이었다. 30년 뒤 샘은 기관차 제조업체의 사장이 됐다. 그 역시 지루한 일을 흥미롭게 만들기로 마음먹지 않았다면 평생 기계공에 머물렀을지도 모른다.

유명한 라디오 뉴스애널리스트 한스 칼텐본도 지루한 일을 흥미롭게 만든 이야기를 들려줬다. 그는 스물두 살에 가축 수송선에서 소에게 사료와 물을 주는 일을 하며 대서양을 건넜다. 영국을 자전거로 여행한 뒤, 배고프고 돈이 없는 상태로 파리에 도착했다. 카메라를 5달러에 저당 잡히고 《뉴욕헤럴드New York Harold》 파리판에 구직 광고를 실었다. 덕분에 영사기 판매 자리를 얻었다. 혹자는 눈에 대면 사진 두 장을 같이 볼 수 있는 구식 영사기를 알 것이다. 들여다보면 기적이 일어난다. 영사기에 달린 두 렌즈가 사진을 합쳐 삼차원 효과를 만들어내 입체적으로 보여주는 것이다.

앞서 말한 대로 칼텐본은 파리에서 집마다 돌아다니며 영사기를 팔았다. 그는 프랑스어를 전혀 못하는데 첫해 판매 수당으로 5000달러를 벌어, 프랑스 전체에서 상위권에 올랐다. 칼텐본은 이 경험이 하버드대학교에서 1년을 공부하는 것만큼 성공에 필요한 내면적 자질을 기르는 데 도움이 됐다고 말했다. 그는 이 경험을 한 뒤 프랑스 주부에게 의회 기록도 팔 수 있을 것 같다고 자신 있게 말했다. 이 경험은 프랑스인의 삶을 깊이 이해하고, 나중에 라디오에서 유럽 소식을 전하는 데 도움이 됐다.

칼텐본은 어떻게 프랑스어도 못하면서 뛰어난 외판원이 됐을까? 그는 고용주에게 완벽한 프랑스어로 판매에 필요한 문구를 써달라고 한 다음 달달 외웠다. 초인종을 눌러 주부가 나오면 외운 내용을 읊기 시작했다. 하지만 억양은 우스울 정도로 형편없었고, 사진을 보여줬을 때 주부들이 질문하면 어깨를 으쓱하며 "미국 사람, 미국 사람"이라고 말했다. 그가 모자를 벗어서 안에 붙여둔 판매 문구를 보여주면 주부들은 웃음을 터뜨렸다. 그는 같이 웃으며 더 많은 사진을 보여줬다. 칼텐본은 이 이야기를 하면서 그 일이 전혀 쉽지 않았다고 털어놨다. 하지만 힘든 시기를 버티게 해준 자질이 하나 있다고 말했다. 일을 재미있게 만들겠다는 결심이었다. 매일 아침 일을 시작하기 전에 거울을 보며 자신을 격려했다고 한다.

"칼텐본, 먹고살려면 이 일을 해야 해. 어차피 해야 하는 일이라면 재미있게 하는 게 좋지 않을까? 초인종을 누를 때마다 너는 유명한 배우고, 너를 바라보는 관객이 있다고 상상해. 어차피 네가 하는 일은 무대에서 하는 연기만큼 웃겨. 그러니 많은 의욕과 열정을 불어넣는 게 어때?"

아침마다 자신에게 한 격려가 한때 싫어하고 두려워하던 일을 좋아하고 돈도 많이 벌 수 있는 모험으로 바꾸는 데 도움이 됐다고 한다. 나는 그에게 성공하려는 열의에 넘치는 미국 청년들에게 해줄 조언이 있는지 물었다. "매일 아침 자신을 일깨워요. 많은 사람이 비몽사몽에서 깨어나는 데 운동이 중요하다고 말합니다. 하지만 매일 아침 행동에 나서도록 북돋우려면 영적이고 정신적인 운동이 필요해요. 매일 자신을 격려하세요."

매일 자신을 격려하는 게 실없고, 얄팍하고, 유치한 일일까? 아니다. 오히려 타당한 심리학의 정수다. "우리 삶은 우리의 생각이 만드는 것이다." 이 말은 18세기 전에 마르쿠스 아우렐리우스가 《명상록》에 처음 썼을 때만큼 지금도 진실이다.

매시간 자신에게 말을 걸면 용기와 행복, 능력과 평화에 대해 생각하게끔 주도할 수 있다. 감사해야 할 것에 대해 자신에게 말을 걸다 보면 벅차올라 노래를 부르고 싶을 정도로 기분이 좋아질 것이다.

올바른 생각을 하면 어떤 일이라도 덜 싫어지게 만들 수 있다. 당신의 고용주는 돈을 더 벌 수 있도록 당신이 일에 흥미를 갖기 바란다. 하지만 고용주에 대한 생각은 잊자. 일에 흥미를 붙이는 게 당신에게 어떤 도움이 될지 생각하라. 삶에서 얻는 행복을 두 배로 늘릴 수 있다는 사실을 기억하라. 우리는 깨어 있는 시간의 절반을 직장에서 보낸다. 일에서 행복을 찾지 못하면 어디서도 결코 찾을 수 없을지 모른다. 일이 흥미 있으면 걱정에서 벗어나고, 장기적으로 승진과 급여 인상에 이를 수 있다는 사실을 잊지 마라. 설령 그렇지 않더라도 피로를 최소한으로 줄이고 여가를 즐기는 데 도움을 줄 것이다.

불면증에 대한
걱정을 예방하는 방법

잠을 못 자서 걱정하는가? 그렇다면 유명한 국제변호사 새뮤얼 운터마이어Samuel Untermyer가 평생 제대로 잔 적이 없다는 사실이 흥미로울 것이다.

운터마이어는 대학에 진학했을 때 천식과 불면증을 걱정했다. 둘 다 치료가 불가능해 보여서 그는 차선책을 택하기로 했다. 잠을 적게 잔다는 걸 활용하는 방법이다. 그는 침대에서 뒤척이며 신경쇠약에 걸리느니 일어나서 공부를 했다. 그로 인해 모든 과목에서 우수한 성적을 냈고, 뉴욕시립대학College of the City of New York의 영재 중 한 명이 됐다.

변호사로 개업한 뒤에도 불면증은 계속됐지만 걱정하지 않았다. 그는 "자연이 나를 돌봐줄 거야"라고 말했고, 실제로 그랬다. 잠을 적게 자는데도 건강 상태는 양호했다. 그는 뉴욕주변호사협회의 젊은 변호사들만큼 열심히 일했다. 그들이 자는 동안에도 자신은 일하고 또 일했다!

운터마이어는 스물한 살이 되던 해에 1년에 7만 5000달러를 벌었다. 다른 젊은 변호사들이 그의 변호 방식을 배우려고 법정으로 몰려들었다. 그는 1931년에 한 소송을 맡은 대가로 역대 최고 수임료를 받았다. 무려 현금 100만 달러였다.

여전히 불면증에 시달리던 그는 밤늦도록 책을 읽고, 새벽 5시에 일어나 편지를 구술했다. 대다수 사람이 일을 시작할 무렵에 그는 그날 할 일의 절반을 끝냈다. 그는 숙면한 적이 드물었지만 81세까지 살았다. 그가 불면증에 전전긍긍했다면 인생을 망쳤을 것이다.

우리는 삶의 30퍼센트 이상을 자면서 보내지만, 아무도 그 잠의 정체를 모른다. 잠이 습관이고, 자연이 지친 우리를 보살피는 휴식 상태라는 건 안다. 하지만 사람마다 수면 시간이 얼마나 필요한지 모른다. 잠을 꼭 자야 하는지도 모른다!

말도 안 된다고? 제1차 세계대전 때 헝가리 병사 폴 컨은 전두엽에 관통상을 당했다. 그는 총상이 회복된 후 신기하게도 잠을 자지 못했다. 의사들이 진정제와 수면제, 심지어 최면술까지 온갖 수단을 동원했지만, 그를 재우기는커녕 졸리게 만들 수도 없었다. 의사들은 그가 오래 살지 못할 거라고 했다. 하지만 그는 의사를 바보로 만들었다. 그는 일자리를 얻었고, 오랫동안 아주 건강하게 살았다. 누워서 눈을 감고 쉬기는 해도 잠은 자지 않았다. 그의 사례는 잠에 대한 우리의 많은 믿음을 뒤흔드는 의학적 수수께끼다.

어떤 사람들은 다른 사람보다 훨씬 많이 자야 한다. 아르투로 토스카니니Arturo Toscanini는 하루에 다섯 시간 잤고, 캘빈 쿨리지Calvin Coolidge는 그보다 두 배 이상 자야 했다. 쿨리지는 24시간 중 11시간을 잤다. 다시 말해 토스카니니가 인생의 약 5분의 1을 잠으로 보낸 반면, 쿨리지는 거의 절반을 잠으로 보냈다.

불면증에 대한 걱정은 불면증 자체보다 훨씬 큰 해를 끼친다. 수강생 가운데 뉴저지주 리지필드 파크 오버펙가 173번지에 사는 아이라 샌드너는 만성 불면증으로 거의 자살 직전까지 갔다.

....

정말 미치는 줄 알았어요. 처음에는 너무 깊이 자는 게 문제였어요. 자명종이 울려도 깨지 않아 지각하는 날이 많았죠. 그게 걱정이었어요. 실제로 상사가 지각하지 말라고 경고까지 했어요. 계속 늦잠을 자다가는 일자리를 잃을 수도 있었어요.

친구들에게 고민을 털어놓으니, 한 친구가 자기 전에 자명종에 정신을 집중하라고 했어요. 거기서 불면증이 시작됐어요! 저는 빌어먹을 자명종 초침 소리에 집착했어요. 밤새 뒤척이며 깨어 있었어요! 그러다가 아침이 되면 거의 병에 걸린 것 같았어요. 피로와 걱정 때문에 몸이 안 좋았고, 그 상태가 8주나 지속됐어요. 얼마나 고통스러운지 말로 표현할 수 없었죠. 이러다가 미치고 말 거라고 확신했어요. 어떨 땐 몇 시간씩 서성거렸어요. 창밖으로 뛰어내려서 모든 걸 끝내고 싶다는 생각을 한 적도 있어요!

결국 오래 전부터 알고 지내던 의사를 찾아갔어요. 그가 말했어요. "아이라, 나는 당신을 도울 수 없어요. 아무도 당신을 도울 수 없죠. 불면증은 당신이 자초했으니까요. 밤이 되면 침대에 누워요. 잠이 안 와도 연연하지 말아요. 자신에게 '잠이 안 와도 전혀 신경 쓰지 않아. 아침까지 깨어 있어도 괜찮아'라고 말해요. 계속 눈을 감고 '걱정하지 않고 가만히 누워 있으면 어쨌든 쉬는 거야'라고 말해요."

저는 그 말을 따랐어요. 그러자 2주 만에 잠들었어요. 한 달도 안 돼서 여덟 시간씩 잤고, 예민하던 신경이 정상으로 돌아왔어요.

····················

아이라 샌드너를 죽음 직전까지 몰고 간 것은 불면증이 아니라 불면증에 대한 걱정이다.

시카고대학교 교수 너새니얼 클라이트먼Nathaniel Kleitman 박사는 수면에 대해 누구보다 많이 연구했다. 그는 수면에 관한 세계적인 전문가다. 그는 불면증으로 죽은 사람을 알지 못한다고 말한다. 물론 불면증을 걱정하다가 면역력이 나빠져서 세균에게 당할 순 있다. 건강을 해치는 것은 불면증 자체가 아니라 걱정이다.

클라이트먼 박사는 불면증을 걱정하는 사람도 대개 자신이 생각하는 것보다 훨씬 많이 잔다고 말한다. "지난밤에 한숨도 못 잤다"고 주장하는 사람이 자신도 모르게 몇 시간씩 잤을 수 있다. 예를 들어 19세기의 심오한 사상가 허버트 스펜서Herbert Spencer는 독신으로 하숙집에 살았으며, 불면증 이야기로 주변 사람을 지루하게 만들었다. 그는 소음을 차단하고 신경 안정을 위해 귀마개를 했다. 때로는 잠을 자려고 아편을 썼다.

어느 날 밤, 옥스퍼드대학교 아치볼드 세이스Archibald Sayce 교수가 그와 호텔의 같은 객실에서 묵었다. 다음 날 아침에 스펜서가 밤새 한숨도 못 잤다고 했지만, 사실 못 잔 사람은 세이스 교수다. 스펜서가 밤새 코를 골았기 때문이다.

숙면의 첫째 요건은 안정이다. 우리보다 강한 존재가 아침까지 자신을 지켜줄 거라는 느낌 말이다. 정신과의사 토머스 히슬롭Thomas Hyslop은 영국의사협회British Medical Association 강연에서 이 점을 역설했다.

"오랜 임상 경험으로 제가 알게 된 최고의 수면유도제는 기도입니다. 이는 순전히 의료인으로서 하는 말입니다. 습관적으로 기도하는 사람에게 기도는 마음을 다독이고 신경을 안정하는 모든 수단 중에서 가장 적절하고 정상적인 방법입니다."

하나님에게 맡기고 모든 근심을 내려놓는 방법도 있다. 지네트 맥도널드Jeaneatte MacDonald는 우울증과 걱정에 시달리며 좀처럼 잠을 이루지 못할 때 성경의 〈시편〉 23편을 거듭 읊조려 안정을 얻는다고 말했다.

"여호와는 나의 목자시니 내게 부족함이 없으리로다. 그가 나를 푸른 풀밭에 누이시며 쉴 만한 물가로 인도하시는도다."

당신이 종교를 믿지 않는다면 신체적 수단으로 긴장을 푸는 법을 배워라.《신경성 긴장 해소》를 쓴 데이비드 핑크 박사에 따르면, 자기 몸에 말을 거는 것이 가장 좋은 방법이다. 말은 모든 최면의 열쇠다. 줄곧 잠을 잘 수 없다면 당신이 불면증이 생기도록 자신에게 말을 걸었기 때문이다. 이를 되돌리는 방법은 스스로 최면을 푸는 것이다. 그러기 위해서는 당신의 근육을 향해 말하라. "느슨해져라, 느슨해져라. 느긋하게 긴장을 풀어라." 우리는 근육이 긴장하면 마음과 신경이 진정되지 않는다는 사실을 안다. 그러니 자고 싶다면 근육부터 시작하라. 핑크 박사가 추천하는 방법(그리고 임상에서 통하는 방법)은 다리의 긴장을 풀기 위해 무릎 밑에 베개를 받치고, 같은 이유로 팔밑에도 작은 베개를 받치는 것이다. 그다음 턱, 눈, 팔, 다리에 긴장을 풀라고 말하라. 그러면 자신도 모르는 사이 잠에 빠진다. 내가 해봐서 안다. 잘 자지 못한다면 핑크 박사의 《신경성 긴장 해소》를 구하라. 앞서 말한 대로 지적 자극과 불면증에 대한 치료법을 모두 제공하는 유일한 책으로 알고 있다.

불면증을 치료하는 좋은 방법 중 정원 가꾸기, 수영, 테니스, 골프, 스키 혹은 힘든 일을 해서 몸을 피로하게 만드는 기술도 있다. 시어도어 드라이저Theodore Dreiser는 그렇게 했다. 그는 젊은 작가로 고전하던 시절에 불면증을 걱정했다. 그래서 뉴욕센트럴철도New York Central Railway의 보선공 일자리를 얻었다. 종일 못을 박고 자갈을 퍼나르면 너무 지쳐서 저녁 먹을 시간까지 깨어 있기도 힘들었다.

많이 피곤하면 걸으면서도 잠을 잘 것이다. 내가 열세 살 때 아버지는 미주리주 세인트조지프로 돼지를 팔러 가셨다. 화물차 하나 가득 뚱뚱한 돼지를 실어 무료 철도 이용권 두 장을 받은 아버지는 나를 데려갔다. 그때까지 나는 4000명이 넘게 사는 도시에 가본 적이 없었다. 인구 6만인 그곳에 내렸을 때 잔뜩 들떴다. 6층이나 되는 고

층 빌딩과 경이롭기 짝이 없는 전차를 봤다. 지금도 눈을 감으면 그 전차의 모습과 소리가 떠오른다. 그때까지 가장 짜릿하고 흥분되는 하루를 보내고, 아버지와 나는 미주리주 레이븐우드로 돌아왔다. 새벽 2시에 도착한 우리는 집까지 6킬로미터 이상 걸어야 했다. 이 이야기의 요점은 이것이다. 나는 너무나 피곤한 나머지, 걸어가면서 잠들었고 꿈도 꿨다. 말을 타고 가면서 잠든 적도 많다. 그래도 지금 살아서 그 이야기를 하고 있다!

완전히 지치면 전쟁의 소음과 공포와 위험 속에서도 잘 수 있다. 유명한 신경의학자 포스터 케네디Foster Kennedy는 1918년 영국 제5군이 후퇴하는 동안 탈진한 병사들이 그 자리에 쓰러져서 혼수상태처럼 깊은 잠에 빠지는 모습을 봤다고 한다. 그들은 손가락으로 눈꺼풀을 들어 올려도 깨지 않았다. 심지어 눈동자가 뒤로 돌아가 있었다. 그는 말한다. "그 이후 잠이 오지 않으면 눈알을 올리는 연습을 했어요. 그러면 몇 초 만에 하품이 나오고 졸리기 시작해요. 그건 제가 통제할 수 없는 무조건반사예요."

잠을 자지 않는 방법으로 자살한 사람은 없고, 앞으로도 없을 것이다. 사람은 의지와 상관없이 잠든다. 잠자지 않고 견딜 수 있는 시간은 음식이나 물 없이 견딜 수 있는 시간보다 훨씬 짧다.

자살 이야기를 하고 보니 헨리 링크 박사가 《인간의 재발견The Re-discovery of Man》에서 제시한 사례가 생각난다. 사이콜로지컬코퍼레이션 부사장인 그는 걱정과 우울증에 시달리는 많은 사람을 면담한다. 〈두려움과 걱정을 극복하는 일에 관하여〉라는 장에서 자살하고 싶어 하는 환자 이야기를 들려준다. 그는 환자와 언쟁해봐야 문제가 악화할 뿐임을 알았다. "어차피 자살할 거라면 이런 방법은 어때요? 죽을 때까지 달리는 거예요."

그 환자는 여러 번 그 방법을 시도했다. 그때마다 근육은 아파도 기분이 나아졌다. 이 방법은 사흘째 되던 밤에 링크 박사가 처음부터 의도한 효과를 거뒀다. 그 환자는 너무나 피곤하고 긴장이 풀린 나머지 아기처럼 푹 잤다. 이후 그는 육상 클럽에 가입해 대회에 나가기 시작했다. 그는 곧 좋아져서 영원히 살고 싶었다!

불면증에 대한 걱정에서 벗어나고 싶다면 다음을 따르라.

첫째, 잠이 오지 않으면 새뮤얼 운터마이어처럼 일어나서 졸릴 때까지 일하거나 책을 읽어라.

둘째, 수면 부족으로 죽는 사람은 없다는 걸 기억하라. 불면증에 대한 걱정이 불면증 자체보다 훨씬 많은 해를 끼친다.

셋째, 기도하거나 지네트 맥도널드처럼 〈시편〉 23편을 읽어라.

넷째, 몸의 긴장을 풀어라. 《신경성 긴장 해소》를 읽어라.

다섯째, 운동하라. 깨어 있을 수 없을 만큼 몸을 지치게 만들어라.

피로와 걱정을 예방하고
활기를 유지하는 방법

*지치기 전에 쉬어라.

*직장에서 긴장을 푸는 법을 배워라.

*주부라면 집에서 긴장을 풀어 건강을 보호하고 외모를 가꿔라.

*걱정과 피로를 예방하는 네 가지 업무 습관을 따르라.

• 좋은 업무 습관 1_당면한 문제와 관계없는 서류를 책상에서 치워라.

• 좋은 업무 습관 2_중요한 순서대로 일하라.

• 좋은 업무 습관 3_문제에 직면했을 때 결정에 도움이 되는 정보가
　　　　　　　　　　있다면 바로 해결하라.

• 좋은 업무 습관 4_조직하고, 위임하고, 감독하는 법을 배워라.

*걱정과 피로를 예방하기 위해 열정적으로 일하라.

*수면 부족으로 죽은 사람은 없다는 걸 기억하라. 해를 끼치는 것은 불면
증 자체가 아니라 불면증에 대한 걱정이다.

PART 8

행복과 성공을 누리는 일을 찾는 방법

HOW TO FIND THE KIND OF WORK
IN WHICH YOU MAY BE
HAPPY AND SUCCESSFUL

01 - THE MAJOR DECISION OF YOUR LIFE

01

삶을 바꾸는 결정

이 장은 아직 하고 싶은 일을 찾지 못한 청년들을 대상으로 한다. 당신이 그렇다면 이 장이 앞으로 인생에 큰 영향을 미칠 것이다.

당신이 18세 미만이라면 아마 곧 인생에서 가장 중요한 두 가지 결정을 해야 할 것이다. 앞으로 살아갈 모든 날을 완전히 바꿔놓을 결정, 행복과 소득, 건강에 폭넓은 영향을 미칠, 인생의 성패를 좌우할 결정 말이다.

이렇게 중요한 두 가지 결정이 뭘까?

첫째, '어떻게 먹고살까?'의 결정이다. 농부, 우편집배원, 화학자, 삼림 관리인, 속기사, 말 중개인, 대학교수가 될 것인가? 아니면 길에서 햄버거를 팔 것인가?

둘째, '당신 아이의 아버지/어머니로 어떤 사람을 선택할 것인가?'라는 결정이다.

이 두 가지 결정은 도박과도 같다. 해리 에머슨 포스딕은《끝까지 견디는 힘》에서 말한다. "모든 젊은이는 직업을 선택할 때 도박사가 된다. 거기에 인생을 걸어야 하기 때문이다."

직업을 선택할 때 어떻게 하면 도박성을 낮출 수 있을까? 이 책을 계속 읽어라. 최대한 잘 알려주겠다. 첫째, 가능하면 좋아하는 일을 찾아라. 나는 타이어 제조사 BF굿리치 회장 데이비드 굿리치David M. Goodrich에게 사업에서 성공하기 위해 가장 중요한 요건을 물었다. 그는 "즐겁게 일하는 겁니다. 일이 즐거우면 오래 일해도 전혀 일처럼 느껴지지 않아요. 놀이처럼 느껴지죠"라고 답했다.

에디슨이 좋은 예다. 그는 학교에 못 간 신문 배달 소년이었지만, 자라서 미국의 산업을 변화시켰다. 에디슨은 자주 연구소에서 먹고 자며 하루 18시간씩 고생스럽게 일했다. 하지만 그는 고생으로 생각하지 않았다. "평생 하루도 일한 적이 없어요. 순전히 놀이 같았어요." 그가 성공할 수밖에 없는 이유다.

찰스 슈와브도 비슷한 말을 했다. "무한한 열정이 있다면 거의 모든 일에서 성공할 수 있다."

하지만 무엇을 하고 싶은지 모르는데 어떻게 일에 열정을 품을까? 한때 듀폰Dupont에서 직원 수천 명을 채용하는 일을 했으며, 현재 아메리칸홈프로덕츠컴퍼니에서 노사 담당 이사보로 재직 중인 에드나 커 부인은 이렇게 말했다.

"제가 아는 가장 큰 비극은 자신이 정말 좋아하는 일이 뭔지 영원히 알지 못하는 청년이 너무나 많다는 겁니다. 급여 말고 일에서 아무것도 얻지 못하는 사람만큼 불쌍한 사람은 없어요."

그녀에 따르면 대학 졸업자도 자신에게 와서 묻는다고 한다.

"다트머스대학에서 학사 학위(혹은 코넬대학교에서 석사 학위)를 받았습니다. 제가 여기서 할 일이 있나요?"

그들은 자신이 무엇을 할 수 있는지, 무엇을 하고 싶은지 모른다. 그러니 뛰어난 머리와 장밋빛 꿈을 갖고 인생을 시작한 수많은 청년이 마흔에 좌절하고 심지어 신경쇠약에 걸리는 게 놀랄 일일까? 잘 맞는 직업을 찾는 일은 건강을 위해서도 중요하다. 존스홉킨스대학교의 레이먼드 펄Raymond Pearl 박사는 몇몇 보험회사와 장수의 비결을 찾기 위해 연구했다. 그는 '잘 맞는 직업'을 목록 상단에 올렸다. 그는 토머스 칼라일처럼 이렇게 말했을지도 모른다. "자기 일을 찾은 사람은 축복받은 사람이다. 그러니 다른 축복까지 바라선 안 된다."

나는 최근에 소코니배큐엄오일컴퍼니의 폴 보인턴과 함께 저녁을 보냈다. 앞서 말했듯, 그는 지난 20년 동안 6만 명이 넘는 구직자를 면접했으며 《일자리를 얻는 6가지 방법》이라는 책을 썼다. 내 질문에 그가 답했다.

"요즘 취업하려는 청년들이 저지르는 가장 큰 실수가 뭔가요?"

"그들은 무슨 일을 하고 싶은지 몰라요. 자신의 미래가 걸려 있고, 앞으로 모든 행복과 마음의 평화를 좌우할 경력을 선택할 때보다 몇 년 입으면 해질 옷을 고를 때 더 많이 고민하니 정말 놀랍죠."

그래서 어떻게 하라는 말일까? 당신이 할 수 있는 일은 뭘까? 직업지도 서비스를 이용할 수 있다. 다만 상담사의 능력과 성격에 따라 도움이 될 수도, 해가 될 수도 있다. 이 새로운 서비스는 아직 완벽한 수준이 아니다. 그래도 미래는 밝다. 어떻게 하면 이 과학적인 서비스를 이용할 수 있을까? 거주하는 지역에서 적성검사와 취업 상담하는 곳을 찾으면 된다.

이런 상담은 제안의 형태를 취할 뿐, 결정은 당신 몫이다. 상담사들이 전혀 오류가 없는 게 아니라는 사실을 명심하라. 그들끼리도 의견이 항상 일치하진 않는다. 때로는 어처구니없는 실수도 한다. 예를 들어 수강생에게 어휘력이 풍부하단 이유 하나로 작가가 되라고 조언한 상담사도 있다. 얼마나 말도 안 되는 조언인가! 글 쓰는 일은 그렇게 간단하지 않다. 좋은 글은 당신의 생각과 감정을 독자에게 전하는 글이다. 그러기 위해서는 풍부한 어휘력이 아니라 아이디어와 경험, 확신, 다양한 사례와 자극이 필요하다. 어휘력이 풍부하다고 작가가 되라고 조언한 상담사는 한 가지 일에 성공했다. 행복하던 속기사를 좌절에 빠진 소설가 지망생으로 만든 일 말이다.

내가 말하는 요점은 직업지도 전문가도 우리와 마찬가지로 오류가 있다는 것이다. 여러 명에게 조언을 구하고 상식에 따라 그들의 판단을 해석하는 것이 좋다.

걱정에 관한 책에 이 장을 포함한 점이 이상하게 보일 수 있다. 많은 걱정과 후회, 좌절이 우리가 싫어하는 일에서 생긴다는 점을 이해하면 전혀 이상하지 않다. 아버지나 이웃, 상사에게 물어보라. 존 스튜어트 밀John Stuart Mill 같은 사상계의 거물도 직업 부적응자가 "사회의 가장 큰 손실"이라고 주장했다. 그렇다. 세상에서 불행한 사람 중에도 매일 하는 일을 싫어하는 '직업 부적응자'가 있다.

어떤 사람이 군대에서 '무너지는지' 아는가? 잘못된 보직을 맡은 사람이다. 내 말은 전투에서 죽거나 다친 사람이 아니라 평소 군 복무 중에 무너지는 사람이다. 뛰어난 정신의학자 윌리엄 메닝거William Menninger 박사는 전시에 육군의 신경정신과 부서를 책임졌다. "우리는 선택과 배치의 중요성, 적임자에게 적절한 보직을 맡기는 일의 중요성에 대해 많은 것을 배웠습니다. 당면한 일의 중요성에 대한 확신은 아주 중요했습니다. 관심이 없을 때, 잘못된 자리에 있다고 느낄 때, 인정받지 못한다고 느낄 때, 재능을 낭비하고 있다고 느낄 때 하나같이 정신적 문제가 생기거나 그럴 가능성이 발견됐습니다."

같은 이유로 일반인은 일로 인해 '무너질' 수 있다. 자기 사업을 싫어하는 사람도 마찬가지다.

필 존슨의 사례를 보자. 세탁소를 운영하던 그의 아버지는 아들이 가업을 잇기 바라며 일을 시켰다. 하지만 필은 세탁소 일이 싫어서 꾸물거리고 빈둥댔으며, 꼭 해야 할 일 외에는 하지 않았다. '멍한 상태로' 일하는 날도 있었다. 아버지는 아들이 의욕도, 야망도 없다는 생각에 상심한 나머지 직원들 보기가 부끄러웠다.

어느 날, 필 존슨이 아버지에게 공장에서 정비공으로 일하고 싶다고 말했다. 뭐라고? 다시 작업복을 입겠다고? 아버지는 충격을 받았지만, 필은 하고 싶은 일을 했다. 그는 기름 묻은 작업복을 입었다. 세탁소에서 일할 때보다 훨씬 힘들고 오래 일했지만, 휘파람이 절로 나왔다. 그는 공학에 빠져 엔진에 대해 배웠고, 기계 속에서 살았다. 1944년 사망할 당시 그는 보잉Boeing Aircraft Company 회장이었으며,

제2차 세계대전에서 연합국이 이기는 데 도움을 준 B-17플라잉포트리스B-17Flying Fortress를 만들었다. 그가 세탁소에 머물렀다면 아버지가 죽은 뒤 그와 세탁소는 어떻게 됐을까? 아마 세탁소는 휘청거리다가 망하고 말았을 것이다.

나는 청년들에게 말하고 싶다. 설령 불화가 생길 위험이 있어도 가족이 원한다는 이유만으로 무조건 어떤 사업이나 직업에 종사해야 한다고 생각하지 마라! 원치 않는 분야에 입문하지 마라! 다만 부모의 조언을 신중하게 고려하라. 그들은 당신보다 두 배는 오래 살았고, 많은 경험과 오랜 세월을 통해서 나오는 지혜를 얻었다. 하지만 결정은 당신이 해야 한다. 본인이 일에서 행복이나 불행을 느낄 당사자이기 때문이다.

이제 직업 선택과 관련해 몇 가지 제안을 한다(그중에는 경고도 있다).

첫째, 직업지도 상담사를 선택할 때 다음 다섯 가지 제안을 읽고 고려하라. 이는 미국의 대표적인 직업지도 전문가인 컬럼비아대학교 해리 덱스터 킷슨Harry Dexter Kitson 교수가 제시한 것이다.

....

- 당신의 직업 적성을 알려주는 마법적인 시스템이 있다고 말하는 사람에게는 가지 마라. 골상학자, 점성술사, 성격 분석가, 필적감정가 등이 이런 부류에 속한다. 그들의 '시스템'은 통하지 않는다.
- 당신이 어떤 직업을 선택해야 하는지 알려주는 테스트가 있다고 말하는

사람에게는 가지 마라. 그들은 구직자의 신체적, 사회적, 경제적 여건을 고려해야 하며, 구직자에게 열려 있는 기회를 감안하여 서비스를 제공해야 한다는 직업지도의 원칙을 지키지 않는다.

- 여러 직업 관련 정보를 갖추고 상담 과정에서 활용하는 상담사를 찾아라.
- 세심한 직업지도 서비스를 제공하려면 여러 차례 면담이 필요하다.
- 절대 우편 상담 서비스를 이용하지 마라.

....

둘째, 포화 상태에 이른 사업이나 직업을 멀리하라. 먹고사는 방법은 아주 많다. 하지만 청년들이 이 사실을 알까? 수정 구슬을 들여다보는 주술사를 고용하기 전에는 모른다. 그 결과는 어떨까? 한 학교에서 남학생 3분의 2와 여학생 5분의 4가 2만 가지 직업 중 다섯 가지 직업을 선택했다. 그러니 몇몇 사업과 직업이 붐비는 것도, 때로 사무직 종사자 사이에서 불안과 걱정, 신경쇠약이 횡행하는 것도 놀랄 일이 아니다. 법조계, 언론계, 라디오 방송계, 영화계, '화려한 직업'처럼 붐비는 분야에 억지로 들어가려고 애쓰지 마라.

셋째, 먹고살 확률이 10퍼센트밖에 되지 않는 일을 멀리하라. 보험 영업이 그 예다. 해마다 수많은 사람(대개 실업자)이 실태를 미리 알아보지도 않고 보험 영업을 시작한다. 필라델피아에 있는 리얼에스테이트트러스트빌딩의 프랭클린 베트거가 전하는 실태는 대략 이렇다. 그는 20년 동안 미국에서 두드러진 성공을 거둔 보험 영업인이다. 보험 영업을 시작한 사람 중 90퍼센트는 상심하고 낙담하다가

1년 안에 그만둔다고 그는 얘기한다. 그리고 남은 열 명 가운데 한 명이 90퍼센트에 이르는 실적을 올린다. 나머지 아홉 명이 판매하는 보험 상품은 10퍼센트에 불과하다. 다시 말해 당신이 보험 영업을 시작한다면, 실패하고 1년 안에 그만둘 가능성이 90퍼센트, 연간 1만 달러를 벌 가능성은 1퍼센트다. 설령 살아남는다 해도 겨우 먹고사는 수준을 넘어설 확률이 10퍼센트밖에 되지 않는다.

넷째, 평생을 바칠 직업을 결정하기 전에 필요한 모든 정보를 얻기 위해 몇 주 심지어 몇 달이라도 들여라. 정보를 어떻게 얻느냐고? 해당 직종에서 10년, 20년, 40년 일한 사람을 만나면 된다.

이 만남은 당신의 미래에 큰 영향을 미칠 수 있다. 경험을 통해 알게 됐다. 20대 초반에 나는 두 어른에게 직업에 관한 조언을 구했다. 지금 돌이켜 보면 그 두 번의 만남이 경력의 전환점이었다. 실제로 그 만남이 없었다면 내 삶이 어떻게 됐을지 상상하기조차 어렵다.

어떻게 하면 그런 조언을 구할 수 있을까? 예를 들어 당신이 건축사가 되기 위해 공부를 고려한다고 하자. 결정하기 전에 몇 주 동안 당신이 사는 도시와 주변 도시의 건축가를 만나야 한다. 전화번호부에서 그들의 이름과 주소를 알아낼 수 있다. 약속했거나 하지 않았거나 그들의 사무실로 전화 걸 수 있다. 약속하려면 다음과 같은 편지를 써라.

····················

작은 부탁을 하나 드려도 되겠습니까? 선생님의 조언이 필요합니다.

데일 카네기 자기관리론

저는 열여덟 살이며, 건축을 공부할 생각입니다.

결정하기 전에 선생님의 조언을 구하고 싶습니다.

너무 바빠 사무실에서 뵙기 어려우면 댁에서 30분이라도 뵙기를 바랍니다.

허락해주시면 정말 감사하겠습니다.

제가 여쭙고 싶은 것은 다음과 같습니다.

- 다시 태어나도 건축가가 되시겠습니까?

- 저를 평가하신 뒤, 제가 건축가로서 성공할 자질이 있다고 보시는지 여쭙고 싶습니다.

- 건축 분야에 종사하는 사람이 많은가요?

- 4년 동안 건축을 공부한 뒤 일자리를 구하기가 어려울까요? 먼저 어떤 일을 해야 하나요?

- 능력이 평균 수준이라면 처음 5년 동안 얼마나 벌 수 있을까요?

- 건축가라는 직업의 장단점은 무엇인가요?

- 제가 선생님의 아들이라면 건축가가 되라고 권하시겠습니까?

···················

당신이 소심해서 '거물'을 혼자 만나기 망설여진다면, 도움이 되는 두 가지 조언이 있다.

우선 같이 갈 또래 친구를 구하라. 그러면 서로 자신감을 북돋울 수 있다. 또래 친구가 없다면 아버지에게 같이 가달라고 부탁하라.

다음은 조언을 구하는 자체가 존중의 표시임을 기억하라. 그는 당신의 요구에 뿌듯해할지도 모른다. 어른은 청년에게 조언하기를 좋아한다는 점을 기억하라. 건축가는 아마 당신과 면담을 즐길 것이다.

면담을 청하는 편지를 쓰기가 망설여진다면, 약속 없이 사무실로 찾아가 조금만 조언해주시면 정말 감사하겠다고 말하라. 건축가 다섯 명에게 전화했는데 모두 바쁘다고 거절한다면(그럴 가능성은 적지만), 다섯 명에게 더 전화하라. 그중 일부는 당신을 만나서 몇 년 동안 시간을 낭비하고 상심할 일을 막아줄 조언을 해줄 것이다.

당신은 인생에서 가장 중요하고 파급효과가 큰 두 가지 결정 중하나를 내리려 한다는 걸 명심하라. 그러니 행동하기 전에 시간을 들여 정보를 수집하라. 그러지 않으면 인생의 절반을 후회하며 보낼지도 모른다. 형편이 된다면 30분 시간을 내서 조언해주는 대가를 지불하겠다고 제안하라.

다섯째, 당신이 한 가지 직업에 적합하다는 잘못된 믿음을 버려라. 누구나 여러 직업에서 성공할 수도, 실패할 수도 있다. 나만 봐도 그렇다. 내가 목축, 과수 재배, 과학적 농업, 의학, 영업, 광고, 지역신문 편집, 교직, 임업 분야를 공부하고 취업 준비를 했다면 분명 어느 정도 성공을 거두고 즐겁게 일할 확률이 높았을 것이다. 반면 부기, 회계, 공학, 호텔이나 공장 운영, 건축업, 모든 기계 관련 업종, 기타 수백 가지의 다른 업종에 종사했다면 불행과 실패에 시달렸을 것이다.

PART 9

돈 걱정을
줄이는 방법

HOW TO LESSEN
YOUR FINANCIAL WORRIES

01

걱정의 70퍼센트는 돈 문제

내가 모든 사람의 돈 걱정을 해결하는 방법을 안다면, 지금 이 책을 쓰지 않고 백악관에서 대통령 옆에 앉아 있을 것이다. 다만 내가 할 수 있는 일이 있다. 이 문제에 대한 권위자들의 말을 인용하고, 대단히 실용적인 조언을 제시하며, 추가 지침을 제공할 서적이나 소책자를 구할 곳을 알려주는 것이다.

《레이디스홈저널Ladies' Home Journal》이 진행한 설문 조사에 따르면, 우리가 하는 걱정의 70퍼센트는 돈에 관한 것이다. 조지 갤럽 George Gallup은 갤럽 여론조사 결과, 대다수는 수입을 10퍼센트만 늘려도 돈 걱정할 필요가 없다고 믿는다고 말한다. 이런 경우가 많지만, 그렇지 않은 경우도 놀랄 정도로 많다. 나는 이 장을 쓰면서 예산 전문가 엘시 스테이플턴과 인터뷰했다. 그녀는 오랫동안 뉴욕에 있는 워너메이커백화점과 김벨스Gimbels의 고객과 직원을 대상으로 재무 상담을 했다. 수년 동안 개인 컨설턴트로서 돈 걱정에 시달리는 사람을 도우려고 애쓰기도 했다. 그녀는 1년에 1000달러도 못 버는 짐꾼부터 10만 달러를 버는 기업 임원까지 소득수준이 다양한 사람을 도왔다. 그녀가 말했다. "돈이 많다고 대다수의 재정 문제가 해결되는 것은 아닙니다. 소득 증가가 지출과 두통을 더할 뿐, 아무것도 이루지 못하는 경우를 많이 봤거든요. 대다수가 걱정하는 이유는 돈이 충분하지 않아서가 아니라 가진 돈을 어떻게 써야 할지 모르기 때문입니다."

당신은 마지막 문장을 보고 콧방귀 뀌었을 것이다. 다시 콧방귀 뀌기 전에 스테이플턴 부인은 모든 사람이 그렇다고 말한 건 아니란 점을 기억하기 바란다. 그녀는 '대다수'라고 했다. 당신이 아니라 많은 당신의 자매와 사촌이 그렇다는 것이다.

많은 독자가 이렇게 말할 것이다. "이 카네기라는 사람이 내가 받는 주급으로 생활비를 대고 필요한 일을 해봤으면 좋겠어. 한번 해보면 생각이 바뀔 거야." 나도 돈 문제를 겪었다. 미주리의 옥수수밭과 건초 헛간에서 하루에 열 시간씩 힘든 노동을 했다. 가장 큰 소원이 격심한 피로에 따른 고통에서 벗어나는 것일 정도로 말이다. 그렇게 힘든 일인데도 하루 열 시간 노동한 대가는 고작 시간당 5센트였다.

나는 20년 동안 화장실이나 상수도가 없는 집에서 사는 게 어떤지 안다. 영하 15도인 침실에서 자는 게 어떤지 안다. 차비 5센트를 아끼려고 몇 킬로미터를 걸어 다니는 게 어떤지 안다. 구멍 난 신발을 신고 엉덩이 부분을 덧댄 바지를 입고 다니는 게 어떤지 안다. 식당에서 가장 싼 메뉴를 주문하고, 세탁소에서 다림질할 형편이 안 돼

매트리스 밑에 바지를 깔고 자는 게 어떤지 안다.

하지만 그렇게 살면서 몇 푼이라도 모았다. 저축하지 않는 게 두려웠기 때문이다. 이 경험으로 나는 빚과 돈 걱정을 피하고 싶다면 기업이 하는 일을 해야 한다는 사실을 깨달았다. 즉 돈을 어떻게 쓸지 계획을 세우고 거기에 따라 써야 한다. 하지만 대다수는 그러지 않는다. 내 친구이자 이 책을 출간한 회사의 총무부장인 레온 심킨은 많은 사람이 돈과 관련해 흥미로운 맹점을 보이는 점을 지적했다. 그는 자신이 아는 경리 이야기를 들려줬다. 이 경리는 회사 일을 할 때는 금액을 잘 맞추지만, 자기 돈을 관리할 때는 완전 딴판이었다. 예를 들어 금요일 정오에 급여를 받고 거리를 걷다가 쇼윈도에서 마음에 드는 외투를 보면 바로 샀다. 급여로 조만간 월세와 전기료, 온갖 '고정' 비용을 지불해야 한다는 사실을 고려하지 않았다. 그저 호주머니에 현금이 있다는 게 중요했다. 그의 회사가 그처럼 방탕하게 사업을 했다면 파산하고 말았을 것이다.

자신의 돈을 관리하는 일은 오로지 자신에게 달려 있다. 자신이 그 주체가 된다. 즉 돈을 가지고 무엇을 할지는 '당신 소관'이다. 그러면 돈을 관리하는 원칙은 무엇일까? 어떻게 예산을 정하고 계획을 세울까? 다음은 여기에 필요한 열한 가지 원칙이다.

원칙 1. 모든 지출 내역을 기록하라

아널드 베넷Arnold Bennett은 50년 전 런던에서 소설가가 되려고 애쓸 때 가난에 쪼들렸다. 그는 6펜스 단위로 지출 내역을 기록했다. 그가 돈을 어디에 썼는지 몰라서 그랬을까? 아니다. 그는 이 방식을 아주 좋아해서 부와 세계적 명성을 얻고 개인 요트를 가진 뒤에도 가계부를 썼다.

존 록펠러 시니어John D. Rockefeller Sr.도 가계부를 썼다. 밤에 기도하고 잠자리에 들기 전, 자신에게 얼마가 있는지 푼돈까지 확인했다.

우리도 공책에 지출 내역을 기록해야 한다. 앞으로 평생 그럴 필요는 없다. 자금 관리 전문가들은 최소한 한 달, 가능하면 석 달 동안 5센트까지 지출 내역을 기록할 것을 권한다. 그러면 돈이 어디로 나가는지 정확히 알고 예산을 세울 수 있다.

당신의 돈이 어디로 나가는지 안다고 자신한다면, 당신은 1000명 중 한 명에 속한다! 스테이플턴 부인은 사람들이 지출 내역을 정리하는 데 흔히 몇 시간이 걸린다고 말한다. 그들은 결과를 보면 믿기 힘들어하며 "제 돈이 이렇게 나간다고요?"라고 소리친다. 당신도 그럴지 모른다.

원칙 2. 필요에 따른 맞춤형 예산을 짜라

스테이플턴 부인은 내게 두 가족이 같은 동네와 같은 주택에 살고, 자녀 수가 같고, 같은 소득을 올려도 필요한 돈은 다를 수 있다고 말한다. 왜 그럴까? 사람이 다르기 때문이다. 그녀는 예산은 개인에 따른 맞춤형이어야 한다고 말한다.

예산을 짜는 것은 삶의 모든 기쁨을 제거하는 일이 아니다. 물질적 안정이 핵심이다. 이는 많은 경우 감정적 안정과 걱정에서 벗어나는 것을 뜻한다. 스테이플턴 부인은 "예산에 맞춰 사는 사람이 더 행복하다"고 말한다.

그렇다면 어떻게 해야 할까? 앞서 말한 대로 모든 지출 내역을 기록해야 한다. 그다음 조언을 구하라. 인구가 2만 이상인 도시에는 대개 금전적 문제에 관한 무료 상담을 제공하고, 소득에 맞는 예산을 짜도록 도와줄 가족 복지 단체가 있다.

원칙 3. 현명하게 돈 쓰는 법을 배워라

이 말은 당신의 돈으로 최고 가치를 얻는 법을 배우라는 뜻이다. 모든 대기업에는 회사를 위해 가장 좋은 조건으로 물품을 사들이는 일만 하는 구매 부서가 있다. 당신도 자기 재산을 관리하는 사람으로서 같은 일을 해야 하지 않을까.

원칙 4. 소득과 함께 두통까지 늘리지 마라

스테이플턴 부인은 연간 가족 소득이 5000달러인 경우가 가장 상담하기 두렵다고 말했다. 나는 그 이유를 물었다. 그녀는 "연간 5000달러가 대다수 미국 가족의 목표 같거든요. 그들은 오랫동안 타당하고 이성적으로 살아요. 그러다가 소득이 연간 5000달러가 되면 목적지에 '도달'했다고 생각하죠. 그래서 샛길로 빠지기 시작해요. '아파트 월세보다 비용이 들지 않는다'는 이유로 교외에 집을 사요. 자동차와 가구, 옷도 많이 사들여요. 그러다가 갑자기 적자가 나죠. 그들은 이전보다 덜 행복해요. 소득이 늘어났다고 무리했기 때문이에요."

이는 자연스러운 일이다. 우리는 모두 인생에서 더 많은 것을 얻고 싶다. 그러나 장기적으로 볼 때, 빠듯한 예산으로 사는 것과 세금이나 대출이자 독촉장을 받고 채권자들이 문을 두드리는 것 중에서 어느 쪽이 행복할지 생각해보라.

원칙 5. 돈을 빌려야 할 때에 대비해 신용을 쌓아라

비상사태에 직면해 돈을 빌려야 한다면 생명보험, 국채, 예금증서는 말 그대로 호주머니에 있는 돈과 같다. 다만 생명보험을 담보로 돈을 빌리고 싶다면 저축성이어야 현금 가치가 있다. '정기보험'은 정해진 기간에 한해 가입자의 돈을 보호할 뿐, 저축의 효과는 없다. 이런 보험은 당연히 대출 목적으로는 아무 쓸모가 없다. 따라서 질문이 중요하다. 계약서에 서명하기 전에 돈이 필요할 때 현금 가치가 있는지 알아보라.

당신에게 담보로 잡힐 보험이나 채권이 없지만, 집이나 자동차나 다른 담보가 있다고 가정하자. 돈을 빌리려면 무조건 은행에 가라. 이 땅의 모든 은행은 엄격한 규제를 받는다. 지역사회에서 유지해야 할 평판도 있다. 그들이 부과하는 금리는 법에 따라 확실히 정해지고, 그들은 당신을 공정하게 대할 것이다. 재정적 곤란에 빠지면 은행은 같이 문제를 상의하고, 계획을 세우고, 걱정과 부채에서 벗어나도록 도와줄 것이다. 담보가 있다면 꼭 은행에 가라!

급여 외에 담보로 잡힐 만한 거나 부동산이 없다면 어떻게 해야 할까? 이런 경우 당신의 삶을 소중히 여긴다면 이 경고를 들어라! 절대로 신문에 유혹적인 광고를 싣는 '대부업체'에 대출을 신청하지 마라. 일부 광고를 보면 그들은 산타클로스만큼 관대하다. 광고를 믿지 마라. 다만 윤리적이고, 정직하고, 엄격하게 법을 따르는 일부 대부업체도 있다. 그들은 질병이나 비상사태에 직면해 급전이 필요한 사람에게 도움을 준다. 그들이 부과하는 금리는 은행보다 높지만 그럴 수밖에 없다. 그들은 대출금을 회수할 때 더 큰 위험을 감수하고, 더 큰 비용을 지출하기 때문이다. 그래도 대부업체에 돈을 빌리기 전에 은행에 가서 상담을 받아라. 공정한 대부업체를 추천해달라고 요청하라. 그러지 않았다가는 악몽이 시작될 것이다.

미니애폴리스의 한 신문사가 러셀세이지재단Russell Sage Foundation이 마련한 규정에 따라 운영한다는 대부업체들을 조사한 적이 있다. 나는 이 조사 작업을 진행한 사람을 안다. 《유어라이프Your Life magazine》 편집자 더글러스 러턴이다. 러턴은 내게 가난한 채무자들이 어떤 학대를 당하는지 알면 머리털이 곤두설 거라고 말한다. 50달러에 불과하던 대출금이 상환하기 전까지 300~400달러로 몇 배나 불어났다. 급여가 압류되고, 이런 일을 당한 사람은 회사에서 해고되는 일이 잦았다. 많은 경우, 채무자가 대출금을 갚지 못하면 악덕 사채업자들이 감정평가사를 집으로 보내서 가구의 가치를 '평가'한 뒤 모조리 가져갔다! 소액 대출을 4~5년씩 상환하고도 여전히 다 갚지 못한 사람들도 있었다! 특이한 사례 아니냐고? 러턴이 말한다. "우리는 캠페인을 펼치는 중 법원에 엄청나게 많은 소송을 넣었어요. 판사들이 두 손 드는 바람에 신문사가 수백 건에 이르는 그 소송을 처리하기 위해 중재 부서를 만들 정도였죠.”

어떻게 이런 일이 가능할까? 그 답은 온갖 숨겨진 수수료와 추가 '법무 수수료'에 있다. 대부업체를 상대할 때 명심해야 할 규칙은 이 것이다. 의문의 여지 없이 빠르게 빚을 갚을 수 있다면 금리가 낮고, 공정한 대우를 받을 것이다. 반면 대출을 계속 연장해야 한다면 아인 슈타인도 아찔하게 만들 수치로 이자가 쌓일 것이다. 러턴이 말한 바 에 따르면, 추가 수수료가 원래 부채의 2000퍼센트 혹은 은행 금리 의 약 500배로 불어난 경우도 있었다!

원칙 6. 질병, 화재, 비상 지출에 대비하라

보험은 비교적 적은 금액으로 모든 사고와 불운, 비상사태에 대비하 도록 해준다. 욕조에서 미끄러지는 것부터 홍역에 걸리는 것까지 모 든 일에 대비하라는 말은 아니다. 다만 돈이 많이 들고, 그래서 걱정 을 초래하는 큰 불운에 대비할 것을 권한다. 보험은 돈을 들일 가치 가 있다.

내가 아는 한 여성은 작년에 10일 동안 입원했지만 퇴원할 때 청 구서 금액이 8달러밖에 되지 않았다! 어떻게 그럴 수 있냐고? 의료 보험을 들었기 때문이다.

원칙 7. 생명보험금이 미망인에게 현금으로 지급되지 않도록 하라

당신이 세상을 떠난 후 가족을 보호하기 위해 생명보험에 가입했다 면, 제발 부탁인데 보험금이 일시금으로 지급되지 않도록 하라.

'돈이 생긴 미망인'에게 어떤 일이 벌어질까? 매리언 에벌리 부인이 이 질문에 답해줄 것이다. 그녀는 뉴욕 이스트 42번가 60번지에 있는 생명보험협회Institute of Life Insurance의 여성부 부장이다. 그녀는 미국 전역의 여성 클럽에서 미망인이 됐을 때 보험금을 현금으로 받지 말고 평생 소득원을 확보하는 데 쓰라는 강연을 한다. 그녀는 2만 달러를 현금으로 받아서 자동차 액세서리 사업을 하려는 아들에게 빌려준 미망인의 이야기를 들려줬다. 아들의 사업은 실패했고, 미망인은 지금 가난하게 살아간다. "틀림없이 1년 안에 값이 두 배로 뛴다"는 부동산업자의 교묘한 설득에 넘어가 보험금으로 공터를 산 다른 미망인도 있다. 3년 후 그녀는 구입가 10퍼센트에 공터를 팔았다. 또 다른 미망인은 보험금 1만 5000달러를 받은 지 1년도 되지 않아 자녀를 부양하기 위해 아동복지협회Child Welfare Association에 도움을 요청해야 했다. 이와 비슷한 비극적인 사례가 수없이 많다.

"여성이 손에 쥔 2만 5000달러는 7년도 안 돼 사라집니다." 이는 《뉴욕포스트New York Post》 금융 담당 기자 실비아 포터가 《레이디스 홈저널》 인터뷰에서 한 말이다.

몇 년 전, 《새터데이이브닝포스트The Saturday Evening Post》에 이런 사설이 실렸다. "자금 관리 방법을 교육받은 적이 없고, 조언해줄 은행 직원도 없는 평범한 미망인은 증권판매원의 꼬임에 넘어가 남편의 생명보험금으로 잡주를 사고 맙니다. 모든 변호사나 은행 직원은 검소한 남자가 오랜 세월 희생하고 절제하면서 모은 돈을, 홀로 남은 부인이나 자녀가 그들의 생활 자금을 훔치려는 교묘한 사기꾼을 믿는 바람에 날려버린 수많은 사례를 알고 있습니다."

부인이나 자녀를 보호하고 싶다면 지금까지 가장 현명한 금융인 J. P. 모건의 조언을 따르는 게 어떨까. 그는 주요 상속자 16명에게 유산을 남겼는데, 그중 12명이 여성이었다. 그가 이 여성들에게 현금을 남겼을까? 아니다. 그는 그들에게 평생 매달 수입이 생기도록 신탁 기금을 남겼다.

원칙 8. 자녀에게 돈에 대한 책임 있는 태도를 가르쳐라

나는 언젠가《유어라이프》에서 읽은 글을 절대 잊지 않을 것이다. 스텔라 터틀은 딸에게 돈에 대한 책임감을 어떻게 가르쳤는지 설명했다. 그녀는 은행에서 얻은 여분의 수표책을 아홉 살 난 딸에게 줬다. 딸은 매주 용돈을 받으면 그 돈을 엄마에게 '저축'했다. 그녀는 딸의 돈을 관리하는 은행 역할을 했다. 딸은 주중에 1~2센트가 필요할 때마다 그 금액에 해당하는 '수표를 끊고', 잔액을 확인했다. 딸은 이 방식에 재미를 느꼈고, 돈을 다루는 책임감을 배우기 시작했다.

이는 아주 좋은 방법이다. 곧 학교에 들어가는 자녀에게 돈을 다루는 법을 가르치고 싶다면 이 방법을 추천한다.

원칙 9. 필요하다면 주방에서 약간의 부수입을 올려라

비용을 현명하게 관리했는데도 생활비를 충당할 돈이 부족하다면 두 가지 중 하나를 할 수 있다. 자책하고 초조해하고 걱정하고 불평하거나 약간의 부수입을 올리기 위한 계획을 세우는 것이다. 현재 충족되지 않은 시급한 필요를 충족하는 방법이다. 뉴욕 잭슨하이츠 83번가에 사는 넬리 스피어 부인은 방 세 개짜리 아파트에서 혼자 지냈다. 남편은 사망하고, 두 자녀는 결혼했다. 어느 날, 잡화점 청량 음료 코너에서 아이스크림을 먹던 그녀는 맛도 모양도 후줄근해 보이는 파이를 파는 것을 발견했다. 그녀는 주인에게 집에서 만든 파이를 사겠느냐고 물었다. 주인은 두 개를 주문했다. 스피어 부인이 이후의 이야기를 들려줬다.

....

저는 요리를 잘하지만, 조지아에 살 때는 항상 가정부가 있어서 평생 파이를 12개 이상 구운 적이 없었어요. 저는 이웃집 여자에게 애플파이 만드는 법을 물었어요. 손님들은 제가 처음 구운 파이를 아주 좋아했어요. 하나는 애플파이, 다른 하나는 레몬파이였죠. 주인은 다음 날 다섯 개를 주문했어요. 다른 매장과 식당에서도 점차 주문이 들어왔어요. 2년 만에 저는 연간 5000개나 되는 파이를 굽게 됐어요. 모두 우리 집의 작은 주방에서 저 혼자 말이에요. 덕분에 재료비 외에 한 푼도 더 들이지 않고 1년에 순수익이 1000달러나 됐어요.

....

수제 파이 수요가 너무 많아, 스피어 부인은 따로 가게를 차리고 여직원 두 명을 고용했다. 그들은 파이, 케이크, 빵, 롤 등을 만들었다. 전쟁 중에도 사람들은 그녀가 만든 빵을 사려고 한 시간씩 줄을 섰다.

나는 요리를 잘하는 다른 여성도 인구 1만 명이 넘는 도시에서 비슷한 방법으로 여가에 돈을 벌 수 있을 것 같은지 물었다. 그녀는 대답했다. "그럼요, 당연히 할 수 있어요!"

오라 스나이더 부인도 같은 말을 할 것이다. 그녀가 사는 일리노이주의 메이우드는 인구 3만 명의 도시다. 그녀는 주방에서 10센트어치 재료로 사업을 시작했다. 남편이 병을 앓아 그녀는 돈을 벌어야 했다. 하지만 그녀는 아무런 경험도, 기술도, 자본도 없는 평범한 주부였다. 주방에서 달걀흰자와 설탕으로 사탕을 만들어 학교 근처에서 하교하는 아이들에게 1페니씩 받고 팔며 말했다. "내일 또 보자. 나는 집에서 만든 사탕을 가지고 매일 여기 올 거야." 첫 주에 그녀는 돈을 벌었고, 삶에 대한 새로운 의욕을 얻었다. 그녀는 자신과 아이들을 모두 행복하게 만드느라 걱정할 시간이 없었다.

조용하고 왜소한 그녀는 야심이 넘쳐서 사업을 확장하기로 마음먹었다. 요란하고 시끌벅적한 시카고에서 자신이 만든 사탕을 팔 대리점을 구하러 나섰다. 그녀는 거리에서 땅콩을 파는 이탈리아인에게 소심하게 접근했다. 그는 어깨를 으쓱했다. 그의 손님들이 원하는 건 사탕이 아니라 땅콩이었다. 그녀는 그에게 시식용 사탕을 건넸다. 그는 맛있다며 사탕을 팔기 시작했다. 그는 첫날 스나이더 부인에게 짭짤한 수입을 안겨줬다. 4년 뒤 그녀는 시카고에 너비 2.5미터의 첫 매장을 열었다. 그녀는 밤에 만든 사탕을 이튿날 낮에 팔았다. 주방에서 사탕을 만들어 팔기 시작한 소심한 주부는 현재 17개 매장을 운영한다. 그중 15개는 시카고에서 번화한 루프 지구에 있다.

말하려는 요점은 이것이다. 뉴욕 잭슨하이츠에 사는 넬리 스피어와 일리노이주 메이우드에 사는 오라 스나이더 부인은 돈 문제를 걱정하는 대신 긍정적인 일을 했다. 두 사람은 아주 작은 규모로 주방에서 돈 버는 일을 시작했다. 간접비, 임대료, 광고비, 직원 급여를 지불할 필요가 없었다. 이런 조건에서는 여성이 돈 걱정으로 무너질 일이 거의 없다.

주위를 둘러보라. 아직 충족되지 않은 많은 요구가 보일 것이다. 예를 들어 요리 실력을 연마한 다음 주방에서 어린 여자아이들을 위한 요리 교실을 시작할 수 있다. 동네에 다니면서 수강생을 구할 수도 있다.

여가에 돈을 버는 방법에 관한 책이 있다. 동네 도서관에 문의해보라. 남성과 여성 모두에게 많은 기회가 있다. 주의할 점은 영업에 타고난 재능이 없다면 방문판매를 시도하지 말라는 것이다. 대다수가 방문판매를 싫어하므로, 실패할 확률이 높다.

원칙 10. 절대 도박하지 마라

나는 경마나 슬롯머신으로 돈을 벌려는 사람을 보면 항상 놀란다. 내가 아는 사람은 슬롯머신 여러 대를 돌려서 돈을 번다. 그는 확률상 불리하게 설정된 기계를 이길 수 있다고 생각할 만큼 순진하고 어리석은 사람들을 경멸할 뿐이다.

나는 미국에서 유명한 마권 업자도 안다. 나의 수강생인 그는 경마를 아주 잘 알지만, 그것으로 먹고살 순 없다고 했다. 어리석은 사람들은 해마다 경마에 60억 달러를 쓴다. 이는 1910년 국가 부채 총액보다 여섯 배나 많은 액수다. 이 마권 업자는 원수 같은 사람을 망치고자 한다면 경마에 끌어들이는 게 최상의 방법이라고도 말했다. 그는 경마 정보지를 참고해서 베팅하는 건 어떠냐는 질문에 대답했다. "그래도 소용없어요."

도박하려면 최소한 영리하게 하라. 돈을 잃을 확률이 얼마나 되는지 알아보라. 오스왈드 자코비Oswald Jacoby가 쓴 《확률 계산법How to Figure the Odds》을 보면 된다. 그는 브리지와 포커의 권위자, 최고 수준의 수학자, 통계학자, 보험계리사다. 이 책은 215페이지에 걸쳐 경마와 룰렛, 크랩스, 슬롯머신, 드로 포커draw poker, 스터드 포커stud poker, 콘트랙트 브리지contract bridge, 옥션 피노클auction pinochle, 주식 투자에서 돈을 잃을 확률을 알려준다. 다른 많은 분야에 대한 과학적이고 수학적인 확률도 제공한다. 이 책은 도박으로 돈 버는 방법을 알려주는 척하지 않는다. 자코비에게는 다른 속셈이 없다. 그는 일반적인 도박에서 돈을 잃을 확률만 알려준다. 그 확률을 보고 나면 힘들게 번 월급을 경마나 카드, 주사위, 슬롯머신에 거는 불쌍한 호구들이 가여워질 것이다. 크랩스나 포커, 경마를 하고 싶은 마음이 든다면 이 책이 당신의 돈을 100배, 어쩌면 1000배 아껴줄지도 모른다.

원칙 11. 재정적 상황을 개선할 수 없다면, 자신에게 잘하고 바꿀 수 없는 것에 분노하지 마라

재정적 상황을 개선할 수 없다 해도 마음가짐은 바꿀 수 있다. 다른 사람들도 돈 걱정을 한다는 사실을 기억하자. 우리는 이웃만큼 잘살지 못해서 근심한다. 그러나 그 이웃도 다른 이웃만큼 잘살지 못해서, 다른 이웃도 또 다른 이웃만큼 잘살지 못해서 근심할지 모른다.

미국 역사에서 몇몇 유명 인물도 재정적 문제를 겪었다. 링컨과 워싱턴은 대통령 취임식장에 가기 위해 돈을 빌려야 했다.

원하는 모든 것을 가질 수 없다 해도 근심과 울분으로 하루를 망치고, 성격을 버리지 말자. 자신에게 잘하자. 철학적인 태도를 갖추려고 노력하자. 위대한 로마 철학자 세네카는 말했다. "가진 것에 만족하지 못하면 세상을 가진다 해도 불행할 것이다."

이 점을 기억하자. 우리가 튼튼한 울타리를 두르고 미국 땅 전체를 가진다 해도 하루에 세 끼를 먹고, 잠은 한 침대에서 잘 뿐이다.

돈 걱정을 줄이는 방법

*모든 지출 내역을 기록하라.

*필요에 따른 맞춤형 예산을 세워라.

*현명하게 돈 쓰는 법을 배워라.

*소득과 함께 두통까지 늘리지 마라.

*돈을 빌려야 할 때에 대비하여 신용을 쌓아라.

*질병, 화재, 비상 지출에 대비하라.

*생명보험금이 미망인에게 현금으로 지급되지 않도록 하라.

*자녀에게 돈에 대한 책임 있는 태도를 가르쳐라.

*필요하다면 주방에서 약간의 부수입을 올려라.

*절대 도박하지 마라.

*재정적 상황을 개선할 수 없다면, 자신에게 잘하고 바꿀 수 없는 것에 분노 하지 마라.

PART 10

걱정을 물리친
서른두 편의 실화

EPISODE 01

시련이 한꺼번에 덮쳐올 때

C. I. 블랙우드
블랙우드데이비스실업학교 이사장
오클라호마주 오클라호마시티 거주

1943년 여름, 세상 모든 걱정의 절반이 내 어깨를 짓누르는 것 같았다. 나는 40년 넘게 남편과 아버지, 사업가가 겪는 일반적인 문제 외에는 평범하고 걱정 없는 삶을 살았다. 그런 문제는 쉽게 해결할 수 있었다. 그런데 갑자기 쿵! 쿵! 쿵! 쿵! 쿵! 여섯 가지 중대한 문제가 한꺼번에 나를 덮쳤다. 나는 이 중대한 여섯 가지 문제에 직면했기에, 내일이 오는 걸 두려워하면서 밤새도록 뒤척였다.

첫 번째 문제, 남학생이 모두 징집되는 바람에 내가 운영하는 실업학교가 재정적으로 위기에 처했다. 게다가 대다수 여학생은 교육 없이도 군수 공장에서 일하며 졸업생들이 사무실에서 버는 돈보다 많이 벌었다.

두 번째 문제, 장남이 입대해서 전쟁터에 나간 아들을 둔 모든 부모가 겪는 가슴 시린 근심에 시달렸다.

세 번째 문제, 오클라호마시티는 공항을 짓기 위해 대규모 부지를 수용하는 절차에 들어갔다. 아버지에게 물려받은 내 집은 해당부지의 중앙에 있었고, 제값의 10퍼센트밖에 받지 못할 것이라 집을 잃을 처지에 놓였다. 주택이 부족해 여섯 명이나 되는 우리 가족이 살 다른 집을 찾을 수 있을지, 텐트에서 살아야 하는 건 아닌지, 텐트라도 살 수 있을지 걱정스러웠다.

네 번째 문제, 집 근처에 배수로를 파는 바람에 우물이 말랐다. 새 우물을 파는 건 500달러를 버리는 거나 마찬가지일지 모른다. 집이 수용될 수 있었기 때문이다. 두 달 동안 매일 아침 양동이로 가축에게 먹일 물을 날라야 했다. 전쟁이 끝날 때까지 이 일을 계속해야 할까 두려웠다.

다섯 번째 문제, 나는 학교에서 약 16킬로미터 떨어진 곳에서 살았고, B등급 주유 카드를 갖고 있었다. 그것은 새 타이어를 살 수 없다는 뜻이다. 그래서 내가 모는 오래된 포드의 타이어가 낡으면 어떻게 출근할지 걱정이다.

여섯 번째 문제, 큰딸이 고등학교를 1년 일찍 졸업했다. 딸은 대학에 가고 싶어 하지만 나는 딸에게 보낼 돈이 없었다. 상심할 딸을 생각하면 마음이 아팠다.

나는 어느 날 오후 사무실에 앉아 근심하다가 모든 걱정을 적어보기로 마음먹었다. 아무도 나만큼 많은 걱정을 안고 살진 않아 보였기 때문이다. 노력하면 해결할 수 있는 걱정과 씨름하는 건 개의치 않았지만, 이런 걱정은 모두 내 통제권을 완전히 벗어난 것처럼 보였다. 문제를 해결하기 위해 할 수 있는 일이 없었다. 나는 타자로 친 걱정 목록을 치워버렸다. 몇 달이 지나고 목록을 만들었다는 사실조차 잊어버렸다. 18개월 뒤, 한때 건강까지 위협한 여섯 가지 중대한 문제를 적은 목록을 우연히 발견했다. 나는 그 목록을 흥미롭고 유익하게 읽었다. 내가 걱정하던 문제가 하나도 일어나지 않았음을 알게 됐다. 다음은 각 문제와 관련해 생긴 일이다.

첫 번째 문제, 학교 문을 닫아야 할지도 모른다는 걱정은 쓸데없었다. 정부가

데일 카네기 자기관리론

실업학교에 전역자 교육비를 주기 시작했고, 우리 학교는 곧 정원을 채웠기 때문이다.

두 번째 문제, 입대한 아들에 관한 걱정도 쓸데없었다. 아들은 아무 데도 다치지 않고 돌아왔다.

세 번째 문제. 공항을 짓기 위해 집이 수용될지 모른다는 걱정도 쓸데없었다. 우리 집 근처에서 유전이 발견돼 공항 부지 매입비가 정부가 감당할 수 없는 수준으로 늘어났다.

네 번째 문제, 가축이 마실 물을 구할 우물에 대한 걱정도 쓸데없었다. 땅이 수용되지 않을 거라는 사실을 안 뒤에 더 깊은 새 우물을 팠고, 마르지 않는 물 공급원을 찾았다.

다섯 번째 문제, 타이어 걱정도 쓸데없었다. 구멍 난 곳을 때우고 조심스럽게 운전한 덕분에 타이어는 문제없었다.

여섯 번째 문제, 딸의 교육에 관한 걱정도 쓸데없었다. 개강 60일 전에 거의 기적처럼 근무시간 외에 할 수 있는 감사 일을 제안받았다. 그 일 덕분에 딸을 문제없이 대학에 보낼 수 있었다.

나는 우리가 걱정하고, 안달하고, 초조해하는 일 가운데 99퍼센트는 일어나지 않는다는 말을 자주 들었다. 그러나 18개월 전 우울한 오후에 타자로 작성한 걱정 목록을 우연히 마주치기 전까지 이 오랜 격언은 내게 큰 의미가 없었다.

이제는 여섯 가지 중대한 걱정과 헛되이 씨름했다는 것을 감사히 여긴다. 그 경험은 절대 잊지 못할 교훈을 줬다. 아직 일어나지 않은 일, 우리의 통제권을 벗어나고 절대 일어나지 않을지 모르는 일에 안달하는 것이 얼마나 어리석고 비극적인지 알려줬다.

POINT

기억하라. 오늘은 어제 당신이 걱정한 내일이다. 이렇게 자문하라. "내가 걱정하는 일이 정말로 일어날지 어떻게 알지?"

EPISODE 02 1시간 안에 낙천적이 되는 방법

로저 밥슨
유명 경제학자, 메사추세츠주 웰즐리힐스 거주

나는 현재의 어떤 일로 갑자기 우울해져도, 한 시간 안에 걱정을 떨쳐내고 흥겨운 낙관주의자로 변할 수 있다. 그 방법은 다음과 같다.

서재에 들어가 눈을 감고 역사서가 꽂힌 서가로 걸어간다. 프레스컷William Hickling Prescott의 《멕시코 정복Conquest of Mexico》인지, 수에토니우스Suetonius의 《황제전De vita Caesarum》인지 모른 채 손을 뻗어 책을 잡는다. 여전히 눈을 감은 채 아무 페이지나 편다. 그다음 눈을 뜨고 한 시간 동안 읽는다. 책을 더 읽을수록 세상은 언제나 고통의 문턱에 있었으며, 문명은 언제나 위기로 흔들렸다는 사실을 명료하게 깨닫는다. 역사서는 전쟁과 기아, 빈곤, 전염병, 인간이 다른 인간에게 저지른 비인간적 행위에 관한 비극적 이야기를 들려준다. 나는 한 시간 동안 책을 읽고 지금 여건이 아무리 나빠도 과거보다 훨씬 낫다는 사실을 깨닫는다. 이 깨달음은 적절한 관점에서 현재의 문제를 바라보고 마주하게 하고, 세상은 전체적으로 보면 계속 나아지고 있음을 알게 해준다.

POINT

이 책에 실을 만한 중요한 방법이다. 역사서를 읽어라! 시대를 관통하는 지혜를 배우려고 노력하라. 영겁의 시간에 비하면 당신의 문제는 얼마나 미미한지 깨달아라.

EPISODE 03 **열등감을 극복시킨 4가지 일**

엘머 토머스
오클라호마주 상원의원

나는 열다섯 살 때 걱정과 두려움, 자의식에 끊임없이 고통받았다. 나는 또래에 비해 너무 크고 쇠꼬챙이처럼 말랐는데, 키는 188센티미터에 몸무게가 54킬로그램이었다. 큰 키에도 몸이 허약해서 야구나 달리기 시합에서 다른 남자아이들과 경쟁할 수 없었다. 그들은 나를 '해골'이라고 놀렸다. 걱정이 많고 자의식이 강해서 다른 사람을 만나기가 두려웠고, 거의 만나지 않았다. 가족이 살던 농가는 도로에서 떨어져 있고 한 번도 자른 적 없는 빽빽한 원시림으로 둘러싸였기 때문이다. 우리는 고속도로에서 800미터 떨어진 곳에 살았다. 어머니와 아버지, 형제자매 외에 아무도 보지 않고 일주일을 보내는 경우도 흔했다.

걱정과 두려움에 휘둘렸다면 나는 실패한 인생에 그쳤을 것이다. 매일, 매시간 껑충하고 수척하고 허약한 몸을 고민했다. 다른 것은 거의 생각할 수 없었다. 수치심과 두려움이 얼마나 심한지 묘사하기도 힘든 정도였다. 학교 선생님인 어머니는 내가 어떤 심정인지 알고는 말씀하셨다. "공부를 열심히 해라. 너는 몸이 항상 핸디캡일 테니까 머리로 먹고살아야 해."

부모님은 나를 대학에 보낼 수 없었다. 나는 스스로 학자금을 벌어야 한다는 걸 알았다. 그래서 겨우내 주머니쥐, 스컹크, 밍크, 너구리를 잡아서 가뒀다가 봄에 가죽을 4달러에 팔았다. 그 돈으로 돼지 두 마리를 샀고, 음식물 찌꺼기와 옥수수를 먹여 키워서 이듬해 가을 40달러에 팔았다. 돼지를 판 돈으로 인디애나주 댄빌에 있는 센트럴사범대학Central Normal College에 들어갔다. 일주일에 밥값으로 1달러 40센트, 방값으로 50센트를 냈다. 옷은 어머니가 만들어준 갈색 셔츠를 입었다(어머니는 때가 잘 보이지 않도록 갈색 천을 썼다). 슈트는 아버지가 입던 걸 물려받았다. 아버지 옷은 내게 맞지 않았고, 오래된 앵클부츠는 양옆의 밴드가 낡아서 늘어진 데다 윗부분이 헐렁해서 걸을 때 벗겨질 정도였다. 다른 학생들과 어울리기 창피해, 방에서 혼자 공부만 했다. 그때 가장 큰 소원은 몸에 맞고 입어도 부끄럽지 않은 옷을 사는 것이었다.

그 직후 걱정과 열등감을 극복하도록 도와준 네 가지 일이 벌어졌다. 그중 하나는 내게 용기와 희망, 자신감을 주고 남은 삶을 완전히 바꿔놓았다. 그 사건 이야기를 간략히 들려주겠다.

첫째, 8주 동안 학교에 다니고 시험을 치렀다. 그 결과 시골 초등학교에서 가르칠 수 있는 3급 자격증을 받았다. 6개월 동안 유효한 자격증이지만 누군가가 내게 믿음을 가졌다는 증거, 어머니 말고는 아무에게도 얻지 못한 첫 번째 증거다.

둘째, 해피할로우의 학교위원회가 나를 교사로 채용했다. 급여는 하루에 2달러, 한 달에 40달러였다. 이는 나에 대한 누군가의 믿음을 말해주는 또 다른 증거다.

셋째, 나는 첫 월급을 받자마자 옷부터 샀다. 입어도 부끄럽지 않은 옷 말이다. 지금 누가 내게 100만 달러를 준다 해도 매장에서 몇 달러를 주고 처음 슈트를 살 때만큼 기쁘지 않을 것이다.

넷째, 해마다 인디애나주 베인브리지에서 열리는 퍼트넘카운티축제Putnam County Fair에서 내 삶의 진정한 전환점을 맞았다. 수치심과 열등감에 맞선 투쟁에서 처음 승리한 것이다. 어머니는 내게 축제 때 열리는 연설 대회에 참가하라고 했다. 하지만 연설 대회에 나간다는 생각 자체가 허황하게 느껴졌다. 나는 많은 사람은커녕 한 사람과 대화할 용기조차 없었다. 나에 대한 어머니의 믿음은 애처로울 지경이었다. 어머니는 내 미래에 큰 꿈을 품었다. 어머니는 나를 통해 당신의 삶을 살아가고 있었다. 어머니의 믿음이 대회에 나갈 용기를 줬다.

내가 하기에는 턱없이 어려운 '미국의 예술과 인문학'이라는 주제를 골랐다. 솔직히 연설을 준비할 때도 인문학이 뭔지 몰랐지만, 큰 문제는 없었다. 청중도 몰랐으니까.

나는 미사여구로 가득한 연설문을 암기하고 나무와 소 앞에서 100번이나 연습했다. 어머니를 위해 잘하고 싶은 마음이 너무나 커서 연설에 감정이 실린 게 분명하다. 어쨌거나 나는 1등을 했다. 놀라운 일이었다. 청중이 환호했다. 나를 조롱하고 놀리고 해골이라고 부르던 아이들이 등을 두드리며

말했다. "엘머, 네가 해낼 줄 알았어." 어머니는 나를 안고 흐느꼈다. 돌이켜
보면 그 연설 대회에서 우승한 것이 내 삶의 전환점이다. 지역신문이 1면에
나에 관한 기사를 싣고 앞으로 큰일을 할 거라며 칭찬했다. 연설 대회 우승
은 나를 지역 유명 인사로 만들었고, 명성을 안겨줬다. 그보다 훨씬 중요한
사실은 내 자신감이 100배나 커졌다는 것이다. 그때 우승하지 못했다면 아
마 상원의원이 되지 못했을 것이다. 그 일로 내 눈이 높아졌고, 시야가 넓어
졌고, 내게 상상도 못 한 잠재력이 있음을 깨달았기 때문이다. 무엇보다 중
요한 점은 연설 대회 우승 부상이 1년 장학금이라는 것이다.

나는 더 많이 공부하고 싶었다. 그래서 1896~1900년에 가르치는 일과 공부
에 시간을 나눠 썼다. 드포대학교DePauw University 학비를 대기 위해 웨이터
로 일하고, 난로를 관리하고, 잔디를 깎고, 경리 일을 하고, 여름 동안 밀밭
과 옥수수밭에서 일하고, 도로 건설 현장에서 자갈을 날랐다.

1896년 겨우 열아홉이었지만, 스물여덟 차례 연설을 통해 사람들에게 대선
에서 윌리엄 제닝스 브라이언William Jennings Bryan에게 투표하라고 촉구했
다. 유세장에서 연설한 경험은 직접 정치에 입문하고 싶다는 욕구를 불러
일으켰다.

드포대학교에서 법과 대중 연설을 공부했고, 1899년 학교 대표로 버틀러
대학Butler Colloge과 맞붙는 토론 대회에 나갔다. 인디애나폴리스에서 열
린 그 대회의 주제는 '상원의원을 국민투표로 선출하는 문제에 관하여'였
다. 나는 다른 여러 연설 대회에서 우승했고, 1900년 대학 연보 《미라지The
Mirage》와 학교 신문 《팔라디움The Palladium》의 편집장이 됐다.

드포대학교에서 학사 학위를 받은 뒤, 호레이스 그릴리Horace Greeley의 조

언에 따랐다. 다만 서쪽이 아니라 남서쪽으로 갔다. 오클라호마라는 새로운 지역으로 내려갔다. 카이오와Kiowa, 코만치Comanche, 아파치Apache 원주민 보호구역이 생겼을 때 나는 정부에서 개척지를 배정받았고, 오클라호마주 로턴에 법률사무소를 개업했다. 그 후 오클라호마 주의회 상원의원으로 13년, 연방 하원의원으로 4년을 일했다. 쉰 살에는 오클라호마주에서 연방 상원의원으로 당선돼 평생소원을 이뤘다. 1927년 3월 4일부턴 상원의원으로 일했다. 1907년 11월 16일에 오클라호마와 원주민 거주지가 오클라호마주로 통합된 뒤, 제2의 고향에서 민주당 소속 주의회 상원의원으로 시작해 연방 하원의원, 나중에는 연방 상원의원으로 계속 지명되는 영광을 누렸다.

이 이야기를 하는 이유는 아무도 관심 없는 내 성취를 자랑하기 위해서가 아니다. 내 바람은 아버지가 입던 옷을 입고 걸을 때 벗겨지는 구두를 신던 시절의 나처럼 지금 삶을 파괴하는 걱정과 수치심과 열등감에 시달리는 불쌍한 소년들에게 새로운 용기와 자신감을 북돋우는 것뿐이다.

POINT

청년 시절, 맞지 않는 옷을 그토록 부끄러워하던 엘머 토머스가 나중에 연방 상원에서 베스트 드레서로 뽑히다니 인생이 참 재미있다.

아랍인과 보낸 7년

로널드 V. C. 보들리
《사하라의 바람Wind in the Sahara》 외 15권을 쓴 소설가
옥스퍼드대학교 보들리언도서관을 재건한 토머스 보들리 경의 후손

나는 1918년에 내가 알던 세상을 등지고 아프리카 북서부로 갔다. '알라의 정원'이라 불리는 사하라사막에서 7년 동안 아랍인과 살았다. 유목민의 말을 배우고, 그들의 옷을 입고, 그들의 음식을 먹으며 지난 2000년간 거의 바뀌지 않은 그들의 생활양식을 익혔다. 양을 키우고, 맨땅에 친 아랍인의 천막에서 잤다. 그들의 종교도 자세히 연구하고, 나중에는 무함마드에 관해 《전령》이라는 책을 썼다. 사막을 떠도는 양치기들과 함께 보낸 그 7년은 내 삶에서 가장 평화롭고 만족스러운 나날이었다.

나는 그곳에 가기 전에 풍부하고 다양한 경험을 했다. 파리에서 영국인 부모 사이에서 태어났고, 9년 동안 프랑스에 살았다. 나중에 이튼대학Eton College과 샌드허스트의 왕립군사대학Royal Military College에서 공부했다. 이후 인도에서 영군 육군 장교로 6년 동안 복무하며 작전을 수행했고, 틈틈이 폴로 경기와 사냥을 하고 히말라야산맥을 탐험했다. 제1차 세계대전에 참전했고, 전후에 파리평화회의에 군사 보좌관으로 파견됐다. 나는 거기서 접한 현실에 충격과 실망을 느꼈다. 우리는 서부전선에서 4년에 걸쳐 살육전을 벌이는 동안 문명을 구하기 위해 싸운다고 믿었다. 그러나 파리평화회의에서 나는 이기적인 정치인들이 제2차 세계대전의 초석을 놓는 광경을 목격했다. 그들은 자국을 위해 가능한 모든 걸 움켜쥐면서 국가적 적대감

을 조성하고, 비밀외교의 음모를 되살렸다.

나는 전쟁과 군대, 사회에 염증을 느꼈다. 군인이 된 후 처음으로 지금부터 뭘 하고 살아야 할지 고민하며 불면의 밤을 보냈다. 로이드 조지는 내게 정치에 입문하라고 했다. 그의 조언을 고려하던 중에 향후 7년 동안 내 삶을 좌우할 일이 생겼다. 모든 일은 200초도 안 되는 대화를 통해 벌어졌다. 대화 상대는 제1차 세계대전이 낳은 가장 파란만장하고 낭만적인 인물, 영화 〈아라비아의 로렌스〉의 주인공 레드 로렌스Ted Lawrence다. 사막에서 아랍인과 같이 살던 그는 내게도 그렇게 해보라고 권유했다. 처음에는 허황하게 들렸다.

하지만 군대를 떠나기로 마음먹은 마당에 뭔가 할 일이 필요했다. 민간 기업은 나 같은 장교 출신을 뽑으려 하지 않았다. 실업자 수백만 명으로 노동시장이 넘쳐나는 때는 특히 그랬다. 결국 나는 아랍인과 살기 위해 떠났다. 그 결정을 한 게 기쁘다. 그들은 내게 걱정을 물리치는 법을 가르쳤다. 그들은 모든 신실한 이슬람교도처럼 운명론자다. 무함마드가 코란에 쓴 모든 글이 알라의 신성한 계시라고 믿는다. 코란이 "하나님이 너희와 너희의 모든 행동을 창조하셨다"라고 하면 문자 그대로 받아들인다. 그들이 삶을 차분하게 받아들이고, 일이 잘못됐을 때 결코 서두르거나 불필요한 성질을 부리지 않는 이유가 거기에 있다. 그들은 정해진 일은 바꿀 수 없다는 걸 안다. 오직 하나님이 무엇이든 바꿀 수 있다. 그렇다고 재난에 직면했을 때도 가만히 앉아 손 놓고 있다는 말은 아니다. 한 예로 사하라사막에 살 때 경험한 시로코sirocco에 대해 말해주겠다. 사흘 밤낮으로 불어댄 시로코가 어찌나 강하고 사나운지, 사하라사막의 모래를 수백 킬로미터 떨어진 지중해 너머 프랑스의 론강 골짜기까지 흩뿌렸다. 뜨거운 바람에 머리카락이 불타는 듯하고, 목구멍과 눈이 따갑고, 이에 모래알이 잔뜩 붙어 유리 공장의 화로 앞에 서 있는 느낌이었다. 미쳐버릴 지경이었다. 그래도 아랍인은 불평하지 않고 어깨를 으쓱하며 "메크툽Mektoub!"이라고 말했다. '운명'이라는 뜻이다.

그들은 폭풍이 끝나자마자 신속하게 행동했다. 어미 양을 살릴 수 있기를 바라며 어차피 죽을 새끼 양을 한꺼번에 도축했다. 그다음에는 물이 있는 남쪽으로 양 떼를 몰았다. 이 모든 일은 피해에 대한 걱정과 불평, 슬픔 없이 차분하게 진행했다. 부족장은 말했다. "그렇게 나쁘지 않았네. 모든 걸 잃을 수도 있었어. 하지만 하나님을 찬양할지니, 양들이 40퍼센트나 남아서 다시 출발할 수 있어."

사막을 차로 건너가는 동안 타이어가 터진 일도 기억난다. 운전사가 깜박하고 보조 타이어를 수리하지 않아, 멀쩡한 타이어가 세 개뿐이었다. 나는 화가 나고 흥분해서 씩씩거리면서 아랍인에게 어떻게 할지 물었다. 그들은 흥분은 도움이 되지 않고 열만 나게 할 뿐임을 상기시켰다. 타이어가 터진 건 알라의 뜻이며, 어쩔 수 없다고도 했다. 우리는 바퀴 하나에 타이어가 없는 상태로 다시 출발해서 느리게 움직였다. 이번에는 엔진이 칙칙거리다가 멈췄다. 연료가 떨어진 것이다. 그런데도 부족장은 "메크툽!"이라고 말할 뿐이다. 이번에도 그들은 운전사에게 연료를 충분히 가져오지 않았다고 고함치지 않았다. 모두 차분하게 목적지까지 걸어갔다. 도중에 노래까지 부르면서.

내가 아랍인과 보낸 7년은 미국과 유럽에서 신경증 환자, 정신 질환자, 알

코올의존자가 흔한 건 문명 속에서 급하고 괴롭게 살기 때문이라는 확신을 줬다. 사하라사막에 사는 동안 아무 걱정이 없었다. 알라의 정원에서 나는 사람들이 긴장과 절망 속에 갈구하는 고요한 만족과 신체적 행복을 발견했다.

많은 사람이 운명론을 멸시한다. 어쩌면 그들이 옳을지도 모른다. 누가 알겠는가? 하지만 우리의 운명이 결정된 경우가 많다는 사실을 모두가 알아야 한다. 예를 들어 내가 1919년 8월의 어느 더운 날, 정오를 지나 3분 동안 아라비아의 로렌스와 대화를 나누지 않았다면 그 후 흘러간 모든 시간이 완전히 달라졌을 것이다. 돌이켜 보면 내 삶은 통제할 수 없는 사건으로 좌우됐다. 아랍인은 그것을 메크툽 혹은 키스멧kismet이라고 했다. 키스멧은 '알라의 뜻'이다. 다른 무엇으로 불러도 좋다. 그것은 당신에게 이상한 일을 한다. 나는 사하라사막을 떠난 지 17년이 지난 지금도 아랍인에게서 배운 대로 불가피한 일을 기꺼이 체념하며 살아간다. 이 철학은 어떤 약보다 내 신경 안정에 도움이 됐다.

POINT

우리는 이슬람교도가 아니다. 우리는 운명론자가 되고 싶지 않다. 하지만 우리 삶에 사납고 뜨거운 바람이 불어닥칠 때, 도저히 그 바람을 막을 길이 없을 때, 그들처럼 불가피한 일을 받아들이자. 그리고 부지런히 잔해를 치우자.

걱정을 없애는 5가지 방법

윌리엄 라이언 펠프스 교수

[나는 예일대학교 펠프스 교수가 사망하기 얼마 전에 오후를 같이 보내는
특혜를 누렸다. 이 에피소드가 그와 대화를 나누며 정리한 내용이다.—데일 카네기]

첫 번째 방법: 스물네 살 때 갑자기 눈에 문제가 생겼다. 3~4분만 책을 읽어
도 눈에 바늘이 가득한 것처럼 느껴졌다. 심지어 책을 읽지 않을 때도 눈이
부셔서 창문 쪽을 바라볼 수 없었다. 나는 뉴헤이븐과 뉴욕의 최고 안과 의
사를 찾아갔지만, 나아질 기미가 보이지 않았다. 오후 4시가 지나면 방에서
가장 어두운 구석에 앉아 잠잘 시간을 기다렸다. 너무나 무서웠다. 학교를
그만두고 서부로 가서 벌목공으로 일해야 할까 두려웠다. 그러다가 마음이
신체적 고통에 미치는 기적 같은 효과를 보여주는 일이 일어났다. 그 불행
하던 겨울에 내 눈 상태가 최악일 때, 재학생들에게 연설을 해달라는 제안
을 받은 것이다.

강당은 천장에 매달린 거대한 가스등으로 환했다. 조명이 너무 눈부셔서
연단에 앉아 있는 동안 바닥을 볼 수밖에 없었다. 하지만 연설하는 30분 동
안은 아무런 통증도 느껴지지 않았다. 눈을 깜박이지 않고 조명을 쳐다볼
수 있었다. 그러다가 연설이 끝나고 다시 통증을 느꼈다.

그때 나는 30분이 아니라 일주일 동안 뭔가에 강하게 정신을 집중하면 나
을 수 있겠다고 생각했다. 이는 정신적 흥분이 신체적 질병을 이기는 명백
한 사례다.

이후 바다를 건널 때도 비슷한 경험을 했다. 나는 요통이 너무 심해서 걸을

수가 없었다. 똑바로 서려면 극심한 고통에 시달렸다. 그런 상태에 배에서 강연해달라는 요청을 받았다. 강연을 시작하자마자 몸에서 통증과 경직의 모든 흔적이 사라졌다. 똑바로 서서 완벽하게 유연한 모습으로 한 시간 동안 강연했다. 강연이 끝나고 선실로 걸어갈 때도 아무렇지 않아 병이 나은 것 같다는 생각이 잠시 들었다. 하지만 통증이 가신 것은 일시적인 현상일 뿐이었다.

이런 경험은 마음가짐의 중요성을 보여준다. 할 수 있을 때 인생을 즐기는 일의 중요성을 가르쳐준다. 나는 이제 그날그날이 내가 접하는 첫날이자 마지막 날처럼 살아간다. 나는 매일의 모험에 흥분한다. 흥분 상태에 있는 사람은 아무도 걱정에 시달리지 않는다. 교수로서 매일 하는 일을 사랑한다. 나는 《가르침의 즐거움Excitement of Teaching》이라는 책을 썼다. 내게 가르치는 일은 언제나 기술 혹은 직업 이상이었다. 화가가 그림 그리기를 사랑하고, 가수가 노래 부르기를 사랑하는 것처럼 가르치는 일을 사랑한다. 아침에 잠자리에서 일어나기 전에 가장 먼저 그날 만날 학생들을 생각하며 강렬한 기쁨을 느낀다. 항상 성공의 주요인이 열정이라고 생각했다.

두 번째 방법: 흡인력 있는 책을 읽으면 머릿속에서 걱정을 몰아낼 수 있다는 사실을 알게 됐다. 나는 쉰아홉에 만성적인 신경쇠약에 시달렸다. 그때 데이비드 윌슨David Alec Wilson이 쓴 《칼라일의 삶Life of Carlyle》을 읽기 시작했다. 이 책은 나의 회복과 관련이 있다. 울적한 기분을 잊을 만큼 몰입해서 읽었기 때문이다.

세 번째 방법: 우울증이 심할 때는 종일 거의 매시간 강제로 몸을 움직였다. 매일 아침 5~6세트씩 격렬하게 테니스를 치고 샤워했다. 점심을 먹은 뒤에는 18홀씩 골프를 쳤다. 금요일 밤에는 다음 날 새벽 1시까지 춤을 췄다. 나는 땀을 많이 흘리는 게 좋다는 말을 깊이 신봉한다. 우울증과 걱정이 땀과 함께 몸에서 배출되는 것 같다.

네 번째 방법: 나는 오래전에 서두르고 조급해하고 긴장한 상태에서 일하는 어리석음을 피해야 한다는 것을 배웠다. 언제나 윌버 크로스Wilbur Cross의 철학을 따르려고 애썼다. 그가 코네티컷 주지사일 때 내게 한 말이다. "한꺼번에 처리해야 할 일이 너무 많을 때는 앉아서 긴장을 풀고, 한 시간 동안 아무것도 하지 않은 채 파이프 담배를 피웁니다."

다섯 번째 방법: 인내심과 시간이 문제를 해결한다는 사실도 배웠다. 나는 걱정이 생기면 적절한 관점에서 문제를 바라보려 하고, 자신에게 말한다. "두 달 뒤면 이 불운을 근심하지 않을 거야. 그런데 지금 근심할 필요가 있어? 두 달 뒤에 취할 태도를 지금 취하면 되지 않을까?"

POINT

펠프스 교수가 걱정을 없앤 다섯 가지 방법이다. 1. 신나게 열정적으로 살아라. "나는 그날그날이 내가 접하는 첫날이자 마지막 날처럼 살아간다." 2. 흥미로운 책을 읽어라. "나는 만성적인 신경쇠약에 시달렸다. 그때《칼라일의 삶》을 읽기 시작했다. 울적한 기분을 잊을 만큼 몰입해서 읽었다." 3. 운동하

라. "우울증이 심할 때, 종일 매시간 강제로 몸을 움직였다." 4. 긴장을 풀고 일하라. "오래전에 서두르고 조급해하고 긴장한 상태에서 일하는 어리석음을 피해야 한다는 것을 배웠다." 5. 적절한 관점에서 문제를 바라보려고 노력하라. "두 달 뒤면 이 불운을 근심하지 않을 거야. 그런데 지금 근심할 필요가 있어? 두 달 뒤에 취할 태도를 지금 취하면 되지 않을까?"

EPISODE 06

어제 일어섰으니, 오늘도 일어설 수 있다

도로시 딕스

나는 심한 빈곤과 질병을 겪었다. 사람들이 이런 시련을 어떻게 견뎠는지 물으면 항상 대답한다. "저는 어제도 일어섰고, 오늘도 일어설 수 있어요. 내일 무슨 일이 생길지는 생각하지 않아요."

나는 욕구와 고난과 불안과 절망을 알았다. 언제나 능력의 한계를 넘어 일해야 했다. 지난 삶을 돌아보면 포기한 꿈과 무너진 희망과 산산조각난 망상의 잔해가 널브러진 전쟁터 같다. 나는 항상 불리한 싸움을 했고, 그 결과 상처 나고, 멍들고, 사지가 잘리고, 겉늙고 말았다.

하지만 나는 자신을 연민하지 않는다. 과거와 지나간 슬픔에 눈물 흘리지 않는다. 내가 겪은 모든 고난을 면한 여자들을 부러워하지 않는다. 나는 살아냈으니까. 그들은 그저 존재했을 뿐이다. 나는 삶의 잔을 앙금까지 남김없이 들이켰다. 그들은 위에 있는 거품만 홀짝거렸다. 나는 그들이 모르는 것을 안다. 그들이 보지 못하는 것을 본다. 눈물을 흘린 뒤 눈이 맑아진 여자들은 시야도 넓어진다. 넓은 시야는 온 세상을 다정한 눈으로 보게 만든다.

나는 인생의 고난을 통해 편한 삶을 산 여성은 영원히 배우지 못할 철학을 배웠다. 일이 닥치는 대로 매일을 살아가는 법을, 내일을 두려워하며 문제를 끌어오지 않는 법을 배웠다. 우리를 겁쟁이로 만드는 것은 어두운 미래의 위협이다. 나는 그 두려움을 떨쳐낸다. 너무나 두려워한 시간이 와도 내게 대응할 힘과 지혜가 생기리라 경험으로 배웠기 때문이다. 사소한 걱정거리는 신경 쓰지 않는다. 주위에서 모든 행복이 폐허로 무너지는 것을 보면 가정부가 핑거볼 밑에 깔개 놓는 걸 깜박하거나, 요리사가 수프를 망친것은 문제가 되지 않는다.

나는 타인에게 많은 것을 기대하지 않는 법을 배웠다. 그래서 내게 그다지 진실하지 않은 친구나, 험담하는 지인에게서도 행복을 얻을 수 있다. 무엇보다 유머 감각을 얻었다. 웃어넘기거나 울 일이 많았기 때문이다. 문제가 생겼을 때 히스테리를 부리지 않고 농담을 할 수 있다면 아무것도 큰 고통을 주지 못한다. 내가 겪은 고난을 애석하게 여기지 않는다. 고난을 통해 삶의 모든 측면을 경험했기 때문이다. 그것은 내가 치른 대가보다 가치 있는 일이다.

POINT

도로시 딕스는 '오늘의 삶'을 살아감으로써 걱정을 물리쳤다.

살아서 새벽을 보다!

제임스 페니

몇 년 전에 가장 힘든 경험을 했다. 나는 걱정했고 절박했다. 내 걱정은 회사와 아무 관련이 없었다. 사업은 아주 잘되고 있었다. 하지만 개인적으로 1929년 대공황 이전에 현명하지 못한 투자를 했다. 다른 사람들처럼 내 책임 대신 여건을 탓했다. 걱정에 시달린 나머지 잠을 못 잤고, 대상포진에 걸리고 말았다. 나는 엘머 이글스턴이라는 의사를 찾아갔다. 미주리주 해밀턴에서 나와 같은 고등학교에 다닌 그는 미시간주 배틀크리크에 있는 켈로그요양원Kellogg Sanatoriumn에서 근무하고 있었다. 그는 나를 입원시키면서 건강이 아주 안 좋다고 경고했다. 엄격한 치료를 했지만, 아무것도 도움이 되지 않고 몸이 점점 쇠약해졌다. 몸과 마음이 무너지고, 절망으로 가득했고, 한 줄기 희망의 빛조차 없었다. 살아야 할 이유가 없었다. 세상에 친구 하나 없고 가족마저 등을 돌린 것 같았다. 어느 날 밤, 이글스턴 박사가 내게 진정제를 줬다. 효과는 오래가지 않았다. 이것이 생의 마지막 밤이라는 확신과 함께 깨어났다. 나는 아내와 아들에게 새벽을 보지 못할 것 같다며 작별 편지를 썼다.

다음 날 아침, 놀랍게도 여전히 살아 있었다. 아래층으로 내려가니 아침마다 예배가 열리는 작은 교회에서 노랫소리가 들렸다. 지금도 그 찬송가가 기억난다. 〈너 근심 걱정 말아라God will take care of you〉였다. 나는 교회에 들어가 지친 마음으로 찬송가 소리, 성경 봉독 소리, 기도 소리를 들었다. 그때 갑자기 변화가 일어났다. 그게 뭔지 설명할 수 없다. 그저 기적이라고밖에 말할 수 없다. 마치 지하 감옥의 어둠에서 순간적으로 들어 올려져 따스하고 밝은 햇빛 속으로 나온 느낌이었다. 지옥에서 천국으로 간 것 같았다. 이전에는 한 번도 느끼지 못한 하나님의 힘이 느껴졌다. 그때 모든 고난의 책임이 내게 있음을 깨달았다. 자애로운 하나님이 나를 돕기 위해 그 자리에 계신 것을 알았다. 그날 이후 내 삶은 걱정에서 자유로워졌다. 지금 나는 71세다. 그날 아침 교회에서 찬송가 〈너 근심 걱정 말아라〉를 들으며 보낸 20분이 내 삶에서 가장 극적이고 장엄한 시간이었다.

POINT

1902년 4월 14일, 현금 500달러와 100만 달러짜리 결단력을 갖춘 청년이 와이오밍주 케머러Kemmerer에 포목점을 열었다. 1000명이 사는 이 작은 광산촌은 루이스 클라크 탐험Lewis and Clark Expedition 때 생긴 마찻길에 자리했다. 청년과 그의 아내는 가게 위 다락방에 살았다. 그들은 큰 상자를 탁자로, 작은 상자를 의자로 활용했다. 아내는 손님을 맞는 남편을 돕기 위해 아기를 담요에 싸서 카운터 아래 재웠다. 세계에서 가장 큰 포목점 체인에는 제임스 페니라는 그 청년의 이름이 붙어 있다. 미국 전역에 페니의 매장이 1600개가 넘는다. 나는 최근 그와 저녁을 먹었다. 그는 자기 삶에서 가장 극적인 순간을 이야기했다. 그는 거의 한순간에 걱정을 극복하는 법을 배웠다. 유일하고도 완벽한 치료제를 발견한 것이다.

EPISODE 08 # 운동을 하면 일어나는 일

에디 이건 대령
뉴욕주 체육위원회 회장 겸 변호사,
올림픽 라이트헤비급 세계 챔피언

근심에 사로잡히거나 이집트에서 물레방아를 돌리는 낙타처럼 계속 같은 생각이 머릿속을 맴돌 때, 신체 활동이 '우울증'을 떨쳐내는 데 도움이 된다. 그것은 달리기가 될 수도 있고, 장시간에 걸친 등산이 될 수도 있으며, 체육관에서 30분 동안 샌드백이나 스쿼시를 치는 것일 수도 있다. 신체 활동이 머리를 맑게 해준다. 주말에는 골프장 주위 달리기, 패들테니스, 애디론댁 산에서 스키 같은 스포츠를 많이 한다. 몸이 지치면 마음은 문제에서 벗어나 휴식을 취한다. 그래서 나중에 다시 일할 때 새로운 의욕과 기운이 생긴다.

나는 자주 뉴욕의 예일 클럽Yale Club 헬스장에서 한 시간 동안 운동한다. 스쿼시나 스키 등 운동할 때는 아무도 걱정하지 않는다. 몸을 움직이기 바빠서 걱정할 틈이 없다. 머릿속을 차지한 고민의 산은 새로운 생각과 행동으로 작은 흙무더기가 된다.

내게 걱정을 없애는 최고의 치료제는 운동이다. 걱정에 사로잡힐 때는 근육을 더 쓰고, 머리를 덜 써야 한다. 그러면 그 결과에 놀라게 될 것이다. 운동을 시작하면 걱정이 사라진다.

나는 걱정꾼이었다

짐 버즈올
C.F.뮬러컴퍼니 공장장, 뉴저지주 저지시티 볼드윈가 거주

17년 전, 나는 버지니아주 블랙스버그에 있는 버지니아공대 고등군사대학에 다녔다. 나는 '버지니아공대 걱정꾼'으로 불렸다. 걱정이 많아서 자주 병에 걸릴 정도였다. 너무 자주 아파서 학교 의무실에 지정 침대가 있었다. 간호사는 나를 보면 달려와서 주사를 놓았다. 나는 모든 걸 걱정했다. 때로는 무엇을 걱정하는지도 잊어버렸다. 학점이 낮아 학교에서 제적당하지 않을까 걱정했다. 제적되지 않으려면 평균 75~84점을 유지해야 하는데, 물리학과 다른 과목 시험에서 통과하지 못했다. 고통스러운 급성 소화불량이나 불면증 같은 건강 문제나 돈 문제도 걱정이었다. 여자 친구에게 자주 선물하거나 같이 춤추러 가지 못해서, 그녀가 다른 사관생도와 결혼하지 않을까 걱정이었다. 여러 실체 없는 문제 때문에 밤낮으로 초조했다.

절박해진 나는 버지니아공대 경영학과 듀크 베어드Duke Baird 교수에게 고민을 털어놨다. 그와 함께 보낸 15분은 대학에서 4년 동안 보낸 나머지 시간보다 내 건강과 행복에 도움이 됐다. "차분하게 사실을 직시해야 해. 걱정하는 데 들이는 시간과 기운의 반만 문제를 해결하는 데 들이면 걱정할 일이 없을 거야. 걱정은 나쁜 습관일 뿐이니까." 그는 내게 걱정하는 습관을 깨는 세 가지 원칙을 제시했다.

첫째, 걱정하는 문제가 정확하게 무엇인지 파악한다.

둘째, 문제의 원인을 파악한다.

셋째, 즉시 문제를 해결하기 위해 건설적인 일을 한다.

면담 후 나는 건설적인 계획을 세웠다. 물리학 과목에 낙제해서 걱정할 게 아니라 낙제한 원인을 따졌다. 학보 편집장을 할 만큼, 나는 멍청하지도 않다. 낙제한 원인은 물리학에 흥미가 없기 때문이다. 나는 물리학이 산업 엔지니어로 일할 때 도움이 되지 않을 것 같아서 열심히 공부하지 않았다. 이제는 태도를 바꿨다. 자신에게 말했다. "학교에서 학위를 따려면 물리학 시험을 통과해야 해. 내가 뭔데 이의를 제기해?" 물리학 과목을 다시 수강했다. 이번에는 물리학이 어렵다고 짜증 내고 걱정하며 시간을 낭비하지 않고 열심히 공부해서 시험을 통과했다. 돈 문제는 학교 댄스파티에서 음료를 파는 등 아르바이트하거나, 아버지에게 돈을 빌려서 해결했다. 빌린 돈은 졸업한 뒤에 곧 갚았다. 여자 친구가 다른 사관생도와 결혼하지 않을까 하는 걱정은 청혼으로 해결했다. 그녀는 이제 짐 버즈올 부인이다.

돌이켜 보면 내가 고민한 문제는 원인을 찾아서 현실적으로 직시하지 않는 데 따른 혼란 때문에 생긴 것이다.

POINT

짐 버즈올은 자신의 문제를 분석했기에 걱정을 멈추는 법을 배울 수 있었다. 실제로 그는 이 책 2부 1장 〈문제를 분석하고 해결하는 방법〉에서 설명한 원칙을 활용했다.

나를 살린 문장

조지프 시주
뉴브런즈윅신학교* 총장
*1784년 설립한 미국에서 가장 오래된 신학교

몇 년 전에 나는 불확실성과 환멸에 시달렸다. 내 삶이 통제할 수 없는 힘에 압도되는 듯 보였다. 그러던 어느 날 아침 무심코 성경을 펼쳤는데 이 구절에 눈길이 닿았다.

"나를 보내신 이가 나와 함께 하시도다. … 나를 혼자 두지 아니하셨느니라."

(《요한복음》 8장 29절)

이후 내 삶은 완전히 달라졌다. 모든 것이 영원히 달라졌다. 이 문장을 되뇌지 않고 지나간 날이 하루도 없었을 것이다. 당시 많은 사람이 내게 와서 조언을 구했다. 그때마다 살아갈 힘을 주는 이 구절을 그들에게 들려줬다. 이 구절에 눈길이 닿은 이래 나는 그 내용대로 살았다. 이 문장과 함께 걸었고, 그 안에서 평화와 힘을 얻었다. 내게 이 구절은 종교의 정수다. 삶을 가치 있게 만드는 토대이자, 내 삶의 금언이다.

바닥까지 떨어지고도 살아남았다

레드 에릭슨

내셔널에나멜링앤드스탬핑컴퍼니 캘리포니아 대리점 대표

캘리포니아주 벨플라워 사우스 코누타가 거주

나는 끔찍한 '걱정꾼'이었다. 하지만 이제 아니다. 1942년 여름, 나는 삶에서 (바라건대) 영원히 걱정을 몰아내는 경험을 했다. 그 경험은 다른 모든 문제를 사소하게 만들었다.

나는 오랫동안 여름에 알래스카 어선에서 일해보고 싶었다. 그래서 1942년에 알래스카주 코디액에서 출항하는 10미터 길이의 연어잡이 배와 계약했다. 이 정도 어선에는 모든 것을 감독하는 선장과 부선장, 대개 스칸디나비아 사람인 잡역부까지 세 명이 탄다. 나는 스칸디나비아 사람이다. 연어잡이는 조류에 따르다 보니 하루에 20시간 일하는 경우가 많고, 한 주 내내 그런 일정이 계속되기도 한다. 나는 누구나 꺼리는 모든 일을 했다. 배를 청소하고 장비를 정리했다. 엔진의 열기와 매연으로 병이 날 지경인 좁은 선실에서 작은 목탄 난로로 요리했다. 배를 수리하고, 연어를 통조림 공장까지 가는 배로 옮겼다. 고무장화를 신은 내 발은 항상 젖어 있었다. 장화에 물이 차도 쏟아낼 시간이 없었다.

하지만 이 모든 건 핵심 작업에 비하면 놀이에 불과하다. '코르크 선cork line' 작업은 뱃머리에 발을 대고 그물을 당기는 일이다. 선원이면 누구나 이 작업을 해야 하는데, 그물이 너무 무거워서 아무리 당겨도 꿈쩍하지 않았다. 사실 나는 코르크 선이 아니라 배를 당기고 있었다. 온 힘을 다해 배를 당겼다. 그물이 계속 그 자리에 있었기 때문이다. 몇 주 내내 이 일을 했고, 나는 거의 죽어가고 있었다. 몇 달 동안 온몸이 쑤시고 끔찍하게 아팠다.

나는 쉴 기회가 생기면 식품 보관함 위에 쌓인 눅눅하고 울퉁불퉁한 매트리스에서 잤다. 나는 탈진해서 매트리스의 가장 불룩한 부분을 아픈 허리 밑에 대고 취한 듯 곯아떨어졌다.

이제는 그 모든 통증과 피로를 견딘 것이 기쁘다. 걱정을 멈추는 데 도움이 됐기 때문이다. 지금은 어떤 문제에 부딪히면 걱정하는 대신 나 자신에게 말한다. "이게 그물을 당기는 일만큼 힘들어?" 답은 한결같다. "아냐, 세상에 그보다 힘든 일은 없어!" 그러고 나면 기운을 차리고 용기 있게 문제에 대응한다. 가끔은 고통스러운 경험도 해볼 만하다고 생각한다. 바닥까지 떨어지고도 살아남았다는 사실을 아는 건 좋은 일이다. 일상의 모든 문제가 비교적 쉬워 보이게 만들기 때문이다.

한때 세계 최고의 멍청이였다

EPISODE 12

퍼시 화이팅

데일카네기앤드컴퍼니 전무, 뉴욕 이스트 42번가 거주

나는 지금 살아 있거나, 죽었거나, 반쯤 죽은 어떤 사람보다 많은 병에 걸려 여러 번 죽을 뻔했다. 아버지가 약국을 운영해서 그곳에서 자라다시피 했다. 매일 의사나 간호사와 이야기를 나누다 보니 일반인보다 병명과 증상을 잘 알았다. 나는 실제로 증상이 있었으니, 일반적인 건강염려증 환자랑은 달랐다! 어떤 병에 대해 1~2시간 동안 걱정하다 보면 해당 환자의 모든 증상이 나타났다. 우리가 사는 매사추세츠주 그레이트배링턴에 심각한 디프테리아가 유행한 때가 기억난다. 나는 아버지 약국에서 매일 환자 가족에게 약을 팔았다. 그러다가 두려워하던 일이 나를 덮쳤다. 디프테리아에 걸리고 만 것이다. 나는 확실하다고 여겨서 침대에 누워 걱정했다. 실제로 일반적인 증상이 나타났다. 의사가 와서 나를 살피더니 말했다. "맞아, 퍼시. 디프테리아에 걸렸구나." 그 말을 들으니 오히려 마음이 놓였다. 나는 일단 병에 걸리면 전혀 두렵지 않았다. 그래서 조금 뒤척이다가 잠에 빠져들었다. 다음 날 아침, 나는 완벽하게 건강해졌다.

나는 오랫동안 특이하고 희한한 병에 걸려서 주목을 끌고, 많은 관심과 동정을 받았다. 파상풍과 공수병으로 몇 번이나 죽을 뻔했다. 나중에는 암과 결핵처럼 흔한 병을 앓았다.

지금은 웃어넘길 수 있지만 그때는 심각했다. 말 그대로 몇 년 동안 죽음의 문턱에 있다는 두려움을 느꼈다. 봄에 슈트를 사야 할 때가 오면 생각했다. '옷이 낡을 때까지 살지도 못할 텐데 굳이 돈을 써야 할까?'

지금은 기쁘게 진전 상황을 알릴 수 있다. 지난 10년 동안 한 번도 죽을 정도로 아프지 않았다. 어떻게 그럴 수 있었을까? 나 자신에게 농담을 던져 말도 안 되는 상상에서 벗어났기 때문이다. 끔찍한 증상이 나타난다는 느낌이 들 때마다 웃으며 혼잣말했다. "너는 지금까지 20년 동안 치명적인 병 때문에 죽을 고비를 넘겼어. 그런데도 아주 건강하잖아. 얼마 전에 보험회사도 추가 가입을 받아줬어. 이제 걱정에 사로잡힌 멍청한 너 자신을 보고 실컷 웃을 때가 되지 않았어?"

나는 걱정하면서 나 자신을 보고 웃어넘길 순 없다는 사실을 깨달았다. 그래서 그때부턴 걱정하지 않고 웃어넘기고 있다.

POINT

자신을 심각하게 받아들이지 마라. 어리석은 걱정을 '그저 웃어넘기고', 웃음으로 날려버릴 수 없는지 보라.

EPISODE 13 ## 경제적 안전장치의 중요성

진 오트리
세상에서 가장 인기 있는 노래하는 카우보이

나는 가족 문제와 돈 때문에 많이 걱정한다. 나는 운 좋게도 자란 환경과 취향이 비슷한 오클라호마주 소도시에서 자란 여성과 결혼했다. 우리는 황금률(남에게 대접 받고자 하는 대로 남을 대접하라는 가르침)을 따르려고 노력했기에 가족 문제를 최소화했다.

나는 두 가지 일을 통해 돈 걱정도 최소화했다.

첫째, 항상 모든 일에 도덕성을 지키자는 원칙을 따랐다. 돈을 빌리면 한 푼도 빼지 않고 갚았다. 정직하지 않은 것만큼 걱정을 초래하는 것은 없다.

둘째, 새로운 사업을 시작할 때 언제나 최후의 수단을 확보했다. 군사 전문가들은 전투를 수행하기 위한 첫째 원칙이 '공급라인 열어두기'라고 말한다. 내가 보기에 이 원칙은 군사적 전투만큼이나 개인적 전투에도 적용된다. 예를 들어 텍사스주와 오클라호마주에 살던 어린 시절, 나는 전국이 가뭄으로 황폐해졌을 때 빈곤이 뭔지 겪었다. 먹고살기 위해 정말 힘들게 살았다. 집이 너무 가난해서, 아버지는 포장마차를 타고 전국을 횡단하며 말을 바꿔 타며 생계를 이어나갔다. 나는 그보다 안정적인 일을 원했다. 그래서 철도역에서 일하며 남는 시간에 전신을 배웠다. 나중에는 프리스코철도 Frisco Railway에서 대체 역무원으로 일했다. 나는 아프거나, 휴가를 갔거나, 일이 너무 많은 역무원 대신 여기저기로 파견됐다. 월급은 150달러였다. 이후 더 나은 일을 찾아 나섰을 때도 역무원 일은 언제나 경제적 안전장치로 여겨, 다시 일할 수 있는 길을 항상 열어뒀다. 더 나은 새로운 자리에서 입지를 굳힐 때까지 나의 공급라인을 절대로 끊지 않았다.

예를 들어 오클라호마주 첼시에서 대체 역무원으로 일하던 1928년 어느 날 저녁, 낯선 사람이 전보를 보내려고 찾아왔다. 내가 기타를 치며 카우보이 노래를 부르는 걸 듣고, 그는 노래를 잘한다며 뉴욕으로 가서 무대나 라디오 일자리를 찾아보라고 했다. 우쭐한 나는 그가 전보에 서명한 이름을 보고 깜짝 놀랐다. 윌 로저스였다.

나는 당장 뉴욕으로 달려가지 않고 아홉 달 동안 신중하게 고민했다. 뉴욕으로 가서 새로운 시도를 해도 잃을 게 없다는 결론에 이르렀다. 철도 패스가 있어 자유롭게 여행할 수 있었다. 잠은 좌석에 앉은 채로 자고, 끼니는 샌드위치와 과일을 싸 가지고 가면 된다.

뉴욕으로 가서 일주일에 5달러를 주고 가구가 딸린 방을 얻었다. 식사는 자판기 식당에서 때우며 10주 동안 거리를 누볐지만, 별다른 진전이 없었다. 돌아갈 일자리가 없다면 무척 걱정했을 것이다. 5년 동안 역무원 일을 해서 선임권이 있었는데, 그 권리를 보장받으려면 90일 이상 휴직해선 안 된다. 그 무렵 내가 뉴욕에 온 지 벌써 70일이 지났다. 나는 철도 패스로 급히 오클라호마에 돌아갔다. 내 공급라인을 보호하기 위해 다시 일을 시작했다. 몇 달간 일해서 돈을 모았고, 다시 도전하러 뉴욕으로 갔다.

이때 행운이 찾아왔다. 어느 날 음반사 사무실에서 면접을 기다리는 동안 기타를 치며 여직원에게 〈지니, 나는 라일락이 피는 때를 꿈꿔Jeannine, I Dream of Lilac Time〉를 불러줬다. 그때 이 노래를 작사한 냇 실드크라우트Nat Schildkraut가 사무실로 들어왔다. 당연히 그는 다른 사람이 자신의 노래를 부르는 것을 보고 기뻐했다. 그는 내게 소개장을 써주면서 빅터레코딩에 가보라고 했다. 거기서 음반을 만들었다. 하지만 너무 경직되고 자의식이 강해서 노래를 잘 부르지 못했다. 나는 빅터 직원의 조언에 따라 털사로 돌아가 낮에는 역무원 일을 하고, 밤에는 독립 제작 라디오 프로그램에 나가 카우보이 노래를 불렀다. 그런 방식이 좋았다. 공급라인이 있으니 걱정할 필요가 없었다.

나는 털사에 있는 라디오 방송국 KVOO에서 아홉 달 동안 노래했다. 그때 지미 롱Jimmy Long과 나는 〈백발의 아버지That Silver Haired Daddy of Mine〉를 만들었다. 노래가 인기를 끌자, 아메리칸레코딩의 아서 새터리Arthur Satherly 대표가 음반을 만들자고 했다. 이 음반은 성공을 거뒀다. 나는 장당 50달러를 받고 다른 음반도 만들었다. 그러다가 마침내 시카고에 있는 라디오 방송국 WLS에서 카우보이 노래를 부르는 일자리를 얻었다. 급여는 일주일에 40달러였다. 거기서 4년을 노래한 뒤 주급이 90달러로 올랐다. 매일 밤 극장에서 공연하며 300달러를 더 벌었다.

1934년에 엄청난 가능성을 열어준 기회가 찾아왔다. 영화계를 정화하기 위해 전국품위연맹National League of Decency(미풍양속을 해치는 영화를 몰아내기 위해 만든 가톨릭 단체)이 결성된 것이다. 할리우드 제작자들은 카우보이 영화를 만들기로 했다. 그들은 새로운 카우보이, 노래하는 카우보이를 원했다. 아메리칸레코딩 대표는 리퍼블릭픽처스Republic Pictures 지분도 가지고 있었다. 그는 관계자들에게 말했다. "노래하는 카우보이를 원한다면 우리 회사에서 음반을 낸 사람이 있어." 그렇게 나는 주당 100달러를 받으며 노래하는 카우보이 영화를 만들었다. 영화계에서 성공할 수 있을지 강한 의구심이 들었지만 걱정하지 않았다. 언제든 전에 하던 일로 돌아갈 수 있다는 걸 알았기 때문이다.

내가 영화계에서 거둔 성공은 상상을 초월했다. 이제 나는 연봉 10만 달러에 출연한 영화 수익금의 절반을 받는다. 이런 상황이 영원히 계속되지 않을 것이다. 그래도 걱정하지 않는다. 무슨 일이 생기든, 설령 전 재산을 다 잃는다 해도 언제든 오클라호마로 돌아가 프리스코철도에서 일자리를 얻을 수 있다. 나는 내 공급라인을 잃지 않았다.

인도에서 들은 목소리

E. 스탠리 존스
가장 역동적인 연설가이자 유명 선교사

나는 인도에서 선교 활동을 하는 데 인생의 40년을 바쳤다. 처음에는 끔찍한 더위와 엄청난 임무가 안기는 심리적 중압감을 견디기 어려웠다. 선교 기간 8년이 끝나갈 무렵, 육체와 정신의 피로가 심해 여러 번 쓰러졌다. 교단은 미국에서 1년간 요양하라고 지시했다. 나는 미국으로 돌아오는 배에서도 일요 예배 중 설교하다가 쓰러졌다. 의사가 남은 여정 동안 누워 있으라고 했다.

1년간 요양한 뒤 인도로 출발했다. 나는 도중에 마닐라에서 대학생을 상대로 전도 모임을 하는 동안 중압감에 여러 번 쓰러졌다. 의사가 이 상태로 인도에 가면 위험하다고 경고했다. 나는 의사의 경고에도 불구하고 인도로 향했다. 하지만 마음속에 낀 먹구름이 점점 짙어졌다. 뭄바이에 도착했을 때 기진맥진해서 곧장 산속에 들어가 여러 달을 쉬었다. 그다음에 내려와 선교 활동을 계속했지만 쓸데없는 짓이었다. 다시 쓰러졌고, 산속으로 돌아가 긴 요양에 들어갈 수밖에 없었다. 이후 하산했으나 도저히 그곳 생활을 견딜 수 없다는 사실을 알고 충격과 절망에 휩싸였다. 나는 정신과 육체가 모두 탈진한 상태였다. 망가진 몸으로 여생을 보내야 할까 봐 두려웠다. 다른 곳에서 도움을 받지 않으면 선교사를 그만두고 미국으로 돌아가 농장에서 일하며 건강을 회복해야 했다. 그때가 내 인생의 암흑기였다. 당시 나는 러크나우에서 집회를 열었다. 어느 날 밤 기도하다가 내 삶을 완전히 바꾼 일이 일어났다. 딱히 나 자신에 대해 생각하지 않고 기도하는데 어떤 목소리가 들렸고 다음처럼 답했다.

"내가 너를 불러 시킨 일을 할 준비가 됐냐?"

"아닙니다, 주님. 저는 몹시 지쳤고 기운이 없습니다." 목소리가 또 들렸다. "내게 맡기고 근심하지 않으면 내가 돌볼 것이다." 나는 재빨리 "주님, 당장 그렇게 하겠습니다"라고 답했다.

큰 평화가 마음속에 자리 잡고, 내 온 존재에 스며들었다. 나는 고난이 끝났음을 알았다! 넘치는 생명력이 나를 감쌌다. 너무나 들뜬 나머지 그날 밤 집으로 조용히 걸어가는데 발이 허공에 떠 있는 기분이었다. 발을 딛는 모든 땅이 성스러운 자리였다. 그날 이후 나는 몸을 의식하지 않았다. 밤늦도록 일하면서도 도대체 왜 자야 하는지 의아해하면서 잠자리에 들었다. 전혀 피곤하지 않았기 때문이다. 생명력과 평화와 휴식에, 예수님에게 감싸인 듯했다.

이 사실을 말해야 할지 망설였다. 말해야 한다고 생각했고, 그래서 말했다. 이후 모든 사람 앞에서 성공할 때도, 실패할 때도 있었다. 아주 힘든 날이 많았지만, 과거의 문제는 두 번 다시 겪지 않았다. 그토록 건강이 나빠진 적은 없었다. 신체적 측면만 바뀐 게 아니다. 몸과 마음, 영혼이 모두 새로운 생명력을 얻은 것 같았다. 그 경험 이후 내 삶은 달라졌다. 나는 그 삶을 오롯이 받아들였다!

이후 오랫동안 나는 하루에 세 번씩 설교하며 전 세계를 여행했고,《인도의 길에 선 예수The Christ of the Indian Road》를 비롯해 십여 권을 썼다. 이 모든 일을 하는 중에 약속을 지키지 못하거나 심지어 지각한 적도 없다. 한때 나를 괴롭히던 걱정은 사라진 지 오래다. 63세인 지금도 나는 활력이 넘치고, 다른 사람을 섬기고 그들을 위해 살아가는 기쁨으로 가득하다.

내가 겪은 육체적, 정신적 변화를 심리적으로 분석하고 설명할 수 있을지 모른다. 그것은 중요치 않다. 삶은 일련의 과정보다 거대하며, 일련의 과정을 넘어서고 압도한다.

내가 분명히 아는 한 가지 사실이 있다. 내 삶은 31년 전 그날 밤, 러크나우에서 완전히 바뀌고 고양됐다. 무기력증과 우울증에 빠졌을 때 어떤 목소리가 말했다. "내게 맡기고 근심하지 않으면 내가 돌볼 것이다." 나는 답했다. "주님, 당장 그렇게 하겠습니다."

엎지른 우유에 대처하는 방법

호머 크로이
소설가, 뉴욕 파인허스트가 거주

살면서 가장 서글펐던 순간은 1933년 어느 날, 우리 집에 찾아온 보안관을 피해 뒷문으로 도망친 때다. 그렇게 나는 롱아일랜드 포레스트힐스 스탠 디시가 10번지에 있던 집을 잃었다. 아이들이 태어나고 우리 가족이 18년 동안 살아온 곳이다. 내게 그런 일이 일어날 거라고는 상상도 못 했다. 12년 전, 나는 세상 꼭대기에 있다고 생각했다. 내 소설《급수탑의 서쪽West of the Water Tower》판권을 최고가로 할리우드 영화사에 팔았기 때문이다. 나는 2년 동안 가족과 해외에서 살았다. 우리는 게으른 부자처럼 스위스에서 여름을, 프랑스령 리비에라에서 겨울을 났다.

나는 파리에서 반년을 보내며《그들은 파리를 봐야 했다They Had to See Paris》를 썼다. 이 소설을 각색한 영화에 윌 로저스가 출연했다. 그가 처음 출연한 유성영화다. 할리우드에 남아서 윌 로저스가 출연할 영화의 시나리오를 쓰라는 솔깃한 제안을 받았지만, 나는 뉴욕으로 돌아갔다. 그리고 고난이 시작됐다!

나는 한 번도 개발하지 않은 엄청난 잠재력이 내게 있다는 걸 깨달았다. 내가 기민한 사업가라는 착각에 빠졌다. 어떤 사람에게 존 제이콥 애스터가 뉴욕의 공터에 투자해 수백만 달러를 벌었다는 말을 들었다. 애스터가 누구인가? 외국 억양이 있는 이민자 행상일 뿐이다. 그런 사람도 하는데 나라고 못하라는 법이 있을까? 나는 부자가 될 게 확실했다! 요트 잡지부터 읽기 시작했다.

나는 무지한 자의 만용을 부렸다. 에스키모가 난방시설을 모르는 만큼 부동산을 사고파는 일에 대해 몰랐다. 어떻게 하면 엄청난 투자 경력을 시작할 돈을 마련할 수 있을까? 간단하다. 나는 집을 담보로 돈을 빌려서 포레스트힐스의 좋은 땅을 사들였다. 땅값이 오를 때까지 갖고 있다가 처분하고 호사스럽게 살 생각이었다. 그때까지 땅 한 뼘도 팔아본 적이 없는데 말이다. 나는 쥐꼬리만 한 월급을 받으며 회사에서 노예처럼 일하는 사람들을 동정했다. 하나님은 모든 사람에게 천재적 투자 능력을 주지 않은 모양이라고 생각했다.

그런데 갑자기 대공황이 캔자스 지방의 사이클론처럼 나를 덮치고, 토네이도가 닭장을 흔들듯 나를 뒤흔들었다. 나는 달마다 220달러를 돈 먹는 하마가 된 땅에 쏟아부어야 했다. 한 달이 얼마나 빨리 찾아오는지! 집을 담보로 빌린 돈을 갚고 먹고살 돈도 마련해야 했다. 너무나 걱정스러웠다. 잡지에 유머 글을 기고해서 돈을 벌려고 했지만, 내 글은 애가哀歌처럼 전혀 재밌지 않았다. 소설도 실패해서 결국 돈이 떨어졌다. 타자기와 금니 말고 담보로 잡힐 것도 없었다. 우유 회사는 우유 배달을 중단했고, 가스 회사는 가스를 끊었다. 우리는 광고에 나오는 작은 야외용 난로를 샀다. 난로에 가솔린 실린더가 있었는데 손으로 펌프질을 하면 화난 거위처럼 씩씩대며 불꽃을 뿜었다.

석탄도 동이 났다. 석탄 회사는 우리를 고소했다. 난방 수단은 벽난로뿐이었다. 나는 밤에 부자들의 집을 짓는 공사 현장에서 판자와 자투리 나무를 주웠다. 부자가 되려고 투자를 시작한 내가 말이다.

너무 걱정돼서 잠을 이룰 수 없었다. 한밤중에 자주 깨서 몸을 지치게 하려고 몇 시간을 걸었다. 나는 사들인 땅은 물론 거기에 쏟은 심혈까지 잃었다. 은행은 집을 압류하고 우리 가족을 거리로 내몰았다.

우리는 겨우 손에 넣은 몇 달러로 작은 아파트를 빌렸다. 1933년 마지막 날 그 집으로 이사했다. 나는 이삿짐 상자에 앉아서 주위를 둘러봤다. 어머니가 말씀하신 속담이 떠올랐다. "엎지른 우유 때문에 울지 마라." 하지만 내가 엎지른 건 우유가 아니라 심혈이다. 한동안 그 자리에 앉아 있다가 나 자신에게 말했다. "바닥까지 떨어졌지만 견뎌냈잖아. 이제부터 올라가는 일만 남았어."

나는 압류당하지 않은 것을 생각하기 시작했다. 여전히 건강하고 친구들이 있다. 나는 다시 시작할 것이다. 과거에 연연하지 않을 것이다. 어머니가 말씀하신 속담을 매일 나 자신에게 들려줄 것이다.

걱정에 쓰던 에너지를 일하는 데 썼다. 조금씩 상황이 나아지기 시작했다. 이제는 그 모든 고통을 겪은 것이 감사할 지경이다. 덕분에 힘과 용기, 자신감을 얻었다. 나는 바닥까지 떨어진다는 게 어떤 의미인지 안다. 그래도 죽지는 않는다는 걸 안다. 우리가 스스로 가능하다고 생각하는 것보다 잘 버틸 수 있다는 걸 안다. 사소한 걱정과 불안, 불확실성으로 심란할 때마다 이삿짐 상자에 앉아서 "바닥까지 떨어졌지만 견뎌냈잖아. 이제부터 올라가는 일만 남았어"라고 말하던 때를 떠올리며 모두 날려버린다.

POINT

이 이야기에 적용되는 원칙은 무엇일까? 톱밥을 톱질하지 말라는 것이다. 피할 수 없음을 받아들이라는 것이다! 떨어질 곳이 없으면 올라가려고 노력할 수 있다.

내가 맞선 가장 힘겨운 상대

잭 뎀프시

나는 현역 시절에 고질적인 걱정이 내가 맞서 싸운 헤비급 권투 선수보다 힘겨운 상대라는 것을 알게 됐다. 걱정을 멈추는 법을 배우지 않으면 걱정이 활력을 빼앗고 성공을 저해할 것도 깨달았다. 그래서 나 자신을 위한 시스템을 조금씩 만들었다. 다음은 내가 한 일이다.

첫째, 링에서 용기를 잃지 않기 위해 싸우는 동안 나 자신을 격려했다. 예를 들어 루이스 피르포Luis Ángel Firpo와 싸울 때 거듭 이렇게 말했다. "아무도 나를 막지 못해. 상대는 내게 타격을 줄 수 없어. 주먹이 느껴지지 않을 거야. 나는 다치지 않아. 무슨 일이 있어도 계속 나갈 거야." 나 자신에게 긍정적인 말을 하고 긍정적인 생각을 하면 큰 도움이 됐다. 심지어 그 생각이 머릿속을 가득 채워 상대의 주먹이 느껴지지 않았다. 나는 선수 생활을 하는 동안 입술이 터지고, 눈가가 찢어지고, 갈비뼈가 부러졌다. 피르포의 주먹을 맞고 링 밖으로 떨어지면서 기자의 타자기를 부순 적도 있다. 하지만 주먹은 느껴지지 않았다. 정말로 타격을 받았다고 느낀 적은 한 번뿐이다. 존

레스터 존슨John Lester Johnson에게 맞아서 갈비뼈가 세 대나 부러진 밤에 고통은 느껴지지 않았지만 숨을 쉬기가 힘들었다. 그때 말고는 링에서 주먹을 느낀 적이 없다.

둘째, 걱정이 쓸모없다는 사실을 계속 떠올렸다. 나는 대부분 큰 경기를 앞두고 훈련할 때 걱정했다. 자주 밤에 몇 시간씩 깨어 있었다. 잠을 이루지 못하고 뒤척이며 1라운드에 손이나 발목을 다치거나 눈가가 심하게 찢어져서 주먹을 제대로 휘두르지 못할까 봐 걱정했다. 이렇게 불안할 때는 침대에서 일어나 거울을 보며 나 자신을 꾸짖었다. "아직 일어나지 않았고 일어나지 않을지 모르는 일을 걱정하다니 너무나 멍청한 짓이야. 인생은 짧아. 살아갈 날이 많지 않으니 삶을 즐겨야 해. 그리고 건강보다 중요한 건 없어." 잠을 설치고 걱정하면 건강을 망친다는 사실을 계속 떠올렸다. 자신에게 이런 말을 매일 밤, 매년 하다 보면 마침내 마음속에 자리 잡는다. 그래서 물기를 털듯 걱정을 털어낼 수 있다.

셋째, 마지막으로 걱정하지 않는 가장 좋은 방법은 기도다. 나는 경기에 대비해 훈련할 때마다 하루에 몇 번씩 기도했다. 경기 중에도 매 라운드 시작 공이 울리기 전에 기도했다. 기도는 용기와 자신감을 가지고 싸우는 데 도움을 줬다. 지금까지 살면서 기도하지 않고 잠자리에 든 적이 한 번도 없다. 하나님께 감사드리지 않고 밥을 먹은 적도 없다. 나는 기도에 수천 번이나 응답받았다.

행복함에 감사하라

캐슬린 홀터
미주리주 유니버시티시티 로스가 거주

어린 시절, 내 삶은 공포로 가득했다. 어머니는 심장병을 앓았다. 거의 매일 어머니가 의식을 잃고 쓰러지는 모습을 봤다. 우리는 모두 어머니가 죽을까 봐 두려웠다. 나는 어머니를 잃은 여자아이들은 모두 우리가 사는 미주리주의 소도시 워런턴에 있는 센트럴웨슬리언고아원으로 보내는 줄 알았다. 거기에 간다는 생각만 해도 두려웠다. 여섯 살이던 나는 계속 기도했다. "하나님, 제발 제가 고아원에 가지 않아도 될 만큼 자랄 때까지 엄마가 살 수 있게 해주세요."

20년 뒤 남동생 마이너가 심하게 다쳐서 2년 동안 통증에 시달리다가 결국 죽고 말았다. 남동생은 혼자 밥을 먹거나 돌아누울 수도 없었다. 나는 통증을 줄여주려고 2년 동안 세 시간마다 모르핀 주사를 놓았다. 당시 나는 워런턴에 있는 센트럴웨슬리언대학Central Wesleyan College에서 음악을 가르쳤다. 이웃들은 남동생이 고통에 울부짖는 소리를 들으면 학교로 전화를 걸었다. 그때마다 수업을 중단하고 급히 집으로 달려가 모르핀 주사를 놓았다. 매일 밤 잠자리에 들 때는 남동생을 돌보기 위해 세 시간마다 자명종이 울리도록 맞췄다. 겨울밤에는 우유병을 창밖에 둔 기억이 난다. 그러면 우유가 얼어서 아이스크림처럼 변했다. 자명종이 울릴 때 창밖의 아이스크림은 침대에서 일어날 또 다른 이유가 됐다.

이 모든 어려운 일을 겪는 와중에 나는 자기 연민과 걱정에 사로잡히고 삶을 분노로 물들이지 않도록 두 가지 일을 했다.

첫째, 날마다 12~14시간씩 음악을 가르치며 바쁘게 살았다. 그래서 어려운 상황을 생각할 시간이 없었다. 자기 연민에 빠지려고 하면 이렇게 말했다. "걸을 수 있고, 밥을 먹을 수 있고, 엄청난 고통에 시달리지 않는다면 세상에서 가장 행복한 사람이야. 무슨 일이 생기든 살아 있는 한 그 사실을 잊지 마! 절대로!"

둘째, 내가 누리는 수많은 축복에 감사하는 태도를 기르기 위해 할 수 있는 모든 것을 하기로 마음먹었다. 매일 아침에 깨면 상황이 더 나빠지지 않은 것에 하나님께 감사드리고, 어려운 일이 많지만 워런턴에서 가장 행복한 사람이 되겠다고 결심했다. 어쩌면 나는 그 목표를 이루지 못했을 수 있지만, 적어도 워런턴에서 가장 감사할 줄 아는 젊은 여성이 됐다. 걱정을 나보다 적게 하는 사람은 없을 텐데 말이다.

POINT

이 미주리주의 음악 강사는 책에서 설명한 두 가지 원칙을 따랐다. 바쁘게 일하면서 걱정할 시간을 없애고, 자신이 누린 축복을 헤아렸다. 같은 방법이 당신에게도 도움이 될지 모른다.

EPISODE 18

알약보다 확실한 치료제

캐머런 십
잡지 기고자

나는 여러 해 동안 캘리포니아에 있는 워너브라더스 홍보부에서 아주 행복하게 일했다. 팀장이자 홍보용 기사 담당이던 나는 워너브라더스 소속 스타들의 보도자료를 써서 신문과 잡지에 발송했다. 그러던 중 갑자기 홍보부 차장으로 승진했다. 실제로는 행정 정책이 바뀌면서 행정 담당 차장이라는 높은 직책을 맡았다.

나는 개인 냉장고와 비서 두 명이 있는 넓은 사무실로 옮겼고, 작가와 배우 담당, 라디오 담당 스태프 75명에 대한 통솔권이 생겼다. 엄청난 일이었다. 곧장 밖으로 나가 새 슈트를 샀다. 권위 있게 말하려 애썼고, 파일 정리 시스템을 만들었으며, 근엄하게 결정을 내렸고, 점심도 빨리 먹었다.

워너브라더스의 모든 홍보 정책을 내가 짊어졌다고 확신했다. 베티 데이비스Bette Davis, 올리비아 드 하빌랜드Olivia De Havilland, 제임스 캐그니James Cagney, 에드워드 로빈슨Edward G. Robinson, 에롤 플린Errol Flynn, 험프리 보가트Humphrey Bogart, 앤 셰리든Ann Sheridan, 알렉시스 스미스Alexis Smith, 알란 헤일Alan Hale 같은 유명인의 사적이고 공적인 삶이 내 손에 달렸다고 생각했다.

나는 한 달이 채 지나지 않아 위궤양에 걸린 걸 알게 됐다. 어쩌면 암일지도 몰랐다. 전쟁 중이던 당시 나는 영화홍보인조합 전시활동위원회 위원장으로 활동하고 있었다. 나는 그 일이 좋고, 조합 모임에서 친구들을 만나는 것도 좋았다. 하지만 나중에는 모임이 두려워졌다. 매번 모임이 끝나면 심하게 않았다. 집으로 가는 길에 자주 차를 세우고 안정을 취한 뒤에야 다시 운전대를 잡을 수 있었다. 할 일이 너무나 많은데 시간은 부족했다. 모든 일이 중요했다. 나는 형편없는 부적격자였다.

솔직히 그때가 내 평생에 가장 고통스러운 시기였다. 항상 속이 거북했다. 체중이 빠지고 잠이 오지 않았다. 통증이 종일 계속됐다. 나는 유명한 내과 전문의를 찾아갔다. 한 광고인이 업계 사람을 많이 고쳤다며 추천해준 의사다. 진료 시간은 길지 않았다. 어디가 아픈지, 어떤 일을 하는지 정도만 겨우 말할 수 있었다. 의사는 내 병보다 직업에 관심 있어 보였다. 하지만 나는 곧 안심했다. 2주 동안 매일 온갖 검사를 했다. 진찰, 검진, 엑스레이 촬영, 형광투시경 검사가 이어졌다. 마침내 진단 결과가 나왔다는 연락을 받았다. 의사는 의자에 기대어 담배를 권하며 말했다. "지금까지 철저히 검사했습니다. 모두 필요했습니다. 저는 처음 간단하게 진찰했을 때부터 환자분에게 위궤양이 없다는 걸 알았습니다. 하지만 환자분 같은 성격에, 그런 일을 하는 사람은 증거가 없으면 믿지 않을 테니 보시죠."

그는 내게 차트와 엑스레이 사진을 보여주며 설명했다. 그의 말대로 위궤양은 없었다. "검사하는 데 돈이 많이 들었지만 그만한 가치가 있었습니다. 이제 처방하겠습니다. 걱정을 그만두세요."

내가 반박하려 들자 그는 말을 끊었다. "제 처방을 바로 따르진 못하시겠죠. 그러면 약을 좀 드리죠. 이걸 드세요. 진정제입니다. 원하는 만큼 드세요. 다 드시면 더 드리겠습니다. 몸에 해가 되는 건 아닙니다. 다만 항상 축 처질 거예요. 이 약이 불필요하다는 걸 명심하세요. 그냥 걱정을 멈추면 됩니다.

다시 걱정하기 시작하면 또 저를 찾아와야 하고, 그러면 진료비를 비싸게 물릴 겁니다. 어때요?"

처방이 그날 효과를 나타내 바로 걱정을 멈출 수 있었다면 좋았을 것이다. 하지만 나는 몇 주 동안 걱정이 생길 때마다 약을 먹었다. 다행히 효과가 있어서 바로 기분이 나아졌다.

다만 진정제를 먹는 게 초라해 보였다. 나는 덩치가 큰 편이었다. 거의 링컨만큼 키가 컸고, 체중도 90킬로그램이 넘었다. 그런 내가 안정을 위해 작고 흰 알약을 먹다니, 마치 히스테리가 심한 여자 같았다. 친구들이 뭘 먹냐고 물으면 사실대로 대답하기 창피했다. 점차 나 자신이 우습게 느껴졌다. 이런 생각이 들었다. '넌 바보처럼 굴고 있어. 너와 네 일을 너무 대단하게 생각한다고. 베티 데이비스, 제임스 캐그니, 에드워드 로빈슨은 네가 홍보 일을 맡기 전에도 세계적으로 유명했어. 오늘 밤 네가 죽어도 워너브라더스와 그 스타들은 별 탈 없을 거야. 아이젠하워, 마셜 장군, 맥아더 장군, 지미 둘리틀Jimmy Doolittle 장군, 킹 제독을 봐. 그들은 진정제 없이 전쟁을 치르고 있어. 그런데 너는 위장이 캔자스 회오리바람처럼 뒤틀리지 않도록 작고 흰 알약을 먹지 않고는 영화홍보인조합 전시활동위원회 위원장 일도 하지 못해.'

나는 진정제 없이 생활하는 데 자부심을 느끼기 시작했다. 얼마 후 약을 버리고, 매일 밤 제때 퇴근해서 저녁을 먹기 전에 잠깐 졸았다. 그리고 점차 정상적으로 살기 시작했다. 그 뒤로 다시 그 의사를 찾아가지 않았다.

나는 그에게 당시 비싸 보이던 진료비보다 훨씬 많은 빚을 졌다. 그는 나 자신을 가볍게 보는 법을 가르쳤다. 노련한 그는 나를 보고 웃거나, 아무것도 걱정할 게 없다고 말하지 않았다. 그는 나를 진지하게 대하고, 내 체면을 살려주고, 작은 약 상자로 내가 빠져나갈 구멍을 만들었다. 하지만 지금 내가 알고 있듯이 그는 처음부터 알고 있었다. 치료제는 초라하고 작은 알약이 아니라 마음가짐의 변화라는 것을 말이다.

POINT

현재 약을 먹는다면 이 책 3부 2장을 읽고 긴장을 풀어라. 좋아질 것이다.

EPISODE 19 ## 오늘은 오늘의 그릇만 씻어라

윌리엄 우드
목사, 미시간주 샤를부아 헐버트가 거주

몇 년 전 심한 복통에 시달렸다. 매일 밤 끔찍한 통증에 잠을 이루지 못하고 두세 번씩 깼다. 아버지가 위암으로 돌아가시는 걸 지켜봤기에 나도 위암이나 위궤양에 걸렸을까 봐 두려웠다. 그래서 미시간주 페토스키에 있는 번스병원에 진료를 받으러 갔다. 위장전문의 릴가Lilga 박사는 형광투시경과 엑스레이로 위장을 촬영해보더니, 위궤양이나 위암은 없다며 수면제를 처방했다. 그에 따르면 내 통증은 중압감에 따른 것이다. 목사이다 보니 그가 나에게 처음 한 질문은 "교회에 나이 많고 성질 나쁜 사람이 있느냐"는 것이었다.

그는 내가 아는 사실을 말했다. 나는 너무 많은 일을 하려고 애썼다. 매주 일요일 설교를 하고, 교회의 다양한 활동에 따른 책임을 떠안았으며, 적십자 지부 회장과 봉사단체인 키와니스Kiwanis의 대표를 맡았다. 매주 두세 차례 장례식과 다른 많은 활동을 주관했다.

나는 끝없는 압박을 받으며 일하고, 쉴 틈이 없었다. 항상 긴장하고, 서두르고, 예민했다. 급기야 모든 일을 걱정하는 지경에 이르렀다. 나는 줄곧 안절부절못하는 상태로 생활했다. 통증이 심했기에 릴가 박사의 조언을 기꺼이 따랐다. 월요일에는 쉬고, 여러 책임과 활동을 줄였다.

어느 날 책상을 치우다가 엄청나게 도움이 되는 생각이 떠올랐다. 오래된 설교 원고와 지나간 문제에 대한 메모를 보다가 그것을 하나씩 구겨서 쓰레기통에 버렸다. 그때 문득 이런 생각이 들었다. '이 문서처럼 걱정도 치우는 게 어때? 지나간 문제에 대한 걱정을 구겨서 쓰레기통에 버리는 거야.' 그러자 의욕이 생기고, 어깨가 가벼워지는 느낌이 들었다. 그날 이후 내가 아무것도 할 수 없는 모든 문제를 쓰레기통에 버리는 것을 원칙으로 삼았다.

그러던 어느 날, 아내가 설거지하는 모습을 보고 다른 생각이 떠올랐다. 아내는 설거지하면서 노래를 불렀다. 나는 자신에게 말했다. '아내가 얼마나 행복한지 봐. 우리가 결혼한 지 18년이 지났어. 그동안 아내는 내내 설거지했어. 우리가 결혼할 때 아내가 앞으로 18년 동안 해야 할 설거지를 떠올렸다고 생각해봐. 아마 그릇이 산처럼 쌓였을 거야. 어떤 여자라도 그 생각을 하면 끔찍했겠지. 아내가 설거지를 꺼리지 않는 이유는 한 번에 하루 치만 하기 때문이야.' 나는 내 문제를 깨달았다. 나는 오늘의 그릇, 어제의 그릇, 아직 더럽지 않은 그릇까지 씻으려고 했다.

내가 얼마나 어리석게 행동했는지 알 수 있었다. 나는 매주 일요일 아침 설교단에 서서 어떻게 살아야 하는지 말했다. 하지만 나 자신은 긴장하고, 걱정하고, 서두르며 살았다. 부끄러웠다.

이제는 걱정이 나를 괴롭히지 않는다. 복통도, 불면증도 없다. 나는 어제의 불안을 구겨서 쓰레기통에 버린다. 내일 더러워질 그릇을 오늘 씻으려고 애쓰는 것도 그만뒀다.

POINT

앞서 이 책에서 인용한 말이 기억나는가? "어제의 무게에 더해진 내일의 무게를 오늘 지고 있으면 아무리 힘센 사람이라도 비틀거린다." 그럴 필요가 있을까?

EPISODE 20 ## 바쁘게 살아라!

델 휴스
공인회계사, 미시간주 베이시 사우스 유클리드가 거주

나는 1943년에 갈비뼈 세 대가 부러지고, 폐에 구멍이 난 상태로 뉴멕시코주 앨버커키에 있는 보훈병원에 입원했다. 하와이 근처에서 해병대 상륙훈련을 하다가 다쳤다. 내가 해변으로 뛰어내릴 준비를 하던 중에 큰 파도가 바지선을 덮쳐서 균형을 잃고 해변에 추락했다. 충격이 너무나 커서 부러진 갈비뼈 중 하나가 오른쪽 폐를 뚫어버렸다.

나는 석 달 동안 입원한 후, 살면서 가장 충격적인 말을 들었다. 의사들은 전혀 나아지지 않았다고 했다. 진지한 고민 끝에 걱정이 회복을 방해하고 있다는 결론을 내렸다. 나는 활동적인 생활에 익숙한데, 입원한 석 달 동안 종일 아무것도 하지 않고 누워서 생각만 했다. 생각이 많아질수록 걱정이 늘었다. 앞으로 세상에서 내 자리를 찾을 수 있을지, 평생 장애인으로 살아야 하는 건 아닌지, 결혼해서 정상적으로 살 수 있을지 걱정스러웠다.

나는 환자들이 원하는 대로 할 수 있는 '컨트리클럽'으로 불리는 옆 병동으로 옮겨달라고 의사에게 졸랐다. 컨트리클럽 병동에서 콘트랙트 브리지에 재미를 붙였다. 6주 동안 다른 환자들과 브리지를 하고, 컬버트슨Ely Culbert-son의 브리지 교본을 읽으며 방법을 익혔다. 그 후에는 병원에 있는 동안 거의 매일 저녁 브리지를 했다. 유화에도 흥미를 느껴서 매일 오후 3시부터 5시까지 강사에게 지도를 받았다. 몇몇 작품은 꽤 잘 그려서 내가 뭘 그렸는지 사람들이 알아볼 정도였다. 나는 비누와 나무로 조각도 해보고, 관련 도서를 흥미롭게 읽었다. 이런 활동을 하며 바쁘게 지내다 보니 몸 상태를 걱정할 시간이 없었다. 적십자가 준 심리학 도서까지 읽었다. 석 달 뒤 전체 의료진이 와서 놀랍게 회복됐다며 축하해줬다. 태어나서 들은 가장 달콤한 말이었다. 너무 기뻐서 소리 지르고 싶었다.

내가 말하고 싶은 요점은 이것이다. 병상에 누워 미래를 걱정할 때는 몸이 전혀 회복되지 않았다. 걱정이 몸을 해쳐서 부러진 갈비뼈가 치유되지 않았다. 반면 브리지와 유화, 조각 등을 하며 나 자신에 관한 생각에서 벗어나자마자 놀랍게도 회복됐다. 이제 나는 정상적이고 건강한 삶을 살아간다. 폐도 아무 이상이 없다.

조지 버나드 쇼가 한 말을 기억하는가? "불행해지는 비결은 행복한지 아닌지 신경 쓸 만큼 한가한 것이다." 활동적으로 바쁘게 살아라!

EPISODE 21　　시간이 많은 것을 해결해준다

루이스 몬런트 주니어
영업 및 시장 분석가, 뉴욕 웨스트 64번가 거주

나는 걱정 때문에 10년을 잃었다. 열여덟부터 스물여덟 살까지의 10년은 모든 청년의 삶에서 가장 많은 결실을 거두는 풍요로운 기간이다. 하지만 내 잘못으로 그 10년을 잃었다.

나는 일자리, 건강, 가족, 열등감 등 모든 걸 걱정했다. 너무나 소심해서 아는 사람을 피하려고 길을 돌아간 적도 있었다. 거리에서 친구를 만나면 무시당할까 봐 못 본 척했다. 모르는 사람을 만나고 마주하는 게 두려웠다. 일을 잘할 수 있다고 말할 용기가 없어서 2주 만에 일자리를 세 개나 잃기도 했다.

그러던 8년 전 어느 날 오후, 나는 걱정을 물리쳤다. 이후 거의 걱정에 시달리지 않았다. 나는 그날 오후 나보다 훨씬 많은 어려움을 겪은 사람의 사무실에 있었다. 그런데도 그는 내가 아는 누구보다 쾌활했다. 그는 1929년에 큰돈을 벌었다가 한 푼도 남김없이 잃었다. 같은 일이 1933년과 1937년에도 반복됐다. 그는 파산했고, 적과 채권자들에게 쫓겨 다녔다. 이런 어려움은 사람을 무너뜨리고 자살로 내몰았을 수도 있는데, 그는 대수롭지 않게 넘겼다.

8년 전 그날 오후, 사무실에서 그를 부러워하며 하나님이 나를 그처럼 만들어줬으면 하고 바랐다. 그는 나와 대화를 나누다가 오전에 받은 편지를 주며 읽어보라고 했다. 수치스러운 질문이 담긴 분노의 편지였다. 내가 그런 편지를 받았다면 나락으로 떨어졌을 것이다. 어떻게 답장할 거냐고 묻자 그가 답했다.

"작은 비밀을 하나 알려줄게요. 다음에 정말 걱정스러운 문제가 생기면 그 내용을 종이에 자세히 적으세요. 그 종이를 오른쪽 아래 서랍에 넣었다가 두어 주 지나서 봐요. 거기에 적힌 문제로 여전히 걱정하고 있다면 다시 두어 주 넣어둬요. 거기 있으면 안전해요. 아무 일도 일어나지 않아요. 하지만 그동안 당신이 걱정하는 그 문제에 많은 일이 생길 수 있어요. 인내심만 있으면 나를 괴롭히는 걱정은 자주 바람 빠진 풍선처럼 사그라들죠."

이 조언은 강한 인상을 남겼다. 나는 이후 이 조언을 활용하고 있다. 그 결과 걱정이 거의 없다.

POINT

시간이 많은 것을 해결해준다. 시간은 당신이 오늘 걱정하는 문제도 해결해줄지 모른다.

최악의 상황을 이겨내다

조지프 라이언
로열타이프라이터컴퍼니 해외부 부장
뉴욕주 롱아일랜드 록빌센터 저드슨플레이스 거주

몇 년 전, 한 소송에 증인으로 나섰다가 엄청난 중압감과 걱정에 시달렸다. 급기야 재판이 끝나고 열차를 타고 집에 가는 길에 갑자기 발작하며 쓰러지고 말았다. 심장에 문제가 생겨 거의 숨을 쉴 수 없었다.

집에 돌아왔을 때 의사가 주사를 놓았다. 침대까지 가지도 못하고 거실 소파에 누웠다. 의식을 찾고 보니 목사님이 병자성사를 위해 집에 와 있었다. 충격과 슬픔에 사로잡힌 가족이 보였다. 나는 죽음이 다가왔다는 생각이 들었다. 나중에 알고 보니 의사가 아내에게 내가 30분 안에 사망할지 모르니 마음의 준비를 하라고 말해둔 상태였다. 의사가 내게 심장이 너무 약하니 말하거나 손가락도 움직이면 안 된다고 했다. 나는 성인군자는 아니지만, 하나님의 뜻을 받아들이기로 했다. 눈을 감고 되뇌었다. "뜻대로 하시옵소서. 지금이 마지막이라도, 뜻대로 하시옵소서."

그렇게 죽음을 받아들이자, 온몸의 긴장이 풀리는 듯했다. 공포가 사라졌다. 나는 지금 일어날 최악의 일이 무엇인지 재빨리 자문했다. 다시 극심한 통증과 함께 발작을 일으키는 게 최악의 일처럼 보였다. 그러면 모든 게 끝나고 나는 창조주를 만나 곧 영면할 것이다.

소파에 누워 한 시간 동안 기다렸지만, 통증은 재발하지 않았다. 나는 지금 죽지 않는다면 앞으로 무엇을 하며 살지 자문했다. 건강을 회복하는 데 온 힘을 기울이겠다고 결심했다. 긴장과 걱정으로 나 자신을 괴롭히지 않고 기운을 되찾을 것이다.

그게 4년 전의 일이다. 지금은 의사도 내 심전도를 보고 놀랄 정도로 회복했다. 나는 이제 걱정하지 않는다. 삶에 대한 새로운 의욕이 생겼다. 죽음이 임박한 최악의 상황에 직면한 뒤 개선을 위해 노력하지 않았다면 지금까지 살아 있지 못했을 것이다. 최악의 가능성을 받아들이지 않았다면 공포에 시달리다가 죽고 말았을 것이다.

POINT

라이언 씨는 일어날 수 있는 최악의 상황을 직시하라는 원칙을 활용했기에 지금도 살아 있다.

EPISODE 23 ## 문제를 그때그때 정리하라

오드웨이 티드
뉴욕주 뉴욕시고등교육위원회 위원장

걱정은 습관이다. 나는 오래전에 걱정하는 습관에서 벗어났다. 그럴 수 있었던 이유는 크게 세 가지다.

첫째, 자신을 파괴하는 불안에 빠져들 시간이 없다. 나는 세 가지 주요 활동을 한다. 모두 내 직업이라 할 수 있다. 컬럼비아대학교에서 강의하고, 뉴욕시고등교육위원회 위원장으로 활동하며, 하퍼앤드브라더스Harper and Brothers 출판사의 경제/사회 도서부를 책임지고 있다. 이 세 가지 직무를 해

내느라 초조해하고, 안달하고, 제자리를 맴돌 시간이 없다.

둘째, 나는 머릿속을 잘 정리한다. 한 업무에서 다른 업무로 넘어갈 때 그때까지 하던 모든 문제에 관한 생각을 머릿속에서 정리한다. 한 업무에서 다른 업무로 넘어가는 일은 신선한 자극을 안긴다. 내게 휴식을 주고, 머릿속을 맑게 한다.

셋째, 업무를 마감할 때 머릿속에서 모든 문제를 정리한다. 문제는 끝없이 이어진다. 문제마다 언제나 해결되지 않은 다른 문제, 주의를 기울여야 할 문제를 수반한다. 밤마다 일을 집에 가져와 걱정하면 건강은 물론, 문제를 해결하는 능력까지 망가질 것이다.

POINT

오드웨이 티드는 걱정과 피로를 예방하는 네 가지 좋은 업무 습관의 대가다. 그 내용을 기억나는가?

EPISODE 24
걱정을 멈추게 한 7가지 방법

코니 맥

나는 63년 동안 프로야구계에 몸담았다. 처음 워싱턴내셔널스에 입단한 1880년대에는 아예 급여가 없었다. 우리는 공터에서 경기했고, 한 점도 못 내기도 했다. 경기가 끝나면 모자를 돌려서 관람료를 걷었는데 홀어머니와 동생들을 부양하던 내겐 푼돈이었다. 때로는 운영비 조달을 위해 팀 전체가 딸기 축제나 파티를 광고하는 옷을 입기도 했다.

내게는 걱정할 이유가 충분했다. 나는 7년 연속으로 꼴찌를 기록한 야구팀 감독이자 8년 동안 800패를 기록한 유일한 감독이다. 연패를 당하면 걱정 때문에 제대로 먹지도, 자지도 못했다. 하지만 나는 25년 전에 걱정을 멈췄다. 그러지 않았다면 오래전에 죽었을 것이다. 나의 긴 인생을 돌아보면(나는 링컨이 대통령일 때 태어났다), 이런 방법으로 걱정을 물리칠 수 있었다.

첫째, 걱정이 얼마나 쓸데없는지 깨달았다. 걱정은 아무런 도움이 되지 않으며, 내 경력을 망칠 수도 있다.

둘째, 걱정이 건강을 망칠 것임을 깨달았다.

셋째, 앞으로 경기에서 이길 수 있도록 계획하고 노력하느라 바빠서 진 경기 때문에 걱정할 시간이 없었다.

넷째, 경기 후 24시간이 지날 때까지 선수의 실수를 지적하지 않는 것을 원칙으로 삼았다. 초기에는 선수들과 같이 옷을 갈아입었다. 팀이 지면 선수들을 탓하면서 패인을 두고 말다툼을 벌였는데, 이런 행동이 오히려 상황을 악화했다. 동료들 앞에서 선수를 비난하면 협력할 마음을 없애고 분노를 자극할 뿐이다. 패배 직후 내 혀를 통제할 자신이 없어서 절대 선수들을 보지 않았다. 다음 날까지 패배에 관한 이야기를 나누지 않았다. 그때는 화가 가라앉고, 실수가 그렇게 커 보이지 않는다. 그래서 차분히 대화할 수 있다. 선수들도 화를 내며 변명하지 않는다.

다섯째, 선수들의 잘못을 지적해 사기를 꺾는 대신 칭찬으로 사기를 북돋으려 애썼다. 모두에게 좋은 말을 해주려고 노력했다.

여섯째, 지치면 걱정이 심해진다는 사실을 깨달았다. 그래서 매일 열 시간을 자고, 오후에는 낮잠을 잔다. 낮잠은 5분만 자도 큰 도움이 된다.

일곱째, 나는 활발하게 몸을 움직여 걱정을 피하고 수명을 늘렸다. 나는 지금 여든다섯이지만, 같은 말을 반복하기 전에는 은퇴하지 않을 것이다. 그런 때가 되면 나도 늙었다고 인정할 것이다.

POINT

코니 맥은 걱정을 멈추는 법에 관한 책을 읽고 나름의 규칙을 만들었다. 당신도 과거에 걱정을 극복하는 데 도움이 된 방법들을 적어보자.

1. _____

2. _____

3. _____

4. _____

EPISODE 25 **한 번에 하나씩**

존 호머 밀러
《당신 자신을 보라Take a Look at Yourself》 저자

나는 오래전에 도망치려 하면 걱정에서 벗어날 수 없다는 사실을 깨달았다. 걱정을 물리치려면 마음가짐을 바꿔야 했다. 걱정은 내 안에 있었다.

세월이 흐르면서 나는 시간이 지나면 대부분의 걱정이 저절로 해결된다는 것을 알게 됐다. 실제로 일주일 전에 무슨 걱정을 했는지 떠올리기 어려운

경우가 많았다. 그래서 규칙을 정했다. 어떤 문제를 적어도 일주일이 지날 때까지 걱정하지 않는다는 것이다. 물론 걱정거리를 일주일 동안 머릿속에서 완전히 지우는 일이 항상 가능한 건 아니었다. 그래도 일주일이 되기까지 걱정이 나를 지배하게 두지 않았다. 그동안 문제가 저절로 해결되거나, 문제를 대하는 내 마음가짐이 바뀌어 더 심하게 걱정하지 않았다.

나는 윌리엄 오슬러 경의 철학을 담은 글을 통해 큰 도움을 받았다. 그는 뛰어난 의사였을 뿐만 아니라 모든 기술 중에서 으뜸인 삶의 기술에 탁월했다. 그가 한 말이 걱정을 물리치는 데 엄청난 도움이 됐다. 그는 자신을 기리는 만찬 자리에서 말했다. "제가 성공한 원인은 무엇보다 그날 할 일에 최선을 다하고, 앞으로 일어날 일은 신경 쓰지 않았기 때문입니다."

나는 난관에 대처할 때 아버지가 들려준 늙은 앵무새의 말을 신조로 삼았다. 그 앵무새는 펜실베이니아에 있는 한 사냥 클럽 복도에 달린 새장에 살았다. 회원들이 지나가면 앵무새는 자기가 아는 유일한 말을 반복했다. "신사분들, 한 번에 하나씩. 한 번에 하나씩." 이 말은 버거운 의무와 끝없이 이어지는 업무를 처리할 때 평정심을 유지하고 한 번에 하나씩 해결하는 데 도움을 줬다. "신사분들, 한 번에 하나씩. 한 번에 하나씩."

POINT

여기서 걱정을 물리치는 기본 원칙, '오늘의 삶을 살아라'를 다시 접할 수 있다. 1부 1장을 다시 읽어보라.

인생의 신호를 찾다

조지프 코러
일리노이주 시카고 파고가 거주

나는 어린 시절부터 청소년기를 거쳐 어른이 되기까지 줄곧 프로 걱정꾼이었다. 다양한 걱정을 많이 했다. 일부는 실질적인 걱정이지만 대부분 쓸데없었다. 드물게 걱정할 일이 없는 때는 뭔가 놓친 건 아닌지 걱정했다.

그러다가 2년 전에 새로운 삶을 시작했다. 이를 위해서 내 결함과 아주 적은 미덕에 대한 분석, 즉 자신에 대한 '면밀하고 과감한 도덕적 평가'가 필요했다. 이 평가로 인해 내가 무엇 때문에 걱정했는지 명확히 알게 됐다.

내가 오늘만 보고 살지 못한다는 게 문제였다. 나는 어제 한 실수를 근심했고, 내일을 두려워했다. '오늘은 어제 걱정하던 내일이다'라는 말을 거듭 되뇌었지만, 별 효과가 없었다. 24시간을 기준으로 한 일정에 따라 생활하라는 조언도 들었다. 오늘은 내가 통제할 수 있는 유일한 날이며, 매일 기회를 최대한 활용해야 한다는 말도 들었다. 그러면 너무 바빠서 과거나 미래를 근심할 시간이 없을 거라는 말도 들었다. 논리적인 조언이 내게는 도무지 효과가 없었다.

그러다가 난데없는 곳에서 답을 찾았다. 바로 1945년 5월 31일 오후 7시에 있던 노스웨스턴철도North-western Railroad 플랫폼이었다. 중요한 일이었기에 지금도 생생하게 기억난다.

우리는 친구들을 배웅했다. 그들은 휴가를 마치고 '시티오브로스앤젤레스The City of Los Angeles'라는 유선형 열차로 돌아가는 길이었다. 전쟁이 끝나지 않아 승객이 많았다. 나는 아내와 함께 열차에 오르지 않고 열차 앞쪽으로 무심코 걸어갔다. 거기서 거대하고 빛나는 엔진을 잠시 바라봤다. 뒤쪽으로 거대한 신호기가 보였다. 노란 신호가 들어왔다가 바로 초록 신호로 바뀌었다. 그 순간 기관사가 기적을 울렸고, 익숙한 외침이 들렸다. "탑승하세요!" 몇 초 후 거대한 열차가 역을 빠져나가 3700킬로미터에 이르는 여정에 올랐다.

머리가 빠르게 돌아가기 시작했다. 뭔가가 납득되기 시작했다. 기적이 일어나는 것 같았다. 문득 깨달음이 왔다. 기관사는 내가 찾던 해답을 줬다. 그는 오직 초록 신호 하나로 긴 여정을 시작했다. 나라면 전체 여정 내내 초록 신호를 보고자 했을 것이다. 불가능한 일인데도 나는 그렇게 살아가려 했다. 결국 나는 역에 앉아 아무 데도 가지 못한 것이다. 앞에 무엇이 있는지 보려고 너무 애썼기 때문이다.

계속 생각이 떠올랐다. 기관사는 앞으로 마주칠지 모르는 문제를 걱정하지 않았다. 지연이나 서행을 겪을 수도 있다. 하지만 신호 체계가 있지 않은가. 노란 신호는 속도를 늦추고 서서히 가라는 뜻이다. 빨간 신호는 앞에 위험한 상황이 생겼으니 멈추라는 뜻이다. 신호 체계가 열차 여행을 안전하게 만든다. 좋은 신호 체계 말이다.

내 삶에 왜 좋은 신호 체계가 없는지 자문했다. 답은 나에게도 있다는 것이었다. 하나님이 주신 신호 체계. 이 체계는 하나님이 조작하기에 오작동할 일이 없다. 나는 초록 신호를 찾기 시작했다. 어디서 찾을 수 있을까? 초록 신호를 만드신 하나님께 물어보면 되지 않을까? 나는 그렇게 했다.

이제 매일 아침 기도로 그날을 위한 초록 신호를 받는다. 속도를 늦추라는 노란 신호를 받는 때도 있고, 무너지기 전에 멈추라는 빨간 신호를 받는 때도 있다. 2년 전에 깨달음을 얻은 뒤로 걱정하지 않는다. 2년 동안 700개가 넘는 초록 신호를 받았다. 다음 신호가 뭔지 걱정하지 않으면서 삶의 여정이 한결 수월해졌다. 어떤 신호든 나는 뭘 해야 하는지를 안다.

EPISODE 27
록펠러는 어떻게 45년을 더 살았을까

존 록펠러 시니어는 서른세 살에 처음으로 100만 달러를 모았다. 43세에는 세상에서 가장 큰 독점기업 스탠더드오일컴퍼니를 세웠다. 53세에는 어땠을까? 그때 그는 걱정에 사로잡혔다. 걱정과 긴장이 건강까지 망가뜨렸다. 전기 작가 존 윙클러John K. Winkler에 따르면, 그는 "미라처럼 보였다".

록펠러는 쉰셋에 원인을 알 수 없는 소화기 질환으로 심각한 탈모증을 겪었다. 윙클러에 따르면, "상태가 너무 안 좋아서 한때 모유만 먹고 살아야 했다". 의사들은 신경과민으로 시작되는 경우가 많은 일종의 탈모증이라고 진단했다. 대머리가 된 그의 모습은 너무나 충격적이었다. 그는 스컬캡(유대인 남성이나 가톨릭 주교가 쓰는 모자)을 쓰다가, 나중에는 500달러짜리 은발 가발을 평생 착용했다.

록펠러는 타고난 '강철 체력'이었다. 농장에서 자란 그는 튼튼한 어깨와 곧은 자세, 힘차고 활기찬 발걸음을 자랑했다.

그런데 대다수 남성이 전성기를 맞는 쉰셋에 어깨가 처지고, 걸을 때 휘청거렸다. 전기 작가 존 플린John T. Flynn에 따르면, "거울에 노인의 얼굴이 보

데일 카네기 자기관리론

였다. 쉼 없는 일, 끝없는 걱정, 계속된 괴로움, 잠 못 이루는 밤, 운동과 휴식 부족"은 대가를 요구했다. 결국 그는 무릎을 꿇고 말았다. 세계 최고 부자가 됐지만 가난한 사람도 마다할 음식을 먹어야 했다. 당시 그는 매주 100만 달러를 벌었는데, 일주일 동안 먹는 음식의 비용은 2달러밖에 되지 않았을 것이다. 의사들이 먹어도 된다고 한 음식은 신맛 나는 우유와 비스킷 약간이었다. 피부는 창백하기 그지없어, 뼈 위에 오래된 양피지를 바른 것 같았다. 돈으로 산 최고 수준의 의료 덕분에 목숨이 붙어 있을 뿐이었다.

무엇이 이런 상황을 초래했을까? 걱정과 충격, 심한 압박감과 긴장감에 시달리는 생활이다. 그는 말 그대로 자신을 무덤 근처까지 "몰아붙였다". 쉰셋에도 단호한 결심으로 목표를 향해 나갔다. 그를 아는 사람들에 따르면, "좋은 거래를 했다는 소식 말고는 아무것도 그의 표정을 밝게 만들 수 없었다". 그는 큰 이익을 내면 전투에서 승리한 것처럼 모자를 바닥에 던지며 춤을 췄다. 반대로 돈을 잃으면 끙끙 앓았다! 한번은 4만 달러어치 곡물을 오대호로 운송했다. 보험은 가입하지 않았다. 자그마치 150달러나 들었기 때문이다. 그날 밤 이리호Lake Erie에 심한 폭풍이 불어닥쳤다. 록펠러는 행여 화물을 잃을까 노심초사했다. 동업자 조지 가드너George Gardner가 출근하니 록펠러가 사무실을 서성이고 있었다. 그는 떨리는 목소리로 다그쳤다. "지금이라도 보험을 들 수 있는지 얼른 알아봐. 너무 늦기 전에!" 가드너는 서둘러 시 외곽으로 달려가 보험에 가입했다. 그런데 사무실로 돌아오니 록펠러의 신경이 더 곤두서 있었다. 그동안 화물이 안전하게 도착했다는 전보를 받은 모양이었다. 록펠러의 상태가 더 나빠진 까닭은 150달러를 '낭비'했기 때문이다! 상태가 어찌나 심각한지 집에 가서 누워야 할 정도였다.

당시 그의 회사는 한 해 50만 달러를 벌었는데, 150달러 때문에 몸이 안 좋아서 눕다니!

그에게는 돈을 벌고 교회에서 아이들을 가르치는 것 말고는 놀이나 기분 전환 등의 다른 일을 할 시간이 없었다. 조지 가드너가 다른 세 사람과 함께 2000달러를 주고 중고 요트를 샀을 때, 록펠러는 경악하며 한사코 타지 않으려 했다. 가드너는 토요일 오후에 그가 사무실에서 일하는 걸 보고 말했다. "존, 그러지 말고 요트를 타러 가세. 기분이 좋아질 거야. 사업은 잊어. 가끔은 즐기기도 해야지." 그러자 록펠러가 가드너를 노려보며 쏘아붙였다. "자네는 내가 아는 가장 사치스러운 사람이야. 자네는 자네뿐 아니라 나의 신용까지 떨어뜨리고 있어. 그러다가 우리 사업을 망치고 말 거야. 난 자네 요트를 타지 않을 거야. 보기도 싫어!" 그리고 오후 내내 일에 매달렸다.

이렇게 사업을 하는 동안 록펠러는 유머 감각이 없고 시야가 좁았다. 몇 년 뒤 그가 밝혔다. "잠자리에 들 때마다 성공이 일시적일지 모른다는 걸 상기했다."

그는 수백만 달러를 주무르면서도 잠자리에 들 때마다 재산을 잃을까 봐 걱정했다. 그러니 건강을 해친 것도 당연하다. 놀이나 기분 전환을 하지 않았고, 극장에 가지 않았고, 카드놀이를 하지 않았고, 파티에도 가지 않았다. 마크 한나Mark Hanna가 말한 대로 그는 "다른 모든 측면은 정상이지만 돈에 미쳤다". 록펠러는 오하이오주 클리블랜드의 한 이웃에게 자신도 "사랑받고 싶다"고 털어놓은 적이 있다. 하지만 너무나 냉담하고 의심이 많은 그를 좋아하는 사람은 드물었다. 모건은 아예 록펠러와 거래하기를 꺼렸다. "그 사람이 싫어. 그와 거래하고 싶지 않아." 그의 동생조차 형을 싫어한 나머지 가족묘에서 자녀의 시신을 이장했다. "내 혈육 중 아무도 형의 땅에선 안식을 취할 수 없을 겁니다." 록펠러의 직원과 동료들은 그를 두려워하며 지냈는데, 아이러니하게 그 역시도 그들이 회사 밖에서 자기 비밀을 누설할까 봐 두려워했다.

록펠러는 인간 본성에 대한 믿음이 거의 없었다. 심지어 정유업체와 10년짜리 계약을 할 때 누구에게도, 심지어 아내에게도 말하지 않겠다고 약속할 것을 요구했다. "입 다물고 일이나 해"가 그의 좌우명이다. 그러다가 사업이 절정에 이르러 금고에 황금이 베수비오산의 용암처럼 넘쳐흐를 때, 그의 세계가 무너졌다. 스탠더드오일컴퍼니가 벌인 악덕 자본가들의 전쟁을 비난하는 책과 기사가 쏟아진 것이다. 철도 회사에 리베이트를 제공하고, 모든 경쟁사를 가차 없이 무너뜨린 일이 밝혀졌다. 록펠러는 펜실베이니아 유전 지역에서 누구보다 미움을 받았다. 그가 무너뜨린 사람들이 그를 본뜬 인형을 목매달았다. 그들 중 다수는 그의 가냘픈 목에 밧줄을 걸어 사과나무에 매달길 원했다. 분노에 찬 편지, 그의 목숨을 위협하는 편지가 사무실로 날아들었다.

그는 경호원을 고용하고, 자신에게 쏟아지는 증오를 무시하려고 냉소적으로 말했다. "내가 원하는 대로 하게 해준다면 날 걷어차고 괴롭혀도 좋아." 하지만 그도 인간이다. 미움과 걱정을 감당할 수 없었다. 건강이 나빠지기 시작했다. 그는 안에서부터 공격하는 질병이라는 새로운 적 때문에 당황하고 어리둥절했다. 처음에 "그는 가끔 겪는 가벼운 질환을 숨기면서" 그 생각을 머릿속에서 지우려 애썼다. 그러나 불면증, 소화불량, 탈모(모두 걱정과 쇠퇴의 신체적 증상)를 부인할 수 없었다. 마침내 의사들은 그에게 충격적인 진실을 말했다. 그는 돈과 걱정 아니면 목숨 중에서 하나를 선택해야 했다. 그들은 은퇴하지 않으면 죽을 거라고 경고했다. 은퇴했지만, 걱정과 탐욕, 두려움이 그의 건강을 망가뜨렸다.

미국에서 가장 유명한 전기 작가 아이다 타벨Ida Tarbell은 록펠러를 보고 충격을 받았다. "얼굴이 형편없이 늙어 보였다. 내가 본 가장 늙은 사람이었다." 늙었다고? 당시 록펠러는 맥아더가 필리핀을 탈환했을 때보다 몇 살 적었다! 하지만 그의 몸은 심하게 망가졌다. 타벨은 그를 동정했다. 그녀는 당시 스탠더드오일과 그것이 대표하는 모든 문제를 비판하는 책을 쓰고 있었다. 이 '문어발 기업'을 만든 사람을 좋아할 이유가 전혀 없었다. 그럼에도 그녀는 록펠러가 교회에서 아이들의 얼굴을 바라보며 열성적으로 가르치는 모습을 보고 말했다. "예상치 못한 감정이 일었다. 그 감정은 시간이 지날수록 강해졌다. 나는 그가 측은했다. 나는 두려움만큼 끔찍한 동반자를 알지 못한다."

의사들은 록펠러의 목숨을 구하기 위해 세 가지를 제시했다. 그는 이 원칙들을 여생 동안 철저히 따랐다.

첫째, 걱정을 피한다. 어떤 상황에서도, 무슨 일에 대해서도 절대 걱정하지 않는다.

둘째, 마음을 느긋하게 먹고 야외에서 가벼운 운동을 충분히 한다.

셋째, 식생활에 주의한다. 항상 덜 먹었다 싶을 때 식사를 중단한다.

록펠러는 이 규칙을 지켰다. 아마 그래서 살 수 있었는지 모른다. 그는 은퇴해서 골프를 배우고, 정원을 가꾸고, 이웃과 잡담을 나누고, 게임과 노래를 즐겼다.

다른 일도 했다. 윙클러는 말한다. "통증에 시달리는 낮과 불면에 시달리는 밤에는 성찰하며 시간을 보냈다." 그는 다른 사람을 생각하기 시작했다. 돈을 얼마나 벌 수 있는지 생각하는 대신 그 돈으로 행복을 살 수 있는지 궁금해하기 시작했다.

요컨대 록펠러는 돈을 퍼주기 시작했다! 그러기 쉽지 않은 때도 있었다. 그가 교회에 돈을 기부하자, 전국의 목사들이 "더러운 돈!"이라고 성토했다. 그래도 기부를 계속했다. 당시 미시간호 연안에 있는 작고 가난한 대학이 대출금을 갚지 못해 압류될 위기에 처했다. 그 소식을 듣고 구조에 나선 그는 수백만 달러를 쏟아부어, 세계적으로 유명한 시카고대학교로 키워냈다. 그는 흑인을 도우려고 애썼다. 조지 워싱턴 카버George Washinton Carver(20세기 초의 뛰어난 흑인 농학자)의 위업을 잇기 위해 기금이 필요한 터스키기Tuskegee College 같은 흑인 대학에 기부했다. 해충 박멸 작업도 도왔다. 그 분야의 권위자 찰스 스타일스Charles W. Stiles 박사가 "50센트어치 약으로 남부를 황폐화하는 이 질환을 치료할 수 있는데, 누가 그 50센트를 줄까?"라고 했을 때 록펠러가 나섰다. 그는 해충 박멸 활동에 수백만 달러를 들여서 남부를 괴롭히는 재앙을 물리쳤다. 한 발 더 나가, 질병과 무지와 싸우기 위한 국제적 조직 록펠러재단Rockefeller Foundation을 만들었다.

이 사실을 말하니 뭉클하다. 록펠러재단이 내 목숨을 구했을 가능성이 있기 때문이다. 내가 중국에 머물던 1932년, 콜레라가 전국을 휩쓸었다. 농부들이 파리처럼 죽어갔다. 끔찍한 공포 속에 우리는 베이징에 있는 록펠러

의대Rockefeller Medical College에 가서 백신을 맞았다. 중국인과 '외국인'이 모두 혜택을 누렸다. 그때 나는 처음으로 록펠러의 돈이 세상을 위해 무슨 일을 하는지 알았다.

역사상 록펠러재단과 조금이라도 비슷한 조직이 생긴 적이 없다. 그만큼 특이하다. 록펠러는 전 세계에 이상을 품은 사람이 시작한 좋은 운동이 많다는 걸 알았다. 연구가 이어지고, 대학교가 설립됐다. 의사들은 질병과 악전고투했다. 그러나 그들의 고귀한 작업이 자금 부족으로 중단되는 경우가 너무나 많았다. 록펠러는 이 인류의 선구자들을 돕기로, "그들을 인수하지" 않고 그들에게 돈을 주고 스스로 일하도록 돕기로 결심했다. 이제 우리는 페니실린이라는 기적에, 그가 자금을 대준 다른 수많은 발견에 감사할 수 있다. 당신의 자녀가 척수막염으로 죽지 않는 것에 감사할 수 있다. 과거 이 질병에 걸린 아이는 다섯 명 가운데 네 명이 죽었다. 말라리아, 결핵, 독감, 디프테리아, 여전히 전 세계를 괴롭히는 다른 수많은 질병을 치료하는 데 이룬 진전에도 그에게 감사할 수 있다.

록펠러 본인은 어땠을까? 돈을 퍼주면서 마음의 평화를 얻었다. 마침내 만족했다. 앨런 네빈스Allan Nevins는 "그가 1900년 이후 스탠더드오일에 대한 공격 때문에 근심했을 거라고 생각하면 큰 착각이다"라고 말했다.

록펠러는 행복했다. 그는 완전히 딴사람이 돼서 아무 걱정도 하지 않았다. 실제로 인생 최대의 패배를 받아들여야 했을 때조차 잠을 설치지 않았다. 그 패배는 그가 설립한 스탠더드오일이 '역사상 최고액의 벌금'을 내라는 명령을 받은 것이다. 미국 정부에 따르면, 스탠더드오일은 반독점법을 정면으로 위반한 독점기업이었다. 5년 동안 치열한 법정 다툼이 벌어졌다. 미

데일 카네기 자기관리론

국 최고의 법조계 두뇌들이 역사상 최장 법정 다툼에서 끝없이 싸웠지만, 스탠더드오일이 지고 말았다.

케네소 마운틴 랜디스Kenesaw Mountain Landis 판사가 판결을 선고할 때, 피고 측 변호사들은 나이 든 록펠러가 판결을 받아들이기 어려울 것이라고 우려했다. 그들은 그가 얼마나 변했는지 몰랐다.

그날 밤, 한 변호사가 록펠러에게 전화를 걸었다. 그는 최대한 부드럽게 판결 내용을 전했다. "록펠러 씨, 이 판결 때문에 흥분하지 않기를 바랍니다. 잠을 설치지 않으면 좋겠네요."

이 말에 록펠러가 어떻게 반응했을까? 그는 수화기 너머에서 킬킬대며 말했다. "존슨 씨, 걱정하지 말아요. 푹 잘 거니까. 당신도 신경 쓰지 말아요. 그럼 잘 지내시오!"

150달러를 낭비했다고 앓아눕던 사람 입에서 이런 말이 나오다니! 그렇다. 록펠러는 걱정을 물리치는 데 오랜 세월이 걸렸다. 그는 53세에 '죽어가고' 있었지만 98세까지 살았다.

파탄 직전의 결혼 생활을 바꿔준 책

B. R. W

이 이야기를 익명으로 전하고 싶지는 않지만, 너무나 사적인 내용이라 이름을 밝힐 수 없다. 그래도 데일 카네기가 사실임을 보증할 것이다. 나는 이 이야기를 12년 전에 처음으로 그에게 했다.

나는 대학 졸업 후 산업 분야 대기업에 취직했다. 5년 뒤, 회사는 나를 태평양 건너 극동지역 지사장으로 피견했다. 미국을 떠나기 일주일 전에 내가 아는 가장 다정하고 사랑스러운 여성과 결혼했다. 그러나 우리의 신혼여행은 두 사람 모두에게, 특히 그녀에게 비극적일 만큼 실망스러웠다. 하와이에 도착했을 때, 그녀는 너무나 낙담하고 상심한 상태였다. 친구들을 만나 인생에서 가장 짜릿한 모험이 될 수 있고, 그래야 하는 신혼여행을 망쳤다고 인정하는 게 창피하지 않았다면 본토로 돌아갔을지도 몰랐다.

우리는 아시아에서 2년 동안 고통스럽게 살았다. 너무나 불행해서 가끔 자살까지 생각했다. 그러던 어느 날, 모든 것을 바꿔놓은 책을 접했다. 독서를 좋아한 나는 어느 밤 미국인 친구의 집에 갔다가 서재에서 반 데 벨데Theodoor Hendrik van de Velde 박사가 쓴 《이상적인 결혼Ideal Marriage》을 우연히 발견했다. 설교조의 잘난 체하는 제목 같았다. 그래도 호기심에 책을 폈다. 결혼의 성적 측면을 전혀 선정적인 내용 없이 진솔하게 다룬 책이었다.

그전에는 누가 섹스에 관한 책을 읽어야 한다고 말하면 모욕적이라고 느꼈을 것이다. 그런 책을 읽으라고? 나는 그런 책을 직접 쓸 수도 있다고 생각했다. 하지만 내 결혼 생활이 너무나 엉망이라서 가릴 형편이 아니었다. 나는 용기를 내서 집주인에게 책을 빌려도 되는지 물었다. 결과적으로 그 책을 읽은 건 내 삶에서 가장 중요한 사건이다. 아내도 같이 읽었다. 그 책은 비극적인 부부 관계를 행복하고 만족스러운 동반자 관계로 바꿨다. 내게 100만 달러가 있다면 출판권을 사서 수많은 신혼부부에게 그 책을 무료로 나눠줄 것이다.

나는 유명 심리학자 존 왓슨John B. Watson 박사가 한 말을 읽은 적이 있다.

"섹스는 명백히 삶의 가장 중요한 주제이자, 남성과 여성의 행복을 가장 많이 무너뜨리는 요인이다." 이 말이 맞다면(포괄적인 말이지만 나는 이 말이 전적으로 사실은 아니라도 거의 사실이라고 믿는다) 왜 문명은 해마다 수많은 사람이 성적으로 무지한 상태에서 결혼해 행복을 망치게 둘까?

결혼의 문제가 궁금하면 길버트 해밀턴Gilbert Van Hamilton과 케네스 맥고완Kenneth MacGowan이 쓴 《무엇이 결혼의 문제인가What is Wrong With Marriage?》를 읽어야 한다. 해밀턴 박사는 이 책을 쓰기 전에 4년 동안 결혼의 문제를 조사했다. 그는 말한다. "부부 사이에 발생하는 대다수 마찰의 요인이 성적 부적응이 아니라고 말하는 정신의학자는 대단히 무모하다. 적어도 성관계가 만족스럽다면 다른 문제에서 기인한 마찰은 대부분 무시될 것이다."

나는 이 말이 사실임을 비극적 경험을 통해서 알았다. 우리의 결혼 생활이 파탄 나지 않도록 도와준 반 데 벨데 박사의 《이상적인 결혼》은 대다수 공립 도서관이나 서점에서 찾을 수 있다. 신혼부부에게 작은 선물을 하고 싶다면 조리용 칼 세트 대신 이 책을 건네라. 이 책은 세상의 모든 조리용 칼 세트보다 그들의 행복에 도움이 될 것이다.

POINT

《이상적인 결혼》이 너무 비싸면 해나 스톤Hannah Stone 박사와 에이브러햄 스톤Abraham Stone 박사가 쓴 《결혼 지침서A Marriage Manual》를 추천한다.

나는 서서히 죽어가고 있었다

폴 샘슨
DM 광고 종사자
미시간주 와이언도트 시카모어 거주

나는 반년 전까지 바쁘게 살았다. 항상 긴장한 상태였고 쉬질 않았다. 매일 밤 걱정과 신경성 피로 때문에 지쳐서 집에 왔다. 아무도 "폴, 넌 자신을 죽이고 있어. 좀 느긋하게 사는 게 어때? 긴장을 풀어"라고 말해주지 않았기 때문이다.

나는 아침 일찍 일어나고, 급히 밥을 먹고, 서둘러 면도하고 옷을 입었다. 그리고 운전대를 꽉 쥐지 않으면 차 밖으로 날아가기라도 할 것처럼 운전해서 출근했다. 회사에서도 빨리 일하고 퇴근했고, 심지어 밤에는 서둘러 자려고 애썼다.

상태가 심각해서 디트로이트에 있는 유명한 신경 전문의를 찾아갔다. 그는 긴장을 풀라고 말했다(참고로 그는 이 책 7부 2장에서 권장한 것과 같은 긴장 완화 원칙을 제시했다). 그는 항상 긴장을 풀어야 한다는 생각을 하라고 말했다. 일할 때도, 운전할 때도, 식사할 때도, 잠을 잘 때도 그래야 한다고. 그는 내가 긴장을 푸는 법을 몰라서 자신을 서서히 죽이고 있다고 했다.

이후 나는 긴장을 푸는 훈련을 했다. 잠자리에 들 때는 몸과 호흡이 안정되기 전에는 잠들려고 애쓰지 않았다. 아침에 일어나면 푹 쉰 느낌이 든다. 이는 커다란 진전이다. 전에는 피곤하고 긴장된 상태로 일어났기 때문이다. 밥을 먹거나 운전할 때도 긴장을 푼다. 물론 운전할 때 정신을 바짝 차리되,

신경이 아니라 머리를 써서 운전한다. 내가 긴장을 푸는 가장 중요한 장소는 회사다. 하루에도 여러 번 모든 일을 멈추고 긴장을 완전히 풀었는지 나 자신을 점검한다. 전화벨이 울려도 누가 뺏기라도 할 듯이 전화기를 움켜쥐지 않는다. 누가 내게 말을 할 때도 잠든 아기처럼 느긋하다.

그 결과, 인생이 훨씬 유쾌하고 즐거워졌다. 나는 신경성 피로와 걱정에서 완전히 벗어났다.

EPISODE 30

나에게 일어난 기적

존 버거 부인
미네소타주 미니애폴리스 콜로라도가 거주

걱정은 나를 완전히 무너뜨렸다. 마음이 너무나 혼란스럽고 불안해서 사는 게 전혀 즐겁지 않았다. 신경이 곤두서서 밤에 잠을 못 자고, 낮에 긴장을 풀지도 못했다. 세 아이는 뿔뿔이 흩어져 친척 집에서 지냈다. 최근에 제대한 남편은 다른 도시에서 변호사로 자리 잡으려 애쓰고 있었다. 나는 전쟁이 끝난 뒤의 온갖 불안과 불확실성을 느꼈다.

나는 남편의 경력과 아이들이 당연히 누려야 할 행복하고 정상적인 가정을 위협하고, 내 생명까지 위태롭게 하고 있었다. 남편은 집을 구하지 못했다. 유일한 해결책은 집을 짓는 것이었다. 모든 일이 내 회복에 달려 있었다. 이 사실을 깨닫고 나아지려고 노력할수록 실패에 대한 두려움이 커졌다. 그러다 보니 책임질 모든 일에 대한 계획을 세우기가 두려웠다. 나 자신을 신뢰할 수 없다는 생각이 들었다. 내가 완전한 실패자처럼 느껴졌다.

더없이 암울하고 도와줄 사람도 없을 때, 어머니가 결코 잊을 수 없고 영원히 고마워할 일을 해줬다. 어머니는 절망과 맞서 싸우도록 나를 일깨웠다. 내가 지레 포기하고 신경과 정신을 통제하지 못한 것을 꾸짖었다. 어머니는 침대에서 일어나 내가 가진 모든 것을 위해 싸우도록 북돋웠다. 내가 상황에 굴복하고, 문제를 직시하기보다 두려워하고, 삶에서 도망친다고 나무랐다.

나는 그날 이후로 싸우기 시작했다. 주말에는 부모님에게 내가 집안일을 맡을 테니 댁으로 가시라고 말했다. 그리고 당시 불가능해 보이던 일을 했다. 홀로 두 아이를 돌본 것이다. 잠을 잘 자고, 밥도 잘 먹었다. 기분이 나아지기 시작했다. 일주일 뒤 부모님이 우리 집에 오셨을 때, 나는 노래하며 다림질하고 있었다. 절망과 싸워서 이기고 있었기에 행복했다. 나는 이 교훈을 절대 잊지 않을 것이다. 도저히 감당할 수 없을 것 같은 상황이 닥쳐도 정면으로 대응하라! 싸우기 시작하라! 굴복하지 마라!

그때부터 나는 억지로 일에 매달려서 자신을 잊었다. 마침내 아이들과 다시 모였고, 남편과 함께 새집에 들어갔다. 나는 사랑스러운 가족을 위해 강하고 행복한 사람이 될 수 있을 만큼 회복해야겠다고 결심했다. 우리 집을 위한 계획, 아이들을 위한 계획, 남편을 위한 계획, 나를 제외한 모든 것을 위한 계획에 몰두했다. 나 자신을 생각할 수 없을 만큼 바쁘게 살았다. 그러자 기적이 일어났다.

나는 갈수록 더 건강해졌다. 행복이 안기는 기쁨, 새로운 날을 계획하는 기쁨, 살아가는 기쁨을 느끼며 일어날 수 있었다. 그 후로도 지쳐서 우울증이 슬그머니 도지는 날이면 자신을 생각하거나 설득하려고 애쓰지 않았다. 그러자 그런 날이 점차 줄다가 마침내 사라졌다.

1년이 지난 지금 내게는 아주 행복하고 성공한 남편, 하루 열여섯 시간씩 일할 수 있는 아름다운 집, 건강하고 행복한 세 아이가 있다. 나는 마음의 평화를 얻었다.

일은 최고의 치료제

페렌츠 몰나르
헝가리의 유명 극작가

"일은 최고의 마약이다!"

정확히 50년 전, 의사인 아버지는 이후 내 삶의 신조가 된 말을 들려주셨다. 부다페스트대학교Budapest University에서 법학을 공부하기 시작한 나는 시험에 낙제하고 말았다. 나는 수치심을 이기지 못하고 실패자의 가장 가까운 친구인 술을 탈출구로 삼았다. 언제나 살구 브랜디가 가까이 있었다.

아버지가 갑자기 찾아오셨다. 아버지는 뛰어난 의사답게 빈 병을 보고 내게 문제가 생겼음을 알아챘다. 나는 왜 현실에서 도망쳐야 했는지 털어놓았다. 아버지는 그 자리에서 처방을 내렸다. 술, 수면제나 다른 약물은 탈출구가 될 수 없다고 설명했다. 슬픔에는 세상 모든 약보다 뛰어나고 확실한 약이 하나 있다. 바로 일이다!

아버지의 말은 참으로 옳았다. 아무리 힘든 일도 익숙해지게 마련이다. 일은 마약과도 같다. 일은 습관이 되고, 일단 습관이 되면 벗어날 수 없다. 나는 50년 동안 한 번도 일하는 습관에서 벗어나지 못했다.

나의 인생을 바꿔준 책

캐스린 홀콤 파머
앨라배마주 모바일 보안관실

석 달 전, 나는 걱정이 많아서 나흘 동안 잠을 못 잤다. 음식 냄새만 맡아도 토할 것 같아 18일 동안 제대로 먹지도 못했다. 내가 겪은 정신적 고통을 표현할 말이 마땅히 없다. 지옥이 그보다 고통스러울지 의심스러웠다. 미치거나 죽어버릴 것 같았다. 그 상태로는 도저히 계속 살아갈 수 없었다.

내 삶의 전환점은 이 책의 사전 배포본을 받은 날에 찾아왔다. 지난 석 달 동안 나는 말 그대로 이 책과 함께 생활했다. 모든 페이지를 살펴보며 새로운 삶의 방식을 간절히 찾았다. 나의 정신적 관점과 심리적 안정에 생긴 변화는 믿을 수 없는 정도다. 이제 흘러가는 나날의 투쟁을 견딜 수 있다. 과거에는 어제 일어난 일에 대한 울분과 불안이나 내일 일어날지 모르는 일에 대한 두려움 때문에 반쯤 미친 상태로 내몰렸다.

지금은 어떤 일이 걱정되면 즉시 멈추고 이 책에서 익힌 원칙을 적용하기 시작한다. 오늘 해야 할 일 때문에 경직되려 하면 바삐 움직여서 바로 해치우고 머릿속에서 지워버린다.

나는 과거 반쯤 미친 상태로 내몰던 문제에 직면하면 1부 2장에서 제시한 세 가지 단계를 차분히 밟아간다. 첫째, 일어날 수 있는 최악의 일이 무엇인지 자문한다. 둘째, 그것을 머릿속으로 받아들이려 노력한다. 셋째, 문제에 집중하고, 최악의 상황을 어떻게 개선할지 파악한다.

내가 바꿀 수 없는데도 받아들이려 하지 않는 일을 걱정하는 자신을 발견하면 즉시 멈추고 이 짧은 기도를 반복한다.

하나님, 바꿀 수 없는 일을 받아들이는 차분함과

바꿀 수 있는 일을 바꾸는 용기와

그 차이를 구분할 줄 아는 지혜를 제게 주소서.

이 책을 읽은 뒤 새롭고 아름다운 삶의 방식을 경험하고 있다. 이제 불안 때문에 건강과 행복을 망치지 않는다. 하루 아홉 시간씩 자고, 밥도 맛있게 먹는다. 내 눈을 가린 베일이 벗겨지고 문이 열렸다. 나를 둘러싼 아름다운 세상을 보고 즐길 수 있다. 이런 삶을 주신 것에, 이토록 아름다운 세상에서 살아가는 특혜를 주신 것에 하나님께 감사드린다.

POINT

이 책을 거듭 읽길 권한다. 침대 옆에 두고 당신의 문제와 관련된 부분에 밑줄을 그어라. 공부하고 활용하라. 이 책은 '독서용'이 아니라 새로운 삶의 방식을 안내하는 '지침서'다.

나의 실천 노트

걱정을 극복하려고 실천한 원칙과 그 내용을 기록해보세요.

_____

_____

_____

_____

_____

_____

_____

_____

_____

_____

_____

_____

_____

_____

데일 카네기 자기관리론

데일 카네기 자기관리론

초판 1쇄 발행   2024년 2월 22일
초판 2쇄 발행   2024년 7월 22일

지은이   데일 카네기
옮긴이   김태훈

펴낸이   김준성
펴낸곳   책세상
등록   1975년 5월 21일 제2017-000226호
주소   서울시 마포구 동교로23길 27, 3층(03992)
전화   02-704-1251
팩스   02-719-1258
이메일   editor@chaeksesang.com
광고·제휴 문의   creator@chaeksesang.com
홈페이지   chaeksesang.com
페이스북   /chaeksesang   **트위터**   @chaeksesang
인스타그램   @chaeksesang   **네이버포스트**   bkworldpub

ISBN   979-11-7131-110-1 04320
         979-11-5931-957-0 (세트)